연오의
파이썬

연오의 파이썬: 친절한 개념 설명과 체계적인 예제로 배우는

초판 1쇄 발행 2020년 12월 31일 **지은이** 박연오 **펴낸이** 한기성 **펴낸곳** 인사이트 **편집** 문선미 **본문 일러스트** 김진희 **제작·관리** 신승준, 박미경 **용지** 월드페이퍼 **출력·인쇄** 에스제이피앤비 **후가공** 에이스코팅 **제본** 서정바인텍 **등록번호** 제2002-000049호 **등록일자** 2002년 2월 19일 **주소** 서울특별시 마포구 연남로5길 19-5 **전화** 02-322-5143 **팩스** 02-3143-5579 **블로그** http://blog. insightbook.co.kr **이메일** insight@insightbook.co.kr **ISBN** 978-89-6626-282-3 책값은 뒤표지에 있습니다. 잘못 만들어진 책은 바꾸어 드립니다. 이 책의 정오표는 http://blog.insightbook.co.kr에서 확인하실 수 있습니다. 이 도서의 국립중앙도서관 출판예정 도서목록(CIP)은 서지정보유통지원시스템 홈페이지(http://seoji.nl.go.kr)와 국가자료종합목록 구축시스템(http://kolis-net.nl.go.kr) 에서 이용하실 수 있습니다.(CIP제어번호: CIP2020051880)

프로그래밍 인사이트

친절한 개념 설명과 체계적인 예제로 배우는

연오의 **파이썬**

박연오 지음

인사이트

차례

4장   여러 가지 유형의 데이터 다루기   81

5장 컬렉션으로 데이터를 모으고 정돈하기

8장 클래스로 데이터 분류하기

9장 오류를 방지하고 해결하기

지은이의 글

불과 수년 전만 하더라도 프로그래밍을 처음 시작할 때 대부분 C 언어를 선택했습니다. 그런데 C 언어로 프로그래밍을 배우기는 상당히 어렵습니다. 수영을 배우는 사람이 처음부터 거친 바다에 뛰어드는 셈이랄까요? 그게 가능한 사람은 살아 남았지만, 큰맘 먹고 도전했다가 질려 나가떨어지는 분도 많았습니다. 요즘은 다행히도 배우기 쉬운 파이썬이 그 자리를 대체하는 중입니다.

파이썬이 지금처럼 인기가 많지 않던 시절에는 다른 프로그래밍 언어에 익숙한 사람이 두 번째 언어로 파이썬을 공부하는 경우가 많았습니다. 그래서 과거에 나온 파이썬 입문서는 독자가 프로그래밍의 기초를 이미 알고 있다고 가정한 것이 많습니다. 이런 책들은 파이썬의 문법은 자세히 알려주지만, 그 문법이 왜 필요한지, 언제 사용해야 하는지, 어떻게 사용하는 게 올바른지 등 초보자가 정말 궁금해 하는 것은 자세히 알려주지 않습니다. 숙련된 프로그래머가 파이썬을 배울 때는 시간을 아낄 수 있어 좋겠지만, 프로그래밍의 '생초보'에게는 어렵습니다.

요즘에는 저학년이나 비전공자를 위해 매우 쉽고 간단해 보이는 파이썬 책도 많이 나왔습니다. 분량도 적고 예쁜 그림도 많아서 왠지 더 쉬울 것 같습니다. 하지만 프로그래밍은 여러분이 그동안 경험해 보지 못한 완전히 새로운 분야의 지식일 겁니다. 새로 배워야 할 것도 많고, 도무지 이해하기 힘든 개념도 많을 겁니다. 간단한 설명과 그림만 훑어 보고 책을 덮는다면, 그때는 안 것 같아도 막상 남에게 설명하거나 프로그램을 직접 만들 때 개념을 제대로 이해하지 못했다는 걸 깨닫게 됩니다.

이 책은 독자 여러분을 프로그래밍 지식이 전혀 없다고 가정하고, 프로그래밍을 직접 할 수 있을 만큼의 실력을 키우는 것을 목표로 삼았습니다. 성급하게 문법부터 설명하는 게 아니라, 프로그래밍의 기초 개념과 그 문법이 필요한 이유부터 설명합니다. 예를 들어 '함수'라는 프로그래밍 개념을 설명한다면, 함수가 '문제를 나누어 풀기 위한 도구'라는 것을 충분히 설명한 뒤에, 파이썬의 함수 문법을 다룹니다.

'오류'에 대해 설명할 때도, 오류가 왜 발생하는지, 오류가 발생할 때 어떻게 해결해야 하는지부터 꼼꼼히 설명한 후에, 파이썬으로 오류를 다루기 위한 문법을 설명합니다.

그 지식이 왜 필요한지(필요성), 어떤 곳에서 사용되는지(맥락), 왜 그렇게 이루어진 것인지(원리)를 이해하며 배우는 게 기계적으로 외우는 것보다 훨씬 더 빠르게 학습할 수 있는 방법입니다.

프로그래밍에 입문하는 방법은 여러 가지입니다. 탁월한 스승에게서 직접 배운다면 가장 좋겠지만 그런 행운은 좀처럼 드뭅니다. 저는 책을 보면서 독학하는 것이 상당히 좋은 방법이라고 생각합니다. 좋은 책을 잘 고른다면 저자가 오랜 시간 시행착오를 거쳐 얻은 지식을 정제된 형태로 간편하게 머릿속으로 다운로드할 수 있고, 자신만의 학습 속도에 맞춰 스스로 생각하고 실습해 보는 시간도 충분히 가질 수 있기 때문입니다.

하지만 독학을 하다 보면 자신이 이해한 게 맞는지 틀린지 검증하기가 어렵습니다. 그래서 이 책을 쓰면서 최대한 명확한 표현을 사용해 독자 분들이 내용을 오해하거나 혼란에 빠지지 않도록 주의를 기울였습니다. 하지만 완벽하다고 장담하지는 못하겠습니다. 혹시라도 틀린 점을 알게 된다면 알려주시기 바랍니다.

사람마다 프로그래밍을 배우려는 이유는 서로 다를 겁니다. 하지만 프로그래밍을 처음 시작할 때의 설렘은 누구나 같을 거라고 생각합니다. 여러분이 추구하는 모든 목표를 응원하며, 이 책이 도움이 되기를 바랍니다. 프로그래밍에 입문하려는 모든 분들의 건투를 빕니다.

이 책의 구성
이 책은 단계별로 지식과 경험을 쌓아올리는 방식으로 구성되어 있습니다. 그래서 처음부터 순서대로 학습하기를 권합니다.

1장 파이썬 프로그래밍의 기초 지식과 실습 준비
파이썬이 무엇인지 알아보고, 파이썬 프로그래밍 학습을 위한 환경을 준비합니다. 준비를 마치면 첫 번째 파이썬 프로그램도 만들어 봅니다.

2장 수식을 계산하고 정보를 기억하기
컴퓨터는 계산을 빠르게 수행하고, 정보도 정확하게 기억합니다. 파이썬을 이용해 수식을 계산하고 정보를 기억하는 방법을 배웁니다. 이를 응용해 현실의 문제도 해결해 봅니다.

3장 함수로 문제를 나누어 풀기

크고 복잡한 문제를 해결하려면 작고 간단한 문제 여러 개로 나누는 것이 좋습니다. 함수를 이용해 큰 프로그램을 작은 프로그램으로 나누어 작성하는 방법을 알아봅니다.

4장 여러 가지 유형의 데이터 다루기

0과 1만으로 정보를 처리하는 컴퓨터가 어떻게 여러 가지 데이터를 취급하는지 알아 봅니다. 그리고 정수, 실수, 문자열, 참과 거짓 등 파이썬이 제공하는 기본 데이터 유형들의 특징과 사용법을 배웁니다.

5장 컬렉션으로 데이터를 모으고 정돈하기

프로그램이 다루는 데이터가 크고 복잡할수록 데이터를 정돈하여 관리할 필요가 커집니다. 데이터를 묶어 다루는 이유를 알아 보고, 파이썬이 제공하는 여러 가지 컬렉션의 종류와 사용법을 익힙니다.

6장 선택과 반복으로 실행 흐름 조정하기

프로그램을 여러 갈래로 나눠 컴퓨터가 상황에 알맞은 해결책을 선택하게 하거나, 일정한 범위의 코드를 여러 번 반복하도록 지시할 수도 있습니다. 프로그램의 실행 흐름을 조정하여 좀 더 똑똑하고 쓸모 있는 프로그램을 만드는 법을 배웁니다.

7장 컬렉션을 중첩·순회·가공하기

현실의 사물을 데이터로 나타낼 수 있고, 데이터를 자유자재로 조작할 수 있다면 까다로운 문제도 술술 해결할 수 있습니다. 컬렉션을 중첩하여 복잡한 데이터를 나타내는 방법과 그 속을 자유롭게 순회하며 새로운 데이터를 이끌어내는 방법을 알아 봅니다.

8장 클래스로 데이터 분류하기

더 복잡한 사물과 개념을 데이터로 나타내려면, 데이터를 여러 유형으로 분류하고 각 데이터 유형의 속성, 취급법, 다른 유형과의 관계 등을 정의할 수 있어야 합니다. 클래스를 이용해 데이터 유형을 직접 정의하고 데이터 유형에 알맞은 연산을 제공하는 방법을 알아 봅니다.

9장 오류를 방지하고 해결하기

프로그래밍은 코드를 작성하는 데서 그치지 않습니다. 오류를 예방하고, 발견하고, 고치는 것도 프로그래밍의 중요한 요소입니다. 프로그래머와 사용자를 괴롭히는 오류의 정체와 대처 방법을 배워 안정적인 프로그램을 만드는 능력을 기릅니다.

10장 모듈과 패키지로 소스코드 관리하기

프로그래밍 실력을 쌓다 보면 규모가 큰 프로젝트에 도전할 날이 옵니다. 모듈과 패키지를 활용해 프로그램을 여러 파일로 나누고 구조화하는 법을 익힙니다.

11장 다양한 작업을 돕는 라이브러리

현실의 여러 가지 작업에 필요한 기능을 미리 만들어 모듈이나 패키지로 묶어 둔 것을 라이브러리라고 합니다. 파이썬의 표준 라이브러리 가운데 시간 다루기, 운영체제와 파일 다루기, 웹에서 데이터 가져오기 등 중요한 기능을 몇 가지 살펴봅니다.

12장 응용 프로그램 만들기

학습한 것을 종합해 간단한 응용 프로그램을 실제로 만들어 봅니다. 프로그램 외부의 라이브러리와 서비스를 이용하는 방법도 배웁니다.

프로그래밍의 세계는 생각보다 넓고, 각 분야의 깊이는 끝이 없습니다. 간단해 보이는 프로그램조차도 제대로 만들기 위해서는 생각보다 많은 지식과 경험이 필요합니다. 이 책을 학습한 뒤 '부록 B 앞으로의 학습 방법'을 참고해 더 정진하기 바랍니다.

학습 자료

이 책에는 실습 과정과 연습문제가 풍부하게 실려 있습니다. 실습 과정을 담은 동영상, 연습문제 해답, 실습에서 쓰이는 예제 소스코드 등을 *https://python.bakyeono.net*에서 제공합니다.

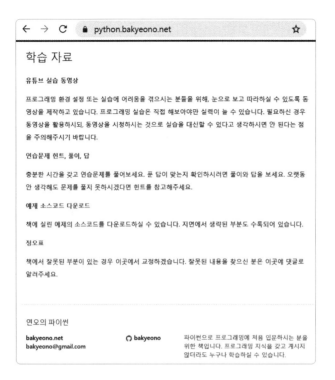

실습 동영상

책의 예제를 실습하는 과정을 유튜브 동영상으로 제공합니다. 동영상을 보는 것으로 끝내지 말고, 직접 실습해 봐야 합니다. 프로그래밍 실력은 직접 소스코드를 짜본 만큼 성장합니다. 남이 작성한 코드를 읽는 것도 프로그래밍의 중요한 과정입니다. 파이썬은 언어입니다. 언어를 체득할 수 있을 만큼 충분한 연습이 필수입니다. 조바심은 좌절과 포기의 씨앗입니다.

연습문제 해답

책에 실린 연습문제를 풀다 보면 문제해결 능력도 기를 수 있습니다. 연습문제의 힌트를 이용해 스스로 풀도록 노력해 보세요. 연습문제 해답은 자신의 답을 확인하고 싶을 때만 참고해 주세요.

예제 소스코드

예제코드는 다음과 같이 구성되어 있습니다.

- examples: 이 책에 실린 예제의 소스코드입니다. 최대한 직접 입력하되 실습에 어려움이 있는 경우에만 참고용으로 사용하기를 바랍니다. 코드가 연속으로 이어지는 경우 책에서는 생략되어 있지만 소스코드에는 모두 들어 있습니다. 대화식 셸에서 실습하는 예제의 소스코드는 실려 있지 않습니다.
- package: 10장에 등장하는 패키지 실습 예제의 소스코드와 디렉터리 구성입니다. 10장을 실습할 때 스스로 작성한 코드와 비교해 볼 수 있습니다.

감사의 글

어쩌다 보니 책을 내는 데 3년이 훌쩍 넘게 걸렸습니다. 그 과정은 매우 힘들었고 두려움과 고통도 컸습니다. 저 혼자만의 힘으로는 끝까지 해낼 수 없었을 겁니다. 책이 나오기까지 도움을 주고 격려해 준 모든 분께 감사드립니다.

저의 어머니 문자애 님은 어려운 환경에서도 제가 자라는 동안 보살핌과 지원을 아끼지 않으셨고, 늘 제가 하는 일을 지지해 주셨습니다. 문자애 님 덕분에 저는 하고 싶은 일들을 하나씩 해낼 수 있게 되었으며, 책을 내는 것도 그중 하나입니다. 문자애 님께 가장 큰 감사를 드립니다.

저의 여자친구이자 동료 프로그래머인 김진희 님은 책을 쓰는 내내 저를 돌봐 준 데다 책에 넣을 예쁜 삽화까지 그려주었습니다. 함께 책을 만들어 준 분이기에 큰 감사를 드립니다.

이 책의 편집자인 문선미 님은 이 책을 처음부터 마지막까지 저와 함께 만들어 주었습니다. 기획부터 편집과 마케팅까지 모든 부분을 세심히 돌봐 주었기에 큰 감사를 드립니다.

도서출판 인사이트의 한기성 대표님과 모든 직원께도 감사드립니다. 저 자신이 인사이트가 출간해 낸 많은 양서를 읽고 프로그래머로 성장했기에, 다른 곳도 아닌 인사이트와 함께 책을 낼 수 있다는 사실이 일생의 기쁨입니다.

이호성 님, 김남홍 님, 신만수 님, 박건령 님, 송현지 님, 김민지 님, 허성 님 등 주식회사 에잇퍼센트의 전현직 동료 분들께 감사드립니다. 책은 언제 나오냐며 끝까지 관심을 갖고 잔소리를 해 주셨고, 프로그래머 또는 프로그래머가 아닌 사람의 눈으로 원고를 리뷰해 주신 덕분에 책이 무사히 나올 수 있었습니다.

저의 블로그에 연재한 원고를 읽고 소중한 말씀을 남겨 준 많은 독자님들께도 깊이 감사드립니다. 여러분이 남겨 준 의견 덕분에 어려운 내용을 좀 더 쉽게 쓸 수 있었고, 책의 완성도를 높일 수 있었습니다.

마지막으로 책을 구입하고 학습을 결심한 독자 여러분께 감사드립니다. 감사의 말까지 꼼꼼히 읽은 분이라면 나머지 내용도 충실히 학습할 수 있을 겁니다. 행운을 빕니다!

박연오

파이썬 프로그래밍의
기초 지식과 실습 준비

1장에서는 프로그래밍을 처음 시작하는 사람들이 궁금해할 만한 것들을 알아보고, 앞으로의 학습을 위해 필요한 것들을 준비한다. 이론 설명이 조금 딱딱하게 느껴질 수 있으나 앞으로 프로그램을 만들기 위한 기초 자산이 될 것이므로 부담 갖지 말고 가볍게 읽어 보자. 프로그램을 만드는 데 필요한 준비물을 마련한 후에는 첫 파이썬 프로그램도 만들어 본다. 차근차근 따라 해 보자.

1.1 파이썬은 프로그래밍 언어이다

1.1.1 프로그램이란 무엇인가

프로그램은 어떤 작업을 수행하는 과정을 안내하는 지식이다. 예를 들면 음식 레시피(조리법)도 일종의 프로그램이다. 레시피에는 재료를 손질하고, 데치고, 찌고, 굽고, 내어 놓는 과정이 순서대로 나와 있다. 그 과정을 충실히 따르면 누구나 괜찮은 요리를 할 수 있다. 전문 요리사가 아니더라도 말이다.

컴퓨터 프로그램은 컴퓨터가 작업을 수행하는 과정을 담은 지식이다. 컴퓨터는 사람을 이해하며 행동하지 않는다. 단지 프로그램에 기술된 명령을 빠르고 정확하게 수행할 뿐이다. 컴퓨터가 여러 가지 기능을 수행할 수 있는 것은 다양한 프로그램 덕분이다.

그림 1-1 컴퓨터가 여러 가지 일을 할 수 있는 건 프로그램 덕분이다

그러므로 프로그램이 일을 똑바로 처리할 수 있도록 잘 만드는 것이 중요하다. 이것을 프로그래밍이라 한다. 컴퓨터가 더 많은 일을 더 잘 할 수 있게 하는 것이다. 사람의 머리와 손으로 해 왔던 귀찮은 일들을 컴퓨터가 하도록 가르쳐 주고, 부족한 부분은 올바르게 일하도록 고칠 수도 있다.

1.1.2 프로그래밍 언어는 왜 필요한가

프로그램을 읽고 쓰기 위한 약속

프로그램은 어떤 작업을 수행하는 과정을 안내하는 지식이라고 했다. 이 지식을 정확하게 표현해 컴퓨터에게 일을 시켜야 한다. 그런데 컴퓨터는 사람의 언어, 즉 자연어를 이해하지 못한다. 그래서 컴퓨터가 이해할 수 있는 언어, 즉 기계어로 프로그램을 작성해야 한다.

하지만 기계어는 이진수로 이루어진 데다 CPU와 레지스터를 직접 제어하는 원시적인 명령만 제공한다. 사람의 생각을 표현하기에는 몹시 불편하다. 다음은 덧셈

> **TIP**
> 기계어는 컴퓨터의 단순한 기본 명령에 일련 번호를 부여한 것이다.
> 자연어는 사람이 일상적으로 쓰는 언어이다.

> **TIP**
> 이진수는 0과 1로만 표현되는 수이다.

식 '1789 + 211'을 계산하는 명령을 기계어로 작성해 본 것이다. 간단한 덧셈 연산이지만 이해하기가 쉽지 않다.

코드 1-1 덧셈식 '1789 + 211'을 계산하는 명령 (기계어)

```
01001000 11000111 11000000 11111101 00000110 00000000 00000000  (mov rax,0x6fd)
01001000 00000101 11010011 00000000 00000000 00000000          (add rax,0xd3)
```

기계에게 명령도 내릴 수 있으면서, 사람의 생각을 나타내기에도 용이한 언어가 있다면 프로그램을 만들기 훨씬 좋을 것이다. 그래서 만들어진 것이 프로그래밍 언어이다.

다음은 '1789 + 211'을 계산하는 명령을 우리가 앞으로 배울 프로그래밍 언어인 파이썬으로 작성해 본 것이다. 프로그래밍을 배워본 적 없더라도 이해할 수 있을 것이다.

코드 1-2 덧셈식 '1789 + 211'을 계산하는 명령 (파이썬)

```
1789 + 211
```

TIP
SQL, 자바, C, 어셈블리어도
프로그래밍 언어의 하나이다.

프로그래밍 언어에도 여러 가지가 있는데, 컴퓨터의 기계적인 특성에 가까울수록 저수준 언어, 사람의 생각에 가까울수록 고수준 언어로 분류한다. 파이썬은 사람이 사용하기 쉬운 고수준 언어이다.

그림 1-2 고수준 언어와 저수준 언어

프로그래밍 언어는 약속이다. 같은 약속을 따르는 프로그래머들은 서로의 작업물을 이해할 수 있고, 돌려 보거나 함께 협업할 수도 있다. 파이썬을 사용하는 프로그

래머들은 세계 곳곳에 아주 많다. 외국어를 배우면 외국인과 의사소통할 수 있듯,
파이썬을 배우면 파이썬 프로그래머들과 소통할 수 있다.

프로그램의 번역과 실행

프로그래밍 언어는 기계어와 자연어의 중간에 위치한다. 사람도 쉽게 이해할 수 있
고, 번역 프로그램을 통해 기계어로 번역하면 컴퓨터도 이해할 수 있다. 프로그래
밍 언어로 작성한 프로그램 코드를 소스코드(source code)라 한다. 소스코드는 기
계어로 번역해야 컴퓨터로 실행할 수 있다.

    프로그래밍 언어를 기계어로 번역하는 것을 **컴파일**(compile) 또는 **인터프리트**
(interpret)라 한다. 컴파일은 소스코드를 미리 번역해 기계어 프로그램으로 만들
어 놓는 것이고, 인터프리트는 소스코드를 즉석에서 기계어로 해석해 실행하는 것
이다. 파이썬은 인터프리트 방식 언어이며, 파이썬 언어로 작성한 프로그램은 파이
썬 인터프리터(interpreter) 프로그램을 이용해 실행한다.

TIP
파이썬이라고 하면 경우에
따라 언어를 뜻하기도 하고,
파이썬 인터프리터
프로그램을 뜻하기도 한다.

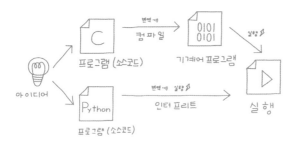

그림 1-3 프로그램의 번역 과정

인터프리트 방식은 프로그램을 실행할 때마다 번역 과정을 거쳐야 해서 실행 속도
가 느리다. 하지만 프로그램을 개발하기는 더 쉽다.

1.1.3 파이썬 살펴보기

파이썬은 귀도 반 로섬(Guido van Rossum)이라는 프로그래머가 1989년에 처음 만
들었다. 2001년에는 귀도를 포함해 파이썬의 발전에 기여해 온 사람들을 중심으로
파이썬 소프트웨어 재단(Python Software Foundation, PSF)이 설립되었다. 파이
썬 소프트웨어 재단은 파이썬 언어를 정의·개정하는 일을 하고 있다. 재단에 소속
되지 않더라도 수많은 프로그래머가 다양한 라이브러리를 개발해 파이썬 생태계에
기여하고 있다.

TIP
라이브러리는 여러분의
프로그램에 삽입할 수 있는
프로그램 조각을 뜻한다.

그림 1-4 파이썬 로고

TIP
파이썬 공식 웹사이트 주소는
*https://www.python.org*이다.

파이썬은 무료이다. 파이썬 소스코드를 실행하는 데 필요한 인터프리터는 파이썬 공식 웹사이트에서 다운로드할 수 있다.

파이썬을 활용하기에 좋은 분야

파이썬은 다음과 같이 여러 분야에서 인기를 얻고 있다.

TIP
구글(Google), 유튜브
(YouTube), 인스타그램
(Instagram), 드롭박스
(Dropbox) 같은 거대 웹
서비스와 미국 항공우주국
(NASA) 같은 기관도
파이썬을 활용한다.

- 프로그래밍 교육: 배우기 쉬워 프로그래밍 입문용 언어로 사랑받고 있다.
- 웹 서비스: 웹 사이트, 인터넷 쇼핑몰, 블로그, 채팅 등 우리가 웹브라우저로 이용하는 서비스들을 웹 서비스라 한다. 장고(Django), 플라스크(Flask) 등 파이썬 기반의 웹 프레임워크로 제작·운영되는 웹 서비스가 많다.
- 데이터 과학: 데이터 과학이란 통계와 시각화 도구를 활용해 데이터 속에서 의미 있는 지식과 통찰을 이끌어 내는 기술이다. 파이썬에는 판다스(Pandas), 넘파이(NumPy), 매트플롯립(matplotlib) 등 데이터 과학에 이용할 수 있는 편리한 도구가 많다.
- 기계학습: 기계학습은 컴퓨터가 대량의 데이터를 통계적으로 학습하도록 하여 데이터를 구별하고 분류하는 기술이다. 알파고, 이미지 인식, 자율주행 등 인공지능 기술에서 약방의 감초처럼 쓰이고 있다. 대표적인 기계학습 도구인 텐서플로(TensorFlow)를 이용하려면 파이썬이 필요하다.
- 사무 자동화: 파이썬을 이용하면 단순 반복 작업을 쉽게 자동화할 수 있다. 잘만 하면 여러분이 해야 할 귀찮은 숙제나 업무를 파이썬이 대신해 줄 수도 있다.
- 컴퓨터 시스템 운영·관리: 파이썬은 시스템 제어 프로그래밍을 할 수 있는 데다, 쉽고 빠르게 작성할 수 있어 간단한 시스템 제어 유틸리티나 시스템을 공격하는 스크립트를 만들기에 좋다. 그래서 시스템 관리자와 해커들에게도 사랑받고 있다.

다른 프로그래밍 언어가 필요한 분야

어떤 분야는 사용해야 하는 언어가 정해져 있다. 예를 들어 마이크로소프트 엑셀에서 실행하는 매크로를 작성하려면 비주얼 베이직을 사용해야 한다. 다음은 분야에 따라 사용하기 적절한 프로그래밍 언어를 정리한 것이다.

- 프론트엔드 웹 개발: 프론트엔드 웹 개발이란 웹 서비스 개발 중에서 웹브라우저를 제어하는 부분을 뜻한다. 웹 문서를 전달력 있게 표현하거나 웹브라우저에서 실행되는 프로그램을 만드는 데 필요하다. 이 분야에서는 하이퍼텍스트 마크업 언어(HTML), 캐스케이딩 스타일 시트(CSS), 자바스크립트(JavaScript)라는 언어가 주로 사용된다.
- 모바일 애플리케이션: 안드로이드 애플리케이션 개발에는 자바와 코틀린(Kotlin), iOS 애플리케이션 개발에는 오브젝티브-C(Objective-C)와 스위프트(Swift)가 사용된다.
- 컴퓨터 게임: 파이게임(Pygame) 라이브러리를 이용해 파이썬으로도 간단한 2차원 그래픽 게임을 만들 수 있다. 하지만 최신 사양의 3차원 그래픽 게임을 만들 때는 C, C++, C# 등 컴파일 언어가 주로 사용된다.

만들고 싶은 프로그램에 따라 다른 언어를 배우는 게 나을 수도 있다. 그러나 이 책에서는 단순히 파이썬 언어를 배우는 데서 그치지 않고, 그 과정에서 프로그래밍 지식을 함께 배운다. 파이썬을 배우면서 얻은 프로그래밍 지식은 다른 언어에서도 통용된다. 파이썬으로 기본을 다진 뒤 원하는 분야에 필요한 언어를 배우는 것도 좋은 방법이다.

1.2 프로그래밍 환경 준비하기

컴퓨터 프로그램을 만들기 위해서는 프로그램을 작성하기 위한 환경과 프로그램을 실행하고 테스트하기 위한 환경이 필요하다. 이들을 합쳐서 프로그래밍 환경이라 한다. 파이썬 프로그래밍 학습에 필요한 하드웨어·소프트웨어 환경을 알아보고 준비하자.

1.2.1 하드웨어 환경
파이썬 프로그래밍 학습에 특수한 하드웨어가 필요한 건 아니다. 일반적인 개인용 컴퓨터면 충분하고, 최신 사양일 필요도 없다.

컴퓨터가 없다면 20만~30만 원 정도의 저렴한 노트북을 구입해도 좋다. '라즈베리 파이'라는 컴퓨터는 5만원 가량에 구입할 수 있다. 하지만 모니터와 입력 장치를 별도로 마련해야 해 추가 비용이 들 수 있고 초보자가 다루기에는 어렵다.

비용이 부담된다면 도서관·학교·관공서 등 공공시설의 컴퓨터를 사용해도 된다. 스마트폰도 일종의 컴퓨터이므로 프로그래밍에 이용할 수 있다. 하지만 스마트폰의 터치 입력 방식으로는 코드를 작성하기 불편할 수 있다. 프로그래밍 학습에는 물리 키보드가 있는 환경이 좋다.

혹여 여러분이 군인이거나 교도소에 복역 중이라 신체의 자유가 없다면 실습을 진행할 방법이 제한될 것이다. 그렇다면 책을 최대한 꼼꼼히 읽는 수밖에 없다. 물리적 구속이 도리어 집중해서 책을 읽는 데 도움이 될 수도 있다.

1.2.2 소프트웨어 환경

하드웨어 환경을 갖췄으면 이제 소프트웨어 환경을 준비할 차례이다. 프로그래밍을 위한 소프트웨어 환경으로는 크게 운영체제(operating system), 텍스트 편집기, 컴파일러와 인터프리터를 꼽을 수 있다.

운영체제

운영체제는 컴퓨터에 연결된 각종 하드웨어를 제어하고, 응용 프로그램들의 안정적인 동작에 필요한 여러 기능을 제공한다. 운영체제가 없다면 하드웨어마다 다른 특성을 고려해 까다로운 시스템 처리를 직접 해야 할 것이다. 오늘날에는 대부분의 컴퓨터 환경에 훌륭한 운영체제 소프트웨어가 설치되어 있다. 덕분에 프로그래머들이 실무에 필요한 기능만 집중하여 개발할 수 있다.

이 책을 읽는 독자라면 윈도우(Microsoft Windows), 리눅스(Linux) 같은 운영체제 소프트웨어의 이름을 들어 본 적 있을 것이다. 프로그래밍을 하려면 어떤 특별한 운영체제가 필요한 것은 아닐까? 파이썬은 널리 사용되는 운영체제를 대부분 지원하므로 그런 걱정은 하지 않아도 된다. 그래도 이번 기회에 각 운영체제의 특징을 가볍게 알아보자.

- 윈도우: 윈도우는 누구나 쉽게 사용할 수 있는 편리한 사용자 인터페이스를 제공하는 운영체제이다. 개인용 컴퓨터의 OS로 많이 사용되며, 여러분도 사용하고 있을 가능성이 높다.
- 리눅스: 리눅스는 서버, 스마트폰, 통신 장비 등에 널리 사용되는 유닉스(Unix)

호환 운영체제이다. 소스코드가 공개되어 있고 누구나 자유롭게 사용할 수 있다. 초보자가 사용하기에는 조금 어려울 수 있지만, 대부분의 프로그래밍 도구가 리눅스용으로 제공되기 때문에 전문적인 프로그래밍 환경을 갖추기에 좋다. 서버 환경에서 가장 많이 사용되는 운영체제이기도 하다.

- 맥OS(macOS): 맥OS는 애플이 생산·판매하는 컴퓨터에 탑재되는 유닉스 호환 운영체제이다. 리눅스와 비슷한 점이 많다.

TIP
OS는 운영체제(operating system)의 약자이다.

세 운영체제 모두 파이썬 프로그래밍을 배우기에 적합하다. 여러분이 익숙하고 편하게 쓸 수 있는 것을 고르면 된다. 이 책에서는 윈도우에서 파이썬 프로그래밍 실습 환경을 준비하는 방법을 설명한다. 다른 운영체제를 사용한다면 직접 실습 환경을 갖춰야 하지만 내용을 학습하는 데는 별 문제가 없을 것이다.

컴파일러와 인터프리터

프로그래밍 언어로 작성한 소스코드는 기계어로 번역해야 실행할 수 있다. 파이썬 프로그램을 실행하기 위해서는 파이썬 인터프리터를 설치해야 한다. 파이썬 인터프리터는 여러 종류가 있는데, 이 책에서는 공식 인터프리터인 씨파이썬(CPython)을 이용한다.

텍스트 편집기

프로그램의 소스코드는 텍스트 파일(순수한 텍스트로만 이루어진 문서)로 저장한다. 소스코드를 만들고, 저장하고, 열어 보고, 편집하는 등의 작업을 하려면 텍스트 편집 프로그램이 필요하다. 프로그래밍용 텍스트 편집기는 문법 강조 기능, 오류 검사 기능, 함수 찾기 기능 등 프로그래밍을 도와주는 기능을 많이 가지고 있다. 윈도우의 메모장 프로그램도 텍스트 편집기이지만, 이런 기능이 없어 프로그래밍에 사용하기는 힘들다.

프로그래밍용 텍스트 편집기의 종류는 매우 많다. 인기 많은 것들을 꼽아보면 빔(Vim), 이맥스(Emacs), 아톰(Atom), 서브라임 텍스트(Sublime Text) 등이 있다. 이 책의 실습에 사용할 파이참 프로그램에는 텍스트 편집기가 내장되어 있다.

통합 개발 환경

프로그래밍에 필요한 여러 가지 도구를 하나로 모은 통합 프로그램을 통합 개발 환경(Integrated Development Environment, IDE) 프로그램이라 한다. 이 책에서는 프로그래밍 실습에 파이참을 이용한다. 파이참은 전문적인 파이썬 프로그래밍에도 많이 이용되기 때문에 실무에서도 계속 사용할 가능성이 크다.

그 외의 도구

이 외에도 프로그래밍을 도와주는 소프트웨어가 많다. 버전 관리 프로그램, 테스트 자동화 프로그램, 배포 자동화 프로그램, 문서 작성 프로그램, 디버그 프로그램, 라이브러리 의존성 관리 프로그램 등 다양한 프로그램이 프로그래밍 실무 작업에 사용된다. 하지만 프로그래밍 공부를 막 시작한 경우라면 이 모든 걸 당장 배우려 할 필요는 없다.

1.2.3 파이썬 설치하기

프로그래밍 환경을 실제로 갖춰 보자. 아래 내용을 따라 파이썬을 설치한다. 파이썬 설치 프로그램에는 인터프리터, 문서, 표준 라이브러리 등이 포함되어 있다.

파이썬 다운로드하기

파이썬 공식 웹사이트 *https://www.python.org*에 접속한다. 페이지 상단의 'Downloads'를 클릭해 다운로드 페이지로 이동한다.

그림 1-5 파이썬 공식 웹사이트

윈도우용 파이썬을 찾아 최신 버전으로 다운로드한다. 이 책에는 3.9.0으로 설치하지만 언제 접속하느냐에 따라 최신 버전이 다를 수 있다. '3.8.x', '3.9.y', '3.10.z' 등 버전의 첫 자리가 '3'이라면 이 책을 학습하는 데는 문제없다.

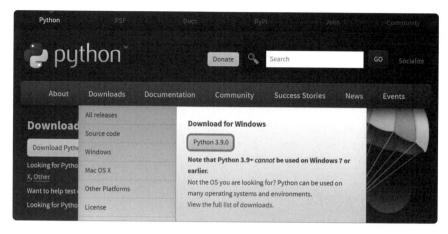

그림 1-6 파이썬 다운로드 페이지

다운로드한 설치 프로그램을 실행한다. 하단의 'Add Python 3.9 to PATH'의 체크박스를 선택한 후 'Install Now'를 클릭해 설치를 시작한다.

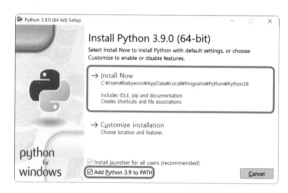

그림 1-7 파이썬 설치 화면

시간이 꽤 걸린다. 설치가 완료될 때까지 기다리자.

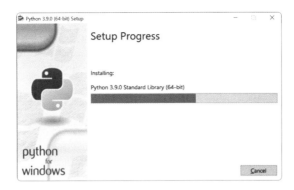

그림 1-8 파이썬 설치 진행 중 화면

설치가 다 되면 'Disable path length limit'을 클릭하고(필수는 아니다) 'Close' 버튼을 눌러 설치 프로그램을 종료한다.

그림 1-9 파이썬 설치 완료 화면

설치한 파이썬 프로그램은 윈도우 시작 메뉴에서 실행할 수 있다.

그림 1-10 시작 메뉴에 등록된 파이썬 프로그램

'Python 3.9'라는 프로그램을 실행하면 파이썬 인터프리터가 실행된다. 우리는 파이참 프로그램을 이용해 실습할 것이므로 이 프로그램을 직접 실행할 필요는 없다. 실행해 보면 검은 배경에 하얀 글씨가 써 있는 창이 출력된다.

그림 1-11 파이썬 인터프리터

'Python 3.9 Manuals'라는 프로그램을 실행하면 파이썬 공식 문서를 볼 수 있는 프로그램이 실행된다. 이 문서는 파이썬 문서 가운데 가장 믿을 만하며, 이 책에 포함되지 않은 내용도 많이 나와 있다. 파이썬을 배우거나 사용할 때 참고하면 좋다. 다만 영문으로 되어 있다.

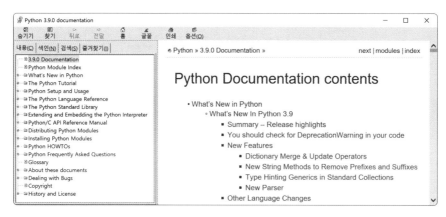

그림 1-12 파이썬 공식 문서

1.2.4 파이참 커뮤니티판 설치하기
이제 파이썬 프로그래밍에 필요한 여러 도구를 모아 놓은 통합 개발 환경 프로그램, 파이참을 설치하자.

파이참 다운로드하기

웹브라우저를 실행해 파이참 다운로드 페이지 *https://www.jetbrains.com/pycharm/download*로 접속한다.

'Professional(프로페셔널 판)'과 'Community(커뮤니티 판)' 중 하나를 선택해야
한다. 이 책에서는 무료로 사용할 수 있는 커뮤니티 판을 기준으로 설명한다. '다운
로드'를 클릭해 설치 프로그램을 다운로드하자.

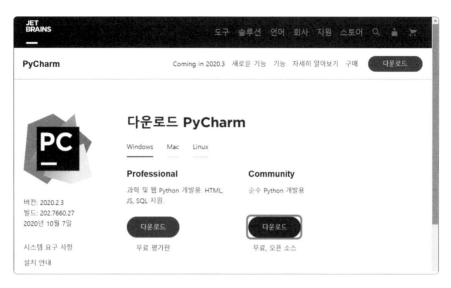

그림 1-13 파이참 다운로드 페이지

파이참 설치하기

TIP
설치 경로나 바탕화면 아이콘
등은 기본 설정을 그대로
따라도 무방하다.

다운로드한 설치 프로그램을 실행한다. 버전에 따라 설치 화면이 조금 다를 수 있
으나 크게 어려운 것은 없으니, 안내문을 읽고 'Next' 버튼을 누르며 설치를 진행
하자.

그림 1-14 파이참 설치 프로그램

1.2.5 파이참 초기 설정하기

설치가 완료되면 윈도우 시작 메뉴에서 'JetBrains PyCharm Community Edition'을
클릭하여 파이참을 실행하자. 파이참을 처음 실행하면 기본 설정 진행을 안내하는
창들이 나온다. 기존에 파이참을 사용해 본 적이 있다면 설정을 불러오는 창이 나
오는데, 'Do not import settings'를 선택하면 된다.

TIP
Do not import settings는
"설정 사항을 불러오지
않는다"는 뜻이다.

그림 1-15 프로그램 설정 불러오기 창

그 다음으로 개인정보 정책 안내 창이 나온다. 계약 조항을 읽어 본 뒤 'Accept' 버
튼을 누르자.

TIP
계약 조항을 승인하지 않으면
프로그램을 사용할 수 없다.

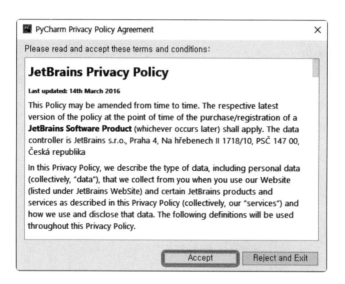

그림 1-16 개인정보 정책 안내 창

그 다음으로 UI 테마를 고르는 창이 나온다. 하얀 배경과 까만 배경 중에서 마음에
드는 UI 테마를 선택하면 된다. 이 책에서는 하얀 배경의 UI 테마를 선택했다.

TIP
UI 테마는 파이참 프로그램의
모양을 고르는 것으로, 앞으로
만들 프로그램의 모양과는
전혀 관계가 없다.

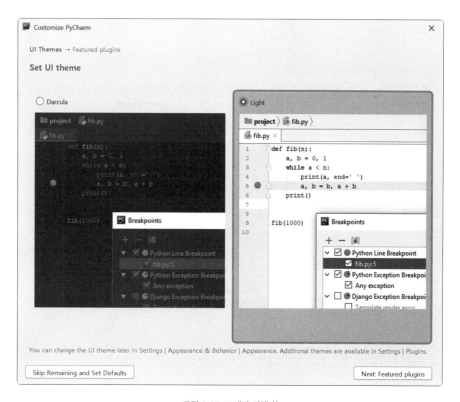

그림 1-17 UI 테마 선택 창

그 다음으로 추천 플러그인 안내 창이 나온다. 플러그인은 파이참 프로그램의 기능을 확장·수정해 주는 보조 프로그램들이다. 여기서 안내되는 플러그인 외에도 여러 가지 플러그인이 있는데, 원하는 게 있다면 설치해도 좋다. 이 책의 내용을 실습할 때는 별도의 플러그인이 필요하지 않다.

기본 설정을 다 했으면 'Start using PyCharm' 버튼을 누른다.

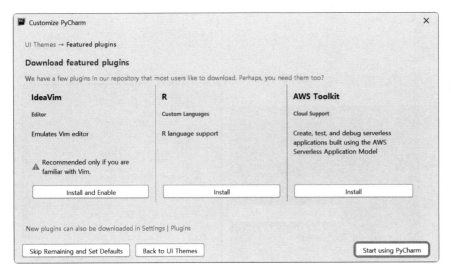

그림 1-18 추천 플러그인 안내 창

TIP
IdeaVim 플러그인은
파이참에서 vim mode를
사용할 수 있게 해준다. Vim
편집기를 사용할 줄 아는
사람만 설치하는 게 좋다.

TIP
Skip Remaining and Set
Defaults는 "생략하고 나머지
설정을 기본값으로"라는
뜻이다.

1.2.6 실습 프로젝트 생성하기

파이참의 기본 설정을 마치면 다음과 같은 웰컴 화면이 나온다.

웰컴 화면에서는 'New Project'를 클릭해 프로젝트를 새로 생성하거나, 'Open'을
클릭해 이전에 진행하던 프로젝트를 열 수 있다. 이 책에서는 학습용 프로젝트를
하나 만들고, 이 프로젝트 속에서 여러 가지 프로그램을 만들어 볼 것이다.

그림 1-19 파이참 웰컴 화면

프로젝트 생성을 위해 'New Project' 버튼을 누르자. 그러면 프로젝트 디렉터리를 어디에 생성할 것인지 지정하는 창이 나온다.

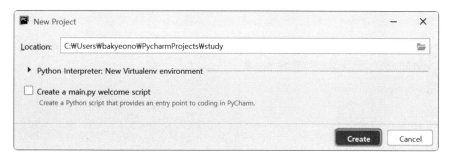

그림 1-20 프로젝트 생성 경로 지정 창

TIP
프로젝트를 모아 두는 기본 경로는 C:\Users\사용자계정\ PycharmProjects\다. 원한다면 다른 경로를 써도 좋다.

프로젝트의 이름은 study로 하자. 그러면 학습용 프로젝트의 경로는 C:\Users**사용 자계정**\PycharmProjects\study가 된다. 이 경로를 입력하고 생성(Create) 버튼을 누른다.

프로젝트를 생성할 때 필요한 라이브러리가 다운로드된다. 다음과 같은 창에서 진행 과정이 안내된다. 준비가 끝날 때까지 몇 분만 기다리자.

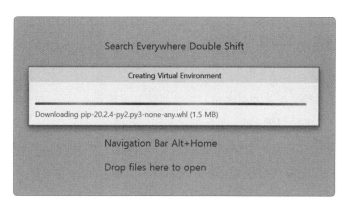

그림 1-21 프로젝트 생성 진행 안내 창

프로젝트 생성이 끝나면 프로젝트 창이 나온다. 이 창에서 파이썬 프로그래밍 실습을 할 수 있다.

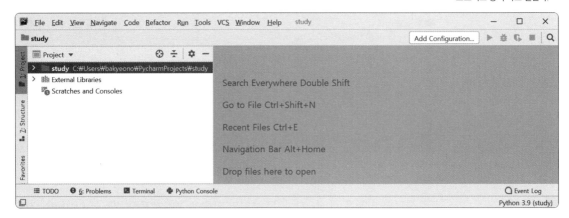

그림 1-22 프로젝트 창

1.3 첫 파이썬 프로그램 만들기

프로그래밍 환경을 준비하느라 고생 많았다. 이제 첫 파이썬 프로그램을 만들어 보자.

1.3.1 파이썬 프로그램 작성하기

실습 파일용 디렉터리 만들기

디렉터리를 만들어 두면 파이썬 프로그램 파일을 서로 어울리는 것끼리 묶어 두기에 좋다. 각 장별로 디렉터리를 만들어 실습 파일을 모아 두자.

파이참 화면 왼쪽의 프로젝트 파일 탭에서, 'study' 디렉터리에 마우스 커서를 올리고 마우스 오른쪽 버튼을 클릭하면 파일 관리 팝업 메뉴가 나온다. 팝업 메뉴에서 'New→Directory'를 클릭하면 디렉터리를 만들 수 있다.

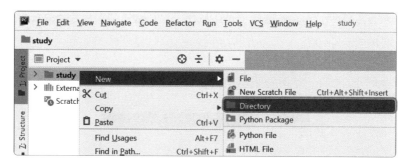

그림 1-23 디렉터리 만들기

디렉터리의 이름을 묻는 창이 나오면 1장을 의미하는 'chapter_1'을 적고 엔터 키를
누르자.

그림 1-24 디렉터리 이름 정하기

TIP
이후 다른 장의 실습을 할
때도 'chapter_2',
'chapter_3'과 같이
디렉터리를 만들면 된다.

'study' 프로젝트 디렉터리 아래에 'chapter_1' 디렉터리가 생성될 것이다.

파이썬 파일 만들기

파이썬은 인터프리트 방식의 언어이기 때문에, 소스코드 파일이 곧 프로그램 파일
이다. 첫 파이썬 프로그램이 될 소스코드 파일을 생성해 보자.

   화면 왼쪽의 프로젝트 파일 탭에서 'chapter_1' 디렉터리에서 마우스 오른쪽 클릭
으로 팝업 메뉴를 연다. 팝업 메뉴에서 'New→Python File'을 선택한다.

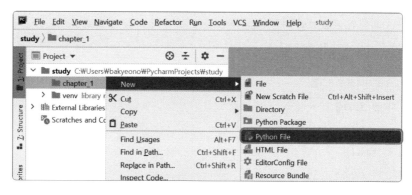

그림 1-25 파이썬 파일 만들기

파일 이름은 `first_program.py`로 짓자. 파일명 끝의 `.py`는 파이썬 소스코드 파일이라는 뜻의 확장자이다.

TIP
확장자는 파일 이름의 마지막 점 기호(.) 뒤에 있는 글자로, 파일의 종류를 나타낸다. zip, exe, txt 등이 있다. 윈도우에서는 파일 탐색기 프로그램에서 '보기→파일 확장자명'을 체크하면 보인다.

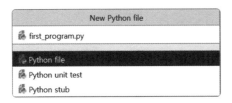

그림 1-26 파이썬 파일 이름 짓기

디렉터리와 파일을 모두 만들었으면 다음과 같은 화면이 될 것이다. 이 화면에서 왼쪽은 프로젝트의 파일을 관리하는 파일 관리 탭, 오른쪽은 프로그램 파일을 편집하는 편집기 탭이다. 오른쪽에 `first_program.py` 파일이 열려 있다.

그림 1-27 디렉터리와 파이썬 파일이 생성된 모습

프로그램 내용 입력하기

그러면 파이썬 프로그램 파일에 다음 코드를 똑같이 따라 입력해 보자. 코드가 무슨 뜻인지는 아직 몰라도 된다.

TIP
코드를 입력할 때는 완전히 똑같이 입력해야 한다. 띄어쓰기, 기호 하나라도 틀리면 오류가 발생할 수 있다. 대문자와 소문자도 구별해야 한다.

코드 1-3 첫 파이썬 프로그램

```python
# 첫 파이썬 프로그램

print('당신의 이름은 무엇인가요?')
name = input()

print(name, '님 반가워요.')
```

코드를 다 입력하면 그림 1-28처럼 될 것이다. 코드를 정확하게 입력했는지 다시 한번 잘 확인해 보자.

그림 1-28 코드 입력을 마친 모습

코드를 입력하거나 수정하면 내용이 저절로 파일에 저장된다.

1.3.2 파이썬 프로그램 실행하기

앞에서 만든 첫 파이썬 프로그램을 실행해 보자. 파이참 상단 메뉴에서 'Run → Run...'을 클릭한다.

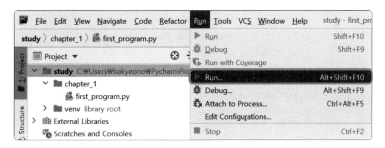

그림 1-29 파이썬 프로그램 실행하기

그러면 어떤 파일을 실행할지 묻는 창이 나온다. 작성한 파일의 이름인 'first_program'을 고르자.

그림 1-30 실행 대상 파일 선택 창

프로그램을 실행하면 파이참 아래쪽에 콘솔 탭이 열리고 프로그램의 실행 결과가 출력된다.

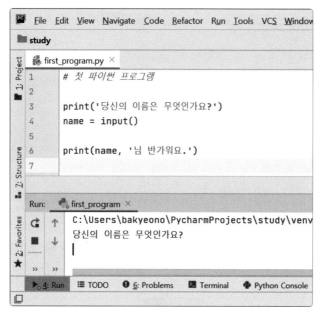

그림 1-31 프로그램을 실행한 모습

프로그램에서 "당신의 이름은 무엇인가요?"라고 묻고 있다. 콘솔 탭을 클릭한 뒤 자신의 이름을 입력하고 엔터 키를 입력해 보자. 그러면 "박연오 님 반가워요." 하고 입력한 이름과 함께 인사가 출력될 것이다.

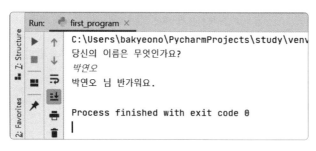

그림 1-32 콘솔 탭에 이름 입력하기

TIP
Process finished with exit
code 0는 "종료 코드 0으로
프로세스가 종료됐다"는
뜻이다. 종료 코드가 0이면
정상 종료이고 그 외의 값이면
오류가 발생한 종료이다.

프로그램 실행이 끝나면 "Process finished with exit code 0"이라는 메시지가 출력
된다. 프로그램이 오류 없이 성공적으로 실행을 마쳤다는 뜻이다.

오류가 발생했을 때

코드를 잘못 입력했다면 오류가 발생할 수 있다. 오류가 발생하면 그림 1-33과 같
이 오류 메시지가 출력되며 프로그램의 실행이 중단된다. 오류가 발생했다면 잘못
입력한 것이 없는지 한번 더 살펴보고, 틀린 것을 고친 뒤 다시 실행한다.

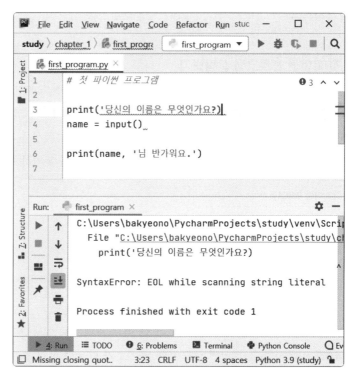

그림 1-33 구문 오류가 발생한 모습

✅ 오류를 줄이기 위해 초보자가 명심해야 하는 것

1. 괄호를 열었으면 닫아야 한다. 이때 연 괄호와 매칭되는 괄호로 닫아야 한다. 예를 들어
   여는 소괄호 (로 열었으면, 닫는 소괄호)로 닫아야 한다.

2. 따옴표를 열었을 때도 닫아야 하며, 여는 따옴표와 닫는 따옴표는 서로 같은 기호를 이용
   해야 한다. '당신의 이름은 무엇인가요?'는 옳지만, '당신의 이름은 무엇인가요?"는 옳지 않다.

3. 알파벳을 입력할 때 대문자와 소문자를 구별해야 한다. print와 PRINT는 다르다.

4. 단어를 정확하게 입력해야 한다. input을 lnput으로 잘못 입력하면 안 된다.

5. 기호 하나라도 모두 올바르게 입력해야 한다. 쉼표(,)를 입력해야 할 자리에 마침표(.)를 입력하면 안 된다.

프로그래밍을 하다 보면 여러 가지 오류가 발생할 수 있다. 인간은 누구나 실수를 하기 때문에 아무리 숙련된 프로그래머라도 오류는 피할 수 없다. 오류가 발생하면 걱정하지 말고 코드를 자세히 살펴보자. 특히 코드에서 빨간색으로 표시된 부분 근처를 잘 확인해 보면 틀린 곳을 쉽게 찾을 수 있다. 프로그래밍에 익숙해지면 오류도 점점 줄어든다.

1.3.3 첫 파이썬 프로그램 살펴보기

프로그램을 만들어 실행해 보았지만 아직 프로그램의 의미는 잘 모르는 상태다. 코드 1-3을 살펴보고 파이썬 프로그램의 기본을 알아보자. 코드 1-4는 코드 1-3에 각 행의 번호를 붙인 것이다. 이 번호는 파이썬 코드가 아니다. 가독성을 위해 파이참 창의 왼쪽에 나타나는 번호이다. 이후의 코드에서는 이 번호를 표기하지 않는다.

TIP

왼쪽에 있는 번호는 파이썬 코드가 아니므로, 입력하지 않는다. 프로그램에 영향을 미치지도 않는다.

코드 1-4 **첫 파이썬 프로그램**

```
1    # 첫 파이썬 프로그램
2
3    print('당신의 이름은 무엇인가요?')
4    name = input()
5
6    print(name, '님 반가워요.')
```

파이썬 프로그램은 기본적으로 위에서부터 한 행씩 차례대로 실행된다. 1번 행은 샵 기호(#)로 시작되었다. 파이썬 코드에서 샵 기호가 나오면 샵 기호 뒤의 내용은 실행되지 않는다.

　샵 기호로 시작하는 내용은 프로그램에 설명을 남기기 위한 메모이며, 주석이라고 한다. 주석은 프로그램의 실행에는 영향을 미치지 않기 때문에 불필요하다고 생각할 수도 있지만, 사람이 코드를 더 잘 이해할 수 있게 해 주기 때문에 중요하다. 프로그램은 컴퓨터만이 아니라 사람도 쉽게 읽을 수 있어야 한다. 1번 행은 전체가 주석이므로 실행되지 않고 넘어갔다.

　2번과 5번 행은 빈 행이다. 빈 행은 실행되지 않지만 사람이 프로그램을 읽기 쉽도록 내용을 구분할 때 쓴다. 글쓰기에서 의미상 구분이 필요할 때 단락을 나누는 것과 비슷하다.

3번과 6번 행에는 print() 함수가 사용되었다. print() 함수는 괄호 안의 내용을 화면에 출력한다. 텍스트를 출력할 때는 **'당신의 이름은 무엇인가요?'**와 같이 글자를 따옴표(')로 감싸주어야 한다. 따옴표는 다른 프로그램 코드와 텍스트를 구별하기 위한 것이다. 그래서 따옴표 자체는 출력되지 않는다.

4번 행에는 input() 함수가 사용되었다. input() 함수는 사용자에게서 키보드로 텍스트를 입력받을 때 사용한다. 사용자가 입력한 데이터는 name이라는 변수에 대입되었다.

이제 첫 번째 프로그램은 다 실습했다. 프로그램 편집기 탭의 first_program.py 에서 ⊗ 버튼을 눌러 파일을 닫아 두자.

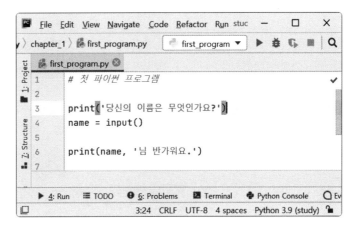

그림 1-34 편집을 마친 파일 닫기

1.3.4 대화식 셸 사용하기

파이썬 프로그램 파일을 작성하고 실행시키는 과정이 그렇게 어렵지는 않았을 것이다. 그런데 이 책에서만도 수많은 예제를 실행해 볼 텐데, 간단한 예제를 실행할 때마다 파일을 만들어야 한다면 불편하지 않을까? 그런 의문이 들었다면 대화식 셸을 만나볼 때이다.

대화식 셸은 파이썬 프로그램 파일을 직접 만들지 않고도 간단한 파이썬 코드를 실행해 볼 수 있는 도구이다. 대화식 셸에 파이썬 코드 한 행을 입력하면 마치 메신저로 채팅을 하는 것처럼 대화식 셸이 코드의 실행 결과를 출력해 준다.

파이참에서 대화식 셀을 사용하려면 파이참 상단 메뉴에서 'Tools→Python or Debug Console' 을 클릭해 콘솔 창을 열어야 한다.

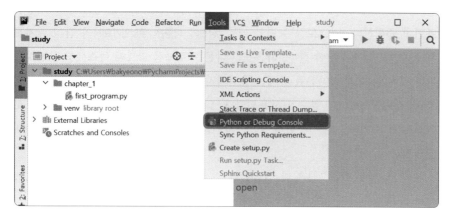

그림 1-35 대화식 셀 실행하기

그러면 앞서 프로그램을 실행했을 때와 마찬가지로, 파이참 화면 아래쪽에 콘솔 탭이 열린다. >>> 기호(프롬프트)가 나오고 커서가 깜빡일 것이다. 여기에 원하는 파이썬 코드를 입력하여 바로 실행할 수 있다.

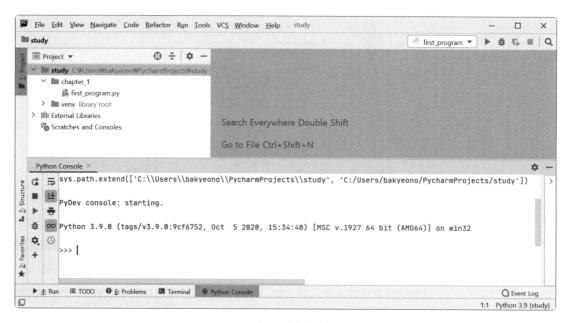

그림 1-36 대화식 셀

대화식 셀에 print(1234 + 5678)이라고 입력해 보자. 입력한 식의 계산 결과 6912
이 출력될 것이다. 대화식 셀에서는 print() 함수를 사용하지 않아도 코드의 실행
결과가 저절로 화면에 출력된다. print() 없이 1234 + 5678만 입력해도 결과가 출
력되는 걸 확인할 수 있다.

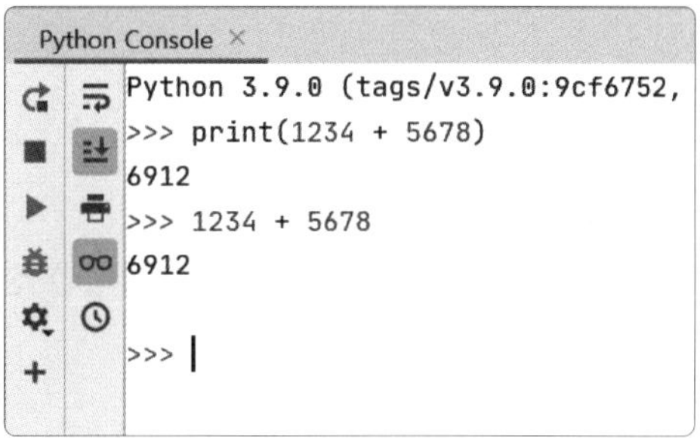

그림 1-37 대화식 셀은 print() 함수 없이도 결과를 출력한다

이처럼 대화식 셀은 파이썬 코드가 한 행 입력될 때마다 바로 그 코드를 실행한다.
프로그램을 작성하고 실행하는 과정을 거치지 않고 바로 결과를 확인할 수 있어 편
리하다.

프로그램 파일을 작성하는 도중에도 대화식 셀을 열어 활용할 수 있다.

함수의 사용법을 알려주는 help 함수

이 책을 학습하면서 print(), input()과 같은 함수들을 많이 접하게 될 것이다. 파
이썬에는 다양한 역할을 하는 수많은 함수가 있다. 이런 함수들의 사용법을 다 외
우기는 어렵지 않을까? 파이썬 프로그래밍을 하는 중 함수의 사용법이 잘 기억나
지 않으면 help() 함수로 도움말을 볼 수 있다. 대화식 셀에서 help() 함수에 알
고 싶은 함수의 이름을 적어 실행하면 된다. 예를 들어, help(print)라고 입력하면
print() 함수의 사용법을 볼 수 있다.

코드 1-5 **help() 함수로 print() 함수 도움말 보기**

```
>>> help(print)
Help on built-in function print in module builtins:

print(...)
    print(value, ..., sep=' ', end='\n', file=sys.stdout, flush=False)

    Prints the values to a stream, or to sys.stdout by default.
```

```
Optional keyword arguments:
file:  a file-like object (stream); defaults to the current sys.stdout.
sep:   string inserted between values, default a space.
end:   string appended after the last value, default a newline.
flush: whether to forcibly flush the stream.
```

도움말이 영어로 출력되는 점은 아쉽지만, 파이썬 실습 도중 빠르게 찾아볼 수 있어 편리하다.

1.3.5 프로그램 실습 과정

첫 프로그램을 만들어 본 경험에 비춰, 프로그램 실습 과정을 정리해 보자.

1. 파이참을 실행한다.
2. 각 장마다 chapter 디렉터리를 만든다.
3. 실습할 파이썬 파일을 만든다.
4. 파일에 프로그램 코드를 작성한다.
5. 프로그램을 작성하는 도중 코드의 실행 결과가 궁금하면 대화식 셸에 입력해 본다.
6. 함수의 이름을 알 때, 함수의 사용법을 보고 싶으면 help() 함수를 사용한다.
7. 작성한 프로그램을 실행해 본다.
8. 오류가 발생한 경우 4로 돌아가 오류를 수정한다.
9. 프로그램의 실행 결과가 만족스럽지 않다면 4로 돌아가 프로그램을 개선한다.
10. 완성!

앞으로 이 책의 내용을 실습하거나 연습문제를 풀 때는 이 과정을 따르면 된다.

1장을 맺으며

1장에서는 파이썬 프로그래밍 학습을 위한 준비를 했다. 프로그래밍 언어가 무엇인지 간단히 알아보았고, 개발 환경을 구성했고, 첫 번째 프로그램도 만들어 봤다. 파이참은 기능이 많은 프로그램이어서 다루기 어렵게 느낄 수 있다. 이것저것 건드려 보는 것을 두려워하지 말기 바란다. 뭔가 잘못되면 그냥 프로그램을 새로 설치하면 된다. 이제 첫발은 담갔다. 이 앞에 무엇이 있는지, 뚜벅뚜벅 나아가 살펴보자.

1장 요약

1. 프로그램은 작업의 수행 과정을 설명한 지식이다.

2. 프로그래밍은 컴퓨터 프로그램을 만드는 활동이다.

3. 기계어는 컴퓨터가 이해하는 유일한 언어이며, 프로그래밍 언어는 프로그램을 작성할 때 사용하는 언어로 사람도 쉽게 이해할 수 있다.

4. 번역 프로그램을 이용해 프로그래밍 언어를 기계어로 번역하거나 실행시킬 수 있다.

5. 파이썬은 배우기 쉽고 사용하기 편리하며, 다양한 분야의 프로그래밍에 활용 된다.

6. 통합 개발 환경 프로그램 '파이참'을 이용해 파이썬 프로그램을 만들 수 있다. 파이참에서 'Run' 기능을 실행하면 시스템에 설치된 파이썬 인터프리터로 프로 그램을 실행한다.

7. `print()` 함수는 값을 출력하고, `input()` 함수는 사용자에게서 값을 입력받는다.

8. 대화식 셸을 이용하면 프로그램 파일을 만들지 않고도 한 행씩 입력하여 실행 결과를 확인할 수 있다.

9. 파이썬 함수의 사용법이 궁금할 때 `help()`를 실행하면 도움말을 볼 수 있다.

연우의 파이썬 **2장**

수식을 계산하고
정보를 기억하기

컴퓨터는 사람의 생각을 보조하는 기계이다. 컴퓨터는 각종 계산을 사람보다 훨씬 빠르고 정확하게 수행할 수 있다. 그리고 정보도 정확하게 오랫동안 기억할 수 있다. 하지만 컴퓨터가 할 수 있는 일은 그뿐이다. 컴퓨터가 어떤 문제를 어떻게 풀지는 사람이 지시해야 한다. 그러므로 컴퓨터를 이용한 문제 해결은 사람과 컴퓨터의 협업 과정이라고 볼 수 있다. 사람은 현실의 문제를 추상화하고, 푸는 과정을 프로그래밍한다. 그러면 컴퓨터는 사람이 만들어 준 프로그램에 따라 계산을 수행한다. 어떤 문제를 수식으로 나타낼 수 있다면 프로그램으로도 나타낼 수 있고, 컴퓨터를 이용해 그 수식을 계산할 수 있다.

2장에서는 파이썬을 이용해 수식을 계산하고 정보를 기억하는 방법을 배운다. 이를 응용해 현실에서 생기는 문제도 해결해 본다.

2장의 내용

2.1 수식 계산

파이썬은 일종의 고급 계산기처럼 사용할 수 있다. 파이썬 코드로 다양한 계산식을 표현할 수 있는데, 컴퓨터는 이 수식을 그대로 계산해 준다. 수식이라고 하면 어렵게 느껴질 수 있으나 사칙연산과 부등식 정도이니 걱정하지 않아도 된다.

2.1.1 수식 나타내고 계산하기

파이썬에서 수식을 계산하는 건 어렵지 않다. 1장에서 해 본 것처럼, 파이참을 실행하고 대화식 셀에 수식을 입력하면 된다.

>>>이라는 입력 표시가 나와 있는 코드는 모두 대화식 셀에서 입력하는 예제이다. >>>를 빼고 입력해 결과를 직접 확인해 보자.

코드 2-1 간단한 수식 계산

```
>>> 1917 - 2017
-100

>>> 32 * 3.1415  # 별 기호(*)는 곱셈을 의미한다.
100.528

>>> 90 / 360      # 빗금 기호(/)는 나눗셈을 의미한다.
0.25
```

대화식 셀에 수식을 입력하면 바로 계산되어 결과가 출력된다.

파이썬에서 수식을 표기하고 계산하는 방법은 수학과 거의 비슷하다. 다른 점은 곱셈에 별 기호(*)를, 나눗셈에 빗금 기호(/)를 사용한다는 점이다. 곱셈과 나눗셈을 계산할 때 유의하자.

연산자

덧셈 기호(+), 뺄셈 기호(-)처럼 수를 어떻게 계산해야 하는지 알려 주는 기호를 연산자라 한다. 파이썬에는 사칙연산을 비롯한 여러 가지 연산자가 있다.

TIP
대화식 셀은 파이썬 프로그램 파일을 작성하지 않고도 한 행씩 명령을 바로 실행하며 결과를 확인할 수 있는 도구이다. 기억이 나지 않는다면 25쪽을 다시 살펴보자.

TIP
샵 기호(#) 뒤의 내용은 주석이므로 입력하지 않아도 된다.

연산자	의미	연산자	의미
+	덧셈	**	거듭제곱
−	뺄셈 또는 부호 바꾸기	//	몫
*	곱셈	%	나머지
/	나눗셈		

표 2-1 수의 계산을 위한 연산자

표 2-1에 나온 연산자들을 살펴보자. 덧셈, 뺄셈, 곱셈, 나눗셈이야 모르는 사람이 없다. 하지만 거듭제곱, 몫, 나머지를 구하는 연산자는 생소할 수도 있다. 어떻게 동작하는지 대화식 셸에 입력해 알아보자.

코드 2-2 **거듭제곱**

```
>>> 2 ** 8        # 2의 8제곱
256

>>> 9999 ** 9999  # 9999의 9999제곱
3678978362165515792692625984783565804550254...(결과 생략)
```

사람이 감당하기 힘들 정도로 복잡한 거듭제곱도 컴퓨터는 순식간에 계산해 낸다.

이번에는 나눗셈, 몫, 나머지를 비교해 보자.

코드 2-3 **나눗셈, 몫, 나머지**

TIP
100/3 의 계산 결과에서 마지막에 왜 6이 붙었을까? 컴퓨터의 실수 계산에는 미세한 오차가 있다. 자세한 내용은 86쪽에서 설명한다.

```
>>> 100 / 3   # 나눗셈 연산자는 소수점 아래의 작은 단위까지 구해 준다.
33.333333333333336

>>> 100 // 3  # 몫 연산자는 몫만 구하고 소수점 아래 자리는 버린다.
33

>>> 100 % 3   # 나머지 연산자를 이용하면 남은 수를 구할 수 있다.
1
```

뺄셈 기호(−)는 뺄셈 연산자로도 쓰이지만, 수의 부호를 바꿀 때도 쓰인다. 뺄셈 기호 왼쪽에 수(피연산자)가 없고 오른쪽에만 수가 있으면, 그 수의 부호를 바꾼다.

코드 2-4 **부호 바꾸기 연산**

```
>>> - 100     # −는 수의 부호를 바꾼다.
−100

>>> - - 100   # 부호를 두 번 바꾸면 원래 수가 된다.
100
```

지금 소개한 연산자는 모두 수의 계산에 관련된 산술 연산자이다. 산술 연산자 외에도 변수에 값을 대입하는 대입 연산자, 두 값을 비교하는 비교 연산자, 조건식을 연결하는 논리 연산자 등이 있다. 이 연산자들도 차근차근 알아보자.

연산자가 여러 개일 때의 연산 순서

수식에서는 여러 개의 연산자가 중첩될 수 있고, 얼마든지 많아질 수도 있다. 수식이 길고 복잡해도 하나씩 계산해 나가면 된다. 이때 중요한 것은 연산자의 연산 순서이다. 연산 순서에 따라 최종 계산 결과가 달라질 수 있기 때문이다.

연산은 왼쪽에서 오른쪽 순으로 계산하되, 곱셈과 나눗셈을 덧셈과 뺄셈보다 먼저 계산한다. 그러므로 1 + 3 / 2 식을 파이썬으로 계산하면 2가 아니라 2.5가 된다.

TIP
파이썬의 연산 순서는 수학과 똑같다.

코드 2-5 연산 우선순위

```
>>> 1 + 3 / 2   # 나눗셈이 덧셈보다 연산 우선순위가 높다.
2.5
```

연산 순서를 조정하는 방법도 수학과 같다. 먼저(혹은 독립적으로) 계산되어야 할 부분이 있다면 괄호로 둘러싼다. 1 + 3 / 2 식에서 덧셈이 먼저 계산되게 해 보자.

코드 2-6 괄호를 이용해 연산 순서 조정하기

```
>>> (1 + 3) / 2   # 괄호로 둘러싼 식이 먼저 계산된다.
2.0

>>> (20 - 10) + (40 / (-2 - 8))   # 더 복잡한 식도 마찬가지
6.0
```

식이 너무 길 때

식이 너무 길어지면 행바꿈을 하고 다음 행에 이어서 식을 작성하고 싶을 것이다. 그런데 엔터 키를 눌러 행 바꿈을 하면 입력한 부분까지만 식이 계산되어 버린다. 예를 들어 1부터 15까지 모든 자연수를 더하는 식을 작성하다가 중간에 엔터 키를 누르면, 다음과 같이 된다.

코드 2-7 식을 입력하는 도중 엔터 키를 누른 경우

```
>>> 1 + 2 + 3 + 4 + 5   # 엔터 키를 누르면 식이 바로 계산된다.
15
```

이때 괄호를 이용하면 행을 바꾸어 가며 식을 입력할 수 있다. 괄호가 열린 채로 식을 입력하면, 중간에 행을 바꾸더라도 식이 끝나지 않는다. 괄호를 닫고 엔터 키를 눌러야 비로소 식이 계산된다.

코드 2-8 식을 괄호로 감싸 여러 행에 걸쳐 입력하기

```
>>> (1 + 2 + 3 + 4 + 5        # 식을 괄호로 감싸면
... + 6 + 7 + 8 + 9 + 10      # 행을 바꿔도 계속 입력할 수 있다.
... + 11 + 12 + 13 + 14
... + 15)                     # 괄호를 닫으면 식이 계산된다.
120
```

파이참의 대화식 셸에서 여러 행에 걸쳐 식을 입력할 경우, 프롬프트가 ...으로 변한다. 다음 행에서 코드 입력을 대기하고 있으므로 마저 입력하라는 뜻이다. 코드를 다 입력하면(괄호를 닫으면) 프롬프트가 원래 모양(>>>)으로 바뀐다.

2.1.2 등식과 부등식

수학에서 등식과 부등식은 수의 크기를 비교할 때 사용된다. 파이썬에서도 등식과 부등식을 표현할 수 있고, 컴퓨터는 그 식이 참인지 거짓인지 계산해 준다.

등식과 부등식에서 데이터를 비교할 때 사용되는 연산자를 비교 연산자라 한다. 양변이 같음을 의미하는 연산자는 ==이다. 등호를 두 개 붙여 쓴다. 다음 절에서 배울 대입 연산자(=)와는 전혀 다르므로 등호 개수를 잘 구별하자. 양변이 다름을 의미하는 연산자는 !=이다. 느낌표와 등호를 붙여 쓴다. 비교 연산자는 이 외에도 몇 개가 더 있다. 표 2-2를 참고하자.

TIP
== 연산자와 != 연산자는 자주 사용되니 잘 기억해 두자.

비교 연산자	의미	비교 연산자	의미
==	양변이 같다.	<=	좌변이 우변보다 작거나 양변이 같다. (이하)
!=	양변이 다르다.	>	좌변이 우변보다 크다. (초과)
<	좌변이 우변보다 작다. (미만)	>=	좌변이 우변보다 크거나 양변이 같다. (이상)

표 2-2 비교 연산자

다음은 여러 가지 등식과 부등식을 파이썬으로 나타내고 계산한 것이다.

코드 2-9 등식과 부등식

```
>>> 1+2 == 3   # 양변이 같다. (==)
True
```

```
>>> 1+2 != 4  # 양변이 다르다. (!=)
True

>>> 1 < 2      # 좌변이 우변보다 작다. (<)
True

>>> 1 > 2      # 좌변이 우변보다 크다. (>)
False

>>> 1 < 2 < 3 < 4  # 여러 수를 한 행에서 비교할 수도 있다.
True
```

등식과 부등식의 계산 결과가 True 또는 False로 출력된다. True는 식의 계산 결과가 참임을, False는 식의 계산 결과가 거짓임을 의미한다. 비교 연산은 컴퓨터를 이용해 어떤 사실을 판단하고 조건에 따른 처리를 하는 데 중요한 역할을 한다.

TIP
비교 연산은 6장에서 자세히 다룬다.

2.1.3 함수를 이용한 계산

수학에는 다양한 계산법이 있기 때문에 사칙연산만으로는 수식을 풀기에 부족하다. 덧셈·뺄셈처럼 산술 연산에 기호를 할당해 두면 좋겠지만, 할당할 수 있는 기호는 한정되어 있다. 그래서 연산자 대신 함수 형태로 제공되는 연산이 많다. 몇 가지 수학 함수로 수를 계산하는 방법을 알아보자.

함수	의미
abs( )	수의 절댓값(absoute number)을 구한다.
round( )	수를 반올림(banker's rounding)한 값을 구한다.
math.sqrt( )	수의 제곱근(square root)을 구한다.

표 2-3 수를 계산하는 함수

1장에서 화면에 텍스트를 출력하는 print() 함수를 써 봤다. 표 2-3의 함수도 사용법은 같다. 함수 이름에 괄호를 붙이고 그 안에 연산하려는 데이터를 넣어 주면 된다. 대화식 셸에 코드를 직접 따라 입력해 보자.

코드 2-10 abs() 함수로 절댓값 구하기

```
>>> abs(10)    # 양의 정수 10의 절댓값
10

>>> abs(-10)   # 음의 정수 -10의 절댓값
10
```

round() 함수는 괄호 안에 반올림하려는 수와 반올림할 위치를 콤마(,)로 구분해 입력한다. 반올림 위치는 생략할 수 있으며 생략하면 정수로 반올림된다. 다음 코드를 대화식 셀에 입력하여 확인하자.

코드 2-11 **round() 함수로 소수 반올림하기**

```
>>> round(3.141527)        # 소수를 정수로 반올림
3

>>> round(3.141527, 2)    # 소수점 둘째 자리까지 반올림
3.14

>>> round(3.141527, 4)    # 소수점 넷째 자리까지 반올림
3.1415

>>> round(10 / 6)          # 10 / 6(1.66...)을 정수로 반올림
2
```

TIP
지금은 math으로 시작되는 함수를 사용하기 전에는 import math를 실행해 두어야 한다는 것만 기억해 두자.

제곱근을 구하는 함수 math.sqrt()를 사용하려면 먼저 math 모듈을 임포트해야 한다. math 모듈은 수학 계산과 관련된 기능을 묶어 둔 것이다. import math 명령을 한 번 실행하면 math.으로 시작되는 함수를 사용할 수 있다. 모듈과 import 문에 관해서는 10장에서 자세히 배운다.

코드 2-12 **math.sqrt() 함수로 제곱근 구하기**

```
>>> import math    # math 모듈을 임포트한다.
>>> math.sqrt(2)  # 2의 제곱근
1.4142135623730951

>>> math.sqrt(9)  # 9의 제곱근
3.0
```

이상으로 기본적인 수학 함수 몇 가지를 살펴보았다. 수를 계산하는 데는 연산자뿐 아니라 함수도 사용되며, 연산자와 함수는 사용법이 크게 다르지 않다.

2.1.4 수식을 응용한 문제

여러분이 프로그래밍으로 해결해야 할 문제는 "100/3은 무엇인가"가 아니라 "학생 100명을 3개의 학급에 균등하게 나누라" 같은 형태로 주어질 것이다. 이런 문제는 수식과는 달리 컴퓨터 프로그램으로 간단히 옮길 수가 없다. 컴퓨터는 사람의 말과 생각을 이해하지 못하기 때문이다.

현실의 문제는 수식으로 제공되지 않는다

프로그래머가 해결해야 하는 현실의 문제는 수식 형태로 제공되지 않는다. 사람의 말(자연어)로 주어진 문제를 해결하려면, 여러분이 문제에서 다루어야 할 수와 데이터를 추려내고, 그 처리 방법을 수식과 프로그램으로 작성할 수 있어야 한다. 문제에서 수식을 찾아내는 것이 쉽지는 않지만, 많이 연습하면 익숙해질 수 있다. 간단한 문제를 하나 살펴보자.

> 연오는 자취방을 구하고 있다. 열심히 발품을 팔며 조사한 끝에 마음에 드는 방 두 개를 찾았다.
>
> - 방 A는 가로 2.5m, 세로 3m이고, 월세 27만원이다.
> - 방 B는 가로 4m, 세로 2m이고, 월세 30만원이다.
>
> 어느 방이 가격 대비 더 넓은가?

이 문제는 컴퓨터가 이해할 수 없는 언어로 작성되어 있다. 따라서 여러분이 직접 문제를 해석하여 수식을 작성해야 한다. 다행히 문제가 명확하게 정의되어 있고, 문제를 해결하는 방법도 간단하다. 직각사각형의 넓이를 구하는 식(가로길이×세로길이)만 알면 다음과 같이 쉽게 비교식을 만들 수 있다.

$$\frac{2.5 \times 3}{27} < \frac{4 \times 2}{30}$$

이 식의 결과가 참이라면 가격 대비 방 B가 더 넓은 것이고, 거짓이라면 방 A가 더 넓은 것이다. 이 식을 직접 계산한다면 골치가 아프지 않겠는가? 수식을 코드로 옮겨 실행하면 컴퓨터가 계산을 대신해 준다. 이 수식을 대화식 셸에 입력해 보자.

코드 2-13 **두 방의 넓이 비교**

```
>>> (2.5 * 3 / 27) < (4 * 2 / 30)
False
```

계산 결과가 거짓이므로, 방 A가 가격 대비 더 넓다는 것을 알 수 있다. 이렇게 현실의 문제는 먼저 수식으로 나타낸 뒤, 프로그램으로 옮겨 계산하면 된다.

실제 문제를 다룰 때 필요한 도메인 지식

파이썬 문법을 잘 아는 것만으로는 모든 문제를 해결할 수 없다. 앞에서 다룬 방 넓이를 비교하는 문제만 생각해 봐도, 직사각형의 넓이를 구하는 방법을 모른다면 프로그램을 작성하기 어려울 것이다. 좀 더 복잡하고 어려운 현실의 문제를 해결할 때는 더 많은 지식이 필요하다. 다음 문제를 살펴보자.

> 주식회사 파이중공업은 한 해 동안 철강, 석유 등의 원자재(불변자본)를 구매하는 데 30억 원을, 노동자를 고용(가변자본)하는 데 15억 원을 사용했다. 파이중공업은 이를 통해 선박을 제조·판매하여 45억 원의 순수익(잉여가치)을 냈다.
> 파이중공업의 한 해 이윤율은 얼마인가?

이 문제도 여러분이 해석하여 수식을 작성해야 한다. 그런데 이윤율을 어떻게 구할 수 있는지 알고 있는가? 위키백과에서 '이윤율'을 검색해 보면 힌트를 얻을 수 있다. '이윤율의 경향적 저하 법칙'이라는 문서에 이윤율 공식이 다음과 같이 나와 있다.

$$r = \frac{S}{C+V}$$

r이 이윤율, C가 불변자본, V가 가변자본, S가 잉여가치액이므로, 이 문제는 다음과 같이 계산한다.

코드 2-14 **파이중공업의 이윤율 계산**

```
>>> 45 / (30 + 15)
1.0
```

프로그래밍 기술이 아니라 문제 자체에 관련된 지식을 도메인 지식(domain knowledge)이라 한다. 문제 해결을 요청한 사람은 해당 분야의 지식을 당연하게 여겨 특별히 언급하지 않았지만 프로그래밍을 하는 사람에게는 그런 지식이 없을 수도 있다. 문제 해결에 필요한 도메인 지식을 알지 못할 때는 문제 해결을 요청한 당사자에게 정보를 요구하거나 직접 조사해야 한다.

2장부터는 연습문제가 제공된다. 프로그래밍 학습은 숙달이 필요한 과정이므로 연습문제를 많이 풀어 보는 것이 중요하다.

각 장에는 연습문제가 있고, 번호가 매겨져 있다. 연습문제를 풀 때는 프로그램 파일을 exercise_**장번호_문제번호**.py와 같은 형식의 파일명으로 만들자. 2장의 1번 문제라면 파일명은 exercise_2_1.py가 된다. 만든 프로그램을 실행해서 출력 결과가 올바른지도 확인해야 한다. 필요한 지식을 구하고 수식을 이끌어 내어, 현실의 문제를 해결하는 프로그램을 작성해 보자.

연습문제 2-1　다음 수식을 파이썬 프로그램으로 작성하고 계산 결과를 출력하라.

$a.\ \dfrac{(-32+96) \times 12}{3}$

$b.\ (3 \times 4 - \dfrac{-27+67}{4})^8$

$c.\ \dfrac{512 + 1968 - 432}{2^4} + 128$

$d.\ 256 = 2^8$

$e.\ 50 + 50 \le 10 \times 10$

$f.\ 99 \ne 10^2 - 1$

$g.\ |-100|$

HINT 대화식 셸은 수식 계산 결과를 자동으로 출력해 준다. 하지만 프로그램 파일을 작성할 때는 출력 명령을 여러분이 직접 내려야 한다. 화면에 결과를 출력하는 방법이 기억나지 않는다면 25쪽을 참고하자.

HINT 식이 복잡해 작성하기 어렵다면 대화식 셸에 한 부분씩 입력하며 중간 결과를 확인하자.

연습문제 2-2　다음 수식을 소수점 둘째 자리까지만 계산하여 파이썬 프로그램으로 출력하라.

$\sqrt{3}$

HINT 반올림은 round() 함수를 이용한다. 자릿수는 round(**수, 자릿수**)와 같은 형태로 지정한다.

연습문제 2-3 외국 인터넷 쇼핑몰에서 노트북을 구매하려 한다. 이 쇼핑몰에서는 달러(USD) 또는 유로(EUR)로 결제할 수 있고, 노트북의 가격은 780달러 또는 650유로이다. 달러로 사는 것과 유로로 사는 것 중 어느 쪽이 더 저렴한가? 파이썬 프로그램을 작성하여 해결해 보라.

HINT 이 문제에서 필요한 도메인 지식은 달러와 유로의 가격(환율)이다. 현재 환율을 인터넷에서 검색해 보자. 환율은 매일 바뀌니 문제를 푸는 시기에 따라 답이 다를 수 있다.

연습문제 2-4 어느 학교의 운동장은 원형이고 지름이 100m이다. 운동장의 가장자리에 바깥쪽 트랙이 있고, 그 트랙에서 5m 안쪽에 안쪽 트랙이 있다. 이 운동장에서 두 선수가 나란히 운동장을 한 바퀴 달리는 시합을 하려 한다. 두 선수가 달리는 거리를 서로 같게 하려면 안쪽 트랙에서 달리는 선수가 바깥쪽 트랙에서 달리는 선수보다 몇 미터 더 뒤에서 달려야 하는가? 파이썬 프로그램을 작성하여 해결해 보라.

2.2 변수와 이름

초창기 컴퓨터를 발명한 사람들은 수학자들이었다. 그런 만큼 프로그래밍의 많은 개념이 수학과 닮았다. 프로그래밍에서 사용되는 변수(variable)도 대수학에서 가져온 개념이다. 하지만 프로그래밍의 변수는 수학의 변수 그 이상이어서, 데이터에 이름을 붙이거나, 데이터를 기억하는 등 용도가 더 다양하다. 변수가 프로그래밍에서 어떻게 활용되는지 살펴보자.

2.2.1 수학의 변수와 프로그래밍의 변수

수학의 변수

컴퓨터 프로그래밍의 변수를 알아보기 위해, 먼저 수학의 변수가 무엇인지 기억을 떠올려 보자. 수학이라는 말에 지레 겁먹지 않아도 된다. 프로그래밍의 변수를 이해하는 데 도움을 줄 정도만 다루니 마음을 놓고 읽어 보자.

$$x + 3$$

3은 고정된 상수이고, x는 값이 정해지지 않은 변수이다. 이처럼 수학의 변수는 식에서 값이 정해지지 않은 수(미지수)를 나타낸다. 그런데 지금 상태로는 계산을 할 수가 없다. x가 어떤 값이 되느냐에 따라 답이 달라지기 때문이다. 식을 계산하기 위해서는 변수의 값이 특정되어야 한다. 변수의 값을 특정한 수로 바꾸는 것을 대입이라 한다.

변수 x에 수 6을 대입해 보자. 수학에서 대입을 할 때는 등호(=)를 이용하므로, 다음과 같이 나타낼 수 있다.

$$x = 6$$

이제 x에 6을 대입했으므로, $x + 3$을 계산할 수 있다. 계산 결과는 물론 9이다.

$$x + 3 \; \rightarrow \; 6 + 3 \; \rightarrow \; 9$$

프로그래밍의 변수

프로그래밍에서는 변수를 어떻게 사용할까? 파이참 대화식 셀에 x + 3이라는 식을 입력하여 계산해 보자.

코드 2-15 x + 3을 계산하면 오류가 발생한다

```
>>> x + 3
NameError: name 'x' is not defined
```

"이름 오류: 이름 'x'가 정의되지 않았습니다."라는 오류 메시지가 출력됐다.

프로그래밍에서도 미지수가 포함된 식을 계산하려면 변수의 값이 특정되어야 한다. 그런데 x + 3 식에서는 x가 무엇인지 정의되지 않았기 때문에 계산할 수 없다.

변수 x에 6을 대입해 보자. 파이썬에서 변수에 값을 대입할 때는 수학에서와 같은 기호(=)를 이용한다. 따라서 x = 6을 입력하면 된다. 대입 명령을 실행하면 출력 결과가 없어 아무 일도 일어나지 않은 것처럼 보인다. 하지만 대입 후 x + 3 식을 계산하면 이전과는 달리 오류 없이 계산된다.

코드 2-16 **변수 x에 6을 대입하고 x + 3의 계산**

```
>>> x = 6   # 변수 x에 6을 대입
>>> x + 3   # 코드 2-15에서 계산할 수 없었던 식이 이제 계산된다.
9
```

첫 행에서 x에 6을 대입했으므로, x + 3 식에서 x는 6으로 평가되고, 이 식은 6 + 3
이 된다. 계산 결과는 9이다.

이처럼 프로그래밍의 변수는 수학의 변수처럼 대입을 통해 특정한 값으로 치환
되는 수이다.

2.2.2 변수에 값을 대입하고 읽기

대입문과 대입 연산자

x = 6과 같이, 변수에 값을 대입할 때 사용되는 명령을 대입문이라 한다. 대입문에
사용되는 등호(=)가 대입 연산자이다. 대입 연산자를 기준으로 왼쪽에 변수를 적고
오른쪽에 변수에 대입될 값을 적어 주면, 변수에 값이 대입된다.

x에 6을, y에 10을, z에 5를 대입하는 대입문은 각각 다음과 같이 표현할 수 있다.

코드 2-17 **여러 변수에 대입하기**

```
>>> x = 6    # 변수 x에 6을 대입한다.
>>> y = 10   # 변수 y에 10을 대입한다.
>>> z = 5    # 변수 z에 5를 대입한다.
```

다음과 같이 콤마(,)를 이용하면, 여러 개의 변수에 각각의 값을 대입하는 대입문
을 한 행에 쓸 수도 있다.

코드 2-18 **하나의 대입문으로 여러 변수에 대입하기**

```
>>> x, y, z = 6, 10, 5  # 변수 x, y, z에 각각 6, 10, 5를 대입한다.
```

하지만 가능하면 코드 2-17의 형태로 작성하자. 행 수는 좀 많아지겠지만 코드를
읽기 더 좋기 때문이다. 프로그램이 복잡해질수록 코드의 가독성이 중요해진다.

변수에 대입된 값 읽기

변수에 값을 대입한 뒤에는 변수를 통해 대입된 값을 대신할 수 있다. 프로그램 코
드가 실행될 때, 변수의 이름(x, y, z 등)은 그 변수에 대입된 값(6, 10, 5 등)으로 해

석된다. 이렇게 변수의 이름으로 대입된 값을 구하는 것을 '변수의 값을 읽는다'고 한다. 변수 x, y, z의 값을 읽어 보자.

코드 2-19 변수의 값 읽기(코드 2-18에 이어서 실행)

```
>>> x   # 변수 x에 대입된 값 읽는다.
6

>>> y   # 변수 y에 대입된 값 읽는다.
10

>>> z   # 변수 z에 대입된 값 읽는다.
5

>>> x + y - z   # 변수에 대입된 값으로 계산한다.
11
```

변수의 값을 읽으려면 먼저 변수에 값이 대입되어 있어야 한다. 값이 대입되지 않았다면 다음처럼 이름 오류가 발생한다.

코드 2-20 대입하지 않은 변수를 읽는 오류(코드 2-19에 이어서 실행)

```
>>> w   # 오류: w라는 이름의 변수에 값이 대입되지 않았다.
NameError: name 'w' is not defined
```

수학에서는 등호(=)를 이용해 대입도 하고 양변이 같다는 것도 나타낸다. 하지만 파이썬에서는 이 둘을 나누어 놓았다. 대입을 할 때는 대입 연산자(=)를 이용해 명령한다. 그리고 등식에서는 동등 연산자(==)로 양변이 같음을 나타낸다.

TIP
대입 연산자와 동등 연산자는 등호의 개수가 서로 다르며, 쓰임새도 다르다. 잘 구별하자.

2.2.3 변수에 대입된 값 바꾸기
지금까지 변수에 값을 대입하고 읽는 방법을 알아보았다. 그런데 프로그램을 실행하다 보면 변수의 값을 바꿔야 하는 경우도 있다. 예를 들어 자동차의 속력을 나타내는 변수 v가 시시각각 바뀐다면, 이 변수에 대입된 값을 계속 수정해야 한다. 변수의 값을 바꾸는 방법을 알아보자.

변수에 새로운 값 대입하기
변수의 값을 바꾸는 가장 간단한 방법은 변수에 새로운 값을 대입하는 것이다. 변수 x에 먼저 1을 대입한 뒤, 새로운 값을 대입하여 확인해 보자.

코드 2-21 변수에 새로운 값을 대입하기

```
>>> x = 1   # 변수 x에 1을 대입한다.
>>> x       # 변수 x의 값을 확인한다.
1

>>> x = 2   # 변수 x에 새로운 값을 대입한다.
>>> x       # 변수 x의 값을 확인: 값이 바뀌었다.
2
```

변수에 새로운 값을 대입하면 그때부터 변수는 새로운 값으로 계산된다. 원래 대입되어 있던 값은 버려진다. 직관적이다.

변수의 값 수정하기

변수에 완전히 새로운 값을 대입하는 것이 아니라, 변수에 현재 대입되어 있는 값을 기준으로 수정해야 할 때가 있다. 예를 들어 변수 x에 대입된 값을 1만큼 증가시키는 것이다. 이처럼 변수의 현재 값을 기준으로 값을 수정할 때는 대입 연산자의 우변(x + 1)에서 변수의 값을 읽은 뒤 계산하여 다시 대입한다.

코드 2-22 대입문의 우변에서 변수 읽기

TIP
x = x + 1이라는 식이
혼란스럽게 느껴진다면,
파이썬의 =가 동등 연산자가
아니라 대입 연산자라는 것을
기억하자.

```
>>> x = 2       # 변수 x에 2가 대입되어 있을 때,
>>> x = x + 1   # ❶ 변수 x에 x + 1의 계산 결과를 대입한다.
>>> x           # 변수 x의 값을 확인: x에 대입된 값이 1 증가했다.
3
```

❶ 대입문에서는 우변이 먼저 계산된 후 계산 결과가 좌변의 변수에 대입된다. 그래서 우변이 x + 1이 3으로 평가된 후, 이 값이 변수 x에 대입된다.

수정 대입 연산자로 변수의 값 수정하기

프로그래밍을 하다 보면 변수의 값을 수정하는 일이 빈번하게 발생한다. 이때 **수정 대입 연산자**를 이용하면 좀 더 편리하다. **변수 += 값**은 **변수 = 변수 + 값**과 같은 식으로 더 간결하게 작성할 수 있다.

코드 2-23 수정 대입 연산자 사용하기(코드 2-22에 이어서 실행)

```
>>> x += 5   # x = x + 5와 동일한 의미
>>> x
8
```

```
>>> x -= 4   # x = x - 4와 동일한 의미
>>> x
4
```

수정 대입 연산자 +=는 산술 연산자 +와 대입 연산자 =를 합친 것이다(+가 =보다 먼저라는 것에 유의하자). 덧셈뿐 아니라 여러 가지 산술 연산자에 대응하는 수정 대입 연산자들이 있다.

TIP
수정 대입 연산자를 모두 외울 필요는 없다. 실제로 많이 사용되는 것은 +=와 -=이므로 이 둘만 기억해도 충분하다.

연산자	의미	연산자	의미
+=	수를 더한 후 다시 대입	**=	수를 거듭제곱한 후 다시 대입
-=	수를 뺀 후 다시 대입	//=	수를 나눈 후 몫을 대입
*=	수를 곱한 후 다시 대입	%=	수를 나눈 후 나머지를 대입
/=	수를 나눈 후 다시 대입		

표 2-4 수정 대입 연산자

2.2.4 변수는 이름이다

지식 활동은 사물과 개념에 이름을 부여하는 것부터 시작된다. 프로그래밍에서도 데이터에 이름을 붙이는 것이 중요하다. 데이터에 이름을 붙여 두지 않으면, 어떤 데이터가 존재하더라도 가리킬 방법이 없다. 읽거나 수정하려는 데이터가 어느 것인지 지정하기가 곤란할 것이다. 데이터를 변수에 대입해 두면, 그 변수의 이름으로 그 데이터를 가리킬 수 있다. 변수를 그 변수에 대입해 둔 데이터의 이름이라고 볼 수 있다.

이름 지을 때 지켜야 할 규칙

변수의 이름을 가리키는 정식 프로그래밍 용어는 **식별자**이다. 식별자는 대상을 식별(구분하고 알아보는 것)하기 위한 도구라는 뜻이다. 파이썬에서는 프로그램 안의 모든 대상(수, 텍스트, 함수, 클래스 등)에 이름을 붙일 수 있다.

TIP
클래스는 8장에서 다룬다.

　파이썬에서 이름(식별자)을 지을 때 제약이 있다. 변수의 이름이 파이썬에서 기본으로 제공되는 여러 대상(수, 연산자 등)과 겹치는 것을 방지하기 위해서이다. 프로그래밍 연습을 하다 보면 금세 익숙해지니, 외우려 하지 말고 간단히 살펴보자.

1. 숫자, 알파벳, 밑줄 기호(_), 한글 등 다양한 문자를 사용할 수 있다.
2. 연산자로 사용되는 기호(+, -, = 등)와 공백 문자는 사용할 수 없다. 이름과 연산

자를 구별하기 위한 규칙이다.

3. 숫자로 시작해서는 안 된다. 이름과 수를 구별하기 위한 규칙이다.

4. 파이썬의 문법을 구성하는 시스템 예약어(for, if, while 등)를 이름으로 사용할 수 없다.

TIP
예약어는 컴퓨터 프로그래밍 언어에서 문법적인 용도로 사용되는 단어들이다.

코드 2-24와 코드 2-25는 여러 가지 값에 이름을 붙이는 예이다. 코드 2-24는 올바르지만, 코드 2-25는 사용할 수 없는 이름 때문에 오류가 발생한다. 대화식 셸에 입력해 보자. 코드 2-25에서 어떤 오류가 발생하는지도 확인하자.

코드 2-24 사용할 수 있는 이름의 예

```
>>> speed = 72          # 알파벳을 사용할 수 있다.
>>> Radius_10won = 18   # 숫자, 밑줄 기호를 사용할 수 있다.
>>> 원주율 = 3.14        # 한글을 사용할 수 있다.
```

TIP
이름에는 한글을 사용해도 된다. 단, 한국어를 사용하지 않는 사람이 프로그램을 열어 볼 가능성이 있다면 알파벳만 사용하는 편이 좋다. 그 사람의 컴퓨터에서는 한글이 깨져 보일 가능성이 높다.

코드 2-25 사용할 수 없는 이름의 예 (오류 메시지 생략)

```
>>> 나의 신장 = 175   # 오류: 공백 문자는 사용할 수 없다.
>>> one+one = 2      # 오류: 연산자로 사용되는 기호는 사용할 수 없다.
>>> 10 = 20          # 오류: 숫자로만 구성된 이름은 사용할 수 없다.
>>> 3hours = 180     # 오류: 숫자로 시작하는 이름은 사용할 수 없다.
>>> for = 10         # 오류: 시스템 예약어는 사용할 수 없다.
```

이름으로 데이터의 의미를 나타내기

일반적으로 수학의 변수에는 x, y, z처럼 의미 없는 이름이 붙는다. 그렇다면 프로그래밍에서도 그런 식으로 변수의 이름을 붙여도 될까?

누군가가 만든 프로그램 중에, 다음과 같은 코드가 있다고 생각해 보자.

코드 2-26 변수의 의미가 모호한 프로그램

```
a = 3.14
b = 10 * 10 * a
print(b)
```

이 프로그램에서 변수 a와 변수 b의 의미는 무엇일까? a와 b라는 이름에는 아무런 의미가 없기 때문에 변수에 대입된 값을 토대로 의미를 추측할 수밖에 없다. a의 의미는 원주율의 근사값도, 이번 학기 평점 평균도, 어쩌면 대한민국 국민 일인당 월평균 치킨 섭취량도 될 수 있다. 프로그램의 실행에는 문제가 없더라도, 프로그램을 읽고 작성하는 사람은 이 값의 의미를 명확히 알기 어렵다.

반면에 코드 2-27처럼 수에 직관적인 이름이 붙어 있다면 프로그램을 이해하기가 훨씬 쉽다. 변수 '원주율'은 원주율을, 변수 '면적'은 원의 면적을 나타낸다는 것을 변수의 이름만으로도 알 수 있다.

코드 2-27 변수의 의미가 분명한 프로그램

```
원주율 = 3.14
면적 = 10 * 10 * 원주율
print(면적)
```

수에 이름을 붙여 두지 않으면, 그 수치는 알 수 있어도 의미가 무엇인지는 알기 어렵다. 한 번 사용하고 버릴 프로그램을 만드는 게 아니라면, 나중에 코드를 읽을 사람들을 위해, 의미 있는 모든 수에 의미 있는 이름을 붙여야 한다.

 의미 있는 이름이란?

의미 있는 이름은 프로그램이 다루는 문제에 따라 다르다. 수학 방정식을 푸는 프로그램이라면 x, y, z처럼 간단한 이름도 충분히 의미 있는 이름이 된다. 반대로 '면적'이라는 꽤 명확해 보이는 이름도 문맥에 따라 의미가 모호해질 수 있다. 다음 이름들을 생각해 보자.

- 면적
- 원의 면적
- 동전의 면적
- 십원 주화의 면적
- 1970년대 십원 주화의 면적

동전교환기를 제어하는 프로그램을 만든다면, 그냥 '면적'보다는 더 명확한 이름이 필요하다. 오늘날 발행되는 주화만 취급한다면 '십원 주화의 면적' 정도면 충분한 이름이 될 것이다. 이처럼 그 이름이 사용되는 문맥에서 충분히 구체적이면서도 동시에 간결한 이름이 좋다.

이름 삭제하기

데이터에 붙인 이름이 더 이상 필요하지 않다면 del 문으로 지울 수 있다.

코드 2-28 del 문으로 이름 삭제하기

```
>>> x = 10    # 10에 x라는 이름을 붙인다.
>>> x         # 변수 x가 가리키는 대상: 10
10

>>> del x     # del 문으로 이름 x를 삭제한다.
>>> x         # 변수 x는 이제 삭제되어, 읽을 수 없다.
NameError: name 'x' is not defined
```

2.2.5 데이터 기억하기

변수는 컴퓨터에게 데이터를 기억하도록 하는 용도로도 사용된다. 데이터를 변수에 대입하면 컴퓨터가 데이터를 기억한다. 데이터가 필요할 때 변수의 이름을 불러 그 데이터를 구할 수 있다.

중간 계산값 기억하기

미국 심리학자 조지 밀러(George Armitage Miller, 1920-2012)의 연구에 따르면, 인간의 단기기억 용량은 7±2개라 한다. 머리 좋은 사람도 기껏해야 한꺼번에 아홉 개의 정보밖에 기억하지 못하는 셈이다. 그러므로 기억해야 할 내용이 많을 때는 어딘가에 기록해 두는 편이 좋다.

다음은 매일 빵을 먹는 연오가 사흘 동안 섭취한 빵의 칼로리 총량을 계산하는 프로그램이다.

코드 2-29 **칼로리 계산 (중간 계산값 기억하기)**

```
빵_칼로리 = 223.5        # 빵 1개의 칼로리

day_1 = 빵_칼로리 * 4   # 첫째 날: 빵 4개
day_2 = 빵_칼로리 * 5   # 둘째 날: 빵 5개
day_3 = 빵_칼로리 * 3   # 셋째 날: 빵 3개

칼로리_총량 = day_1 + day_2 + day_3

print(칼로리_총량)
```

실행 결과는 다음과 같다.

```
2682.0
```

이 프로그램은 변수의 두 가지 활용법을 보여 준다.

1. 빵의 칼로리를 매번 223.5라는 수로 쓰는 대신, **빵_칼로리**라는 변수에 대입해 이름으로 나타냈다. 앞에서 배운 대로 의미 있는 수에 의미 있는 이름을 붙였다.
2. day_1, day_2, day_3이라는 변수에 하루 동안 빵으로 섭취한 칼로리를 대입해 두었다가, 칼로리 총량을 구할 때 사용했다. 변수를 이용해 중간 계산값을 기억해 둔 것이다.

중간 계산값 누적하기

변수에 대입한 수를 수정해 같은 프로그램을 만들 수도 있다. 중간 계산값을 변수에 누적하는 방식으로 계산한다. 참고로 이 방법을 이용할 때는 중간 계산값을 기억하는 변수에 계산을 시작하기 전의 값, 즉 초깃값을 설정하는 것이 중요하다. 초깃값이 올바르지 않으면 계산이 틀리거나 오류가 발생한다.

코드 2-30 **칼로리 계산 (중간 계산값 누적하기)**

```
빵_칼로리 = 223.5   # 빵 1개의 칼로리

칼로리_총량 = 0   # 칼로리 총량의 초깃값 (초깃값 설정을 빠트리지 말자)

칼로리_총량 += 빵_칼로리 * 4   # 첫째 날: 빵 4개
칼로리_총량 += 빵_칼로리 * 5   # 둘째 날: 빵 5개
칼로리_총량 += 빵_칼로리 * 3   # 셋째 날: 빵 3개

print(칼로리_총량)
```

실행 결과는 다음과 같다.

```
2682.0
```

 중간 계산값 기억하기 vs. 누적하기

코드 2-29와 코드 2-30의 경우 최종 계산 결과는 동일하지만 중간 계산 방식은 조금 다르다. 코드 2-30은 중간 계산값을 day_1과 같은 별도의 변수에 대입하지 않고, **칼로리_총량**이라는 하나의 변수에 하루씩 누적하여 계산했다.

둘 중 어떤 것이 더 좋은 방식일까? 최종 계산 결과만이 필요하다면 두 방식 모두 괜찮다. 그런데 계산 중에 중간 계산 값을 사용하고자 한다면 상황에 따라 더 적합한 방식이 다를 수 있다. 매일매일의 칼로리 섭취량을 각각 출력해야 한다면, 각 단계별 중간 계산값이 필요하므로 코드 2-29처럼 여러 개의 변수에 중간 계산값을 나눠 저장해야 한다. 반대로 매일매일 증가된 칼로리 누적량을 출력해야 한다면, 각 단계별 누적값이 필요하므로 코드 2-30처럼 하나의 변수에 계산값을 누적하는 방법이 편리하다.

사용자의 입력 보관하기

사용자가 입력한 데이터를 보관해 두었다가 나중에 다시 사용할 때도 변수를 사용할 수 있다. 1장에서 첫 파이썬 프로그램을 만들었을 때, input() 함수를 이용해 사용자의 입력을 받아 보았다. 그때 작성한 코드를 다시 보자.

코드 2-31 **사용자로부터 입력받기**

```
print('당신의 이름은 무엇인가요?')
name = input()
```

두 번째 행에서 input() 함수의 계산 결과(사용자가 입력한 텍스트)를 변수 name에 대입했다. 이렇게 사용자의 입력 데이터를 변수에 대입해 두어야 그 데이터를 나중에 다시 꺼내 화면에 출력할 수 있다.

사용자가 입력한 데이터 외에도 파일에서 읽은 데이터, 네트워크에서 수신한 데이터 등 프로그램 밖에서 읽어 들인 데이터를 보관해 두었다가 다시 읽을 때 변수를 사용한다.

사용자가 입력한 수 계산하기

여태까지는 계산하려는 수를 프로그램 안에 직접 써 넣었다. 다른 수를 계산하려면 그때마다 프로그램을 수정해야 했다. 이때 사용자가 입력한 수를 대상으로 계산하면 프로그램은 그대로 둔 채 수만 바꿔서 계산할 수 있다. input() 함수를 이용하면 사용자에게서 텍스트 데이터를 입력받을 수 있다. 그런데 텍스트가 아니라 수를 입력받으려면 조금 다른 방법이 필요하다. 코드 2-32를 대화식 셀에 입력해 보자.

코드 2-32 **사용자에게 수 입력받기**

```
>>> text = input()        # 텍스트 입력받기: input() 함수만 쓴다.
10

>>> text                  # 입력받은 텍스트 확인: 따옴표로 둘러싸여 있다.
'10'

>>> number = int(input()) # 정수 입력받기: int() 함수로 감싼다.
10

>>> number                # 입력받은 정수 확인: 따옴표가 없다.
10
```

input() 함수는 사용자가 입력한 데이터를 텍스트 데이터로 돌려준다. 입력받은 텍스트 데이터를 수로 사용하려면, int() 함수를 이용해 정수로 변환해야 한다. 데이터의 유형과 변환은 4장에서 설명한다. 일단은 다음 내용 정도만 알아 두자.

- input() 함수로 입력받은 데이터는 변수에 대입해야 한다.
- 사용자에게서 텍스트 입력받기: **변수** = input()

- 사용자에게서 정수 입력받기: **변수** = int(input())
- 사용자에게서 실수 입력받기: **변수** = float(input())

사용자에게서 수를 입력받는 방법을 배웠으니, 사용자의 입력을 계산에 이용하는 프로그램을 만들어 보자.

코드 2-33 사용자에게 수 입력받기

```
빵_칼로리 = 223.5   # 빵 1개의 칼로리

print('빵을 몇 개 먹었습니까?')
빵_먹은_개수 = int(input())

칼로리_총량 = 빵_칼로리 * 빵_먹은_개수

print(칼로리_총량, '만큼의 칼로리를 섭취하셨네요.')
```

코드 2-33은 사용자에게 수를 입력받아 **빵_먹은_개수**라는 변수에 대입한 뒤, 섭취한 전체 칼로리를 계산해 출력한다. 텍스트 대신 수를 입력받는다는 점을 제외하면 1장에서 만들어 본 첫 파이썬 프로그램과 크게 다르지 않다.

파이썬에는 수 외에도 텍스트, 집합, 목록 등 여러 데이터 유형이 있다. 수가 아닌 데이터라도 변수에 대입할 수 있으며, 이름을 붙일 수 있다.

> **TIP**
> 수와 그 외의 다양한 데이터에 대해서는 4장과 5장에서 학습한다.

연습문제 2-5 x에 16을 대입하여 다음 수식을 계산하라.

$$8x^2 - 2x + 2$$

HINT 변수 x에 수를 먼저 대입해야 오류가 발생하지 않는다.

연습문제 2-6 다음 프로그램의 출력 결과를 예상해 보고, 실제 실행 결과와 비교해 보라.

```
x, y = 4, 8
print(x)
x *= y
print(x)
x -= y
print(x)
```

연습문제 2-7 2 ** 1부터 2 ** 5까지 결과를 출력하는 프로그램을 작성하라. 단, 거듭제곱 연산자(**)를 사용하지 않아야 한다. 출력결과는 다음과 같다.

```
2
4
8
16
32
```

HINT 변수에 2를 곱한 값을 계속 누적해 보자. 변수에 값을 누적하려면 초깃값이 먼저 지정되어 있어야 한다.

연습문제 2-8 연오는 피자를 입에 넣으려다 체중 조절 중이라는 사실이 떠올랐다. 피자 박스에는 칼로리가 나와 있지 않고, 알 수 있는 것은 원재료와 양뿐이다. 이 피자에는 밀가루 200g, 피망 30g, 올리브 10g, 돼지고기 80g, 치즈 20g이 들어 있다. 연오는 인터넷을 검색해 칼로리를 찾아보았다.

- 밀가루: 364kcal / 100g
- 피망: 20.1kcal / 100g
- 올리브: 115kcal / 100g
- 돼지고기: 242.1kcal / 100g
- 치즈: 402.5kcal / 100g

피자는 여섯 조각으로 잘려 있다. 한 조각에 몇 칼로리인가?

HINT 각 재료의 그램(g)당 칼로리를 먼저 계산해 두고, 다음 계산에 활용하라.

연습문제 2-9 사용자로부터 두 개의 정수를 입력받아 사칙연산 계산 결과를 출력하는 프로그램을 작성하라. 예를 들어 사용자가 입력한 수가 10과 20일 때, 프로그램의 실행 결과는 다음과 같다.

```
첫 번째 정수를 입력하세요.
10
두 번째 정수를 입력하세요.
20

10 + 20 = 30
10 − 20 = −10
10 * 20 = 200
10 / 20 = 0.5
```

> HINT 사용자에게 메시지를 출력하는 방법과 사용자로부터 수를 입력받는 방법
> 은 코드 2-33에서 살펴보았다.

2장을 맺으며

2장에서는 파이썬을 이용해 여러 가지 수식 계산을 하는 방법과 변수를 사용하는 방법을 배웠다. 여러분이 현실의 문제를 수식으로 표현할 수 있다면, 그 문제를 푸는 프로그램을 파이썬으로 만들 수 있다. 계산할 수에 적절한 이름을 붙여 프로그램을 만든다면 더 이해하기 편해진다. 앞으로 뭔가를 계산할 일이 생기면 계산기를 꺼내지 말고 파이썬 대화식 셸을 이용해 보자.

2장 요약

1. 파이썬을 이용해 다양한 수식을 계산할 수 있다.
2. 현실의 문제에서 수식을 도출해 프로그램을 만든다. 식을 세우는 것은 사람의 몫, 계산은 컴퓨터의 몫이다.
3. 수식을 나타내기 위한 도구로는 산술 연산자, 비교 연산자, 수학 함수, 괄호 등이 있다.
4. 등식과 부등식을 평가하면 그 식이 참인지 거짓인지 True 또는 False로 계산된다.
5. 변수에 값(데이터)을 대입하고 읽을 수 있다.
6. 대입 연산자 =는 동등 연산자 ==와 의미가 다르다.
7. 변수를 평가해 변수에 대입된 값을 구할 수 있다.
8. 변수에 새 값을 대입하면 이전 값이 사라지고 새 값이 대입된다.
9. 변수의 값을 새로 계산하여 바꿀 때 수정 대입 연산자를 이용하면 편리하다.
10. 변수는 값에 붙인 이름이다. 데이터에 의미 있는 이름을 붙이라.
11. 변수를 이용해 중간 계산 결과와 사용자가 입력한 데이터를 보관할 수 있다.

함수로 문제를
나누어 풀기

지금까지 작성해 본 프로그램은 작고 간단했다. 작은 프로그램을 만들 줄 알면 큰 프로그램도 만들 수 있다. 복잡하고 규모가 큰 프로그램도 간단하고 작은 프로그램으로 이루어지기 때문이다. 3장에서는 함수를 이용해 큰 프로그램을 작은 프로그램으로 나누어 작성하는 방법을 알아본다.

3.1 함수란 무엇인가

프로그램은 문제를 해결하기 위한 것이다. 크고 복잡한 문제를 풀기 위해서는 작고 간단한 문제로 나눠야 한다.

문제를 나누어 해결하기

큰 문제를 작은 문제로 나누어 다루는 전략은 어느 분야에서든 유용하다. 예를 들어 카페라테를 만드는 레시피(조리법)를 생각해 보자.

카페라테 레시피

A. 에스프레소 추출하기

1. 분쇄된 커피 원두를 에스프레소 추출 기계에 넣는다.

2. 기계에 컵을 받치고 추출 버튼을 누른다.

B. 우유 거품 만들기

1. 냄비에 우유를 넣고 끓인다.

2. 끓인 우유를 거품이 충분해질 때까지 거품기로 젓는다.

C. 카페라테 만들기

1. (A 과정에 따라) 에스프레소를 추출한다.

2. (B 과정에 따라) 우유 거품을 만든다.

3. 에스프레소에 우유를 붓고, 우유 거품을 올린다.

'A. 에스프레소 추출하기'와 'B. 우유 거품 만들기'는 'C. 카페라테 만들기'의 부분 과정이다. 물론 이렇게 부분 과정으로 나누지 않고 전체를 한꺼번에 나열해도 된다. 하지만 의미로 구분해 나누어 생각하면, 작업의 의미와 과정을 파악하고 이해하기가 더 쉽다. 작업의 규모가 클수록 문제를 나누는 것은 더 중요해진다. '커피숍 운영하기'와 같은 큰 문제를 다룬다면 재료를 구입하는 방법, 가게를 청소하는 방법, 계산하는 방법 등 여러 작은 문제로 잘 나눠야 한다.

카페라테 만드는 방법을 부분 과정으로 나누는 것처럼, 프로그래밍에서도 문제를 작게 나누고 각각의 작은 문제들을 해결하는 작은 프로그램들을 만들 수 있다. 이 작은 프로그램을 **함수**(function)라 한다. 각 기능을 구현한 함수를 모아 놓으면 하나의 전체 프로그램이 된다.

프로그래밍에서 문제를 나누는 건 사람을 위한 것이다. 프로그램이 중간 과정의 구분 없이 한 덩어리로 쭉 나열되어 있더라도 제대로 작성만 했다면 컴퓨터는 아무 불평 없이 정확하게 수행한다. 하지만 그런 식으로 작성되어 있는 프로그램은 사람이 이해하기 쉽지 않다. 사람은 구조를 인식할 때 전체를 가볍게 그려 보고 관심이 가는 부분을 좀 더 자세히 살펴보는 식으로 사고한다. 작은 의미 단위로 나뉘어 작성된 프로그램은 필요한 곳에만 관심을 집중하며 살펴볼 수 있으므로 이해하기가 더 수월하다.

3.2 함수 호출하기

대상에 이름을 붙여 두면 이름만으로 그 대상을 부를 수 있다. 함수의 이름을 불러 함수 내용으로 정의된 코드를 실행시킬 수 있다. 이것을 **함수 호출**이라 한다.

함수를 실행하는 방법

이 책의 초반부를 학습하면서 이미 함수를 여러 번 호출해 보았다. 그것이 함수 호출이라는 것을 몰랐을 뿐이다. 파이썬은 기본 기능의 상당수가 함수 형태로 제공된다. 화면에 데이터를 출력하는 print(), 사용자로부터 데이터를 입력받는 input(), 수의 절댓값을 계산하는 abs()는 모두 함수이다. 이 함수를 실행할 때 어떤 방법을 썼는지 떠올려 보자.

- print('안녕하세요.')
- abs(-10)
- name = input()

함수 이름 뒤에 괄호를 열고 닫으면 그 이름의 함수가 실행된다. 괄호 속에는 함수에 전달할 데이터를 써 넣기도 한다. 이렇게 함수를 호출한다.

함수를 호출하면 다음 순서로 함수가 실행된다.

1. 괄호 속의 데이터가 함수에 전달된다.
2. 함수 본문의 파이썬 코드가 위에서 아래로 차례대로 실행된다.
3. 더 이상 실행할 파이썬 코드가 없다면 함수 실행이 종료되고, 함수의 실행 결과가 반환된다.

함수와 데이터 교환하기

함수는 데이터를 입력받기도 하고 출력하기도 한다. 함수에 데이터를 입력할 때는 abs(-10)의 -10처럼 괄호 안에 데이터를 써 넣어 전달한다. 함수가 출력한 데이터를 보관해 둘 때는 name = input()처럼 함수의 반환값을 변수에 대입한다.

TIP
함수에서 데이터를 입력받고 출력하는 방법은 3.3절에서 다룬다.

연습문제 3-1 다음 프로그램에서 호출되는 함수의 이름을 모두 나열하라.

```python
import math

print('수를 입력해 주세요.')
number = int(input())

result = round(math.sqrt(number * math.pi))
print('계산 결과:', result)
```

3.3 함수 정의하기

파이썬에서 함수는 어떤 작업을 수행하는 코드를 모아 이름을 붙인 것이다. 변수를 이용해 데이터에 이름을 붙이는 것처럼, 함수를 이용해 프로그램 조각에 이름을 붙일 수 있다. 이렇게 코드를 묶어 이름을 붙이는 것을 함수 정의라 한다.

누군가에게 에스프레소 추출을 부탁한다고 가정해 보자. 그때마다 이렇게 말해야 한다면 어떨까? "분쇄된 커피 원두를 에스프레소 추출 기계에 넣은 다음에, 기계에 컵을 받치고 추출 버튼을 눌러 줘." 한 번은 모를까, 계속 이렇게 말해야 한다면 너무 불편할 것이다. 보통은 에스프레소 추출 과정을 미리 약속해 두고 "에스프레소 추출해 줘"라고 간단히 말한다.

프로그래밍에서는 이러한 약속을 함수로 정의할 수 있다. 자주 사용하는 코드를 함수로 정의해 두면, 그다음부터는 동일한 코드를 함수 이름만으로 실행시킬 수 있다. 파이썬에서 함수를 정의하는 방법을 알아보자.

3.3.1 def 문: 함수 정의하기

파이썬에서 함수를 정의할 때는 def 문을 사용한다. def는 '정의하다'라는 뜻의 영어 단어 define에서 앞 글자를 딴 것이다. def 문은 다음과 같은 양식으로 작성한다.

TIP
샵 기호(#) 뒤의 내용은 설명을 위해 붙인 주석이며, 양식에 포함되지 않는다.

```
def 함수이름():        # ❶ 헤더 (함수 이름)
    본문              # ❷ 본문 (함수를 호출했을 때 실행할 코드 블록)
```

❶ def 예약어로 시작하는 첫 행(헤더 행)에는 함수의 이름을 쓴다. 함수의 이름은 식별자 규칙에 따라 의미를 알 수 있게 짓는다. 함수 이름 뒤에는 괄호를 붙인다.

TIP
식별자 규칙은 46쪽에서 다루었다.

❷ 함수의 본문은 함수를 호출했을 때 실행할 파이썬 코드이다. 원하는 만큼 여러 행의 코드를 작성할 수 있으며, 각 행의 앞에서는 띄어쓰기 네 번으로 들여쓰기를 해야 한다. 파이썬에서 들여쓰기는 코드의 블록(구역)을 형성한다. 나란히 들여쓰기된 코드 블록은 하나의 def 문 안에 포함된 코드임을 나타낸다. 들여쓰기가 끝나면, 그 함수의 정의가 끝난다.

def 문으로 함수 정의하기

그러면 def 문을 실제로 작성해 함수를 정의해 보자. 처음 만들어 볼 함수는 사용자로부터 이름을 입력받고, 인사를 출력하는 함수이다. 함수를 이용한다는 점을 제외하면, 1장에서 만들어 본 인사 프로그램과 거의 똑같다.

파이참에서 chapter_3 디렉터리를 생성하고 그 안에 def_1.py라는 새 파이썬 파일을 만든다. 새로 만든 파일에 다음 코드를 따라 입력한다. 코드의 의미는 곧 설명하니, 여기서는 정확하게 입력하는 것만 신경 쓰자.

TIP
주석은 따라 입력하지 않아도 된다.

코드 3-1 order() 함수 정의하기 (def_1.py)

```
def order():                              # 끝에 콜론(:)을 빠트리지 않도록 주의한다.
    print('주문하실 음료를 알려 주세요.')     # 이 블록은
    drink = input()                       # 앞에서부터 네 칸씩
    print(drink, '주문하셨습니다.')          # 들여쓰기한다.

order()                                   # 코드의 블록을 벗어나면 들여쓰기하지 않는다.
```

코드를 다 입력했으면 프로그램을 실행해 보자. 다음은 실행 결과이다.

주문하실 음료를 알려 주세요.
카페라테
카페라테 주문하셨습니다.

이렇게 실행되면 성공이다.

함수 정의에서 오류가 발생하는 경우

함수 정의하는 게 익숙하지 않을 때는 여러 가지 실수를 할 수 있다. 실습 중 오류가 발생했다면 책의 코드와 입력한 코드를 자세히 비교해 보고 틀린 부분을 찾자.

- 첫 번째 행(def order())의 마지막에는 콜론(:)을 붙인다.
- 함수의 본문은 정확히 네 칸씩 들여쓰기하여 작성한다.
- 함수의 본문을 모두 작성한 후에는 들여쓰기하지 않는다.

TIP
실행 결과의 두 번째 줄에 있는 '카페라테'는 프로그램 실행 후 직접 입력한 텍스트이다.

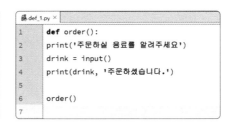

그림 3-1 첫 번째 행에서 콜론을 빠트렸을 때

그림 3-2 함수 본문에서 들여쓰기를 하지 않았을 때

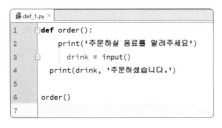

그림 3-3 함수 본문의 들여쓰기 깊이가 제각각일 때

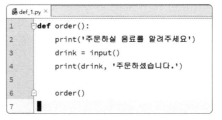

그림 3-4 함수 본문이 끝난 후에도 들여썼을 때

함수 정의 자세히 보기

이제 우리가 처음으로 정의해 본 함수 order()를 자세히 살펴보자.

코드 3-2 **order() 함수**

```python
def order():                              # ❶ 헤더 행
    print('주문하실 음료를 알려 주세요.')   # ❷ 본문 코드 블록
    drink = input()
    print(drink, '주문하셨습니다.')

order()                                   # ❸ 함수를 호출하는 부분
```

❶은 def 문의 헤더 행이다. 함수 정의는 헤더 행에서부터 시작된다. 함수의 이름을 order로 정의했다. ❷는 함수의 본문 코드 블록이다. 이 코드는 함수가 호출되었을 때 실행된다. 몇 행이든 필요한 만큼 작성할 수 있다. ❸은 함수를 호출하는 코드로, 함수 정의와는 별개이다. def 문으로 함수를 정의하는 것만으로는 함수의 내용이 실행되지 않는다. 함수를 실행시키려면 호출해야 한다.

def 문이 낯설겠지만 어려운 것은 아니다. 이 장을 학습하는 동안 충분히 익숙해질 테니 너무 걱정하지 않아도 된다.

TIP
하나의 함수에서 너무 많은 일을 하지 않도록 주의하자. 함수가 너무 길면 내용을 파악하기 어려워진다.

TIP
함수를 정의할 때는 들여쓰기를 잘못하지 않도록 주의를 기울이자.

3.3.2 독스트링: 함수가 하는 일 설명하기

앞에서 만든 order() 함수를 다른 누군가가 사용한다고 생각해 보자. 함수가 하는 일과 함수의 사용법을 이해하려면 코드를 직접 읽어 보고 분석해야 할 것이다. 함수를 정의할 때 간단한 설명(도움말)을 남겨 두면, 다른 사람이 함수를 더 쉽게 이해하고 사용할 수 있다.

파이썬에서는 함수를 정의할 때 작성하는 함수에 관한 설명을 독스트링(Docstring)이라 한다. 독스트링은 def 문에서 헤더 행(함수 이름이 있는 첫 번째 행) 바로 다음 행에 큰따옴표 세 개(""")로 감싸 적는다.

```python
def 함수이름():
    """독스트링"""
    본문
```

다음은 앞에서 만든 order() 함수에 독스트링을 추가한 것이다. 설명이 길어질 경우 독스트링을 여러 행에 나누어 입력해도 된다.

코드 3-3 **독스트링을 추가한 order() 함수**

```python
def order():
    """사용자로부터 주문할 음료를 입력받아 주문 사항을 화면에 출력한다."""
```

```
    print('주문하실 음료를 알려 주세요.')
    drink = input()
    print(drink, '주문하셨습니다.')

order()
```

1장에서 함수의 사용법을 출력하는 help() 함수를 소개했다. help() 함수가 보여주는 도움말이 바로 독스트링이다. 독스트링을 입력해 두면 다른 사람도 help() 함수를 이용해 여러분이 작성한 도움말을 볼 수 있다.

3.3.3 매개변수: 데이터를 전달받기

손님이 주문한 음료의 가격을 계산하는 함수를 만든다고 생각해 보자. 주문받은 음료의 내역이 함수 속으로 전달되어야 계산이 가능할 것이다. 함수에 데이터를 전달하려면 어떻게 해야 할까?

print() 함수를 호출할 때, print('데이터')와 같이 호출한 것을 기억할 것이다. 이때 괄호 속에 입력한 '데이터'가 함수에 전달되는 데이터이다.

매개변수 정의하기

전달된 데이터를 함수 속에서 사용하려면, 그 데이터를 함수 속에서 부를 이름(변수)을 정해 둬야 한다. 함수에 전달된 데이터를 대입하기 위한 변수를 매개변수(parameter)라 한다. 함수에 전달하는 데이터 자체는 인자(argument)라 한다. 즉, 함수를 호출하면 함수에 전달한 인자(데이터)가 함수 속의 매개변수에 대입된다.

매개변수는 def 문의 헤더 행에서 괄호 속에 정의한다.

> **TIP**
> 매개변수와 인자를 구별하자. 매개변수는 함수 내부에서 사용하는 변수이고, 인자는 매개변수에 대입하는 값이다.

```
def 함수이름(매개변수):
    """독스트링"""
    함수의 내용
```

이 양식에 따라 매개변수를 가지는 함수를 정의해 보자.

코드 3-4 매개변수를 가지는 함수의 정의

```
def print_price(num_drink):                    # ❶ 매개변수(num_drink)를 정의한다.
    """음료의 잔 수(num_drink)를 전달받아 가격을 화면에 출력한다."""
    price_per_drink = 2500                      # 한 잔당 가격
    total_price = num_drink * price_per_drink   # ❷ num_drink에 전달된 값을 사용한다.
```

```
        print('음료', num_drink, '잔:', total_price) # ❸

print_price(3)                                              # ❹ 인자 3을 전달하여 호출한다.
```

실행 결과는 다음과 같다.

음료 3 잔: 7500

❶ def 문의 헤더 행에서 함수 이름(print_price) 뒤의 괄호 속에 매개변수의 이름 (num_drink)을 정의했다. 이렇게 정의해 둔 매개변수는 ❷, ❸과 같이 함수 본문에서 부를 수 있다. 매개변수는 함수를 호출할 때 전달하는 값으로 바뀐다. 함수를 호출할 때, ❹와 같이 매개변수에 대입할 값을 지정할 수 있다.

매개변수 여러 개 정의하기

함수는 여러 개의 인자를 전달받을 수도 있다. 다음과 같이 def 문에서 매개변수를 콤마(,)로 구분하여 나열한다.

코드 3-5 여러 개의 인자를 전달받는 함수

```
def print_order(drink, cake):        # ❶ 매개변수 여러 개를 정의한다.
    """음료(drink)와 케이크(cake)를 전달받아, 주문 내용을 화면에 출력한다."""
    print('음료:', drink, '/', '케이크:', cake)

print_order('카페라테', '치즈케이크')     # ❷ 함수에 여러 개의 인자를 전달하여 호출한다.
print_order('당근케이크', '우유')         # ❸ 전달하는 인자의 순서에 주의하자!
```

실행 결과는 다음과 같다.

음료: 카페라테 / 케이크: 치즈케이크
음료: 당근케이크 / 케이크: 우유

❶ def 문의 헤더 행에 두 매개변수 drink, cake를 정의했다. 이처럼 여러 매개변수를 콤마(,)로 구분하여 함수가 매개변수를 여러 개 갖도록 정의할 수 있다.

함수를 호출할 때는 ❷, ❸과 같이 매개변수의 개수만큼 인자를 입력하면 된다. 인자를 여러 개 입력할 때는 인자의 순서에 주의해야 한다. ❷를 실행하면 drink와 cake에 각각 '카페라테'와 '치즈케이크'가 올바르게 대입되지만, ❸과 같이 인자의 순서를 거꾸로 입력하면 음료와 케이크가 뒤바뀌어 버린다.

함수에 인자를 전달할 때 개수나 순서를 좀 더 유연하게 조정할 수도 있는데, 그 방법은 3.5절에서 알아본다. 지금은 인자와 매개변수를 일대일로, 그리고 순서대로 맞추는 것이 기본이라고 알아 두자.

3.3.4 return 문: 데이터를 반환하기

함수 중에는 실행한 결괏값을, 자신을 호출한 지점으로 되돌려 주는 것들이 있다. 사용자가 입력한 값을 반환하는 input() 함수와 절댓값을 반환하는 abs() 함수가 그 예이다. 이렇게 함수가 만들어 낸 데이터를 함수를 호출한 지점으로 되돌려 주는 것을 "함수가 값을 반환한다"고 한다. 함수가 실행 결과를 반환하도록 만들어 두면 복잡한 계산 과정을 함수 호출 한 번으로 대신할 수 있어 편리하다.

함수에서 값을 반환하기

함수가 값을 반환하도록 하려면 return 문을 사용한다. return 문을 실행하면 함수의 실행이 종료되고, 함수가 호출된 지점으로 지정한 값이 반환된다. return 문을 사용하는 양식은 간단하다. 함수 안에서 반환할 데이터를 return 예약어 뒤에 적어 주기만 하면 된다.

```
def 함수이름:
    함수의 내용
    return 반환값
```

return 문을 사용하는 실제 예를 한번 보자.

코드 3-6 **return 문으로 값을 반환하기**

```
def price(num_drink):
    """음료의 잔 수(num_drink)를 전달받아, 가격을 반환한다."""
    price_per_drink = 2500
    total_price = num_drink * price_per_drink
    return total_price                      # ❶ 계산한 값을 반환한다.

result = price(3)                           # ❷ 함수를 호출하고 반환값을 저장한다.
print('가격:', result)
```

실행 결과는 다음과 같다.

가격: 7500

코드 3-6의 price() 함수는 내부에서 계산한 값을 의 return 문으로 반환한다.
❷와 같이 함수를 호출하여 함수의 실행 결과를 반환받을 수 있다.

✅ 함수의 화면 출력(print)과 반환(return)을 구별하자

함수는 데이터를 화면에 출력하기도 하고, 함수 바깥으로 출력하기도 한다. 둘 다 '출력
(output)'이라고 부르지만 정확하게 표현하면 전자는 '프린트(print)'이고, 후자는 '반환
(return)'이다. 프린트는 데이터를 사람에게 보여 주기 위한 것이다. 반환은 프로그램의 진행을
위해 계산 결과를 함수를 호출한 지점으로 전달하는 것이다.

대화식 셀에서 함수를 실행하면 함수의 출력(반환)이 자동으로 화면에 출력(프린트)된다. 대화
식 셀이 여러분을 위해 함수의 반환값을 화면에 출력해 주기 때문이다. 실제 프로그램에서는
print() 함수로 화면에 출력하도록 명령한 것만 화면에 프린트된다.

함수의 실행을 중간에 끝내기

함수를 실행하면 함수에 정의된 내용이 위에서부터 아래로 차례대로 끝까지 실행
된다. 그런데 함수의 실행을 중간에 끝내야 할 때도 있다. 그럴 때 return 문을 이용
하면 된다. return 문은 함수의 값을 반환할 때 뿐 아니라 함수의 실행을 종료시킬
때도 쓸 수 있다.

코드 3-7 return 문으로 함수의 실행을 중간에 끝내기

```python
def print_to_3():
    """1부터 3까지 화면에 출력한다"""
    print(1)
    print(2)
    print(3)
    return     # ❶ 여기서 함수의 실행이 끝난다.
    print(4)   # ❷ 이 행부터는 실행되지 않는다.
    print(5)

print_to_3()
```

실행 결과는 다음과 같다.

```
1
2
3
```

print_to_3() 함수를 실행하면 ❶의 return 문 이전의 코드까지만 실행되고 ❷ 이후
의 코드는 실행되지 않는 것을 확인할 수 있다.

함수의 실행을 중간에 끝내는 것은 6장에서 배우는 프로그램의 흐름을 제어하는 방법과 결합하면 좀 더 유용하게 활용할 수 있다. 지금은 return 문이 실행되면 함수의 실행이 끝난다는 것만 기억하자.

반환값이 없는 함수

함수를 정의할 때 return 문을 작성하지 않는 경우도 있다. return 문을 가지지 않은 함수는 끝까지 실행된 뒤에 None을 반환한다. 마찬가지로, 코드 3-7처럼 return 문이 있더라도 반환값이 지정되지 않은 경우에도 함수가 None을 반환한다. None은 값이 없음을 뜻하는 특별한 값이다. 어떤 함수가 항상 None을 반환한다면, 반환값이 없는 함수라고 할 수 있다.

3.3.5 대화식 셸에서 함수 정의하기

대화식 셸에서도 함수를 정의할 수 있다. 프로그램 파일을 직접 작성할 때와 방법은 같다. 다만 파일을 편집할 때보다 수정하기 불편하니, 오타가 나지 않도록 좀 더 신경 쓰자. 연습 삼아 대화식 셸에서 다음 코드를 따라 입력해 보자. def 문을 작성하고 마지막 행에서 엔터를 한 번 더 입력하면 함수 정의가 완료된다.

> **TIP** 대화식 셸을 실행하는 방법이 기억나지 않는다면 25쪽을 참고하자.

코드 3-8 대화식 셸에서 함수 정의하기

```
>>> def minus_8(x):
...     """정수 x를 입력받아 8을 뺀 값을 반환한다."""
...     return x - 8
...
```

함수를 호출해서 함수 정의가 잘 됐는지 확인하자.

코드 3-9 대화식 셸에서 함수 호출하기

```
>>> minus_8(8)
0

>>> minus_8(5)
-3

>>> minus_8(minus_8(20) + minus_8(10))
6
```

> **TIP** 책에 나오는 간단한 함수를 직접 입력해 볼 때 대화식 셸을 사용하면 간편하다.

대화식 셀에서 함수의 독스트링 확인하기

1장에서 소개했듯이, 대화식 셀에서는 함수의 이름을 help() 함수에 전달하여 도움말을 확인해 볼 수도 있다. 독스트링로 정의해 둔 내용이 도움말로 출력된다.

코드 3-10 **대화식 셀에서 함수 도움말 확인하기**

```
>>> help(minus_8)
Help on function minus_8 in module __main__:

minus_8(x)
    정수 x를 입력받아 8을 뺀 값을 반환한다.
```

함수의 사용법이 잘 기억나지 않을 때는 대화식 셀을 열고 help() 함수를 이용하자.

연습문제 3-2 사용자로부터 정수를 입력받아 그 수의 절댓값을 화면에 출력하는 함수 print_absolute()를 정의하고 호출해 보라. 실행 결과는 다음과 같다.

```
정수를 입력하세요.
-15
-15 의 절댓값: 15
```

> HINT 사용자로부터 정수를 입력받을 때는 int(input()) 함수(2장 참고)를 사용한다.

연습문제 3-3 연습문제 3-2에서 만든 함수 print_absolute()에 적절한 독스트링을 입력하라. 그런 후에 함수를 실행해 보고 실행 결과에 영향이 있는지 확인해 보라.

연습문제 3-4 두 수를 전달받고, 그 합계를 화면에 출력하는 함수 print_plus()를 정의하라. 그리고 이 함수에 100과 50을 전달하여 호출해 보라.

> HINT 독스트링을 통해 함수가 하는 일을 설명하는 것도 잊지 말자.

연습문제 3-5 네 개의 수를 매개변수로 입력받아 평균을 계산해 반환하는 함수 average_of_4_numbers()를 정의하라. 이 함수를 이용해 512, 64, 256, 192의 평균을 계산하고 화면에 출력하라.

연습문제 3-6 다음과 같이 값을 반환하지 않는 함수를 하나 정의하고, 함수를 실행하여 반환된 값을 변수에 저장하라. 그 변수를 print() 함수로 화면에 출력해서 어떤 값이 저장되어 있는지 확인해 보라.

```python
def no_return():
    """화면에 메시지를 출력하지만, 값을 반환하지는 않는다."""
    print('이 함수에는 반환값이 없습니다.')

result = no_return()
```

연습문제 3-7 함수를 이용하면 수학 공식을 외우지 않고, 컴퓨터에 기록해 둘 수 있다. 삼각형의 넓이를 구하는 공식 '밑변 * 높이 / 2'를 함수로 정의해 보라. 그 후 이 함수를 이용해 밑변의 길이가 10이고 높이가 8인 삼각형의 넓이를 계산해 출력하라.

HINT 함수와 매개변수에 적절한 이름을 붙이자.

3.4 전역변수와 지역변수

프로그램을 작성하다 보면 다양한 데이터에 여러 가지 이름을 붙이게 된다. 그런데 이름도 문맥에 따라서 가리키는 대상이 달라질 수 있다. 예를 들어 'key'라는 이름은 키보드의 입력을 제어하는 함수에서는 입력된 키를 가리키겠지만, 암호를 푸는 함수에서는 비밀번호를 가리킬 것이다. 이 두 함수를 모두 사용하는 프로그램을 만들려면, 'key'라는 이름이 문맥에 따라 다른 데이터를 가리킬 수 있어야 한다.

프로그래밍에서는 '이름공간(namespace)'이라는 개념을 이용해서 이름의 문맥을 구별한다. 이름공간은 변수의 이름을 정의해 둔 공간이다. 이름공간은 프로그램 전체 범위의 이름을 담는 전역 이름공간과 한정적인 문맥의 이름을 담는 지역 이름공간으로 구별된다.

전역 이름공간에 정의되어, 프로그램 어디서든 부를 수 있는 이름을 **전역변수**(global variable)라 한다. 함수 밖에서 변수를 정의하면 전역변수가 된다. 반면에 지역 이름공간에 정의되어, 그 문맥 속에서만 부를 수 있는 이름을 **지역변수**(local variable)라 한다. 모든 함수는 자신만의 지역 이름공간을 가지며, 함수 속에서 작성한 변수는 그 함수의 지역변수가 된다.

3.4.1 전역변수와 지역변수의 접근 조건

함수의 지역변수는 함수가 실행되는 동안에만 존재한다. 각 함수가 호출되어 실행될 때 만들어지고, 함수의 실행이 끝나면 모두 삭제된다. 그래서 지역변수는 그 변수가 속한 함수의 밖이나 다른 함수에서는 부를 수 없다. 매개변수도 함수 안에서 정의되므로 지역변수이다. 다음 예제에서 전역변수와 지역변수를 구별해 보자.

코드 3-11 **전역변수와 지역변수가 함께 사용된 프로그램**

```
seconds_per_minute = 60                      # ❶ 1분은 60초

def minutes_to_seconds(minutes):
    """분을 입력받아 같은 시간만큼의 초를 반환한다."""
    seconds = minutes * seconds_per_minute   # ❷
    return seconds

print(minutes_to_seconds(3))                 # 화면에 180이 출력된다.
print(seconds)                               # ❸ 오류! 함수 밖에서 지역변수를 불렀다.
```

실행 결과는 다음과 같다.

```
180
NameError: name 'seconds' is not defined
```

❶ 1분이 몇 초인지 나타내는 seconds_per_minute는 프로그램 어디에서든 사용할 수 있는 전역변수이다. minutes_to_seconds() 함수 안의 ❷에서도 이 변수를 읽고 있다.

반면, 분을 입력받는 매개변수 minutes와 함수 안에서 중간 계산 결과를 저장하는 변수 seconds는 지역변수이다. ❸과 같이 seconds 변수를 그 변수가 존재하는 문맥(함수) 밖에서 읽으려고 하면, 문맥 밖에는 그 변수가 존재하지 않기 때문에 이름 오류가 발생한다.

전역변수는 어디에서나 읽을 수 있지만, 함수 안에서 전역변수에 새로운 값을 대입하는 것은 금지된다. 표 3-1은 지역변수와 전역변수의 접근 조건을 표로 정리한 것이다.

특징	전역변수	지역변수
함수 안에서 읽기	가능	가능
함수 안에서 수정	불가(*)	가능
함수 밖에서 읽기	가능	불가
함수 밖에서 수정	가능	불가

표 3-1 전역변수와 지역변수의 접근 조건
(*: global 문 사용 시 가능)

TIP
함수 안에서 전역변수에 새로운 값을 대입하는 것은 잠시 후 설명할 global 문을 사용하면 예외적으로 가능하다.

지역변수의 생존 기간

지역변수는 함수가 실행될 때마다 새로 만들어지고, 함수의 실행이 종료되면 삭제된다. 코드 3-11을 예로 들면, minutes_to_seconds() 함수의 실행이 종료된 후에는 seconds라는 변수가 더 이상 존재하지 않는다. 함수 밖에서 지역변수를 사용할 수 없는 것은 이 이유 때문이기도 하다.

이 점은 함수를 실행할 때마다 함수가 이전에 계산했던 내용을 다 잊어버린 채 새로 실행된다는 뜻이기도 하다. 함수의 이전 실행 결과를 기억해야 한다면 함수의 밖에서 결과를 보관해 주어야 한다. 함수의 실행 결과를 기억하려면 함수를 호출하는 곳에서 함수의 실행 결과를 변수에 대입한다.

3.4.2 전역변수와 지역변수를 구별해서 쓰는 이유

처음에는 전역변수와 지역변수를 구별하는 것이 번거로울 수 있다. 모든 변수가 전역변수라면 어디서든 데이터를 자유롭게 읽고 수정할 수 있을 텐데, 전역변수와 지역변수를 구별하여 사용하는 이유는 무엇일까?

함수는 문제를 작은 문제로 나누어 해결하기 위해서 사용한다. 문제를 나누어 해결하려면, 다른 문제를 배제하고 지금 다루는 문제만을 생각할 수 있어야 한다. 함수는 프로그램 전체를 구성하는 일부이지만, 각각의 함수는 자기가 맡은 작은 문제만을 해결할 뿐이다. 함수는 자기 문제에 필요한 데이터만을 조작해야 하고 관련이 없는 프로그램 전체 데이터나 다른 함수의 데이터에 손을 대면 안 된다.

그러므로 함수 안에서는 지역변수만을 사용하는 것이 바람직하다. 전역변수는 프로그램 전체에서 공통적으로 사용되고 잘 변하지 않는 데이터를 담는 데만 써야 한다. 전역변수가 수시로 변하고 여러 함수에서 저마다 손을 댄다면 프로그램의 흐름을 파악하기 어렵다. 함수의 입력 통로와 출력 통로를 매개변수와 return 문으로 제한하는 것도 프로그램의 흐름을 파악하기 쉽게 하기 위한 것이다.

3.4.3 함수 안에서 전역변수 수정하기

함수 안에서 전역변수를 수정할 수 없다. 다만, 꼭 필요하다면 global 문을 이용해 이 규칙을 어길 수 있다. global 문이 필요한 상황과 global 문을 사용하는 방법을 알아보자.

global 문이 필요한 상황: 함수의 실행 결과를 누적하기

함수가 전역변수를 수정해야 하는 대표적인 상황으로 함수의 실행 결과를 누적해야 하는 경우가 있다. 다음은 쿠폰 도장이 찍힌 횟수를 전역변수에 기록하고 화면에 출력하는 stamp() 함수이다.

코드 3-12 함수 안에서 전역변수를 수정하려는 오류

```
num_stamp = 0   # 쿠폰 스탬프가 찍힌 횟수 (전역변수)

def stamp():
    """쿠폰 스탬프가 찍힌 횟수를 증가시키고, 화면에 출력한다."""
    num_stamp = num_stamp + 1   # ❶ 전역변수를 수정하려고 시도한다.
    print(num_stamp)
```

실행 결과는 다음과 같다.

```
UnboundLocalError: local variable 'num_stamp' referenced before assignment
```

이 함수를 실행하면 ❶에서 오류가 발생한다. "지역 변수 num_stamp에 값을 대입하기도 전에 참조했다"라는 오류 메시지가 출력된다.

오류가 발생한 과정을 되짚어 보자. num_stamp = 값을 대입할 때, 함수 안에서는 num_stamp라는 새로운 지역변수가 생성된다. 그런데 num_stamp에 대입할 값이 공교롭게도 num_stamp + 1이다. 아직 만들어지지 않은 지역변수를 읽으려 한 것이다.

원래 의도는 전역변수 num_stamp의 값을 읽으려는 것이었다. 하지만 함수 안에서 num_stamp에 무언가를 대입하려 했기 때문에 이 변수는 지역변수로 해석되었다. 함수 안에서는 지역변수에만 값을 대입할 수 있기 때문이다.

global 문

global 문을 사용하면 함수 안에서도 전역변수의 값을 수정할 수 있다. 함수 안에서 **global 변수이름** 명령을 실행하여 그 이름이 전역변수임을 분명히 밝히면, 전역변수의 값을 수정하는 것도 가능해진다. 코드 3-12의 stamp() 함수에 global 문을 삽입해 보자.

코드 3-13 global 문의 사용

```
num_stamp = 0   # 쿠폰 스탬프가 찍힌 횟수 (전역변수)

def stamp():
```

```
    """"쿠폰 스탬프가 찍힌 횟수를 증가시키고, 화면에 출력한다."""
    global num_stamp          # ❶ num_stamp는 전역변수이다.
    num_stamp = num_stamp + 1  # 이제 오류가 발생하지 않는다.
    print(num_stamp)

stamp()  # 화면에 1이 출력된다.
stamp()  # 화면에 2가 출력된다.
```

❶의 global 문을 실행함으로써 함수 안에서도 함수 밖의 전역변수 num_stamp를 수정할 수 있게 되었다. 원래 의도한 함수를 만드는 데 성공했다.

3.4.4 global 문과 전역변수 대신 함수의 매개변수와 반환값을 이용하자

함수 안에서 전역변수를 수정하지 않고도 함수의 실행 결과를 누적할 수 있다. 다음 예제는 전역변수를 직접 수정하는 대신, 매개변수와 반환값을 이용하도록 코드 3-12의 stamp() 함수를 수정했다.

코드 3-14 매개변수와 반환을 이용한 stamp() 함수

```
num_stamp = 0                     # ❶ 쿠폰 스탬프가 찍힌 횟수 (전역변수)

def stamp(num_stamp):             # ❷ 지역변수(매개변수) num_stamp
    """"쿠폰 스탬프가 찍힌 횟수를 증가시키고, 화면에 출력한다."""
    num_stamp = num_stamp + 1
    print(num_stamp)
    return num_stamp

num_stamp = stamp(num_stamp)   # ❸ 전역변수에 함수의 반환값을 대입한다.
num_stamp = stamp(num_stamp)
```

실행 결과는 다음과 같다.

```
1
2
```

이 코드에는 두 개의 num_stamp 변수가 등장한다. 하나는 ❶ 전역변수 num_stamp이고, 다른 하나는 ❷ 좌변의 stamp() 함수의 지역변수이자 매개변수인 num_stamp이다. 두 변수는 이름은 같지만 존재하는 공간이 다르기 때문에 서로 다르다. stamp() 함수는 자신의 지역변수인 num_stamp만을 수정하고, 전역변수 num_stamp는 건드리지 않는다. 전역변수 num_stamp는 함수 밖(❸)에서만 수정되고 있다.

이처럼 함수 안에서 전역변수를 수정하지 않아도 함수의 실행 결과를 누적할 수

TIP
다른 사람의 프로그램을 읽을 수 있도록 global 문의 사용법을 알아 두되, 가급적 사용하지 않도록 하자.

있다. 함수는 매개변수와 반환값을 이용해 데이터를 입출력하는 것이 가장 이상적이다.

연습문제 3-8　다음 프로그램에서 사용된 전역변수와 지역변수를 각각 나열해 보라. 각 지역변수가 어느 함수에 속하는지도 구분해 보자.

```python
pi = 3.141592653589793

def area_of_circle(radius):
    """원의 반지름(radius)을 입력받아 넓이를 반환한다."""
    area = radius * radius * pi
    return area

def volume_of_cylinder(radius, height):
    """원기둥의 반지름(radius)과 높이(height)를 입력받아 부피를 반환한다."""
    top_area = area_of_circle(radius)
    volume = top_area * height
    return volume

result = volume_of_cylinder(5, 10)
print(result)
```

3.5 매개변수를 좀 더 유연하게 활용하기

함수를 호출할 때는 함수에 정의된 매개변수의 개수만큼 순서대로 값을 전달해야 한다고 했다. 그것이 기본이지만 매개변수에 전달할 값을 생략하거나, 순서를 원하는 대로 바꿀 수 있게 할 수도 있다.

3.5.1 매개변수 기본값 정의하기

TIP
round() 함수는 전달받은 값을 반올림해서 반환한다. 매개변수로 반올림할 자리를 전달받을 수 있으며, 반올림할 자리를 지정하지 않을 경우 1의 자리까지 반올림한다.

함수 중에는 매개변수의 개수가 고정되어 있지 않은 것도 있다. round() 함수를 예로 들 수 있다.

코드 3-15 **반올림 자리를 지정할 수 있는 round() 함수**

```python
>>> round(3.1415)        # 인자를 하나만 전달한다.
3

>>> round(3.1415, 2)    # 두 번째 인자로 반올림 자리를 지정한다.
3.14
```

이렇게 함수에 인자를 전달할 수도 있고 생략할 수도 있게 해 두면 함수를 호출할 때 좀 더 편리하다. 이를 위해서는 함수를 정의할 때 매개변수에 인자를 전달하지 않았을 때 사용할 기본값(default value)을 정의해 두면 된다. 다음 예제를 대화식 셸에 따라 입력해 보자.

코드 3-16 매개변수의 기본값 정의하기

```
>>> def divide(number, by=2):   # ❶ 매개변수 by의 기본값을 2로 정의한다.
...     """수(number)를 나눗수(by)로 나눈다."""
...     return number / by
...
>>> divide(12)                  # ❷ 인자를 하나만 전달해도 함수가 실행된다.
6.0

>>> divide(12, 3)               # 인자를 모두 전달해도 된다.
4.0
```

TIP
나눗수: 나눗셈에서 어떤 수를 나누는 수

❶에서 by 매개변수에 =2라는 표기를 덧붙였다. 이렇게 매개변수에 등호와 값을 덧붙여 매개변수의 기본값을 정의할 수 있다. 매개변수에 기본값을 정의해 두면, ❷와 같이 함수를 호출할 때 매개변수에 전달할 인자를 생략할 수 있다. 인자가 생략된 매개변수에는 기본값인 2가 by에 대입된다.

기본값을 가지는 매개변수의 위치

매개변수에 값을 전달할 때는 위치를 기준으로 하기 때문에 더 앞에 있는 매개변수에 기본값을 지정했다면 뒤에 있는 변수에도 기본값을 지정해야 한다. 그렇지 않으면 함수를 호출할 때 어떤 매개변수에 전달할 값을 생략한 것인지 알 수 없기 때문이다.

코드 3-17 매개변수 기본값을 잘못 정의한 경우

```
>>> def multiply(a=2, b):   # ❶ 첫 번째 매개변수에만 기본값을 정의했다.
...     """a와 b의 곱을 계산한다."""
...     return a * b
...
SyntaxError: non-default argument follows default argument
```

❶의 함수 정의에서는 첫 번째 매개변수 a에만 기본값을 정의했고, 그다음 매개변수 b에는 기본값을 정의하지 않았다. 이 함수를 호출할 때 인자를 하나만 전달한다면, 인자를 생략하는 매개변수가 a인지 b인지 알 수 없을 것이다.

파이썬은 이런 함수의 정의를 허용하지 않으며, 구문 오류(SyntaxError)가 발생한다. 다음과 같이 매개변수 b에도 기본값을 정의해 주면 오류가 발생하지 않는다.

코드 3-18 올바르게 수정한 함수

```
>>> def multiply(a=2, b=4):
...     """a와 b의 곱을 계산한다."""
...     return a * b
...
>>> multiply()        # 두 매개변수 모두 생략한다.
8

>>> multiply(8)       # 두 번째 매개변수를 생략한다.
32

>>> multiply(8, 16)   # 값을 모두 지정한다.
128
```

3.5.2 매개변수를 지정해 값 전달하기

매개변수가 여러 개인 함수를 호출할 때, 함수에 전달한 값은 하나씩 차례대로 전달된다. 그걸 기본 규칙으로 하되, 전달 순서를 바꾸거나 필요한 매개변수만 골라 값을 전달할 수도 있다. 함수를 호출할 때 값을 전달받을 매개변수를 지정하면 된다. 다음 코드를 대화식 셸에 따라 입력해 보자.

코드 3-19 동전의 개수로 돈의 합계 구하기

```
>>> def 동전계산(오백원=0, 백원=0, 오십원=0, 십원=0):
...     """동전의 개수를 입력받아 돈의 합계를 계산한다."""
...     return 오백원 * 500 + 백원 * 100 + 오십원 * 50 + 십원 * 10
...
>>> 동전계산()               # 기본값은 모두 0
0

>>> 동전계산(1, 10, 0, 100)    # 값을 순서대로 전달한다.
2500

>>> 동전계산(십원=220)          # 십 원짜리만 220개
2200

>>> 동전계산(백원=3, 오십원=2)   # 백 원 3개, 오십 원 2개
400

>>> 동전계산(백원=9, 오백원=10)  # 백 원 9개, 오백 원 10개
5900
```

동전계산() 함수는 모든 매개변수의 기본값이 0으로 정의되어 있다. 이 함수를 호출한 예에서 보듯이, 함수를 호출할 때 **매개변수=값**의 형태로 매개변수에 할당할 값을 명시할 수 있다. 이렇게 하면 기본값이 있는 다른 매개변수의 값을 생략하고 매개변수의 위치도 바꾸어 호출할 수 있다.

매개변수의 기본값을 정의하는 기능과 값을 전달받을 매개변수를 특정하는 기능을 잘 활용하면 함수의 사용 편의성과 활용도를 높일 수 있다.

3.5.3 print() 함수의 선택적 매개변수 사용하기

인자를 유연하게 지정할 수 있는 예를 좀 더 살펴보자. print() 함수를 실행하면 매개변수에 전달한 인자가 화면에 출력되고, 행이 바뀐다. print() 함수에는 데이터를 출력한 뒤에 덧붙여 출력할 내용을 전달받는 매개변수 end가 정의되어 있는데, 이 매개변수의 기본값이 행을 바꾸는 것(개행문자)이기 때문이다. 그런데 print() 함수 실행 후에 행을 바꾸고 싶지 않다면 어떻게 해야 할까? 다음 예를 보자.

코드 3-20 print() 함수는 기본으로 행을 바꾼다

```
print('주문하실 음료를 알려 주세요:')   # 행이 바뀐다.
drink = input()
```

실행 후 **카페라테**를 입력한다. 결과는 다음과 같다.

주문하실 음료를 알려 주세요:
카페라테

이 예에서 '**주문하실 음료를 알려 주세요:**'를 출력한 후 행을 바꾸고 싶지 않다면 어떻게 해야 할까? 그럴 땐 print(..., end='')와 같이 end 매개변수에 빈 텍스트('')를 대입하면 된다.

이 방법을 이용하면 다음과 같이 안내 메시지 출력과 사용자 입력을 한 행에서 한꺼번에 처리할 수 있다.

코드 3-21 print() 함수에 종료 문자를 빈 문자로 지정하기

```
print('주문하실 음료를 알려 주세요:', end='')   # 행이 바뀌지 않는다.
drink = input()
```

실행 후 **카페라테**를 입력한다. 결과는 다음과 같다.

주문하실 음료를 알려 주세요: 카페라테

다음과 같이 print() 함수의 end 매개변수를 원하는 다른 텍스트로 바꿔도 된다.

코드 3-22 print() 함수의 종료 문자 바꾸기

```
print('카페라테', end=', ')
print('아메리카노', end=', ')
print('비엔나', end='...')
```

실행 결과는 다음과 같다.

카페라테, 아메리카노, 비엔나...

파이썬에서 사용할 수 있는 함수들 중에는 print() 함수와 같이 기본값이 정해진 옵션 매개변수에 인자를 지정함으로써 함수의 동작을 조정할 수 있는 것들이 많다.

연습문제 3-9 사용자로부터 두 개의 텍스트를 입력받아, 입력받은 내용을 출력하는 프로그램을 작성해 보라. 예를 들어 사용자가 **카페라테**, **쿠키**라고 입력한다면 실행 결과는 다음과 같다.

주문하실 음료: 카페라테
주문하실 간식: 쿠키
카페라테 쿠키 주문 받았습니다.

HINT 함수를 호출하는 방법을 묻는 것이므로 함수를 정의하지 않아도 된다.

3.6 이름이 없는 함수

함수를 프로그램 조각에 이름을 붙인 것이라고 설명했다. 하지만 프로그램 조각 중에는 너무 간단하거나, 다시 부를 필요가 없어서 굳이 이름을 붙이지 않아도 되는 것도 있다. 이럴 때 이름이 없는 함수, 즉 익명 함수를 만들 수 있다.

람다 식

익명 함수를 만들 때는 def 문 대신 람다 식을 이용한다. 람다 식을 작성하는 양식은 다음과 같이 매우 간결하다.

TIP
람다는 '람다 대수(lambda calculus)'라는 용어에서 따온 이름이다. 이름이 생소하겠지만 사용법은 어렵지 않으니 겁먹지 말자.

lambda 매개변수: 반환값

람다 식은 입력과 출력이 있는 간단한 한 행짜리 함수를 만들 때 사용한다. 예를 들어, 매개변수 x에 전달받은 수보다 1 큰 수를 반환하는 함수는 다음과 같이 정의할 수 있다.

코드 3-23 람다 식을 이용한 함수 정의

```
>>> lambda x: x + 1
```

람다 식으로 정의한 함수는 변수에 대입해 두었다가 호출할 수도 있다. 이름이 없지만, 변수에 대입하면 이름을 붙일 수도 있다.

코드 3-24 람다 식으로 만든 함수를 변수에 대입하기

```
>>> 두_수의_곱 = lambda a, b: a * b
>>> 두_수의_곱(10, 8)
80
```

이 코드는 람다 식으로 만든 함수를 호출할 수 있다는 것을 보여 주기 위해 작성했다. 하지만 이렇게 람다 식으로 만든 함수를 변수에 대입해 사용하는 것은 파이썬에서 권장되지 않는다. 함수에 이름을 붙여야 한다면 def 문을 사용해 정식으로 정의하는 것이 올바른 방법이다.

지금은 람다 식을 언제 사용할 수 있을지 생각하기 어려울 것이다. 이런 게 있다는 것만 알아 두고, 익명 함수가 필요할 때 좀 더 사용해 보기로 하자.

3장을 맺으며

3장에서는 함수를 호출하고 정의하는 방법을 배웠다. 앞으로 무언가 계산할 때 "이 계산 방법을 함수로 정의해서 다시 사용할 수 없을까?" 하고 생각해 보자. 그리고 어려운 문제를 풀 때는 "이 문제를 나누어 더 쉽게 풀 수 없을까?" 하고 생각해 보자. 함수를 만들기로 했다면 적절한 이름을 붙이는 것도 잊지 말자. 함수를 잘 이용해야 좋은 프로그램을 만들 수 있다.

3장 요약

1. 큰 문제는 작은 문제로 나누어 해결하는 것이 유리하다.

2. 함수는 작은 문제를 해결하기 위한 작은 프로그램 조각이다.

3. 함수는 일련의 작업을 수행하는 코드를 모아 이름을 붙여 둔 것이다.

4. 이름을 붙여 둔 코드는 함수 이름을 불러 호출할 수 있다. **함수이름**(데이터)와 같은 형식으로 함수를 호출한다.

5. def 문을 사용해 함수를 정의할 수 있다. 함수 이름, 매개변수, 독스트링, 본문을 작성한다.

6. 함수를 호출할 때 함수에 데이터를 전달할 수 있다. 함수에 전달하는 데이터를 인자라고 하고, 인자가 대입되는 변수를 매개변수라 한다.

7. 함수를 호출할 때, 인자와 매개변수의 개수가 서로 같아야 한다. 단, 함수를 정의할 때 매개변수의 기본값을 지정할 수 있다. 기본값이 지정되어 있으면 인자 전달을 생략할 수 있다.

8. 함수를 호출할 때, 인자를 전달받을 매개변수의 이름을 명시할 수 있다.

9. 함수 안에서 return 문을 이용해 함수 밖으로 데이터를 내보낼 수 있다. 또한, return 문이 실행되면 함수의 실행이 종료된다.

10. 함수 안의 데이터는 지역변수, 함수 밖의 데이터는 전역변수이다. 지역변수를 이용하면 그 데이터와 관련된 문제를 함수 내부의 문제로 국한시킬 수 있다.

11. 함수 안에서는 전역변수의 값을 변경하지 않아야 한다. 함수 안의 데이터를 밖으로 내보낼 때는 전역변수의 값을 변경하지 말고 return 문을 이용하는 것이 좋다.

12. 이름을 붙이지 않은 간단한 함수를 익명 함수라 한다. 람다 식으로 익명 함수를 표현할 수 있다.

4장

여러 가지 유형의
데이터 다루기

4장에서는 여러 가지 유형의 데이터를 다루어 보고, 데이터를 여러 가지 유형으로 구별하는 이유를 간단히 살펴본다. 그리고 정수, 실수, 텍스트, 참·거짓 등 파이썬에서 가장 기본이 되는 데이터의 유형들을 자세히 알아볼 것이다. 마지막으로 데이터의 유형을 다르게 바꾸는 방법도 살펴본다.

4.1 데이터는 값과 유형으로 구성된다

컴퓨터는 수를 계산하는 기계이다. 하지만 우리는 컴퓨터로 글도 읽고, 음악도 듣고, 영화도 본다. 수를 계산하는 기계가 어떻게 글, 음악, 영화 같은 다양한 정보를 다룰 수 있는 걸까? 이에 대한 해답을 얻기 위해서는 컴퓨터가 데이터를 어떻게 취급하는지 알 필요가 있다. 컴퓨터가 데이터를 취급하는 방법을 알고 나면 이 장에서 배우려는 여러 가지 데이터 유형이 왜 필요한지도 알 수 있다.

4.1.1 비트와 바이트

컴퓨터가 0과 1만으로 정보를 처리한다는 얘기는 많이 들어 봤을 것이다. 컴퓨터는 0과 1을 어떻게 구별할까? 컴퓨터는 전기 신호를 입력받고 출력한다. 전류의 전압은 낮출 수도 높일 수도 있다. 전압이 낮은 상태를 0으로, 전압이 높은 상태를 1로 약속해서 컴퓨터가 0과 1을 구별할 수 있는 것이다. 이렇게 둘 중 한 가지 상태를 구별할 수 있는 정보 단위를 **비트**(bit)라 한다.

　고작 두 가지 수를 구별하는 것으로 무엇을 할 수 있을까 하고 생각할 수 있지만, 비트를 여러 개 묶으면 큰 수도 구별할 수 있다. 비트가 두 개면 네 가지 수를, 비트가 세 개면 여덟 가지 수를 표현할 수 있다. 비트 하나하나가 수의 각 자릿수를 나타내는 덕분에 적은 개수의 비트로도 큰 수를 만들 수 있는 것이다. 이렇게 두 개의 숫자를 이용해 수를 표현하는 방법을 이진법이라 한다.

TIP
메모리와 디스크 같은 저장 장치의 용량도 바이트 단위로 표기한다. 메모리의 용량이 1 킬로바이트이면 메모리에 저장할 수 있는 비트의 양이 1 킬로바이트(1000 * 8) 만큼이다.

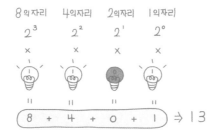

그림 4-1 비트 묶음으로 수 나타내기

비트는 흔히 여덟 개씩 묶어 다루며, 이 여덟 비트 묶음 하나를 **바이트**(byte)라 한다.

4.1.2 부호화

컴퓨터는 수뿐만 아니라 글, 음악, 영상 같은 다양한 정보를 모두 수로 표현한다. 정보를 수로 표현하는 법은 간단하다. 정보의 특정한 상태를 특정한 수에 대응시키기로 약속하면 된다. 텍스트를 예로 들면, 문자 'A'는 수 65에, 문자 'B'는 수 66에 대응하는 식으로 약속할 수 있다. 마찬가지로 그림과 영상도 각각의 색에 번호를 붙여 나타내기로 약속한다. 이렇게 정해 둔 약속에 따라 정보를 수로 나타내는 것을 **부호화**(encoding)라 한다. 정보에는 수많은 종류가 있고, 그 종류마다 부호화하는 약속도 다르다.

데이터는 **값**(value)과 **유형**(type)으로 구성된다. 값은 수로 표현된 정보이다. 유형은 그 수를 취급하는 방법이다. 데이터는 유형이 무엇인가에 따라 가질 수 있는 값과 적용할 수 있는 연산이 다르다. 수는 사칙연산이 가능하지만 텍스트는 그렇지 않다. 프로그램을 만들 때는 데이터의 값만이 아니라 유형도 고려해야 한다.

비트, 부호화 등의 개념이 어렵게 느껴질 수도 있다. 그러나 걱정 말자! 운영체제, 프로그래밍 언어, 라이브러리가 부호화 처리를 해 주기 때문에 여러분이 부호화에 신경 써야 할 일은 별로 없다. 데이터의 유형이 중요하다는 것을 이해했다면 충분하다.

> **TIP**
> 1과 '1'은 각각 수와 텍스트로서로 유형이 다르다.

4.2 수를 나타내는 데이터

파이썬에서 수를 나타내는 데이터 유형에는 정수, 실수, 복소수 등 여러 가지가 있다. 이들은 모두 수에 속하지만, 표현할 수 있는 수의 종류와 범위가 다르다. 하나씩 살펴보자.

4.2.1 정수

정수(integer, 줄여서 int)는 자연수에 음양 부호(+, -)가 붙은 것이다. 비트 하나로 부호를 표현하고, 여러 개의 비트 묶음으로 자연수를 표현한다.

여러분은 이미 파이썬에서 정수를 여러 번 사용해 보았다. 파이썬에서 소수점 없이 입력된 수, 즉 0, -15 같은 표현은 모두 정수이다. 다음은 대화식 셀에 정수를 입력해 본 것이다.

코드 4-1 정수의 예

```
>>> 1000    # 양의 정수
1000

>>> -1000   # 음의 정수
-1000
```

파이썬은 자릿수가 큰 수도 취급할 수 있다. 작은 수를 입력할 때와 마찬가지로 그냥 코드에 입력하면 된다.

코드 4-2 큰 정수

```
>>> 1000000000
1000000000
```

일상 생활에서는 큰 수를 알아보기 쉽게 세 자리마다 쉼표를 붙여 1,000,000,000처럼 표기하곤 한다. 이와 비슷하게 파이썬 코드에서도 1_000_000_000처럼 쉼표 대신 밑줄(_)을 하나씩 붙여 표기할 수 있다.

> **TIP**
> 1_000_000_000은 표기만 다를 뿐 1000000000과 같은 값이다.

팔진법과 십육진법

정수는 팔진법이나 십육진법으로도 표현할 수 있다. 팔진수는 0o로 시작하고, 십육진수는 0x로 시작한다. 0o77는 팔진수 77, 0xff는 십육진수 ff다.

코드 4-3 팔진법과 십육진법으로 정수 표현하기

```
>>> 0o77   # 팔진수 77
63

>>> 0xff   # 십육진수 ff
255

>>> 255 == 0xff   # 진법이 달라도 같은 정수이다.
True
```

십육진법과 팔진법은 비트를 직접 다루거나 색상 정보를 표현하는 등 특수한 경우에 가끔씩 사용된다. 다른 사람의 코드에서 이러한 표기를 발견하면 "아, 십육진수구나" 하고 알아볼 수 있으면 충분하다.

4.2.2 실수

실수는 −1.0, 3.1415처럼 소수점 아래까지 표현할 수 있는 수이다. 1.0은 실수 유형 데이터로, 정수 유형 데이터인 1과는 구별된다.

코드 4-4 **실수의 표현**

```
>>> 3.1415
3.1415
```

TIP
편의상 부동소수점 수를 그냥 실수라고 부를 때가 많다.

파이썬에서는 **부동소수점 수**(floating point number, 줄여서 float)라는 데이터 유형으로 실수를 다룬다. 부동소수점 수는 '소수점이 움직이는 수'라는 뜻이다. 이게 무슨 뜻인지는 곧 설명한다.

과학 표기법

부동소수점 수를 이해하기 위해 과학 표기법에 관해 잠깐 알아보자. 과학 표기법이란 매우 작은 수와 매우 큰 수를 다루는 일이 많은 과학 분야에서 수를 표기하는 방법이다. 전자계산기에 매우 큰 수를 입력하면 화면에 '1.234e5' 같은 수가 출력되는 것을 볼 수 있다. 과학 표기법으로 표기된 수이다.

과학 표기법은 수를 가수와 지수로 나누어 적는다. 1.234e5에서 e를 중심으로 앞의 수(1.234)는 가수, 뒤의 수(5)는 지수이다. 이 수가 실제로 나타내는 값은 가수의 소수점 위치를 지수만큼 오른쪽으로 옮겨 구할 수 있다. 1.234의 소수점을 다섯 칸 오른쪽으로 옮기면 123400.0이 된다. 지수가 음수라면 소수점을 왼쪽으로 옮긴다.

파이썬에서도 과학 표기법으로 실수를 나타낼 수 있다. e를 구분자로 하여 **가수e 지수**로 표기하면 된다.

코드 4-5 **과학 표기법으로 실수 표기**

```
>>> 1.23e0    # 1.23 * 10 ^ 0
1.23

>>> 1.23e6    # 1.23 * 10 ^ 6
1230000.0

>>> 1.23e-4   # 1.23 * 10 ^ -4
0.000123
```

프로그램에 과학 표기법으로 수를 표기할 일이 많지는 않을 것이다. 하지만 연산 결과가 크거나 작을 때 과학 표기법으로 출력되기도 하니 알아볼 수는 있어야 한다.

과학 표기법은 컴퓨터의 실수 표현 방식과도 관련이 있다. 컴퓨터는 실수를 기억할 때 수를 부호, 지수, 가수로 나누어 각각 비트 묶음에 담아 기억한다. 그렇게 기억해 둔 수에서, 가수를 지수만큼 소수점 이동시키면 실제 값을 구할 수 있다. 소수점의 위치가 움직이는 수라는 뜻의 '부동소수점 수'라는 이름도 이 방법에서 유래한 것이다.

TIP
'부동(浮動)'은 고정되어 있지 않고 움직인다는 뜻이다.

실수의 정밀도 문제

수학의 세계에서는 정수가 실수에 포함된다. 하지만 프로그래밍에서는 정수와 실수를 서로 다른 유형으로 구별한다. 정수도 실수로 통일해서 취급하면 편리할 텐데, 왜 구별하는 것일까? 비트로 정수와 실수를 표현하는 방법이 다르기 때문이다.

정수는 비트를 이용해 정확하게 표현할 수 있다. 하지만 실수는 비트로 정확하게 표현하지 못한다. 이진법에서는 딱 나누어 떨어지는 소수가 별로 없기 때문이다. 다음 코드는 이 문제를 대화식 셀에서 확인해 본 것이다.

코드 4-6 파이썬의 실수 오차

```
>>> 1.1 - 1.0          # 계산 결과가 0.1이어야 한다.
0.10000000000000009
```

미세하지만 오차가 발생했다. 실수를 표현하는 데 사용되는 비트의 양을 늘릴수록 오차의 크기는 작아진다. 하지만 용량을 아무리 늘려도 오차가 완전히 없어지지는 않는다. 컴퓨터의 자원은 유한하기 때문에 실수를 아무리 정밀하게 표현하려 해도 근사치를 사용할 수밖에 없다.

따라서 1.1 - 1.0 == 0.1처럼 실수를 동등 연산자로 비교하면 오류가 생길 수 있다. 0.00009 < 1.1 - 1.0 < 0.100001처럼 일정한 오차범위를 정해서 비교하는 것이 더 적절하다.

정수와 실수는 각자의 특징과 한계가 있기 때문에 대부분의 프로그래밍 언어에서 서로 다른 유형으로 구별되어 있다. 처리하려는 데이터에 올바른 유형이 정수인지 실수인지 잘 파악해야 한다.

무한대

실수 데이터에는 양의 무한대와 음의 무한대가 있다. 양의 무한대와 음의 무한대를 나타내는 데이터는 각각 float('inf')와 float('-inf')라는 표현을 이용해 만든다.

무한대는 다른 모든 수보다 크거나, 다른 모든 수보다 작은 수를 표현해야 할 때 사용할 수 있다.

코드 4-7 무한대

```
>>> float('inf')        # 양의 무한대
inf

>>> float('-inf')       # 음의 무한대
-inf

>>> 1e100 < float('inf')  # 무한대는 다른 모든 실수보다 크다.
True

>>> 1e309               # 너무 큰 실수는 무한대로 평가된다.
inf

>>> 1e-324              # 0에 너무 가까운 실수는 0으로 평가된다.
0.0
```

TIP
관측할 수 있는 우주에 존재하는 모든 수소 원자의 수가 1e81개 이하라고 한다.

실수를 나타내는 데 사용하는 용량이 제한되어 있으므로, 너무 큰 실수는 무한대로 평가되어 버리고 너무 0에 가까운 수(무한소)는 0으로 평가되어 버린다. 곤란한 일이라고 생각할 수도 있겠지만 일반적인 프로그래밍 상황에서 이런 수를 취급할 일은 거의 없다.

4.2.3 복소수

파이썬의 수치 데이터 유형에는 앞에서 설명한 정수와 부동소수점 수 외에 복소수(complex number, 줄여서 complex)가 있다. 복소수는 고등학교 수학에서 등장한다. 아직 복소수를 배우지 않았다면 이 내용은 넘어 가도 된다.

수학의 표기법에서 복소수는 1+2i와 같이 실수부와 허수부를 나누어 표기한다. 이때 i는 제곱해서 -1이 되는 가상의 상수이며 복소수의 허수부를 나타내기 위한 기호로 사용된다.

파이썬에서 복소수는 1+2j처럼 i만 j로 바꾸어 표기하면 된다. 단, 소수점과 구별하기 위해 수를 괄호로 감싸주어야 한다.

코드 4-8 복소수의 표현과 연산

```
>>> 1-2j        # 실수부가 1, 허수부가 -2인 복소수
(1-2j)
```

```
>>> (1-2j).real  # .real을 계산하면 복소수의 실수부를 구할 수 있다.
1.0

>>> (1-2j).imag  # .imag을 계산하면 복소수의 허수부를 구할 수 있다.
-2.0
```

4.2.4 수의 연산

데이터는 유형에 따라 가능한 연산이 정해져 있다. 정수, 실수, 복소수는 데이터 유형이 서로 다르지만, 넓은 의미에서 모두 수이기 때문에 연산을 서로 공유한다.

수로 할 수 있는 연산은 대부분 2장에서 살펴보았다. 수는 사칙연산, 거듭제곱, 몫과 나머지 계산, 반올림 계산, 절댓값 계산 등이 가능하다. 그리고 방금 배운 복소수의 실수부와 허수부를 구하는 연산도 있다. 이 연산들은 정수, 실수, 복소수 모두 공통적으로 사용 가능하다. 심지어 정수를 반올림하거나 정수의 실수부를 구하는 것도 할 수 있다. 다음 예제를 보자.

코드 4-9 수 유형을 위한 연산은 통용된다

```
>>> round(10)   # 실수와 마찬가지로 정수도 반올림이 된다.
10

>>> (10).real   # 정수에서 복소수의 실수부를 구하는 연산도 가능하다.
10
```

정수를 반올림하거나 정수의 실수부를 구하는 연산은 쓸모없어 보일 수 있다. 하지만 정수는 실수에 포함되고 실수는 복소수에 포함되므로 수를 위한 연산이 공통적으로 가능한 것은 논리적으로 타당하다. 어떤 변수에 저장된 수가 정수인지 실수인지 복소수인지 모른 채 연산을 해야 한다면 이런 특성이 유용할 것이다.

정수와 실수를 더하거나 실수와 복소수를 곱하는 등 서로 다른 유형의 수를 함께 계산하는 것도 가능하다. 이때 연산 결과는 더 넓은 범위의 수 유형으로 계산된다. 정수와 실수를 계산하면 실수가 되고, 실수와 복소수를 계산하면 복소수가 된다.

코드 4-10 서로 다른 유형의 수를 함께 연산하기

```
>>> 10 + 0.5     # 정수와 실수의 연산 -> 실수
10.5

>>> 0.5 * 1+2j  # 실수와 복소수의 연산 -> 복소수
(0.5+2j)
```

그렇다면 수 데이터에 적용할 수 없는 연산에는 무엇이 있을까? 아직 소개한 적은 없지만 곧 배우게 될 텍스트 데이터의 대문자 변경 연산(upper())을 수에 적용해 보자.

코드 4-11 **수에 적용할 수 없는 연산의 예**

```
>>> (10).upper()   # 텍스트를 위한 연산은 오류를 발생시킨다.
AttributeError: 'int' object has no attribute 'upper'
```

(10).upper()는 10이라는 수를 대문자로 바꾸는 연산이다. 수를 대문자로 바꾼다는 것은 논리적으로도 말이 안 되고, 수 데이터 유형에서 이 연산을 지원하지도 않는 다. 그래서 오류가 발생한 것이다.

연습문제 4-1   프로그래머 세 사람이 자신의 나이를 말하고 있다.

프로그래머 A: "저는 0x7d0년에 태어났습니다. 올해로 0x12살이 되었네요."

프로그래머 B: "그러시군요. 저는 올해 0o22세입니다."

프로그래머 C: "저는 18살입니다."

세 사람의 출생 연도를 각각 구하라.

HINT 대화식 셸에 팔진수 또는 십육진수를 입력하면 십진수로 출력된다.

연습문제 4-2   -252.87을 과학 표기법으로 나타내 보라.

연습문제 4-3   두 실수가 거의 같은지 검사하는 함수 almost_equal()을 정의 하라. 이 함수는 실수 두 개를 입력받아 두 실수의 차이(오차허용범위)가 0.0001 미만이면 True를 그렇지 않으면 False를 반환한다. 또, 할 수 있다면 함수를 호출할 때 오차허용범위를 지정하도록 정의해 보라.

4.3 텍스트를 나타내는 데이터

컴퓨터는 수뿐만 아니라 텍스트 데이터도 취급한다. 하지만 컴퓨터가 수를 다루는 기계라는 것은 변함없는 사실이다. 컴퓨터는 텍스트를 취급할 때도 수를 이용해 취급한다.

4.3.1 아스키 코드와 유니코드

수로 텍스트를 표현하는 방법은 간단하다. 사용할 문자에 고유한 번호를 매겨 놓으면 된다. 예를 들어 **가 = 1, 져 = 2, 라 = 3**이라고 정해 두면, **가져가라가져가라**라는 텍스트를 1213121이라는 수로 표현할 수 있다.

옛날에는 컴퓨터를 만드는 회사마다 문자의 번호를 제각각 다르게 매겼다. 그래서 서로 다른 컴퓨터끼리 정보를 교환하기가 어려웠다. 이런 불편을 없애기 위해 문자 부호 표준안이 마련되었다. 표준안 중에서도 아스키 코드(ASCII code, 미국정보교환표준부호)와 유니코드(Unicode)가 가장 널리 사용되고 있다.

아스키 코드에는 숫자, 알파벳 대소문자, 기호 등을 포함해 128가지 문자만이 할당되어 있다. 아스키 코드는 간단해서 다루기 쉽고 대부분의 컴퓨터에서 사용할 수 있을 만큼 보편적이다. 하지만 알파벳이 아닌 문자는 표현할 수 없다는 한계가 있다.

TIP
아스키 코드는 문자 하나를 비트 일곱 개로 표현하므로 128가지 문자만 표현 가능하다.

알파벳 외의 문자를 사용하는 나라들은 저마다 문자 코드 체계를 만들어 사용했다. 하지만 정보는 국제적으로 교환할 필요가 있다. 오늘날에는 세계의 모든 문자를 망라하는 문자 코드 체계, 유니코드를 사용한다. 유니코드는 오늘날 국제 표준 텍스트 부호이며 파이썬도 텍스트 데이터를 유니코드로 부호화한다. 83쪽에서 설명한 부호화의 사례이다.

TIP
유니코드는 한글, 한자, 아랍어 문자, 그리스 문자 등 모든 문자를 표현할 수 있다.

부호화 처리는 운영체제와 프로그래밍 언어가 자동으로 수행해 주기 때문에 지금 이런 개념을 깊게 알 필요는 없다. 텍스트 데이터도 결국 수라는 것과 텍스트를 수로 나타내는 방법을 표준화한 부호 체계가 있다는 것만 알아 두자.

4.3.2 문자열

파이썬은 텍스트 데이터를 취급하기 위해 문자열(string, 줄여서 str)이라는 데이터 유형을 제공한다. 문자열이란 문자의 나열(순서 있는 묶음)을 뜻한다. 문자열은 이미 1장에서 사용해 보았다. print('당신의 이름은 무엇인가요?')라는 코드에서 따옴표(')로 둘러싸인 텍스트 데이터가 바로 문자열이다.

프로그래밍 언어 중에는 개별 문자와 문자열을 서로 다른 유형으로 구분하는 것

TIP
파이썬에서 '문자 하나'는
문자가 하나만 나열된
'문자열'이다.

도 있다. 하지만 파이썬에서는 개별 문자든 문자열이든 모두 똑같이 문자열로 취급한다. 이렇게 문자와 문자열을 동일한 유형으로 취급하면 텍스트 데이터의 취급 방법이 통일되어 편하다.

문자열 표기

파이썬 코드에서 문자열 데이터를 나타내려면 텍스트를 작은따옴표 또는 큰따옴표로 감싸 표기하면 된다.

- 작은따옴표로 감싼 표현: **'안녕'**
- 큰따옴표로 감싼 표현: **"안녕"**

이 두 표현은 완전히 똑같은 데이터를 나타낸다. 일반적으로는 작은따옴표를 이용해 텍스트를 나타낸다. 그런데 텍스트에 따옴표가 포함된다면 어떻게 처리해야 할까?

코드 4-12 텍스트에 작은따옴표를 입력할 때

```
>>> "Today's coffee"     # 큰따옴표로 작은따옴표를 감싸면 문제없다.
"Today's coffee"

>>> 'Today's coffee'     # 작은따옴표를 작은따옴표로 감싸면 오류가 발생한다.
SyntaxError: invalid syntax

>>> 'Today\'s coffee'    # 작은따옴표를 이스케이프(\)해 줘도 문제없다.
"Today's coffee"
```

작은따옴표가 들어 있는 문자열을 작은따옴표로 감싸면 오류가 발생한다. **'Today'**에서 이미 문자열이 끝났다고 해석되기 때문이다. 큰따옴표가 들어 있는 문자열은 작은따옴표로 감싸주면 된다. 문자열 안에 작은따옴표와 큰따옴표가 둘 다 들어 있다면, 따옴표를 이스케이프(escape)해야 한다.

이스케이프로 특별한 문자 입력하기

이스케이프란 특수 문자를 입력하는 방법이다. 이스케이프를 하려면 백슬래시(\)를 쓰고 바로 붙여서 이스케이프할 문자를 적는다. 이스케이프를 통해 표현해야 하는 특별한 문자를 표 4-1에 정리했다.

이스케이프 문자	기능
\\	백슬래시
\'	작은따옴표 (작은따옴표 안에서)
\"	큰따옴표 (큰따옴표 안에서)
\n	개행 문자 (라인 피드. 다음 행으로 바꿈)
\r	개행 문자 (캐리지 리턴. 커서를 행의 앞으로 이동. 잘 사용하지 않는다.)
\t	탭 문자

표 4-1 이스케이프 문자와 기능

TIP
이스케이프 문자 중 \', \", \\,
\n을 많이 쓰고, 나머지는 잘
쓰지 않는다.

다음 예는 작은따옴표, 큰따옴표, 개행 문자가 포함된 텍스트를 표현해 본 것이다.

코드 4-13 **이스케이프 문자의 활용**

```
>>> text = 'Today\'s coffee:\n"카페라테"\n"아메리카노"'
>>> print(text)
Today's coffee:
"카페라테"
"아메리카노"
```

TIP
print(text)와 같이
print() 함수로 출력해야
실제로 개행된다.

 라인 피드와 캐리지 리턴

표 4-1에서 \n과 \r의 설명을 보면 둘 다 개행 문자를 나타낸다는 걸 알 수 있다. 개행 문자는 왜 두 개일까? 이는 과거 인쇄기를 제어하는 방식과 연관이 있다. \n은 라인 피드(line feed) 라는 기호로, 인쇄기에게 종이를 한 행만큼 올리라고 지시한다. \r은 캐리지 리턴(carriage return)이라는 기호로, 인쇄기의 활자를 찍는 팔을 원위치로 옮기라고 지시한다. 인쇄기에서 문자 출력 위치를 다음 행으로 바꾸려면 \r\n을 둘 다 수행해야 했기 때문에 두 문자가 모두 필요했다. 오늘날 인쇄기를 제어하는 방식은 달라졌지만 라인 피드와 캐리지 리턴을 이용해 텍스트 데이터에서 개행을 나타내는 방식은 그대로 남았다.

개행을 나타내는 방식은 운영체제마다 조금 다르다. 윈도우 계열의 운영체제에서는 개행을 \r\n으로 나타내고, 유닉스 계열의 운영체제(리눅스, 맥OS 등)에서는 개행을 \n만으로 나타낸다. 그래서 리눅스에서 작성한 텍스트 파일을 윈도우의 메모장으로 열면 개행 문자가 깨져 보일 수 있다. 파이썬 문자열에서는 \n만으로 개행을 표현한다. \r을 사용하는 경우는 거의 없다.

이스케이프 하지 않기

이스케이프 기능을 적용하지 않고 텍스트를 표기하고 싶을 때도 있을 수 있다. 이 럴 때는 다음 코드와 같이 문자열 앞에 r을 적어 주면 된다.

코드 4-14 이스케이프 하지 않기

```
>>> print(r'다음 행으로 넘어갈 때는 개행 문자(\n)을 쓰세요.')
다음 행으로 넘어갈 때는 개행 문자(\n)을 쓰세요.
```

이 기능은 주로 파이썬 안에서 다른 프로그래밍 언어를 표현해야 하거나 정규식(텍스트 검색/치환에 사용되는 도구) 같은 복잡한 텍스트를 다뤄야 할 때 사용된다.

여러 행의 문자열 표기

바로 위에서 배운 것처럼 문자열 안에서 여러 행을 표현하려면 개행 문자(\n)를 사용하면 된다. 하지만 이 방법으로는 개행이 많은 텍스트를 입력하기가 불편하다.

코드 4-15 개행 문자의 불편함

TIP
윤동주의 서시

```
>>> poem = '죽는 날까지 하늘을 우러러\n한 점 부끄럼이 없기를,\n잎새에 이는 바람에도\n나는 괴로워했다.\n별을 노래하는 마음으로\n모든 죽어 가는 것을 사랑해야지\n그리고 나한테 주어진 길을\n걸어 가야겠다.\n오늘밤에도 별에 바람이 스치운다.'
```

행바꿈이 여러 번 일어나는 텍스트를 개행 문자만으로 표현하면 코드를 쓰고 읽기가 불편하다. 이때 '세 따옴표 문자열 표기법'을 사용하면 편리하다. 세 따옴표 문자열 표기법은 문자열을 작은따옴표 세 개(''') 또는 큰따옴표 세 개(""")로 감싸는 것이다. 3장에서 독스트링을 입력할 때 사용한 것과 동일한 표기법이다. 다음 예를 보자.

코드 4-16 세 따옴표 문자열 표기법의 활용

```
>>> poem = """죽는 날까지 하늘을 우러러
한 점 부끄럼이 없기를,
잎새에 이는 바람에도
나는 괴로워했다.
별을 노래하는 마음으로
모든 죽어 가는 것을 사랑해야지
그리고 나한테 주어진 길을
걸어 가야겠다.
오늘밤에도 별에 바람이 스치운다."""
```

세 따옴표 문자열 속에서는 실제 행을 바꿔서 개행을 표현한다.

표기법이 다양해도 모두 문자열

지금까지 나온 문자열 표기법을 표 4-2에 정리해 두었다.

표기법	이스케이프 적용	이스케이프 적용하지 않음
작은따옴표 표기법	'텍스트'	r'텍스트'
큰따옴표 표기법	"텍스트"	r"텍스트"
세 작은따옴표 표기법	'''텍스트'''	r'''텍스트'''
세 큰따옴표 표기법	"""텍스트"""	r"""텍스트"""

표 4-2 여러 가지 문자열 표기법

어떤 표기법으로 텍스트를 표현하더라도 파이썬의 입장에서는 모두 똑같은 문자열 유형 데이터이다. 따라서 사람이 코드를 읽기 좋은 쪽을 기준으로 선택하면 된다. 그렇다고 여러 표기법을 뒤죽박죽 섞어 쓰면 코드가 지저분해진다. 작은따옴표 표기법을 기본으로 사용하고, 독스트링이나 여러 행의 텍스트 데이터를 작성해야 할 때 세 큰따옴표 표기법을 사용하도록 하자.

4.3.3 문자열 연산

데이터의 유형에 따라 적용할 수 있는 연산이 다르다고 했다. 2장에서 수를 계산하기 위한 여러 가지 연산을 배웠지만, 문자열에 적용할 수 있는 연산과 수에 적용할 수 있는 연산은 서로 다르다. 문자열을 위한 연산에는 무엇이 있는지 자세히 살펴보자.

문자열의 연결과 반복

사칙연산 연산자 중 덧셈 연산자와 곱셈 연산자를 문자열에 적용할 수 있다. 그렇지만 연산자로 사칙연산 기호를 사용했을 뿐 사칙연산이 적용되는 것은 아니다. 덧셈 연산자는 문자열을 연결하고, 곱셈 연산자는 문자열을 반복한다.

코드 4-17 **문자열 연결과 반복**

```
>>> '아메' + '리카노'      # 문자열을 서로 더하면 연결된다.
'아메리카노'

>>> '아메' * 3             # 문자열에 수를 곱하면 문자열이 수만큼 반복된다.
'아메아메아메'
```

문자열 길이 세기

문자열의 길이를 셀 때는 len() 함수를 사용한다.

> **TIP**
> len이라는 이름은 길이를 뜻하는 영어 단어 length를 줄인 것이다.

코드 4-18 **문자열 길이 세기**

```
>>> len('아메리카노')
5
```

특정 위치의 문자를 확인하기

문자열에서 특정한 위치의 문자를 읽을 때는 인덱스 연산자([])를 사용한다. 맨 앞의 문자가 0이고, 나머지는 차례대로 부여된다.

코드 4-19 **특정 위치의 문자를 확인하기**

```
>>> text = '딸기 주스'
>>> text[0]
'딸'

>>> text[1]
'기'

>>> text[2]
' '
```

문자열 메서드

TIP
메서드는 8장에서 자세히
다룬다.

검색, 치환, 대소문자 변환 같은 문자열 전용 연산이 있다. 이들은 메서드(method) 형태로 제공된다. 메서드는 특정 데이터 유형에 종속된 데이터 유형별 전용 함수다. 메서드는 데이터 뒤에 점(.)을 붙인 후 호출한다. 문자열을 대문자로 바꾸는 메서드 upper()를 예로 확인해 보자.

코드 4-20 **문자열 메서드의 사용 예**

```
>>> 'Today\'s coffee'.upper()   # 문자열을 대문자로
"TODAY'S COFFEE"
```

호출할 때 데이터에 점을 붙여 부른다는 점만 제외하면 함수와 사용방법이 똑같다. 일반적으로 함수는 다양한 데이터 유형을 대상으로 연산할 수 있지만 메서드는 특정한 데이터 유형 전용으로 쓰인다.

표 4-3은 문자열을 위한 메서드 중 가장 자주 사용되는 것을 간략히 설명한 것이다. 이 메서드들을 대화식 셸에 하나씩 입력해 보자.

메서드	용도
count(text)	text가 문자열 안에 몇 번 나오는지 센다.
find(text)	text가 문자열 안에서 처음 나오는 위치를 찾는다.
rfind(text)	text가 문자열 안에서 처음 나오는 위치를 뒤에서부터 찾는다.
lower()	문자열을 소문자로 변경한 것을 반환한다.
upper()	문자열을 대문자로 변경한 것을 반환한다.
replace(a, b)	문자열에서 a를 b로 치환한 것을 반환한다.
strip()	문자열 좌우의 공백 문자를 없앤 것을 반환한다.
lstrip()	문자열 왼쪽의 공백 문자를 없앤 것을 반환한다.
rstrip()	문자열 오른쪽의 공백 문자를 없앤 것을 반환한다.
split(text)	text를 기준으로 문자열을 여러 개로 나눈다.
splitlines()	개행을 기준으로 문자열을 여러 개로 나눈다.
join(strs)	시퀀스(strs)에 포함된 문자열들을 이 문자열을 구분자로 연결한다(127쪽 참고).
isalpha()	문자열이 문자(알파벳, 한글 등)로만 구성되어 있는지 검사한다.
isnumeric()	문자열이 숫자로만 구성되어 있는지 검사한다.
isalnum()	문자열이 문자와 숫자로만 구성되어 있는지 검사한다.
format()	데이터를 양식화한다.

표 4-3 문자열 메서드

TIP 데이터 양식화는 354쪽에서 자세히 다룬다.

문자열 검색

count()와 find() 메서드는 문자열 안에서 다른 문자열을 검색하는 함수이다.

코드 4-21 **문자열 검색 메서드**

```
>>> book = '안나 카레니나, Leo Tolstoy'
>>> book.count('나')          # ❶ '나'가 등장하는 횟수를 반환한다.
2

>>> book.find('카레')          # ❷ '카레'가 처음 등장하는 위치를 찾는다.
3

>>> book.find('카레라이스')      # ❸ 찾는 문자열이 없을 때는 -1이 반환한다.
-1

>>> book.rfind('나')          # ❹ '나'가 마지막에 등장하는 위치를 찾는다.
6
```

TIP 안나 카레니나: 러시아의 작가 레프 톨스토이의 장편 소설

❶ count() 메서드는 비교할 문자열을 하나 입력받아, 원본 문자열에 비교 문자열

이 몇 개 포함되었는지 센다. '안나 카레니나, Leo Tolstoy'에서 '나'는 두 번 포함되어 있으므로 2가 반환되었다.

❷ find() 메서드는 비교할 문자열을 하나 입력받아, 원본 문자열에서 비교 문자열이 처음 등장하는 위치를 반환한다. ❸ 비교 문자열이 발견되지 않은 경우에는 -1을 반환한다.

❹ rfind() 메서드는 find() 메서드와 하는 일이 비슷하다. 차이는 비교 문자열이 마지막에 등장하는 위치를 찾아 반환한다는 점이다.

검색 메서드는 여러 상황에서 자주 활용된다. 예를 들어 사용자가 입력한 비밀번호에 특정 문자가 몇 개 포함되었는지 확인하거나, 채팅 프로그램에서 대화 내용에 부적절한 단어가 포함되었는지 검사하는 경우에 사용될 수 있다.

대소문자 변환

lower() 메서드와 upper() 메서드는 문자열 안의 알파벳을 각각 소문자, 대문자로 변환한다.

코드 4-22 대소문자 변환 메서드

```
>>> book = '안나 카레니나, Leo Tolstoy'
>>> book.lower()                # 알파벳을 소문자로 변환한다.
'안나 카레니나, leo tolstoy'

>>> book.upper()                # 알파벳을 대문자로 변환한다.
'안나 카레니나, LEO TOLSTOY'
```

이때 주의할 점은 book.upper()를 실행한다고 변수 book의 값이 대문자로 '수정'되는 것은 아니라는 점이다. 소문자가 대문자로 바뀐 문자열이 반환될 뿐, 변수 book의 값은 그대로이다. 변수 book의 값을 대문자로 수정하려면 book = book.upper() 처럼 메서드가 반환한 값을 변수에 다시 대입해야 한다.

TIP
대소문자 변환 메서드로 숫자, 한글 등 알파벳이 아닌 문자를 변환하려 할 경우 원래의 문자를 반환한다.

문자열 치환

replace() 메서드는 문자열 안의 내용을 다른 것으로 치환할 때 사용한다. 매개변수 두 개를 입력받는데, 첫 번째 매개변수는 찾을 문자열이고, 두 번째 매개변수는 찾은 문자열을 이것으로 치환할 문자열이다.

코드 4-23 문자열 치환 메서드

```
>>> book = '안나 카레니나, Leo Tolstoy'

>>> book.replace(' ', '-')          # ❶ 공백 문자를 - 기호로 치환한다.
'안나-카레니나,-Leo-Tolstoy'

>>> book.replace('니', '라이스 먹')    # ❷ '니'를 '라이스 먹'으로 치환한다.
'안나 카레라이스 먹나, Leo Tolstoy'
```

❶ 찾는 문자열이 여러 번 발견되면 모두 치환된다. ❷ 찾는 문자열과 치환할 문자열의 길이가 달라도 된다.

　문자열 치환 메서드는 텍스트 오류(오타) 수정, 데이터 정리, 템플릿 기법 등 다양한 상황에서 사용된다.

TIP
템플릿 기법: 고정된 양식을 미리 만들어 둔 뒤 바뀌는 부분만 채워 넣어 내용을 완성하는 기법

공백 문자 정리

프로그램을 사용하는 사람들은 텍스트 데이터를 입력할 때 불필요한 공백 문자를 넣기도 한다. 사용자가 ' **딸기 주스** '라고 입력했다면 공백 문자 때문에 '**딸기 주스**'가 주문되지 못한다. 이럴 때 strip() 메서드를 사용하면 문자열 양쪽의 공백 문자를 제거할 수 있다. 문자열 중간의 공백 문자는 제거되지 않는다. 문자열 왼쪽의 공백 문자만 제거하는 lstrip() 메서드, 오른쪽의 공백 문자만 제거하는 rstrip() 메서드도 있다.

코드 4-24 공백 문자 정리 메서드

```
>>> text = ' 딸기 주스   '
>>> text.strip()    # 양쪽의 공백 문자를 제거한다.
'딸기 주스'

>>> text.lstrip()   # 왼쪽의 공백 문자만 제거한다.
'딸기 주스   '

>>> text.rstrip()   # 오른쪽의 공백 문자만 제거한다.
' 딸기 주스'
```

기준을 정해 문자열 나누기

문자열 하나를 어떤 기준에 따라 여러 개로 나누어야 할 때, split() 메서드와 splitlines() 메서드를 사용한다. split() 메서드는 문자열을 구분하는 기준이 될 문자열을 매개변수로 입력받아 문자열을 나눈다.

코드 4-25 **split() 메서드**

```
>>> book = '안나 카레니나, Leo Tolstoy'
>>> book.split(',')  # ','를 기준으로 문자열을 나눈다.
['안나 카레니나', ' Leo Tolstoy']
```

'안나 카레니나'와 'Leo Tolstoy' 문자열 두 개가 대괄호로 묶여서 출력되었다. 이렇게 여러 문자열을 묶은 데이터를 리스트라고 하는데, 리스트는 5장에서 다룬다.

splitlines() 메서드는 개행을 기준으로 문자열을 나눈다.

코드 4-26 **splitlines() 메서드**

```
>>> poem = """죽는 날까지 하늘을 우러러
한 점 부끄럼이 없기를,
잎새에 이는 바람에도
나는 괴로워했다."""

>>> poem.splitlines()
['죽는 날까지 하늘을 우러러', '한 점 부끄럼이 없기를, ', '잎새에 이는 바람에도', '나는 괴로워했다.']
```

문자열 검사

문자열에 포함된 문자에 숫자가 포함되어 있는지, 기호가 포함돼 있는지 등을 검사할 때 사용하는 메서드도 있다. 사용자가 입력한 텍스트가 올바른 형식인지 확인할 때 많이 사용된다.

코드 4-27 **문자열 검사 메서드**

```
>>> ('한글').isalpha()        # ❶ 문자열이 모두 문자인지 검사한다.
True

>>> ('1024').isalpha()        # ❷ 문자열이 모두 문자인지 검사한다.
False

>>> ('1024').isnumeric()      # ❸ 문자열이 모두 숫자인지 검사한다.
True

>>> ('3.1415').isnumeric()    # ❹ 문자열이 모두 숫자인지 검사한다.
False

>>> ('1학년').isalnum()       # ❺ 문자열이 모두 문자 또는 숫자인지 검사한다.
True
```

❶, ❷ isalpha() 메서드는 문자열이 알파벳, 한글 등 언어학적인 문자로만 구성되

어 있는지 검사한다. 문자열에 숫자나 기호가 포함되어 있다면 False를 반환한다.

❸, ❹ isnumeric() 메서드는 문자열이 숫자로만 구성되어 있는지 검사한다. 문자열에 알파벳이나 기호가 포함되어 있다면 False를 반환한다.

TIP
isnumeric() 메서드는 소수점이나 마이너스 기호가 있어도 False를 반환한다.

❺ isalnum() 메서드는 문자열이 문자와 숫자로만 구성되어 있는지 검사한다. 문자열에 기호가 포함되어 있다면 False를 반환한다.

연습문제 4-4   'I think, therefore I am.'이라는 문자열을 'I eat, therefore I am.'으로 치환하여 화면에 출력하는 프로그램을 작성하라.

연습문제 4-5   손님들의 음료 주문 내용을 메모하여 다음과 같이 문자열로 기록해 두었다.

```
order_memo = """주문1: 아메리카노
주문2: 카페라테
주문3: 아메리카노, 아메리카노
주문4: 아메리카노, 카페라테
주문5: 카페라테, 카페라테
"""
```

이 메모에서 주문을 몇 번 받았는지, 아메리카노와 카페라테는 몇 잔 주문되었는지 각각 세어 화면에 출력하는 프로그램을 작성하라.

4.4 참과 거짓을 나타내는 데이터

어떠한 논리가 옳은지 틀린지를 컴퓨터가 판단하고 표현하려면 '참'과 '거짓'을 의미하는 데이터가 필요하다. 파이썬에서는 True로 참을 나타내고, False로 거짓을 나타낸다. 2장에서 등식과 부등식을 계산했을 때 보았다.

TIP
불은 영국의 논리학자 조지 불(George Boole, 1815-1864)의 이름을 따 만든 용어이다.

4.4.1 불

True와 False의 데이터 유형은 불(boolean, 줄여서 bool)이라 한다. 수 데이터나 문자열 데이터는 범위가 무한한 데 반해, 불 데이터는 참과 거짓 두 개뿐이다. 파이썬 코드에 불 유형 데이터를 입력하려면 True, False를 입력하면 된다.

TIP
true, FALSE처럼 대소문자를 잘못 입력하지 않도록 주의하자.

4.4.2 논리 연산

논리 연산을 이용하면 여러 개의 명제를 하나로 조합할 수도, 명제를 반대로 부정할 수도 있다. 예를 들어 "해가 서쪽에서 뜬다"라는 명제와 "지구가 둥글다"라는 명제를 합쳐서 "해가 서쪽에서 뜨거나 지구가 둥글다"와 같이 합할 수 있고, "지구가 둥글다"라는 명제를 "지구가 둥글지 않다"와 같이 부정할 수도 있다.

파이썬에서도 불 데이터에 논리 연산을 적용할 수 있다. 논리 연산에는 and, or, not 세 가지가 있다.

and 연산

and 연산은 '그리고'라는 뜻이다. 좌변과 우변의 값이 모두 참이어야만 참이고, 둘 중 하나라도 거짓이면 거짓으로 평가된다.

코드 4-28 **and 연산의 예**

```
>>> True and True          # 좌변과 우변이 모두 참이어야 참
True

>>> True and False         # 둘 중 하나라도 거짓이면 거짓
False

>>> True and True and True  # 여러 번 연산할 수도 있다.
True

>>> 1 + 1 == 2 and 3 < 4    # 여러 등식을 함께 평가할 때도 활용된다.
True
```

or 연산

or 연산은 좌변과 우변의 값 중 하나라도 참이면 참이고, 둘 다 거짓일 때만 거짓으로 평가된다.

코드 4-29 **or 연산의 예**

```
>>> True or False    # 좌변과 우변 중 하나라도 참이면 참
True

>>> False or False   # 둘 다 거짓이면 거짓
False

>>> False or False or True  # 여러 번 연산할 수도 있다.
True
```

```
>>> False or True and True   # and와 or를 연이어 연산해도 된다.
True
```

and 연산과 or 연산은 계산되는 값이 좌우에 하나씩이고 각 값이 가질 수 있는 경우의 수는 참과 거짓 둘이므로, 계산 결과가 각각 네 가지뿐이다. 이것을 정리해 둔 표를 진리표라 한다. 논리식의 연산 결과가 궁금할 때 진리표를 보면 확실히 알 수 있다.

좌변	우변	and 연산 결과	or 연산 결과
True	True	True	True
True	False	False	True
False	True	False	True
False	False	False	False

표 4-4 진리표

not 연산

not 연산은 참을 거짓으로, 거짓을 참으로 결과를 뒤집는다.

코드 4-30 **not 연산의 예**

```
>>> not True          # 참의 반대는 거짓
False

>>> not False         # 거짓의 반대는 참
True

>>> True and not False  # 다른 불 연산과 조합할 수도 있다.
True
```

4.4.3 참이나 거짓으로 평가되는 값

프로그래밍을 할 때는 참과 거짓을 평가해야 할 때가 많다. 꼭 불 데이터가 아니더라도 참과 거짓의 평가 대상이 될 수 있다. 어떤 값이 참으로 평가되고 어떤 값이 거짓으로 평가되는지 알아 두어야 한다.

규칙은 간단하다. 몇몇 예외를 제외하면 모든 데이터는 참으로 평가되기 때문에, 거짓으로 평가되는 값이 무엇인지만 알아 두면 된다.

값	데이터 유형	의미
False	불	거짓
None	None 유형	값 없음
0	정수	0
0.0	실수	0
0j	복소수	0
''	문자열	빈 문자열
( )	튜플	빈 튜플
[ ]	리스트	빈 리스트
set( )	집합	빈 집합
{ }	사전	빈 사전

표 4-5 거짓으로 평가되는 값

TIP
아직 배우지 않은 데이터
유형은 5장에서 마저 배운다.

아직 배우지 않은 데이터 유형도 있지만, '없다', '0이다', '비었다'라는 의미를 가지는 값들이 거짓으로 평가됨을 알 수 있다. 이 외의 다른 모든 값은 참으로 평가된다.

어떤 데이터가 참인지 거짓인지 기억이 나지 않는다면 대화식 셀에 bool(**데이터**)라고 입력해서 검사해 보면 된다.

코드 4-31 데이터의 참과 거짓 확인

```
>>> bool(0)        # 정수 0은 '없음'을 의미하므로 거짓이다.
False

>>> bool(1)        # 0을 제외한 모든 정수는 참이다.
True

>>> bool(None)     # '없음'을 의미하는 None은 거짓이다.
False
```

연습문제 4-6 다음 연산의 결과를 예상해 보고, 대화식 셀에 입력해 확인해 보라.

1. not(True and True or False)

2. bool(10 < 20 and 0)

3. bool(False or 1)

4.5 데이터 유형의 확인과 변환

앞에서 데이터가 값과 유형으로 구성된다는 점과 파이썬의 기본 데이터 유형에 대해 알아봤다. 유형에 따라 데이터에 적용할 수 있는 연산이 달라진다는 것도 여러 번 강조해 설명했다. 데이터 유형이 가지는 의미가 크기 때문에, 어떤 데이터의 유형이 무엇인지 확인하거나 데이터 유형을 다른 것으로 변환해야 할 일이 자주 발생한다. 데이터 유형을 확인하고, 변환하는 방법들을 알아보자.

4.5.1 데이터 유형 확인하기

데이터 유형을 확인할 때는 type() 함수를 사용한다. 이 함수는 매개변수로 전달된 데이터의 유형을 반환해 준다. 예를 들어 type(1)을 계산하면 <class 'int'>라는 값이 반환된다. 여기서 int는 정수를 뜻하므로 1이 정수임을 알 수 있다. 대화식 셸에서 다른 데이터들도 확인해 보자.

TIP
결과에서 class는 반환된 결과가 데이터 유형이라는 뜻이다. 자세한 내용은 242쪽에서 다룬다.

코드 4-32 **type() 함수로 데이터의 유형 확인하기**

```
>>> type(10)      # 10    ->  int (정수)
<class 'int'>

>>> type(1.0)     # 1.0   ->  float (부동소수점 수)
<class 'float'>

>>> type(1+2j)    # 1+2j  ->  complex (복소수)
<class 'complex'>

>>> type('?')     # '?'   ->  str (문자열)
<class 'str'>

>>> type(True)    # True  ->  bool (불)
<class 'bool'>

>>> type(None)    # None  ->  NoneType (None 유형)
<class 'NoneType'>
```

데이터 유형을 이미 알고 있는 상태에서 type() 함수를 사용했기 때문에 코드를 실행해 봐도 별로 감흥이 없을 것 같다. 어떤 값이 들어 있는지 모르는 변수의 데이터 유형을 검사한다면 좀 더 유용하게 사용될 수 있다. 예를 들면 함수에 전달된 매개변수의 유형을 확인해 유형에 따라 다른 방식으로 연산하게 할 수 있다.

각 데이터 유형의 이름이 int, float, complex, str, bool인 것도 살펴보자. 모두 앞에서 데이터 유형을 설명할 때 영어식 표현의 줄임말로 소개한 것들이다. 이 이름들은 데이터를 해당 유형의 데이터로 변환할 때 사용할 함수의 이름이기도 하다.

4.5.2 데이터 유형 변환하기

데이터의 유형을 바꿔야 하는 상황은 어떤 때일까? 여러분은 사용자에게 텍스트를 입력받는 함수 input()을 이용해 본 적이 있다. 그리고 사용자에게 수를 입력받을 때는 int(input()) 명령을 이용해야 한다고 배웠다. 이제 이게 무슨 의미인지 이해할 때가 됐다.

문자열을 수로 변환하기

input() 함수를 이용해 사용자로부터 수를 입력받아 계산하는 상황을 생각해 보자. 이때 input() 함수를 int() 함수로 감싸지 않았다.

코드 4-33 **사용자가 입력한 수의 계산: 오류 발생**

```
>>> number = input()    # 사용자에게 텍스트를 입력받아 number 변수에 대입한다.
100

>>> number              # 입력된 수를 확인한다. 따옴표로 감싸져 있다.
'100'

>>> number + 1          # 입력된 수에 1을 더하면 오류가 발생한다.
TypeError: must be str, not int
```

이번 장을 열심히 공부했다면 예제에서 오류가 발생하는 원인을 설명할 수 있을 것이다. number에 대입된 input() 함수의 실행 결과는 100이 아니라 '100'이며, 문자열이다. 문자열은 정수와 덧셈을 할 수가 없으므로 오류가 발생한다.

이 상황에서 number + 1을 올바르게 계산하려면 number를 정수 유형으로 변환해야 한다. int() 함수를 사용하면 데이터 유형을 정수로 바꿀 수 있다.

코드 4-34 **int() 함수를 이용해 데이터를 정수로 변환**

```
>>> number = input()    # 사용자에게 텍스트를 입력받아 number 변수에 대입한다.
100

>>> int(number) + 1     # number를 정수로 변환한 후 계산한다.
101

>>> int(1.01)           # 실수를 정수로 변환: 소수점 아래의 수는 사라진다.
1
```

이처럼 int() 함수는 실수를 정수로 변환하는 데도 사용된다.

만일 사용자로부터 입력받은 수가 정수가 아니라 실수라면, int() 함수 대신 float() 함수를 사용하면 된다.

코드 4-35 float() 함수를 이용해 데이터를 실수로 변환

```
>>> number = input()  # 사용자에게 텍스트를 입력받는다.
12.345

>> number              # 문자열 데이터
'12.345'

>>> int(number)        # 정수로 변환하면 오류가 발생한다.
ValueError: invalid literal for int() with base 10: '12.345'

>>> float(number)      # 실수로 변환하면 올바르게 변환된다.
12.345

>>> float(10)          # 정수를 실수로 바꿀 때도 사용한다.
10.0
```

수를 문자열로 변환하기

이번에는 문자열에 수를 연결할 때를 생각해 보자. 문자열끼리 연결할 때는 덧셈 연산자를 사용한다.

코드 4-36 문자열과 수를 덧셈 연산하면 오류가 발생한다

```
>>> age = 17
>>> '저는 ' + age + '살입니다.'   # 오류가 발생했다.
TypeError: must be str, not int
```

문자열은 문자열끼리만 연결할 수 있기 때문에 수와 연결하려 하면 오류가 발생한다. 따라서 수를 문자열로 변환해야 한다. 데이터를 문자열로 변환하는 함수는 str()이다.

코드 4-37 str() 함수를 이용해 데이터를 문자열로 변환

```
>>> age = 17
>>> '저는 ' + str(age) + '살입니다.'
'저는 17살입니다.'
```

데이터 유형의 이름은 그 유형으로 변환하는 함수

이쯤되면 데이터 유형의 이름에서 규칙성을 느꼈을 것이다. 데이터 유형의 '이름(클래스명)'은 데이터를 그 데이터 유형으로 변환하는 함수의 이름과 같다. 데이터 유형 변환에 관해서는 8장에서 좀 더 깊이있게 다룬다.

데이터 유형	변환 함수
정수(integer)	int( )
실수(floating point number)	float( )
복소수(complex number)	complex( )
문자열(string)	str( )
불(boolean)	bool( )

표 4-6 데이터를 다른 유형으로 변환하는 함수

데이터 유형의 영어 이름과 비교하며 살펴보자. 금세 익힐 수 있을 것이다.

연습문제 4-7　다음 계산기 프로그램에서 오류를 찾아 수정하라.

```
number_1 = input()          # 사용자 입력 수 1
number_2 = input()          # 사용자 입력 수 2
result = number_1 + number_2 # 계산
print('결과: ' + result)      # 결과 출력
```

4장을 맺으며

4장에서는 데이터 유형에 대해 알아보았다. 데이터 유형을 바꾸기 전까지는 정보를 다룰 때 데이터의 값에 대해서만 생각했을 것이다. 이제는 "이 정보를 표현하려면 어떤 데이터 유형이 알맞을까?", "이 정보는 어떤 연산을 할 수 있을까?" 하고 데이터 유형에 대해서도 고민하게 될 것이다. 파이썬에서 사용할 수 있는 여러 가지 데이터 유형을 알아 두어 올바른 답을 구하자.

4장 요약

1. 데이터는 값과 유형으로 구성된다. 데이터의 유형에 따라 계산할 수 있는 연산이 다르다.

2. 두 가지 상태를 구별할 수 있는 정보의 단위를 비트라고 하고, 비트 여덟 개를 묶은 것을 바이트라 한다. 바이트 하나로 256가지 상태를 구별할 수 있다.

3. 값은 비트로 표현된 정보이고, 데이터의 유형은 그 비트를 취급하는 방법을 정해 놓은 것이다.

4. 일정한 약속에 따라 비트를 나열해 정보를 표현하는 것을 부호화라 한다.

5. 파이썬의 수 데이터 유형으로는 정수, 실수, 복소수가 있다. 실수를 다룰 때는 정밀도 오차 문제에 주의해야 한다. 수 데이터 유형들은 같은 연산 방법을 공유한다.

6. 파이썬의 텍스트 데이터 유형은 문자열이다. 문자열에는 문자열을 위한 함수와 메서드들이 있다.

7. 참과 거짓을 다루는 데이터 유형은 불이다. and, or, not 같은 불 연산을 이용해 더 복잡한 명제를 표현할 수 있다.

8. 데이터의 유형을 확인할 때는 type() 함수를 사용하고, 데이터의 유형을 바꿀 때는 데이터 유형의 이름에 해당되는 함수(int(), float(), str() 등)를 사용한다.

5장

컬렉션으로 데이터를
모으고 정돈하기

도서관에 수만 권의 책이 있지만 그 속에서 원하는 책을 쉽게 찾을 수 있다. 도서관이 도서분류체계에 따라 책을 관리하는 덕분이다. 책이 많을수록 분류방법도 좀 더 체계적이어야 한다. 프로그래밍에서도 마찬가지로, 다루는 데이터가 많을수록 데이터를 체계적으로 관리해야 한다.

프로그래밍에서 데이터를 체계적으로 관리하는 방법을 데이터 구조(data structure, 자료구조)라 한다. 5장에서는 데이터 구조가 필요한 이유를 살펴보고, 파이썬에서 제공하는 데이터 관리 도구의 종류와 사용법을 익힌다.

5.1 데이터를 변수로만 관리하기는 어려운 이유

새로운 사람을 만나서 이름과 전화번호를 주고받았다고 하자. 그러면 휴대전화에 연락처를 입력해 둘 것이다. 이미 저장해 둔 이름과 전화번호까지 합치면 연락처가 상당히 많을 텐데, 이렇게 많은 데이터를 어떻게 저장해야 할까? 데이터를 기억해 두는 것은 앞에서 배운 변수를 사용하면 된다. 하지만 변수만으로 충분할까?

연락처(기억해야 하는 데이터) 하나는 이름과 전화번호로 구성된다. 이름을 name 이라는 변수에, 전화번호를 phone이라는 변수에 각각 기억하도록 해 보자.

코드 5-1 변수를 이용한 연락처 관리 프로그램 1

```
name  = '박연오'
phone = '01012345678'
```

이 방법으로는 연락처를 하나밖에 저장하지 못한다. 새로운 연락처를 name, phone 에 대입하면 이전에 저장한 연락처가 지워질 것이다. 여러 개의 연락처를 기억하도록 할 방법이 없을까? 다음과 같이 변수 이름에 번호를 붙여 보자.

코드 5-2 변수를 이용한 연락처 관리 프로그램 2

```
# 첫 번째 연락처
name_1  = '박연오'
phone_1 = '01012345678'

# 두 번째 연락처
name_2  = '이진수'
phone_2 = '01011001010'

# 세 번째 연락처 (비어 있는 자리)
name_3  = None
phone_3 = None

... (계속)
```

변수에 번호를 붙이면 여러 개의 연락처를 저장할 수 있다. 수는 무한하고 변수의 이름은 필요한 만큼 길어질 수 있으니 변수가 필요할 때마다 숫자를 붙여 만들면 된다. 하지만 여러 가지 신경 쓰이는 점이 있다.

- 문제점 1: 연락처가 많아질수록 코드가 길어진다.
- 문제점 2: 필요한 연락처 개수를 미리 알지 못한다면, 코드를 몇 줄이나 작성해 두어야 할지 알 수 없다.

- 문제점 3: name과 phone은 연락처라는 한 데이터의 구성요소인데, 각각 다른 변수로 구분되어 있어 별개의 데이터처럼 보인다.

데이터 하나를 변수 하나에 대입하여 다루는 방법은 다뤄야 할 데이터의 수가 적고 원자적일 때 효과적이다. 데이터의 양이 많거나 데이터가 집합의 성격을 띨 때는 컬렉션을 활용해야 한다. 이름, 전화번호라는 원자 데이터를 컬렉션에 담아 연락처를 나타내는 하나의 데이터로 묶을 수 있다. 또한, 이 연락처 여러 개를 연락처 목록 하나에 나열할 수도 있다.

　파이썬이 제공하는 컬렉션에는 크게 시퀀스, 매핑, 집합이 있다. 시퀀스는 연속적인 데이터를 다루기 위한 것으로 문제점 1과 문제점 2를 해결할 수 있게 해 준다. 문제점 3은 키를 이용해 데이터를 관리하는 매핑을 사용해 해결할 수 있다. 집합은 수학의 집합에서 차용한 것으로 중복 없는 데이터를 관리하거나 집합 연산을 수행할 때 유용하다.

5.2 시퀀스

'1번 버스', '전철역 2번 출구', '3번 학생', '4 페이지' 등, 우리는 어떤 대상에 번호를 붙여 관리하기를 좋아한다. 관리할 대상이 많더라도 순서를 정해 차례대로 나열해 두면, 그 가운데 하나를 콕 집어 내기도 쉽고, 빠트리지 않고 하나씩 살펴보기도 좋다. 순서를 정해 두면 데이터를 관리할 때도 도움이 된다.

그림 5-1 순서를 정해 둔 사물

5.2.1 순서가 있는 데이터 구조

시퀀스(sequence)는 데이터에 순서(번호)를 붙여 나열한 것이다. 다음은 장바구니에 담을 물건을 메모한 목록이다.

- 아이스크림, 커피, 설탕, 쿠키, 우유

이 목록은 일종의 시퀀스다. 시퀀스에서는 순서로 요소를 가리킬 수 있다. 첫 번째 요소는 아이스크림, 두 번째는 커피, 마지막은 우유이다. 이 예처럼 시퀀스는 데이터를 하나씩 순서대로 나열한 것으로, 한 위치를 가리켜 데이터를 집어내는 것도 가능하다.

TIP
물론 '네 번째 데이터가 무엇이냐'라는 질문에 '쿠키'라고 답하는 것도 가능하다.

나열과 정렬은 다르다

시퀀스의 데이터에 순서가 있다는 말을 데이터가 정렬되었다는 뜻으로 오해하면 안 된다. 날짜를 나열한 다음 시퀀스를 생각해 보자.

* 2021-02-11, 2021-02-12, 2021-02-13

이 시퀀스에서 마지막 요소인 '2021-02-13' 다음에 어떤 데이터를 추가한다고 할 때, 그 데이터는 무엇일까? 시퀀스에서 날짜가 하루씩 증가하고 있으므로 그 다음 날인 '2021-02-14'일까? 이 시퀀스가 2021년의 공휴일 목록을 나타내는 것이라면, 그 다음 공휴일인 '2021-03-01'이 맞을 수도 있다.

　시퀀스 속의 데이터에 정렬 규칙이 반드시 있어야 하는 것은 아니다. 위 날짜 시퀀스 뒤에 '1999-12-31' 같은 과거의 날짜가 들어갈 수도 있고, 심지어 '아이스크림!' 같은 텍스트 데이터가 들어갈 수도 있다. 시퀀스에 담은 데이터의 순서란 데이터의 나열 순서일 뿐이다. 시퀀스의 데이터는 어떤 기준에 따라 정렬되었을 수도 있고 무작위로 나열되었을 수도 있다. 어쨌든 데이터를 관리하기 위한 순서(번호)는 반드시 존재한다.

시퀀스 컬렉션의 종류

파이썬은 리스트, 튜플, 레인지, 문자열 등 여러 가지 시퀀스 컬렉션을 제공한다. 이 시퀀스들은 데이터를 저장하고 표현하는 방식이 서로 다르지만, 요소에 번호를 붙여 순서대로 관리한다는 점은 모두 똑같다. 이제부터 시퀀스 컬렉션들을 알아보고 차이점을 살펴보자.

5.2.2 리스트

리스트(list)는 목록이라는 뜻으로, 다양한 데이터를 담을 수 있고 내용을 변경할 수 있는 시퀀스다.

리스트 표현하기

리스트는 대괄호([,])를 이용해 표현할 수 있다. 다음은 몇 가지 리스트의 예이다.

코드 5-3 리스트 표현하기

```
# ❶ 빈 리스트
[]

# ❷ 여러 유형의 데이터로 구성된 리스트
[10, 'hi', True]

# ❸ 숫자로 구성된 리스트
[1, 2, 3, 4]
```

대괄호는 리스트를 의미하며, 대괄호 안에는 원하는 만큼 요소를 입력할 수 있다. 이때 요소와 요소는 콤마(,)로 구분해 준다. ❶처럼 아무 요소도 갖지 못한 빈 리스트도 리스트이다. ❷처럼 리스트에는 어떤 데이터 유형이든 자유롭게 담을 수 있고 여러 데이터 유형을 뒤섞을 수도 있다. 그렇지만 ❸과 같이 동일한 유형의 데이터를 담는 경우가 대부분이다.

리스트에 이름 붙이기

컬렉션도 다른 데이터와 마찬가지로 변수에 대입하여 이름을 붙여 둘 수 있다. 이어질 실습을 위해, 대화식 셀을 실행하고 다음 리스트를 변수로 대입해 두자.

TIP
컬렉션의 이름을 지을 때는 낱개로 된 데이터의 이름과 구별되도록 하는 것이 좋다. numbers, names 등 복수형으로 이름을 붙이거나 alphabet_list, name_dict, number_set 등 컬렉션의 종류를 접미사로 붙이는 방식이 많이 사용된다.

코드 5-4 리스트를 변수에 대입하기

```
>>> number_list = [1, 2, 3, 4, 5]
>>> alphabet_list = ['a', 'b', 'c', 'd', 'e', 'f', 'g', 'h']
```

5.2.3 시퀀스 연산

정수, 실수, 복소수 데이터 유형은 모두 수치 데이터이기 때문에 수치 연산을 대부분 공유한다. 이와 마찬가지로 리스트, 튜플, 레인지, 문자열 등 시퀀스들은 시퀀스 연산을 공유한다. 여기서는 리스트를 예로 들어 설명하지만, 이후에 배울 다른 시퀀스에서도 마찬가지로 사용할 수 있다.

앞에서 정의한 두 개의 리스트 number_list, alphabet_list를 조작하며 시퀀스 연산을 알아보자.

소속 검사하기

시퀀스에 어떤 요소가 들어 있는지 확인하고 싶을 때는 in 연산자를 사용한다. 반대로 요소가 없음을 검사하려면 not in을 사용한다.

코드 5-5 소속 검사(코드 5-4에 이어서 실행)

```
>>> 3 in number_list        # number_list에 3이 들어 있는지 검사한다.
True

>>> 'z' in alphabet_list    # alphabet_list에 'z'가 들어 있는지 검사한다.
False

>>> 0 not in number_list    # number_list에 0이 안 들어 있는지 검사한다.
True
```

길이 세기

시퀀스의 길이를 조사할 때는 len() 함수를 사용한다. 이때 길이란 시퀀스에 들어 있는 요소의 개수를 뜻한다.

코드 5-6 시퀀스 길이 세기(코드 5-5에 이어서 실행)

```
>>> len(number_list)
5

>>> len(alphabet_list)
8
```

연결과 반복

덧셈 연산자와 곱셈 연산자를 사용해 시퀀스 데이터를 연결하거나 반복할 수 있다.

코드 5-7 시퀀스 연결과 반복(코드 5-6에 이어서 실행)

```
>>> number_list + alphabet_list  # 리스트 연결하기
[1, 2, 3, 4, 5, 'a', 'b', 'c', 'd', 'e']

>>> number_list * 2              # 리스트 반복하기
[1, 2, 3, 4, 5, 1, 2, 3, 4, 5]
```

TIP
길이 세기, 연결과 반복 연산은 94쪽에서 소개한 것과 동일하다. 문자열도 시퀀스 컬렉션의 한 종류이므로 시퀀스 연산을 사용한다.

인덱싱: 특정 위치의 요소 가리키기

컬렉션에 들어 있는 특정 요소를 가리키는 것을 인덱싱(indexing) 연산이라 한다.

변수의 이름으로 변수의 값을 가리키는 것처럼, 컬렉션의 요소를 가리켜서 그 요소를 구하거나 다른 값으로 수정하는 등의 작업을 할 수 있다.

TIP
대괄호는 리스트를 작성할 때도 쓰는데, 인덱싱 연산자로 쓰일 때는 시퀀스의 바로 오른쪽에 표기하므로 구별할 수 있다.

인덱싱 연산을 표기할 때는 **컬렉션[위치]**와 같이 컬렉션 변수의 오른쪽에 인덱싱 연산자([])를 써서 나타낸다. 예를 들어 ['a', 'b', 'c'][1]에서 ['a', 'b', 'c']는 리스트이고 [1]은 인덱스 연산이다.

시퀀스에서는 구하려는 요소의 인덱스(index, 항목의 위치 번호)를 이용해 인덱싱한다. 다음 예는 alphabet_list에서 1번 위치와 -1번(마지막) 위치의 데이터를 구하는 예이다.

코드 5-8 리스트의 요소 가리키기(코드 5-7에 이어서 실행)

```
>>> alphabet_list[1]    # ❶ 1번 위치(두 번째)의 요소 가리키기
'b'

>>> alphabet_list[-1]    # ❷ -1번 위치(뒤에서 첫 번째)의 요소 가리키기
'h'
```

파이썬에서는 첫 번째 요소를 0번으로 하여 순서대로 번호를 매긴다. 0번 위치가 첫 번째 요소의 위치이고, 1번 위치는 두 번째 요소의 위치이다. 따라서 ❶ alphabet_list[1]의 평가 결과는 ['a', 'b', 'c', ... 'h']의 두 번째 요소인 'b'가 되었다. 또한, ❷ alphabet_list[-1]과 같이 음수를 인덱스로 지정할 수도 있다. -1번 위치란 뒤에서부터 첫 번째 위치, 즉 마지막을 뜻한다.

TIP
-0과 0은 둘 다 0으로 구별되지 않으므로 -1이 마지막에서 첫 번째 위치가 된다.

그림 5-2 시퀀스에서의 데이터 순서

리스트는 저장된 값을 수정할 수 있다. 다음과 같이 인덱싱 연산을 이용해 특정 위치의 값을 교체할 수 있다.

코드 5-9 리스트의 요소 교체하기(코드 5-8에 이어서 실행)

```
>>> number_list[2] = -3    # 2번 위치(세 번째) 요소를 교체한다.
>>> number_list
[1, 2, -3, 4, 5]
```

> ✅ **가변 데이터와 불변 데이터**
>
> 데이터 유형은 내용의 수정이 허용되는 것과 금지되는 것으로도 분류가 된다.
>
> 리스트는 값을 변경할 수 있는 가변(mutable) 데이터이다. number_list[2] = '-3'처럼 내용을 수정하는 연산이 가능하다.
>
> 반면, 값을 변경할 수 없는 불변(immutable) 데이터도 있다. 불변 데이터에는 수, 튜플, 문자열 등이 있다. number = 10을 저장한 후 number += 1을 실행하면 number의 값은 11로 변한다. 하지만 number가 가리키는 값이 바뀌었을 뿐, 10이 11이 된 것은 아니다.

슬라이싱: 범위를 정해 선택하기

인덱싱 연산은 단 하나의 요소만을 가리키지만, 슬라이싱(slicing) 연산을 이용하면 일정한 범위의 요소를 선택할 수 있다. 슬라이싱 연산으로 선택할 범위를 지정할 때는 대괄호 속에 속에 콜론(:) 연산자로 시작 위치와 종료 위치를 구분해 표기한다. 이때, 시작 위치는 범위에 포함되지만 종료 위치는 포함되지 않는다.

TIP
시작 위치 <= 범위 < 종료 위치

코드 5-10 **슬라이싱 범위 지정(코드 5-9에 이어서 실행)**

```
>>> alphabet_list[2:6]     # 2 이상 6 미만 위치의 범위를 선택한다.
['c', 'd', 'e', 'f']

>>> alphabet_list[:3]      # ❶ 3 미만 위치의 범위 선택한다. (시작 위치 생략)
['a', 'b', 'c']

>>> alphabet_list[5:]      # ❷ 5 이상 위치의 범위 선택한다. (종료 위치 생략)
['f', 'g', 'h']

>>> alphabet_list[:]       # ❸ 전체 범위 선택한다. (시작, 종료 위치 모두 생략)
['a', 'b', 'c', 'd', 'e', 'f', 'g', 'h']
```

❶ 시작 위치를 생략하면 처음부터, ❷ 종료 위치를 생략하면 마지막까지를 의미한다. ❸ 둘 다 생략하면 시퀀스의 전체 범위가 선택된다.

그림 5-3 슬라이싱 범위 지정

슬라이싱 연산을 표현할 때 대괄호 안에 세 번째 값으로 간격(step)을 지정할 수 있다. 간격은 몇 번째 요소마다 하나씩 선택할 것인지를 뜻한다.

코드 5-11 간격을 지정하여 슬라이싱하기(코드 5-10에 이어서 실행)

```
>>> alphabet_list[::2]    # ❶ 전체 범위에서 두 요소마다 하나씩 선택한다.
['a', 'c', 'e', 'g']

>>> alphabet_list[1::2]   # 1 이상의 범위에서 두 요소마다 하나씩 선택한다.
['b', 'd', 'f', 'h']

>>> alphabet_list[::-1]   # ❷ 전체 범위에서 뒤에서부터 한 요소마다 하나씩 선택한다.
['h', 'g', 'f', 'e', 'd', 'c', 'b', 'a']
```

❶ 간격을 2로 지정하면 두 요소마다 하나씩 선택한다. ❷ 간격이 음수이면 뒤에서부터 역방향으로 선택한다.

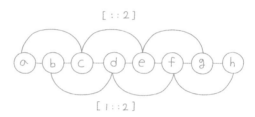

그림 5-4 간격을 지정하여 슬라이싱하기

시퀀스 복제

슬라이싱 연산으로 구한 시퀀스는 원본 시퀀스의 일부가 아니라 독립적인 사본이다. 시퀀스가 복제되는 것이다. 시퀀스가 복제된다는 것이 무슨 뜻인지 예를 통해 확인해 보자.

코드 5-12 복제된 시퀀스는 원본과 독립적이다

```
>>> original_list = ['a', 'b', 'c', 'd']
>>> copied_list = original_list[:]     # 리스트 복제하기
>>> copied_list == original_list       # 두 리스트의 내용은 동일하다.
True

>>> copied_list[0] = 'A'               # 사본의 요소 하나를 변경하면
>>> copied_list                        # 사본의 내용은 수정된다.
['A', 'b', 'c', 'd']

>>> original_list                      # 그러나 원본의 내용은 수정되지 않았다.
```

```
['a', 'b', 'c', 'd']

>>> copied_list == original_list      # 이제 두 리스트의 내용이 다르다.
False
```

슬라이싱 연산을 수행하여 시퀀스를 복제한 뒤, 사본을 수정하더라도 원본은 수정
되지 않는다.

　반면, 시퀀스를 다른 변수에 단순히 대입할 경우에는 이름만 두 개일 뿐, 두 이름
이 가리키는 시퀀스는 동일하다.

코드 5-13 이름만 다를 뿐 동일한 시퀀스(코드 5-12에 이어서 실행)

```
>>> assigned_list = original_list     # 리스트를 다른 변수에 대입한다.
>>> assigned_list[1] = 'B'            # 대입한 리스트를 수정한다.
>>> original_list                     # 원본 리스트의 내용이 변경되었다.
['a', 'B', 'c', 'd']
```

다음 그림에서 시퀀스를 복제한 copied_list와, 단순히 시퀀스를 다른 변수에 대입
한 assigned_list의 차이를 볼 수 있다.

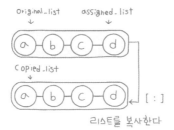

그림 5-5 시퀀스 복제와 단순 대입의 비교

범위를 지정하여 수정하기

시퀀스에서 슬라이싱 표현으로 선택한 범위에 새로운 값을 대입하면 그 범위의 요
소들을 다른 내용으로 교체할 수 있다. 이 경우에는 복제본이 생성되는 것이 아니
라 원본 시퀀스가 수정된다. 선택한 범위의 크기와 새로운 내용의 크기는 달라도
된다.

코드 5-14 범위를 지정하여 수정하기(코드 5-13에 이어서 실행)

```
>>> number_list[1:3] = [200, 300]   # 1에서부터 3까지의 위치를 선택해
                                    # 새로운 내용으로 수정한다.
```

```
>>> number_list
[1, 200, 300, 4, 5]
```

통계 함수

sum() 함수를 사용하면 시퀀스의 모든 요소의 합을 구할 수 있다.

코드 5-15 sum으로 모든 요소의 합 구하기(코드 5-14에 이어서 실행)

```
>>> sum(number_list)
510
```

min() 함수와 max() 함수를 사용해 시퀀스에 포함된 최소 요소와 최대 요소를 구할
수 있다.

코드 5-16 min, max로 최소, 최대 요소 구하기(코드 5-15에 이어서 실행)

```
>>> min(number_list)          # 가장 작은 요소
1

>>> max(number_list)          # 가장 큰 요소
300

>>> min(['가', '나', '다')     # 가장 작은 요소 (가나다순 비교)
'가'

>>> max(['가', '나', '다'])    # 가장 큰 요소 (가나다순 비교)
'다'
```

지금까지 소개한 시퀀스 연산은 다양한 시퀀스에서 공통적으로 사용할 수 있다. 길
이를 세는 len(), 인덱싱 연산, 슬라이싱 연산은 매우 자주 사용되므로 반드시 코드
를 따라 입력해 보고 익혀 두기 바란다.

5.2.4 시퀀스 조작 메서드

시퀀스를 조작할 때 많이 사용되는 메서드 몇 가지를 알아보자. 지금 소개하는 메
서드는 시퀀스의 내용을 수정하는 메서드이기 때문에 튜플 등의 불변 시퀀스에는
적용할 수 없으며, 가변 시퀀스인 리스트에 주로 사용된다.

메서드	용도
append(x)	요소 x를 시퀀스의 끝(오른쪽)에 추가한다.
insert(i, x)	요소 x를 시퀀스의 i 위치에 삽입한다.
extend(seq)	대상 시퀀스(seq)를 시퀀스의 끝에 연결한다.
pop()	시퀀스의 마지막 요소를 꺼낸다.
remove(x)	시퀀스에서 요소 x를 찾아 처음 발견된 것을 제거한다.
clear()	시퀀스의 모든 요소를 제거한다.

표 5-1 시퀀스 조작 메서드

요소 추가, 삽입 메서드

append() 메서드는 매개변수에 전달된 데이터를 시퀀스의 끝에 추가한다.

코드 5-17 append() 메서드 사용하기

```
>>> numbers = [10, 20, 30, 40]
>>> numbers.append(100)      # 시퀀스의 끝에 100을 추가한다.
>>> numbers
[10, 20, 30, 40, 100]
```

데이터를 시퀀스의 임의의 위치에 삽입할 때는 insert() 메서드를 사용한다.

코드 5-18 insert() 메서드 사용하기(코드 5-17에 이어서 실행)

```
>>> numbers.insert(4, 50)    # 시퀀스의 4번 위치에 50을 삽입한다.
>>> numbers
[10, 20, 30, 40, 50, 100]
```

extend() 메서드는 매개변수로 전달한 시퀀스를 시퀀스 끝에 연결한다. 다른 시퀀스의 모든 요소를 통째로 추가하거나 시퀀스를 합칠 때 사용한다.

코드 5-19 extend() 메서드 사용하기(코드 5-18에 이어서 실행)

```
>>> numbers.extend([101, 102, 103])    # [101, 102, 103]을 연결한다.
>>> numbers
[10, 20, 30, 40, 50, 100, 101, 102, 103]
```

extend() 메서드는 += 연산으로 대신해도 된다.

코드 5-20 += 연산은 extend() 메서드와 동일한 결과를 낸다(코드 5-19에 이어서 실행)

```
>>> numbers += [104, 105]    # numbers.extend([104, 105])와 동일하다.
>>> numbers
[10, 20, 30, 40, 50, 100, 101, 102, 103, 104, 105]
```

요소 삭제 메서드

pop() 메서드는 시퀀스의 마지막 요소를 삭제하면서 반환도 한다. 마지막 요소를 꺼내 내용을 확인한 후 버리는 동작으로 생각하면 이해하기 쉽다.

코드 5-21 **pop() 메서드 사용하기(코드 5-20에 이어서 실행)**

```
>>> numbers.pop()   # 마지막 요소를 꺼내 확인하고 버린다.
105

>>> numbers.pop()   # 마지막 요소를 꺼내 확인하고 버린다.
104

>>> numbers.pop()   # 마지막 요소를 꺼내 확인하고 버린다.
103

>>> numbers
[10, 20, 30, 40, 50, 100, 101, 102]
```

remove(x) 메서드는 특정 요소를 앞에서부터 찾아 처음 발견된 요소를 삭제한다.

코드 5-22 **remove() 메서드 사용하기(코드 5-21에 이어서 실행)**

```
>>> numbers.remove(40)   # 40을 찾아 삭제한다.
>>> numbers
[10, 20, 30, 50, 100, 101, 102]

>>> numbers.remove(99)   # 데이터를 찾을 수 없는 경우에는 오류가 발생한다.
ValueError: list.remove(x): x not in list
```

clear() 메서드는 시퀀스의 모든 요소를 삭제한다.

코드 5-23 **clear() 메서드 사용하기(코드 5-22에 이어서 실행)**

```
>>> numbers.clear()
>>> numbers
[]
```

5.2.5 리스트로 연락처 관리하기

리스트와 시퀀스 연산을 활용해 5.1절에서 발견한 연락처 관리 문제를 해결해 보자. 컬렉션을 사용하지 않았던 코드 5-2에서는 name_1, phone_1, name_2, phone_2, … 하는 식으로 필요한 연락처 수만큼 변수를 하나하나 정의해야 했다.

리스트를 사용하면 이 많은 변수를 '이름 목록'과 '전화번호 목록'이라는 두 리스트로 줄일 수 있다. 먼저 이름 목록과 전화번호 목록을 각각 빈 리스트로 정의한다. 여기에 연락처를 하나씩 추가할 것이다.

코드 5-24 이름 목록과 전화번호 목록 정의

```
>>> name_list = []
>>> phone_list = []
```

새 연락처를 추가할 때마다 리스트에 append() 메서드를 적용한다. 이 방법을 사용하면 직접 변수명을 붙일 필요가 없고, 지금까지 저장한 연락처가 몇 개인지 직접 세지 않아도 된다.

코드 5-25 연락처 추가, 연락처 개수 확인(코드 5-24에 이어서 실행)

```
>>> name_list.append('박연오')          # 이름 목록에 이름을 추가한다.
>>> phone_list.append('01012345678')     # 전화번호 목록에 전화번호를 추가한다.
>>> name_list.append('이진수')
>>> phone_list.append('01011001010')
>>> len(name_list)                       # 저장된 연락처 개수를 확인한다.
2
```

리스트에 저장된 특정 위치의 연락처를 확인할 때는 인덱싱 연산을 사용한다.

코드 5-26 저장된 연락처 확인(코드 5-25에 이어서 실행)

```
>>> name_list[0] + ' ' + phone_list[0]     # 0번 연락처를 확인한다.
'박연오 01012345678'
```

컬렉션을 사용함으로써 직접 변수를 정의할 필요가 없어졌고, 데이터를 더 유연하게 관리할 수 있게 되었다. 그런데 이름 목록과 전화번호 목록이 아직 하나의 연락처 목록으로 합쳐지지 못하고 구분되어 있다. 이 문제는 5.4절에서 해결해 볼 것이다.

5.2.6 튜플

튜플(tuple)은 다양한 데이터를 담을 수 있고 내용을 변경할 수 없는 시퀀스이다. 리스트와 비슷하지만 한번 담은 데이터를 바꿀 수 없다는 점이 다르다. 튜플은 정의할 때부터 담을 데이터가 결정되어야 하고 그 뒤에는 데이터를 추가로 담거나 교체할 수 없다.

튜플 표현하기

튜플을 표현하는 방법은 튜플에 담을 요소가 몇 개인가에 따라 다르다.

- 빈 튜플: ()
- 요소가 하나인 튜플: (1,) 또는 1,
- 요소가 둘 이상인 튜플: (1, 2) 또는 1, 2

리스트를 만들 때 [1, 2, 3]처럼 대괄호로 감싸는 것처럼, 튜플을 만들 때는 (1, 2, 3)처럼 괄호로 감싼다. 단, 리스트와 달리 튜플에서 괄호는 필수가 아니다. 1, 2, 3과 같이 요소를 콤마(,)로 구분해 나열하기만 해도 된다. 그러나 빈 튜플의 경우 콤마만으로는 표현할 수가 없기 때문에, 빈 괄호가 필수이다. 한편, 요소가 하나인 튜플을 작성할 때는 1이나 (1)과 같은 표현은 1이라는 원자 데이터로 인식되므로 (1,)과 같이 끝에 콤마를 붙여 주어야 한다.

튜플은 구성요소를 변경할 수 없는 불변 데이터이다. 따라서 데이터를 나열하되 그 순서나 내용이 변하지 않을 때 잘 어울린다. 예를 들어, 한 주의 요일 목록(일월화수목금토)은 변하지 않는 개념이므로 튜플로 표현하기에 적합하다.

코드 5-27 한 주를 구성하는 요일을 튜플로 정의

```
>>> days = ('일', '월', '화', '수', '목', '금', '토')   # 튜플 정의하기
>>> days                                               # 튜플 내용을 확인한다.
('일', '월', '화', '수', '목', '금', '토')
```

튜플에 시퀀스 연산 수행하기

튜플도 시퀀스의 일종이다. 리스트와 마찬가지로 시퀀스 연산을 수행할 수 있다.

코드 5-28 튜플의 시퀀스 연산(코드 5-27에 이어서 실행)

```
>>> len(days)      # 길이 세기
7

>>> days[0]        # 인덱싱 연산
'월'

>>> days[::-1]     # 슬라이싱 연산 (새 튜플 생성)
('토', '금', '목', '수', '화', '월', '일')

>>> days + ('천', '해', '명')   # 시퀀스 연결 (새 튜플 생성)
('일', '월', '화', '수', '목', '금', '토', '천', '해', '명')
```

TIP
빈 튜플이 아닐 때 괄호가 필수는 아니지만, 통일성을 지키고 튜플을 식별하기 좋도록 괄호를 붙이는 편이 좋다.

TIP
연락처 목록처럼 요소를 수정해야 하는 정보는 튜플이 아니라 리스트로 작성해야 한다.

그러나 불변 데이터이므로 튜플의 내용을 수정하는 연산은 지원하지 않는다.

코드 5-29 튜플은 내용을 수정하는 연산을 지원하지 않는다(코드 5-28에 이어서 실행)

```
>>> days[1] = '月'        # 요소 대입: 지원하지 않음!
TypeError: 'tuple' object does not support item assignment

>>> days.remove('월')  # remove 메서드: 지원하지 않음! (아쉽게도 월요일을 없앨 수 없다)
AttributeError: 'tuple' object has no attribute 'remove'
```

5.2.7 레인지

(1, 2, 3, 4, 5, 6, 7, 8)과 같이 등차수열을 시퀀스로 표현해야 하는 경우가 많
다. 그런데 이런 수열의 요소를 직접 입력하는 것은 수열의 범위가 넓을수록 불편
하고 실수할 위험이 있다. 레인지(range)를 이용하면 이런 등차수열을 간단한 함
수 호출로 표현할 수 있다.

TIP
등차수열: 일정한 간격으로
수를 나열한 것

레인지 표현하기

레인지를 표현할 때는 range() 함수를 사용한다. 지정하는 매개변수의 수에 따라서
생성되는 레인지가 다음과 같이 차이가 있다.

- range(종료): 0부터 시작해 종료값에 이르기 전까지 1씩 증가하는 등차수열 시퀀
  스를 생성한다.
- range(시작, 종료): 시작값부터 시작해 종료값에 이르기 전까지 1씩 증가하는 등
  차수열 시퀀스를 생성한다.
- range(시작, 종료, 간격) 시작값부터 시작해 종료값에 이르기 전까지 지정한 간격
  만큼씩 증가하는 등차수열 시퀀스를 생성한다.

range() 함수를 이용해 레인지를 생성해 보자. 레인지는 list() 함수를 이용해 리
스트로 변환할 수 있다.

코드 5-30 레인지 표현하기

```
>>> list(range(9))          # 0 이상, 9 미만의 1씩 증가하는 등차수열
[0, 1, 2, 3, 4, 5, 6, 7, 8]

>>> list(range(5, 12))      # 5 이상, 12 미만의 1씩 증가하는 등차수열
[5, 6, 7, 8, 9, 10, 11]
```

```
>>> list(range(0, 20, 2))   # 0 이상, 20 미만의 2씩 증가하는 등차수열
[0, 2, 4, 6, 8, 10, 12, 14, 16, 18]
```

레인지는 필요한 시점에만 요소를 만들어 낸다

앞의 예에서 레인지를 모두 리스트로 변환해서 내용을 확인했다. range() 함수를
대화식 셀에서 실행해 보면, 레인지의 내용이 출력되지 않고 range(0, 9)와 같은
형태의 표현만 반환된다. 레인지의 내용을 확인하려면 list() 함수나 tuple() 함수
로 감싸 레인지를 리스트나 튜플로 변환해 주어야 한다.

코드 5-31 레인지의 내용은 리스트나 튜플로 변환해야 볼 수 있다

```
>>> range(9)           # 내용 대신 range(0, 9)라는 표현만 출력된다.
range(0, 9)

>>> list(range(9))     # 리스트로 변환한다.
[0, 1, 2, 3, 4, 5, 6, 7, 8]

>>> tuple(range(9))    # 튜플로 변환한다.
(0, 1, 2, 3, 4, 5, 6, 7, 8)
```

레인지의 내용은 왜 바로 출력되지 않을까? 레인지는 요소를 계산하기 위한 규칙만
갖고 있고 요소 자체는 갖고 있지 못하기 때문이다. 레인지는 필요한 요소를 처음
부터 미리 다 만들어 두는 것이 아니라, 그 요소를 사용해야 하는 시점에 비로소 만
들어 낸다. 그 덕분에 레인지를 이용하면 '0 이상 1경 미만의 모든 정수'와 같이 매
우 넓은 범위의 구간을 정의하는 것도 가능하다.

　하지만 이렇게 넓은 레인지를 리스트나 튜플로 변환할 때는 오류가 발생할 수도
있다.

코드 5-32 레인지 실험

```
>>> 경 = 10 ** 16       # 매우 큰 수
>>> range(경)          # 규칙만을 정의하므로, 레인지가 즉시 생성된다.
range(0, 10000000000000000)

>>> list(range(경))    # 시퀀스 요소를 모두 생성하므로, 메모리가 부족해 오류가 발생한다.
MemoryError

>>> range(경)[-1]      # 요소 하나를 읽는 것은 문제없다.
9999999999999999
```

레인지로 큰 범위를 정의할 때는 문제가 없지만, 그 범위 전체를 리스트나 튜플로 실현하려 하니 메모리가 부족해 오류가 발생했다.

레인지에 시퀀스 연산 수행하기

레인지는 요소를 직접 갖지 않으므로 요소를 수정하는 것도 당연히 불가능하다. 따라서 레인지는 불변 데이터이다. 튜플과 마찬가지로 내용을 수정하는 것을 제외한 시퀀스 연산을 레인지에 적용할 수 있다.

코드 5-33 레인지의 시퀀스 연산

```
>>> range(0, 100, 2)[10]          # 인덱싱 연산
20

>>> range(0, 100, 2)[10:20:2]  # 슬라이싱 연산 (새로운 규칙 생성)
range(20, 40, 4)

>>> range(0, 100, 2)[10] = 50  # 요소 대입은 지원하지 않는다.
TypeError: 'range' object does not support item assignment
```

레인지를 생성한 후 내용을 수정하고 싶다면, 레인지를 리스트로 변환한 후 수정하면 된다.

코드 5-34 레인지를 리스트로 변환한 후에는 수정이 가능하다

```
>>> numbers = list(range(10))
>>> numbers[5] = 100
>>> numbers
[0, 1, 2, 3, 4, 100, 6, 7, 8, 9]
```

5.2.8 문자열은 시퀀스다

4.3절에서 문자열 데이터를 소개했다. 문자열(Sting)은 시퀀스의 일종이다. 리스트와 튜플이 아무 데이터나 요소로 가질 수 있는 반면, 문자열은 개별 문자만을 요소로 가진다. 문자열은 앞 장에서 자세히 설명했다. 여기서는 문자열의 시퀀스로서의 특징만 확인하자.

문자열은 시퀀스이므로 시퀀스 연산이 가능하다. 그러나 불변 데이터이기 때문에 내용을 수정할 수는 없다.

코드 5-35 **문자열의 시퀀스 연산**

```
>>> message = '사막이 아름다운 것은 어딘가에 물을 감추고 있기 때문이야'
>>> '물' in message      # 요소가 들어 있는지 확인한다.
True

>>> message[17]          # 인덱싱 연산
'물'

>>> message[:2]          # 슬라이싱 연산
'사막'

>>> message[17] = '샘'   # 요소를 바꿀 수는 없다.
TypeError: 'str' object does not support item assignment
```

필요하다면 문자열을 리스트나 튜플로 변환할 수 있다.

코드 5-36 **문자열을 리스트, 튜플로 변환하기**

```
>>> list('파이썬')
['파', '이', '썬']

>>> tuple('일월화수목금토')
('일', '월', '화', '수', '목', '금', '토')
```

join 메서드로 여러 개의 문자열 연결하기

문자열에는 join()이라는 메서드가 있다. 이 메서드는 문자열을 담은 시퀀스를 입력받아, 메서드를 호출한 문자열을 구분자로 하여 시퀀스 속의 문자열들을 하나의 문자열로 연결한다.

코드 5-37 **join 메서드로 여러 개의 문자열 연결하기**

```
>>> ''.join(['가난하다고', '외로움을', '모르겠는가'])      # ❶
'가난하다고외로움을모르겠는가'

>>> '/'.join(('가난하다고', '외로움을', '모르겠는가'))      # ❷
'가난하다고/외로움을/모르겠는가'

>>> '.'.join('가난하다고 외로움을 모르겠는가'.split())      # ❸
'가난하다고.외로움을.모르겠는가'

>>> ' - '.join('일월화수목금토')                          # ❹
'일 - 월 - 화 - 수 - 목 - 금 - 토'
```

❶ 빈 문자열('')에서 join() 메서드를 실행하여 인자로 전달된 시퀀스의 문자열을

단순히 이어 붙였다. ❷ '/'을 구분자로 삼아 시퀀스의 각 문자열 사이에 끼워 넣어 연결했다. ❸ split() 메서드를 이용하면 문자열을 여러 개의 문자열로 나눈 시퀀스를 구할 수 있는데, 이 시퀀스를 '.'을 구분자로 삼아 연결했다. ❹ 문자열 그 자체도 시퀀스이기 때문에 개별 요소 사이에 구분자(' - ')를 끼워 넣을 수 있다.

TIP
split() 메서드는 98쪽에서 다루었다.

연습문제 5-1 0 이상이고 100 미만 사이에 있는 모든 8의 배수 리스트 multiples_of_8_list를 정의하라.

> **HINT** 요소를 직접 계산해서 나열하기가 불편하다면 레인지를 활용해 보자.

연습문제 5-2 center() 함수를 정의하라. 이 함수는 시퀀스를 하나 입력받아, 그 시퀀스의 가운데 요소를 반환한다. 단, 이 함수에는 홀수 개의 요소를 가지는 시퀀스만을 입력하기로 약속한다. 다음은 함수를 호출한 예이다.

```
>>> center(['가', '나', '다', '라', '마'])
'다'

>>> center([2, 4, 8, 16, 32])
8
```

연습문제 5-3 mirror() 함수를 정의하라. 이 함수는 시퀀스를 하나 입력받아 그 시퀀스를 뒤집은 시퀀스를 원본에 덧붙여 반환한다. 단, 원본 시퀀스의 마지막 요소는 덧붙이지 않는다. 다음은 함수를 호출한 예이다.

```
>>> mirror([1, 2, 3])
[1, 2, 3, 2, 1]

>>> mirror(['가', '져', '가', '라'])
['가', '져', '가', '라', '가', '져', '가']
```

> **HINT** 슬라이싱 연산으로 순서를 뒤집은 리스트를 먼저 만들자.

연습문제 5-4 minmax() 함수를 정의하라. 이 함수는 전달받은 시퀀스의 최솟값과 최댓값을 리스트에 담아 반환한다. 다음은 함수를 호출한 예이다.

```
>>> minmax([92, -21, 0, 104, 51, 76, -92])
[-92, 104]
```

```
>>> minmax(['파', '이', '썬', '프', '로', '그', '래', '밍'])
['그', '프']
```

연습문제 5-5 mean() 함수를 정의하라. 이 함수는 시퀀스를 하나 입력받아 시퀀스 내 모든 요소의 산술평균을 반환한다. 단, 빈 시퀀스는 입력하지 않기로 약속한다. 다음은 함수를 호출한 예이다.

```
>>> mean([92, -21, 0, 104, 51, 76, -92])
30.0
```

> HINT 산술평균은 모든 항목의 값을 합하고, 합을 항목의 개수만큼 나누면 구할 수 있다.

연습문제 5-6 다음 프로그램을 실행했을 때 화면에 출력되는 결과를 예상해 보라.

```
stations = []
stations.append('서울')
stations += (['수원', '대전'])
stations.extend(['밀양', '부산'])
stations.insert(3, '동대구')

print(stations)                    # 출력 1
print(stations.pop())              # 출력 2
print(stations.remove('수원'))      # 출력 3
print(stations)                    # 출력 4
```

연습문제 5-7 레인지를 사용해, 0 이상 10000 미만인 모든 짝수의 합계를 구하라.

연습문제 5-8 레인지를 사용해, 9부터 0(포함)까지 거꾸로 나열한 리스트를 생성하라.

> HINT 레인지를 리스트로 변환하는 것을 잊지 말자.

연습문제 5-9 시퀀스를 입력받아 반대 순서로 뒤집어 반환하는 함수 reverse()를 정의하라. 그리고 이 함수에 리스트, 튜플, 레인지, 문자열을 각각 입력해 결과를 확인해 보라. 예를 들면 다음과 같다.

```
>>> reverse([10, 20, 30, 40])
[40, 30, 20, 10]

>>> reverse(tuple('일월화수목금토'))
('토', '금', '목', '수', '화', '월', '일')

>>> reverse(range(10))
range(9, -1, -1)

>>> reverse('파이썬 프로그래밍')
'밍래그로프 썬이파'
```

HINT 시퀀스에서 슬라이싱 연산을 수행할 수 있다.

5.3 매핑

카페에서 메뉴판을 만들 때 2500원, 3000원, 3500원, …과 같이 가격을 나열해 두기만 한다면 어떨까? "1번 음료는 2500원이다" 하는 정보밖에 알 수 없다. 1번 음료가 뭔지 알고 있어야만 한다. **아메리카노: 2500원, 카페라테: 3000원, 딸기 주스: 3500원, …**과 같이 음료의 이름과 가격 데이터가 짝지어져야 메뉴판으로써 역할을 할 수 있지 않을까? 이번에는 이름 역할을 하는 데이터와 값 역할을 하는 데이터를 짝지어 관리하는 방법을 알아보자.

5.3.1 키와 값을 짝지은 데이터 구조

매핑(mapping)은 키 역할을 하는 데이터와 값 역할을 하는 데이터를 하나씩 짝지어 저장하는 데이터 구조이다. 키(key)는 저장된 데이터를 구별하고 가리키는 데 쓰이고, 값(value)은 그 키와 연결되어 저장된 데이터가 된다. 데이터를 저장할 때 순서보다 좀 더 의미 있는 식별 방법이 필요하다면 매핑을 사용하는 것이 좋다.

일상 생활에서도 매핑 데이터 구조를 쉽게 찾아볼 수 있다. 메뉴판은 음료 이름 (키)과 가격(값)을 연결한 정보 체계이다. 아메리카노에는 2500이, 카페라테에는 3000이 연결되어 있다.

TIP
시퀀스와 비교할 때 가장 큰 차이는 저장된 데이터를 가리킬 때 순서가 아니라 키를 이용한다는 점이다.

그림 5-6 메뉴와 값이 짝지어 있는 메뉴판

매핑 컬렉션의 종류

파이썬의 매핑 컬렉션으로는 사전, 기본값 사전(defaultdict) 등이 있다. 이 컬렉션들은 데이터를 저장하고 표현하는 방식에 약간씩 차이가 있지만, 키와 값을 짝지어 저장한다는 점은 모두 똑같다.

5.3.2 사전

사전(dict)은 파이썬의 매핑 컬렉션 가운데 가장 대표적이며 활용도가 높다. 따라서 이 책에서는 사전에 대해서만 설명한다. 사전만 잘 알아두어도 파이썬 프로그래밍에 어려움이 없으며, 나중에 다른 매핑 컬렉션을 배우더라도 사전과 큰 차이가 없어 금세 배울 수 있을 것이다.

사전 표현하기

사전은 중괄호({, }) 안에 콜론(:)으로 키-값 쌍을 써넣어 표현한다. 키-값 쌍 각각은 콤마(,)로 구분한다.

```
{
    키1: 값1,
    키2: 값2,
    키3: 값3,
    ...
}
```

사전을 정의할 때, 키가 중복되어서는 안 된다. 하나의 키에는 하나의 값만 포함될 수 있다. 이 양식에 따라 메뉴판을 사전으로 표현해 보자.

코드 5-38 **여러 행으로 사전 표현하기**

```
{
    '아메리카노': 2500,
    '카페라테': 3000,
    '딸기 주스': 3000,
}
```

행 하나에 키-값 쌍을 하나씩만 표현해도 되고, 사전의 항목이 많지 않을 때는 다음과 같이 한 행에 모두 기술해도 된다.

코드 5-39 **한 행으로 사전 표현하기**

```
{'아메리카노': 2500, '카페라테': 3000, '딸기 주스': 3500}
```

내용 없이 중괄호만 열었다 닫으면 빈 사전이 된다. 사전은 변경 가능한 컬렉션이므로 빈 사전을 정의한 후 나중에 필요한 데이터를 추가할 수도 있다.

코드 5-40 **빈 사전 표현하기**

```
{}  # 빈 사전
```

키로 사용할 수 있는 데이터

사전의 키로는 대개 문자열이 사용된다. 하지만 문자열만 써야 하는 것은 아니다. 정수와 튜플 등 불변 데이터를 키로 사용할 수 있다. 그러나 리스트, 사전 등의 가변 데이터는 키로 사용할 수 없다. 또, 튜플에 가변 데이터가 들어 있을 때도 키로 쓸 수 없다.

코드 5-41 **다양한 데이터 유형을 키로 사용하기**

```
{
    1004: 'value',        # 정수 키
    (1, 2, 3): 'value',   # 튜플 키
    'key': 'value',       # 문자열 키
}
```

5.3.3 매핑 연산과 메서드

대화식 셸에서 사전을 조작해 보면서 파이썬의 매핑 컬렉션에서 사용할 수 있는 연산과 메서드를 알아보자. 대화식 셸에 직접 따라 입력하면서 이런저런 실험을 하다 보면 사전과 금방 친해질 것이다.

TIP
사전을 담을 변수의 이름은
자유롭게 지어도 된다. 앞에서
말했듯 복수형으로 짓거나
컬렉션의 종류로 접미사를
붙이면 된다.

먼저 연습에 사용할 사전부터 정의하여 변수에 대입해 두자. 이 예에서는 사전을 뜻하는 접미사 _dict를 붙여 보았다. 사전을 여러 행에 걸쳐 입력할 때는 들여쓰기 칸 수를 잘 맞추어 오류가 나지 않도록 하자.

코드 5-42 사전 정의하기

```
>>> word_dict = {
...     'cat': '고양이',
...     'hammer': '망치',
...     'rainbow': '무지개',
...     'book': '책',
... }
>>> word_dict   # 사전 내용 확인
{'cat': '고양이', 'hammer': '망치', 'rainbow': '무지개', 'book': '책'}
```

입력은 여러 행에 걸쳐 했지만, 대화식 셸에서는 한 행에 출력될 것이다. 스타일이 다르더라도 사전의 내용은 동일하다.

키 검사하기

사전에 어떤 키가 있는지 확인할 때는 in을, 없는지 검사하려면 not in을 사용한다.

코드 5-43 사전에 키가 있는지 검사(코드 5-42에 이어서 실행)

```
>>> 'cat' in word_dict        # word_dict에 'cat' 키가 있는지 검사한다.
True

>>> 'dog' not in word_dict    # word_dict에 'dog' 키가 없음을 검사한다.
True

>>> '망치' in word_dict        # ❶ word_dict에 '망치' 키가 있는지 검사한다.
False
```

❶과 같이 값에 해당되는 데이터를 검사하면 그와 동일한 키가 사전에 있지 않는 한 False로 평가된다. 시퀀스에서는 in 연산이 단순히 어떤 요소가 있는지를 검사하지만, 매핑에서는 값이 아니라 키가 있는지를 검사한다. 헷갈릴 수 있는 부분이니 유의하자.

요소(키-값 쌍)의 개수 세기

사전에 포함된 요소(키-값 쌍)의 개수는 len() 함수로 구할 수 있다. 시퀀스의 길이를 셀 때와 마찬가지다. 사전에서 하나의 키-값 쌍은 요소 하나로 취급한다.

코드 5-44 키-값 쌍의 개수 세기(코드 5-43에 이어서 실행)

```
>>> len({})            # 빈 사전의 키-값 쌍의 개수
0

>>> len(word_dict)   # word_dict의 키-값 쌍의 개수
4
```

인덱싱 연산으로 키에 해당하는 값 구하기

사전에 담은 데이터는 **사전[키]** 양식의 인덱싱 연산으로 구할 수 있다. 지정한 키가 사전에 없으면 KeyError 오류가 발생한다.

코드 5-45 키로 값 구하기(코드 5-44에 이어서 실행)

```
>>> word_dict['cat']   # 사전에서 'cat' 키와 연결된 값을 구한다.
'고양이'

>>> word_dict['dog']   # 오류: 사전에 없는 키
KeyError: 'dog'
```

KeyError 오류를 피하고 싶으면 get() 메서드를 사용하면 된다. get() 메서드는 키가 있으면 키에 연결된 값을 반환하고, 키가 없으면 None이나 기본값으로 지정한 값을 반환한다.

코드 5-46 get() 메서드로 값 구하기(코드 5-45에 이어서 실행)

```
>>> word_dict.get('cat')           # 키가 있을 경우
'고양이'

>>> word_dict.get('dog')           # 키가 없을 경우 None을 반환한다.
>>> word_dict.get('dog', '동물')    # 키가 없을 경우 반환할 기본값을 지정한다.
'동물'
```

요소 추가 / 값 수정하기

사전[키] = **값** 표현으로 새로운 키-값 쌍을 추가할 수 있다.

코드 5-47 키-값 쌍 추가하기(코드 5-46에 이어서 실행)

```
>>> word_dict['moon'] = '달'       # 새로운 키-값 쌍을 추가한다.
>>> word_dict
{'cat': '고양이', 'hammer': '망치', 'rainbow': '무지개', 'book': '책',
 'moon': '달'}
```

그런데 대입하려는 키가 사전에 이미 존재한다면 어떻게 될까?

코드 5-48 이미 존재하는 키에 값을 대입(코드 5-47에 이어서 실행)

```
>>> word_dict['cat'] = '야옹이'   # 이미 존재하는 키에 새로운 값을 대입한다.
>>> word_dict
{'cat': '야옹이', 'hammer': '망치', 'rainbow': '무지개', 'book': '책',
 'moon': '달'}
```

하나의 키에는 하나의 값만 연결된다. 따라서 이미 존재하는 키에 새로운 값을 대입하면 키에 연결된 값이 교체된다.

다른 사전의 내용으로 덮어쓰기

사전에 다른 사전의 내용을 덮어쓰려면 update() 메서드를 사용한다. 사전에 없는 새로운 키는 추가되고, 동일한 키가 있으면 새로운 값으로 수정된다.

코드 5-49 다른 사전의 내용으로 덮어쓰기(코드 5-48에 이어서 실행)

```
>>> word_dict.update({'star': '별님', 'moon': '달님'})
>>> word_dict
{'cat': '야옹이', 'hammer': '망치', 'rainbow': '무지개', 'book': '책',
 'moon': '달님', 'star': '별님'}
```

요소(키-값 쌍) 삭제하기

어떤 요소(키-값 쌍)을 삭제하고 싶다면 del 사전[키] 명령을 사용한다.

코드 5-50 요소 하나 삭제하기(코드 5-49에 이어서 실행)

```
>>> del word_dict['hammer']    # 'hammer' 키를 삭제
>>> word_dict
{'cat': '야옹이', 'rainbow': '무지개', 'book': '책', 'moon': '달님', 'star': '별님'}
```

사전에서 모든 요소를 삭제하려면 clear() 메서드를 사용한다.

코드 5-51 모든 키 삭제하기(코드 5-50에 이어서 실행)

```
>>> word_dict.clear()    # 모든 키를 삭제한다.
>>> word_dict
{}
```

5.3.4 시퀀스와 매핑을 서로 변환하기

매핑은 키와 값을 짝지은 것이다. 키 하나와 값 하나를 짝지으면 매핑의 요소 하나가 된다. 매핑에는 여러 개의 키-값 쌍을 담을 수 있다. 키를 담은 시퀀스와 값을 담은 시퀀스를 서로 짝지어서 매핑을 만들 수 있지 않을까? 반대로, 사전에서 키의 시퀀스와 값의 시퀀스를 구할 수도 있지 않을까?

키 시퀀스와 값 시퀀스로 사전 정의하기

코드 5-40의 메뉴판({'아메리카노': 2500, '카페라테': 3000, '딸기 주스': 3000})을 사전이 아니라 시퀀스로 표현해 보자.

코드 5-52 메뉴판의 정보를 리스트로 표현했을 때

```
>>> price_list = [2500, 3000, 3000]              # ❶
>>> drink_list = ['아메리카노', '카페라테', '딸기 주스']    # ❷
```

시퀀스는 키 없이 단순히 값만을 나타낸다. ❶ 가격 리스트 price_list에는 음료의 가격만이 표현되어 있다. 각 요소가 나타내는 가격이 어떤 음료의 것인지를 알 수 없다. 이 정보를 음료와 짝지으려면 ❷ 음료 시퀀스(drink_list)가 함께 필요하다. 이제 위치를 기준으로 두 시퀀스의 요소들을 각각 짝지을 수 있다. 예를 들면, 첫 번째 음료는 아메리카노이고, 첫 번째 가격은 2500이다. 따라서 아메리카노는 2500원이다.

그런데 두 리스트를 따로 두는 것보다는 {'아메리카노': 2500, '카페라테': 3000, '딸기 주스': 3000}처럼 함께 짝지어 두는 편이 더 관리하기 좋다. 두 리스트를 짝지어 놓고 보니 매핑과 형태가 같다. 즉, 매핑은 키 시퀀스와 값 시퀀스를 각 요소끼리 짝지어 연결한 것으로 볼 수도 있다.

따라서 키 시퀀스와 값 시퀀스를 이용해 사전을 정의하는 것도 가능하다. dict
(zip(키시퀀스, 값시퀀스)) 명령을 사용하면 된다.

> **TIP**
> zip() 함수는 여러 개의 시퀀스를 입력받아 각 시퀀스의 요소를 순서대로 엮는다. zip() 함수는 7장에서 다시 살펴본다.

코드 5-53 키 시퀀스와 값 시퀀스로 사전 정의하기(코드 5-52에 이어서 실행)

```
>>> menu_dict = dict(zip(drink_list, price_list))
>>> menu_dict
{'아메리카노': 2500, '카페라테': 3000, '딸기 주스': 3500}
```

사전에서 키 시퀀스와 값 시퀀스 구하기

반대로 사전에서 키 시퀀스와 값 시퀀스를 얻는 것도 가능하다. 사전의 keys() 메서드, values() 메서드, items() 메서드를 사용하면 된다.

코드 5-54 사전에서 키 시퀀스와 값 시퀀스 얻기(코드 5-53에 이어서 실행)

```
>>> menu_dict.keys()      # 사전의 키 시퀀스
dict_keys(['아메리카노', '카페라테', '딸기 주스'])

>>> menu_dict.values()    # 사전의 값 시퀀스
dict_values([2500, 3000, 3500])

>>> menu_dict.items()     # 사전의 키-값 쌍 시퀀스
dict_items([('아메리카노', 2500), ('카페라테', 3000), ('딸기 주스', 3500)])
```

5.3.5 관련된 정보를 한 덩어리로 묶기

5.1절에서 알아본 데이터 관리 문제를 다시 떠올려 보자. 정해지지 않은 많은 양의 데이터를 관리해야 하는 문제는 리스트를 이용해 해결했다. 하지만 이름과 전화번호가 한 덩어리로 관리되지 못하는 문제는 여전히 남아 있다.

사전을 이용해 정보 묶기

연락처는 이름과 전화번호로 구성되어 있다. 그런데 이 정보를 name, phone이라는 별개의 변수로 관리하면 둘이 서로 연관된 정보라고 인식하기가 쉽지 않다. 이럴 때 사전을 이용해 두 변수를 하나로 묶을 수 있다. 이들이 하나의 컬렉션으로 묶여 있다면 연관성이 분명해질 것이다.

코드 5-55 사전으로 연락처 표현하기

```
{
    'name': '박연오',
    'phone': '01012345678',
}
```

두 변수에 나뉘어 저장되어 있던 데이터가 하나의 사전 속에 저장되었다. 변수의 이름 name과 phone을 각각 키로 따왔고, 변수에 대입했던 데이터를 키에 연결된 값으로 저장했다. 사전을 이용하면 주소, 이메일 같은 연락처의 구성요소가 늘어나더라도 새로운 변수를 만들 걱정은 하지 않아도 된다. 다음과 같이 새로운 구성요소에 해당하는 키만 늘리면 된다.

코드 5-56 **연락처의 구성요소가 늘어났을 때**

```
{
    'name': '박연오',
    'phone': '01012345678',
    'email': 'bakyeono@gmail.com',
    'website': 'https://bakyeono.net',
}
```

사전으로 묶은 데이터 덩어리들을 리스트에 담기

이제 사전 하나로 연락처 덩어리 하나를 표현하는 방법을 알았다. 그런데 여러 개의 연락처를 저장할 수 있게 하려면 어떻게 해야 좋을까? 몇 개가 될지 모르는 여러 개의 데이터를 관리할 때는 리스트를 사용하는 것이 좋다. 5.2절에서 연락처를 이름 목록(name_list)과 전화번호 목록(phone_list)이라는 두 리스트로 관리해 보았다. 이제 연락처 하나를 사전으로 묶었으므로 리스트 두 개 대신, 연락처를 담는 리스트 하나만 있으면 된다.

코드 5-57 **리스트로 연락처 관리하기**

```
>>> contact_list = []          # 연락처를 담는 리스트
>>> contact_list.append({'name': '박연오', 'phone': '01012345678'})  # 새 연락처
추가
>>> contact_list.append({'name': '이진수', 'phone': '01011001010'})  # 새 연락처
추가
>>> contact_list[0]            # 첫 번째 연락처 확인
{'name': '박연오', 'phone': '01012345678'}

>>> contact_list[0]['name']   # 첫 번째 연락처의 이름 확인
'박연오'
```

리스트에 담는 데이터가 사전으로 변경되었을 뿐, 데이터를 추가하고 조회하는 방법은 동일하다. 이로써 이 장을 시작할 때 알아본 데이터 관리의 세 가지 문제를 모두 해결했다.

꼭 사전으로 묶어야 할까?

데이터를 묶을 때 사전 대신 다른 컬렉션을 사용할 수도 있지 않을까? 사용하기에 따라 리스트, 튜플, 심지어 문자열로도 데이터를 묶을 수 있다. 하지만 묶어 둔 데이터를 식별하기에는 사전이 가장 좋다. 왜 그런지 확인해 보자.

리스트 또는 튜플을 이용해 이름과 전화번호 데이터를 묶어 보자.

코드 5-58 리스트와 튜플로 데이터 묶기(코드 5-57에 이어서 실행)

```
>>> ['박연오', '01012345678']
['박연오', '01012345678']   # 리스트

>>> ('이진수', '01011001010')
('이진수', '01011001010')   # 튜플
```

TIP
리스트와 사전을 중첩하면 더 복잡한 구조의 정보를 나타낼 수도 있다. 7장에서 자세히 알아본다.

리스트와 튜플로 데이터를 묶는 것은 어렵지 않다. 하지만 각 위치의 데이터가 무엇인지 기억해야 한다는 점이 불편하다. 이 프로그램을 처음 보는 사람은 주석이나 별도의 문서가 있어야만 데이터를 파악할 수 있을 것이다.

✓ **문자열로 데이터 표현하기**

텍스트 데이터는 활용하기에 따라 다양한 정보를 표현할 수 있다. 연락처 정보를 문자열로 표현하는 것도 가능하다. 그런데 복잡한 데이터를 문자열로 표현하기 위해서는 별도의 규칙이 필요하다. 다음은 문자열을 활용하는 몇 가지 방법으로 연락처를 표현해 본 것이다.

```
# 방식 1: 위치로 구별하기
# [0:3] = 이름 / [3:14] = 전화번호
'박연오01012345678'

# 방식 2: 구분자(,)로 구별하기
# split(',') 메서드로 나눈 후 첫 번째는 이름, 두 번째는 전화번호
'박연오,01012345678'

# 방식 3: JSON
# JSON 표기법으로 키와 값 지정하기
'{"name":"박연오","phone":"01012345678"}'
```

복잡한 데이터를 텍스트만으로 표현하려면 규칙과 분석기(parser)를 만들어야 해서 컬렉션을 사용하는 것보다 불편하다. 하지만 텍스트는 파이썬이 아닌 다른 프로그래밍 언어로 만든 프로그램에서도 해석할 수 있기 때문에 외부 프로그램과 통신할 때나 데이터를 파일로 저장할 때 종종 사용된다.

음식	kcal (100 그램 당)
밀가루	364
피망	20.1
올리브	115
돼지고기	242.1

연습문제 5-10 다음 표를 참고해 식재료별 칼로리를 **식재료별_칼로리**라는 이름의 사전으로 정의해 보라. 이 사전은 음식의 이름을 키로, 칼로리를 값으로 저장한다.

연습문제 5-11 연습문제 5-10에서 정의한 **식재료별_칼로리** 사전을 활용해 칼로리를 계산하는 함수 **칼로리()**를 정의하라. 이 함수는 음식의 종류와 섭취량을 매개변수에 전달받아 총 칼로리를 반환한다. 전달받은 음식이 **식재료별_칼로리** 사전에 정의되어 있지 않은 경우에는 None을 반환한다. 다음은 이 함수를 대화식 셀에서 실행한 예이다.

```
>>> 칼로리('돼지고기', 500)
1210.5

>>> 칼로리('소고기', 300)
None
```

연습문제 5-12 앞에서 정의한 **식재료별_칼로리** 사전 또는 **칼로리()** 함수를 수정하여 **칼로리()** 함수가 치즈의 칼로리도 계산할 수 있도록 해 보라. 참고로 치즈의 칼로리는 402.5 kcal / 100g이다.
사전을 수정하는 것과 함수를 수정하는 것 중 어느 방식이 더 편리한가? 그 이유는 무엇인가?

5.4 집합

'카페인이 든 음료들'이라는 컬렉션과 '가격이 3천 원 이하인 음료들'이라는 컬렉션에 모두 포함되어 있는 음료(교집합)는 어떻게 구할 수 있을까? 또 '카페라테'가 그 속에 포함되는지(소속 검사)는 어떻게 알 수 있을까? 시퀀스나 매핑을 이용해서도 구할 수 있지만, 집합(set)을 이용하면 이런 문제를 더 쉽고 빠르게 해결할 수 있다.

5.4.1 원소를 묶어 둔 데이터 구조

집합은 그 속에 포함되어야 할 원소들을 묶어 놓은 데이터 구조이다. 두 집합의 합집합, 교집합, 차집합 같은 집합 연산도 할 수 있고, '카페라테'가 어떤 집합에 포함되어 있는지 소속 검사도 할 수 있다.

TIP 학교 수학 시간에 배우는 집합에서 따온 것이기 때문에, 수학의 집합과 특징이 거의 비슷하다.

데이터를 모아 둔 컬렉션이라는 점에서 집합은 다른 컬렉션(특히 시퀀스)과 비슷해 보이지만, 차이점이 있다. 집합은 원소에 순서(번호)나 키를 붙여 관리하지 않는다. 그저 포함해야 할 원소를 담고 있을 뿐이다. 또, 시퀀스와 매핑은 동일한 값을 여러 개 중복으로 저장할 수 있지만 집합은 동일한 원소는 하나만 가질 수 있다. 그래서 어떤 원소가 집합에 포함되는지는 알 수 있어도, 그 원소가 몇 번째인지 또는 몇 개나 있는지는 알 수 없다.

5.4.2 집합 표현하기

파이썬에서 집합을 표현하고 정의하는 양식은 리스트의 표현 양식과 거의 똑같다. {1, 2, 3, 4}와 같이 중괄호({})를 이용해 데이터를 묶고, 각 원소를 쉼표로 구분한다. 대괄호 대신 중괄호로 감싼다는 점만 리스트와 다르다. 중괄호는 {키1: 값1, 키2: 값2}와 같이 사전을 표현하는 양식에도 사용되는데, 사전은 콜론(:)으로 표현된 키-값 쌍을 담기 때문에 집합의 양식과 차이가 있다.

단, 공집합(원소가 없는 집합)은 중괄호로 표현할 수 없다. 빈 중괄호 표현({})은 빈 집합이 아니라 빈 사전을 표현하는 것으로 약속되어 있다. 공집합은 set()으로 나타낸다.

- 원소가 하나인 집합

  {원소1, 원소2, 원소3, ...}

- 공집합

  set()

이 양식에 따라, 대화식 셀에서 몇 가지 집합을 표현해 보자.

TIP
집합에는 순서가 없기 때문에 원소가 임의의 순서로 저장된다. 따라서 실제 출력 결과는 순서가 다를 수 있다.

코드 5-59 **집합 표현하기**

```
# 정수의 집합
{0, -127, 97, 1789}

# 이메일 주소의 집합
{'bakyeono@gmail.com', 'i@bakyeono.net'}

# 공집합
set()
```

5.4.3 시퀀스를 집합으로 변환하기

시퀀스는 순서와 중복이 있다는 점을 제외하면 집합과 형태가 유사하다. 따라서 집합을 시퀀스로 변환하거나 반대로 시퀀스를 집합으로 변환할 수 있다.

시퀀스를 집합으로 변환해 보자. 이때는 set() 함수를 사용한다.

코드 5-60 시퀀스를 집합으로 변환하기

```
>>> set([6, 1, 1, 2, 3, 3, 1, 5, 5, 4])     # 리스트를 집합으로 변환한다.
{1, 2, 3, 4, 5, 6}

>>> set(('사과', '토마토', '바나나', '감'))     # 튜플을 집합으로 변환한다.
{'감', '사과', '바나나', '토마토'}
```

시퀀스를 집합으로 변환하면 중복된 원소는 하나만 남고, 원소의 순서는 유지되지 않는다.

레인지를 정의한 후 집합으로 변환하면, '0 이상 1만 미만의 모든 짝수'와 같은 일정 범위의 규칙적인 수의 집합을 쉽게 생성할 수 있다.

코드 5-61 레인지를 이용해 집합 정의하기

```
>>> 짝수 = set(range(0, 10000, 2))
>>> 홀수 = set(range(1, 10000, 2))
```

집합의 원소가 될 수 있는 데이터

집합은 수, 문자열, 불, 튜플, 레인지 등의 불변 데이터를 원소로 가질 수 있다. 하지만 리스트나 사전 같은 가변 데이터, 그리고 가변 데이터를 담은 튜플은 집합의 원소가 될 수 없다.

시퀀스에서 중복된 원소 제거하기

시퀀스의 중복 원소를 제거할 때 집합 변환을 활용할 수 있다. 시퀀스를 집합으로 변환했다가 다시 시퀀스로 변환하면 된다.

코드 5-62 리스트에서 중복 원소 제거하기

```
>>> list(set([6, 1, 1, 2, 3, 3, 1, 5, 5, 4]))
[1, 2, 3, 4, 5, 6]
```

단, 이 방법을 사용할 때는 중복 원소뿐 아니라 원소의 순서라는 중요한 정보가 함께 사라진다는 점에 유의해야 한다.

5.4.4 집합 연산

집합은 소속 검사, 합집합, 교집합, 여집합, 차집합, 부분집합 검사 등 수학의 집합 연산을 수행할 수 있다. 대화식 셸에서 직접 코드를 입력하며 집합 연산을 학습해 보자. 연습에 사용할 집합을 다음과 같이 정의하자.

코드 5-63 연습에 사용할 집합 정의하기

```
>>> 들짐승 = {'사자', '박쥐', '늑대', '곰'}
>>> 날짐승 = {'독수리', '매', '박쥐'}
>>> 바다생물 = {'참치', '상어', '문어 괴물'}
```

소속 검사하기

어떤 원소를 포함하는지 확인하는 것은 집합의 핵심 기능이다. 시퀀스에서 요소를 검사할 때, 그리고 매핑에서 키를 검사할 때처럼 in과 not in 예약어를 이용해 원소를 검사할 수 있다.

코드 5-64 집합에서 소속 검사하기(코드 5-63에 이어서 실행)

```
>>> '늑대' in 들짐승
True

>>> '곰' not in 들짐승
False
```

 집합의 소속 검사와 시퀀스의 소속 검사

요소의 소속을 검사하는 기능은 시퀀스에도 있다. 예를 들어 '늑대' in list(들짐승)과 같이 리스트에서 소속을 검사하더라도 연산 결과는 집합에서와 똑같다.

하지만 실제로 이루어지는 검사 과정에 차이가 있다. 시퀀스의 소속 검사 기능은 요소를 처음 부터 끝까지 순서대로 하나씩 확인하면서 찾는다. 반면, 집합은 해시 알고리즘으로 소속 검사 를 단번에 수행한다. 그래서 컬렉션에 저장된 데이터의 양이 많을수록 집합의 검사 방식이 유리하다.

그렇다면 시퀀스에서 소속 검사를 할 때는 먼저 집합으로 변환해야 할까? 그렇지는 않다. 시퀀스를 집합으로 변환하는 데도 연산 비용이 들기 때문이다. 하지만 검사를 자주 수행해야 하는 데이터 컬렉션을 정의할 때는 집합으로 정의하는 것을 고려해 보자.

집합에서 특정 원소 구하기

집합은 원소의 순서나 키를 관리하지 않으므로 당연히 인덱싱 연산도 지원하지 않는다. 따라서 **들짐승[0]**이나 **들짐승['늑대']** 같은 표현은 오류이다. 집합에서 어떤 원소를 구한다는 것은 그 원소가 포함되어 있는지를 확인한다는 의미밖에 없다.

합집합 구하기

합집합(union)은 두 집합의 모든 원소를 합한 집합이다.

그림 5-7 A와 B의 합집합

합집합은 union(**다른집합**) 메서드를 사용하여 구할 수 있다.

코드 5-65 두 집합의 합집합 구하기(코드 5-64에 이어서 실행)

```
>>> 짐승 = 들짐승.union(날짐승)   # 들짐승과 날짐승의 합집합
>>> 짐승
{'곰', '사자', '박쥐', '늑대', '독수리', '매'}
```

합집합은 | 연산자로도 구할 수 있다. | 연산자는 특히 여러 집합을 연달아 합할 때 사용하면 편리하다.

코드 5-66 | 연산자로 합집합 구하기(코드 5-65에 이어서 실행)

```
>>> 들짐승 | 날짐승
{'곰', '사자', '박쥐', '늑대', '독수리', '매'}

>>> 들짐승 | 날짐승 | {'인간'}   # 여러 집합을 연달아 합할 때
{'곰', '사자', '박쥐', '늑대', '인간', '독수리', '매'}
```

교집합 구하기

교집합(intersection)은 두 집합이 공통으로 포함하는 모든 원소의 집합이다.

그림 5-8 A와 B의 교집합

교집합은 intersetion(**다른집합**) 메서드를 사용하여 구할 수 있다.

코드 5-67 **두 집합의 교집합 구하기(코드 5-66에 이어서 실행)**

```
>>> 들짐승.intersection(날짐승)    # 들짐승과 날짐승의 교집합
{'박쥐'}

>>> 들짐승.intersection(바다생물)   # 짐승과 바다생물의 교집합
set()
```

교집합은 & 연산자로도 구할 수 있다.

코드 5-68 **& 연산자로 교집합 구하기(코드 5-67에 이어서 실행)**

```
>>> 들짐승 & 날짐승
{'박쥐'}
```

차집합 구하기

차집합(difference set)은 한 집합에서 다른 집합에 존재하는 모든 원소를 뺀 집합이다.

그림 5-9 A에서 B를 뺀 차집합

차집합은 difference(**다른집합**) 메서드를 사용하여 구할 수 있다.

코드 5-69 **차집합 구하기(코드 5-68에 이어서 실행)**

```
>>> 짐승.difference(날짐승)    # 짐승에서 날짐승을 뺀 집합
{'곰', '사자', '늑대'}
```

차집합은 – 연산자로도 구할 수 있다.

코드 5-70 **– 연산자로 차집합 구하기(코드 5-69에 이어서 실행)**

```
>>> 날짐승 – 들짐승   # 날짐승에서 들짐승을 뺀 집합
{'독수리', '매'}
```

대칭차 구하기

대칭차(symmetric difference)는 두 집합의 합집합에서 교집합을 뺀 것이다. 즉, 두 집합이 함께 갖지 않은 모든 원소의 집합이다.

그림 5-10 A와 B의 대칭차

대칭차는 symmetric_difference(다른집합) 메서드를 사용하여 구할 수 있다.

코드 5-71 두 집합의 대칭차 구하기(코드 5-70에 이어서 실행)

```
>>> 들짐승.symmetric_difference(날짐승)   # 들짐승과 날짐승의 대칭차
{'사자', '늑대', '곰', '독수리', '매'}
```

대칭차는 ^ 연산자로도 구할 수 있다.

코드 5-72 ^ 연산자로 대칭차 구하기(코드 5-70에 이어서 실행)

```
>>> 들짐승 ^ 날짐승   # 들짐승과 날짐승의 대칭차
{'사자', '늑대', '곰', '독수리', '매'}
```

부분집합 검사하기

집합 B의 모든 원소가 집합 A에 포함되어 있으면, 집합 B는 집합 A의 부분집합
(subset)이다.

그림 5-11 B는 A의 부분집합

한 집합이 다른 집합의 부분집합인지 검사할 때는 issubset(다른집합) 메서드를 사
용한다.

코드 5-73 부분집합 검사하기(코드 5-72에 이어서 실행)

```
>>> 들짐승.issubset(짐승)      # 들짐승이 짐승의 부분집합인가?
True

>>> 들짐승.issubset(날짐승)    # 들짐승이 날짐승의 부분집합인가?
False
```

부분집합은 비교 연산자(<=)로도 구할 수 있다.

코드 5-74 **부분집합 검사하기(코드 5-73에 이어서 실행)**

```
>>> 들짐승 <= 짐승     # 들짐승이 짐승의 부분집합인가?
True

>>> 들짐승 <= 날짐승     # 들짐승이 날짐승의 부분집합인가?
False
```

부분집합의 반대인 상위집합(superset)이라는 개념도 있다. 상위집합을 검사할 때는 issuperset() 메서드 또는 >= 연산자를 사용할 수 있다.

서로소 집합 검사하기

집합 A와 집합 B에 공통된 원소가 하나도 없으면, 두 집합은 서로소 집합(disjoint set)이다.

그림 5-12 A와 B는 서로소 집합

서로소 집합을 검사하려면 isdisjoint(다른집합) 메서드를 사용한다.

코드 5-75 **서로소 집합 검사하기(코드 5-74에 이어서 실행)**

```
>>> 들짐승.isdisjoint(날짐승)     # 들짐승과 날짐승이 서로소 집합인가?
False

>>> 들짐승.isdisjoint(바다생물)   # 들짐승과 바다생물이 서로소 집합인가?
True
```

원소 변경하기

집합은 수정 가능한 데이터이다. 이미 정의한 집합에 원소를 추가하거나 삭제할 수 있다. 다음과 같은 메서드를 사용한다.

- add(데이터): 데이터를 원소로 추가
- discard(원소): 원소 제거
- remove(원소): 원소 제거 (원소가 없으면 오류)
- pop(): 아무 원소나 꺼냄 (집합이 비어 있으면 오류)
- clear(): 모든 원소를 제거

대화식 셀에서 메서드를 사용해 보자.

코드 5-76 **집합 원소 수정하기(코드 5-75에 이어서 실행)**

```
>>> 들짐승.add('인간')       # 들짐승에 인간을 추가한다.
>>> 들짐승
{'사자', '늑대', '곰', '인간', '박쥐'}

>>> 들짐승.discard('인간')    # 들짐승에서 인간을 제거한다.
>>> 들짐승
{'사자', '늑대', '곰', '박쥐'}

>>> 들짐승.remove('곰')       # 들짐승에서 곰을 제거한다.
>>> 들짐승
{'사자', '늑대', '박쥐'}

>>> 들짐승.pop()              # 들짐승에서 아무 원소나 꺼낸다(다른 원소가 나올 수도 있다).
'사자'

>>> 들짐승
{'늑대', '박쥐'}

>>> 들짐승.clear()           # 들짐승의 모든 원소를 제거한다.
>>> 들짐승
set()
```

이상으로 집합으로 수행할 수 있는 다양한 연산을 알아보았다. 어떤 문제를 해결하는 데 집합 연산이 필요하다면 파이썬의 집합 연산을 활용해 계산할 수 있다.

✔️ **프로즌셋**

집합은 리스트, 사전처럼 수정이 가능한 데이터이다. 집합을 정의한 뒤에도 원소를 추가, 삭제할 수 있다.

수정이 불가능한 집합 컬렉션을 정의하고 싶다면 프로즌셋(frozenset)을 사용하면 된다. 프로즌셋을 정의하는 방법은 다음과 같다.

- 공집합 프로즌셋: frozenset()
- 집합에서 정의하기: frozenset({원소1, 원소2, 원소3, ...})
- 시퀀스에서 정의하기: frozenset([원소1, 원소2, 원소3, ...])

프로즌셋은 집합과 사용 방법이 거의 동일하고 연산과 메서드도 공유한다. 단, 내용을 수정하는 연산과 메서드는 지원하지 않는다. 프로즌셋은 대부분 집합으로 대체 가능하므로 자주 사용되지는 않는다. 이런 것이 있다는 것만 알아 두자.

연습문제 5-13 다음 세 집합을 각각 파이썬 코드로 정의하라.

- 한 주의 모든 요일
- 여러분이 학교나 직장에 가는 요일
- 여러분이 휴식을 취하는 요일

연습문제 5-14 is_working_day() 함수를 정의하라. 이 함수는 요일을 입력받아 그 요일이 여러분이 쉬는 날이면 True, 아니면 False를 반환한다.

연습문제 5-15 0 이상 1000 미만의 수 중에서 3의 배수 또는 4의 배수는 모두 몇 개인지 계산하라.

HINT 레인지, 리스트, 집합을 모두 활용하자.

연습문제 5-16 0 이상 1000 미만의 수 중에서 3과 4의 공배수는 모두 몇 개인지 계산하라.

연습문제 5-17 0 이상 1000 미만의 수 중에서 3의 배수이되 4의 배수는 아닌 수는 모두 몇 개인지 구하라.

5.5 패킹과 언패킹

이 절에서는 컬렉션의 요소를 변수에 대입하거나 함수에 전달할 때 편의성을 높여 주는 기능을 소개한다. 이 절의 내용은 잘 모르더라도 프로그램을 만들 수 있지만, 다른 사람의 코드를 잘 읽기 위해서는 이해해 두는 편이 좋다. 조금 어려울 수도 있으니 두 번 정도 읽어 보아도 이해가 잘 되지 않는다면 일단 다음 장으로 넘어가기 바란다. 파이썬 프로그래밍 경험이 더 쌓였을 때 다시 읽어 보면 충분히 이해될 것이다.

5.5.1 대입문과 시퀀스

여러 데이터를 하나의 변수에 묶어 담기

변수 하나에는 데이터 하나만을 대입할 수 있다. 변수 하나가 여러 개의 데이터를
가리키도록 할 수 있을까? 그냥은 안 되지만, 데이터들을 컬렉션에 담고 그 컬렉션
을 변수에 대입할 수는 있다. 예를 들어 여러 개의 수를 튜플에 담고 그 튜플을 변
수에 대입하는 것이다.

코드 5-77 여러 개의 데이터를 하나의 변수에 담기

```
>>> numbers = (1, 2, 3, 4, 5)
```

이와 같이 여러 개의 데이터를 컬렉션으로 묶어 변수에 대입하는 것을 **패킹**(pack-
ing, **싸기**)이라 한다.

시퀀스의 데이터를 풀어 변수에 대입하기

반대로 컬렉션으로 묶은 요소들을 풀어 여러 변수에 나눠 담아야 할 때도 있다. 이
작업을 수행하려면 꺼내려는 요소의 개수만큼 코드를 작성해야 하므로 불편하다.

코드 5-78 시퀀스의 데이터를 꺼내 변수에 대입하기(코드 5-77에 이어서 실행)

```
>>> a = numbers[0]
>>> b = numbers[1]
>>> c = numbers[2]
>>> d = numbers[3]
>>> e = numbers[4]

>>> print(a, b, c, d, e)
1 2 3 4 5
```

a = numbers[0], b = numbers[1]과 같은 형태의 대입문이 다섯 번 반복되었다. 요
소가 많을수록 중복된 코드를 더 많이 사용해야 한다. 이 코드는 다음과 같이 간편
하게 간추릴 수 있다.

코드 5-79 변수의 튜플을 이용해, 시퀀스의 데이터 나누어 대입하기(코드 5-78에 이어서 실행)

```
>>> (a, b, c, d, e) = numbers    # ❶ 대입문의 좌변과 우변이 모두 시퀀스

>>> print(a, b, c, d, e)
1 2 3 4 5
```

❶과 같이 대입문의 좌변과 우변이 둘 다 시퀀스이면, 우변의 각 요소가 좌변의 각 요소에 순서대로 대입된다. 첫 번째 변수인 a에는 numbers[0]이 대입되고, 두 번째 변수인 b에는 numbers[1]이 대입되는 식이다. 이와 같이 컬렉션의 요소를 여러 개의 변수에 나누어 담는 방법을 언패킹(unpacking, 풀기)이라 한다.

그런데 튜플을 작성할 때는 괄호를 생략할 수 있다. 코드 5-77의 패킹과 코드 5-79의 언패킹은 다음과 같이 괄호를 생략하고 작성하는 편이 간결하다.

TIP
특히 대입문에서 패킹과 언패킹을 수행할 때는 괄호를 생략하는 경우가 많다.

코드 5-80 대입문에서는 튜플의 괄호를 생략하자(코드 5-79에 이어서 실행)

```
>>> numbers = 1, 2, 3, 4, 5  # 패킹
>>> a, b, c, d, e = numbers   # 언패킹
```

언패킹할 때, 즉 시퀀스의 요소를 변수 시퀀스에 나눠 대입할 때는 두 시퀀스의 길이가 일치해야 한다.

코드 5-81 대입문에서 양변의 시퀀스 길이는 일치해야 한다(코드 5-80에 이어서 실행)

```
>>> a, b, c = numbers         # ❶ 대입문 양변의 시퀀스의 길이가 서로 다르면 오류가 발생한다.
ValueError: too many values to unpack (expected 3)

>>> a, b, c, d, _ = numbers   # ❷ 필요 없는 요소를 _ 변수에 대입한다.
```

❶처럼 길이가 일치하지 않으면 오류가 발생한다. 대입할 필요가 없는 요소는 ❷와 같이 자리를 메우는 변수에 대입하면 된다. 자리를 메우는 변수의 이름은 관례적으로 밑줄 기호 하나(_)로 한다.

남은 요소 대입받기

대입문에서 좌변의 변수 중 하나에 별 기호(*)를 붙이면, 남은 요소 전체를 리스트에 담아 대입한다.

코드 5-82 별 기호를 이용해 남은 요소를 대입받는 변수를 지정하기(코드 5-81에 이어서 실행)

```
>>> a = numbers[0]            # a = 1
>>> b = numbers[1]            # b = 2
>>> rest = numbers[2:]        # rest = (3, 4, 5)
>>> print(a, b, rest)
1 2 (3, 4, 5)

>>> a, b, *rest = numbers     # 1, 2를 제외한 나머지를 rest에 대입한다.
>>> print(a, b, rest)
1 2 [3, 4, 5]
```

```
>>> a, *rest, e = numbers      # 1, 5를 제외한 나머지를 rest에 대입한다.
>>> print(rest)
[2, 3, 4]
```

여러 행의 대입문을 하나로 줄이기

대입문의 양변에 요소 튜플과 데이터의 튜플을 나열하면 여러 행의 대입문을 한 행으로 줄일 수 있다.

코드 5-83 여러 행의 대입문을 하나로 줄이기

```
>>> x = 10                # ❶ 여러 행으로 대입한다.
>>> y = -20
>>> z = 0

>>> x, y, z = 10, -20, 0  # ❷ 한 행으로 대입한다.
```

하지만 여러 개의 변수를 정의할 때 ❷ 방식보다는 각 변수에 대입되는 데이터를 쉽게 알아볼 수 있는 ❶ 방식이 일반적으로 좋다.

5.5.2 함수의 매개변수와 시퀀스 패킹·언패킹

시퀀스를 함수 매개변수에 전달하기

함수를 정의할 때, 인자를 전달받을 매개변수 목록도 정의했던 것을 기억할 것이다. 세 개의 매개변수를 가지는 다음 함수를 생각해 보자.

코드 5-84 여러 매개변수를 가지는 일반적인 함수의 모습

```
>>> def date_to_string(y, m, d):
...     """년(y), 월(m), 일(d)을 입력받아 'y년 m월 d일' 형태의 문자열을 반환한다."""
...     return str(y) + '년 ' + str(m) + '월 ' + str(d) + '일'
...
```

날짜 데이터를 (1917, 9, 4)와 같이 시퀀스로 정의해 두었다면, 이 함수에 어떻게 전달해야 할까? 가장 기본적인 방법은 시퀀스에서 값을 하나씩 꺼내 전달하는 것이다.

코드 5-85 시퀀스의 요소를 꺼내 함수에 전달하기(코드 5-84에 이어서 실행)

```
>>> date = (1917, 9, 4)
>>> date_to_string(date[0], date[1], date[2])
'1917년 9월 4일'
```

이때 언패킹을 이용하면 더 편리하게 함수에 값을 전달할 수 있다. 시퀀스의 요소를 하나씩 꺼낼 필요 없이, 시퀀스 앞에 별 기호를 붙이면 시퀀스를 풀어 전달할 수 있다. 시퀀스의 요소는 순서대로 함수의 매개변수에 대입된다.

코드 5-86 시퀀스를 풀어 함수 매개변수에 전달하기(코드 5-85에 이어서 실행)

```
>>> date_to_string(*date)              # ❶
'1917년 9월 4일'

>>> date_to_string(*[2001, 12, 31])   # ❷
'2001년 1월 31일'

>>> date_to_string(2017, *(9, 17))     # ❸
'2017년 9월 17일'
```

함수를 호출할 때 ❶과 같이 함수에 전달할 시퀀스 앞에 별 기호를 붙이면 시퀀스의 요소를 풀어 전달한다. ❷처럼 변수에 대입하지 않은 시퀀스에도 적용이 가능하며, ❸과 같이 일부 매개변수에 다른 값을 전달한 뒤 남은 매개변수에 부분적으로 적용하는 것도 가능하다.

함수에서 임의의 개수만큼 데이터를 전달받기

TIP
print() 함수도 여러 개의 데이터를 콤마로 구분해 전달받는 기법을 활용한다.

시퀀스를 풀어 매개변수에 할당하는 것과 반대로, 여러 개의 데이터를 시퀀스로 묶어 하나의 매개변수에 전달받을 수 있다. 함수에서 데이터를 시퀀스로 묶어 전달받으려면 함수에 시퀀스를 전달받을 매개변수를 정의해 두어야 한다. 매개변수 목록을 정의할 때 시퀀스 패킹 매개변수로 사용할 변수의 이름 앞에 별 기호를 붙여 두면 된다. 시퀀스 패킹 매개변수의 이름은 자유롭게 지을 수 있는데, 인자들(arguments)을 의미하는 args라는 이름이 자주 사용된다.

TIP
패킹 매개변수 이름을 지을 때 numbers와 같이 좀 더 구체적인 이름을 사용하는 것도 좋다.

코드 5-87 여러 개의 데이터를 시퀀스로 묶어 전달받기

```
>>> def mean(*args):   # ❶
...         """여러 개의 수를 전달받아 산술평균을 계산한다."""
...         return sum(args) / len(args)
...

>>> mean(1)
1.0

>>> mean(1, 2, 3, 4, 5)
3.0
```

❶의 *args와 같이 별 기호를 붙여 시퀀스 패킹 매개변수를 정의할 수 있다. 이제 mean() 함수를 호출할 때 여러 개의 인자를 전달하면 모두 튜플로 묶여 args 매개변수에 대입된다.

mean()처럼 시퀀스 패킹 매개변수를 가진 함수에 시퀀스의 요소를 전달할 때도 언패킹을 할 수 있다. 다음 코드를 보자.

코드 5-88 데이터를 묶어 전달받는 함수에 시퀀스를 풀어 전달하기(코드 5-87에 이어서 실행)

```
>>> numbers = 1, 2, 3, 4, 5
>>> mean(numbers[0], numbers[1], numbers[2], numbers[3], numbers[4])   # ❶

>>> mean(*numbers)                                                     # ❷
3.0
```

❶ mean() 함수에 numbers 튜플의 요소를 모두 전달하려면 시퀀스의 요소를 모두 나열해야 하지만, ❷ 조금 전 배운 시퀀스 언패킹을 활용하면 간편하다.

필수 매개변수와 나머지 매개변수 정의하기

시퀀스 패킹 매개변수는 다른 매개변수와 함께 정의할 수 있다. 이때 다른 매개변수들은 인자를 반드시 전달해야 하는 필수 매개변수가 되고, 시퀀스 패킹 매개변수는 나머지 인자를 전달하고 남은 인자를 시퀀스로 묶어 전달받는 나머지 매개변수가 된다.

코드 5-89 필수 매개변수와 나머지 매개변수 정의하기

```
>>> def 가격계산(할인율, *구매가_목록):
...     """구매가 목록을 합산하고 할인율을 반영해 가격을 계산한다."""
...     return (1 - 할인율) * sum(구매가_목록)
...

>>> 가격계산(0.25, 100)
75.0

>>> 가격계산(0.25, 100, 200, 300, 400, 200)
900.0
```

위 코드의 **가격계산()** 함수에서 **할인율** 매개변수는 필수 매개변수이다. 그리고 그 외의 여러 개의 데이터를 **구매가_목록** 매개변수가 추가로 전달받을 수 있다.

이상에서 알아본 것처럼, 시퀀스 패킹과 언패킹을 활용하면 함수가 여러 개의 데이터를 유연하게 전달받도록 할 수 있다.

5.5.3 함수의 매개변수와 매핑 패킹·언패킹

매핑을 함수 매개변수에 전달하기

함수를 호출할 때, 매핑에 담긴 데이터도 풀어 매개변수에 분배할 수 있다. 코드 5-84에서 정의한 date_to_string() 함수에 사전으로 정의된 날짜 {'y': 1917, 'm': 9, 'd': 4}를 전달하는 방법을 생각해 보자. 먼저, 시퀀스의 데이터를 풀어 전달할 때와 마찬가지로 하나씩 직접 꺼내 전달하는 방법이 있다.

코드 5-90 **매핑의 요소를 꺼내 함수에 전달하기**

```
>>> def date_to_string(y, m, d):
...     """년(y), 월(m), 일(d)을 입력받아 'y년 m월 d일' 형태의 문자열을 반환한다."""
...     return str(y) + '년 ' + str(m) + '월 ' + str(d) + '일'
...
>>> date = {'y': 1917, 'm': 9, 'd': 4}
>>> date_to_string(date['y'], date['m'], date['d'])
'1917년 9월 4일'
```

그런데 이 예에서 매핑의 키(y, m, d)와 함수의 매개변수(y, m, d)는 이름이 서로 같다. 이럴 때 데이터를 풀어 이름이 같은 짝에 전달되도록 할 수 있다. 매핑은 별 기호 두 개(**)를 표기하여 언패킹을 할 수 있다.

TIP
시퀀스를 풀 때 별 기호(*)를 사용하는 것과 유사하다.

코드 5-91 **매핑을 풀어 함수 매개변수에 전달하기(코드 5-90에 이어서 실행)**

```
>>> date_to_string(**date)  # ❶
'1917년 9월 4일'
```

❶과 같이 함수에 전달하는 매핑에 별 기호를 두 개 붙이면 매핑을 풀어 매핑의 키와 함수 매개변수의 이름을 서로 짝지어 값을 전달한다. 이때 사전의 키와 함수의 매개변수가 이름이 서로 대응하지 않으면 오류가 발생한다.

코드 5-92 **키와 매개변수 이름이 일치하지 않으면 오류가 발생한다(코드 5-91에 이어서 실행)**

```
>>> date_to_string(**{'century': 20})
TypeError: date_to_string() got an unexpected keyword argument 'century'
```

함수에서 다양한 이름의 데이터를 전달받기

매핑을 풀어 함수의 매개변수에 할당하는 것과 반대로, 함수에 전달된 데이터를 하나의 매핑으로 묶어 전달받을 수도 있다.

TIP
함수에서 매개변수를 활용하는 방법은 3.5절에서 다루었다.

함수를 호출할 때 date_to_string(y=1917, m=10, d=26)과 같이 값을 전달할 매개변수를 지정할 수 있다. 단, 값을 전달받을 매개변수가 함수에 정의되어 있어야 한다. 그렇지 않으면 오류가 발생한다.

코드 5-93 값을 전달받을 매개변수 지정하기(코드 5-92에 이어서 실행)

```
>>> date_to_string(y=1917, m=10, d=26)
'1917년 10월 26일'

>>> date_to_string(y=1917, m=10, d=26, h=3)
TypeError: date_to_string() got an unexpected keyword argument 'h'
```

함수를 호출할 때 함수에 정의된 매개변수 이름에 인자를 대입하는 것이 기본이다. 그러기 위해서는 값을 대입할 이름을 함수에 미리 정의해 두어야만 한다. 함수를 호출하는 쪽에서 자유롭게 이름을 붙여 인자를 넘기게 할 수는 없을까? 함수에서 인자를 매핑으로 묶어 전달받게 하면 가능하다. 묶은 데이터를 대입할 매개변수를 미리 정의해 두어야 하는데, 매핑 패킹 매개변수로 사용할 변수의 이름 앞에 별 기호 두 개(**)를 붙이면 된다. 이 변수의 이름은 자유롭게 지을 수 있지만 키 인자들(keyword arguments)이라는 의미의 kwargs라는 이름이 자주 사용된다.

TIP options과 같은 좀 더 구체적인 이름으로 지어도 좋다.

코드 5-94 매개변수 목록에 정의되지 않은 데이터를 매핑으로 묶어 전달받기

```
>>> def date_to_string(y, m, d, **kwargs):          # ❶
...     """날짜를 입력받아 문자열로 반환한다."""
...     date_string = str(y) + '년 ' + str(m) + '월 ' + str(d) + '일'
...
...     # 시(h) 매개변수에 인자가 전달된 경우 문자열에 덧붙인다.
...     date_string += str(kwargs.get('h')) + '시' # ❷
...
...     return date_string
...
>>> date_to_string(1917, 10, 26, h=2)   # ❸
'1917년 10월 26일 2시'

>>> date_to_string(1917, 10, 26)        # ❹
'1917년 10월 26일 None시'
```

❶ **kwargs와 같이 별 기호를 두 개 붙여 매핑 패킹 매개변수를 정의할 수 있다. 매핑으로 묶은 데이터를 전달받았으면, ❷ 키로 값을 꺼내 사용할 수 있다. 함수를 호출할 때는 ❸ h 매개변수에 인자를 지정하여 호출할 수도 있고, ❹ 생략하여 호출할 수도 있다.

TIP ❹에서 None에 '시'가 붙어 출력되었는데, 코드를 '선택적으로 실행'하는 방법(6장)을 학습하면 이런 문제를 해결할 수 있다.

매개변수를 매핑으로 묶어 전달받는 방법은 함수에서 처리해야 할 매개변수의 종류가 너무 많아 매개변수 목록에 다 정의하기 힘들거나 필수 매개변수와 구분되는 선택적 매개변수를 정의할 때 자주 활용된다.

연습문제 5-18 연오는 변수 x와 변수 y의 데이터를 서로 교환하여 출력하는 프로그램을 작성했다.

```
# 변수에 대입되어 있는 데이터
x = 10
y = -20

# 두 변수의 데이터를 서로 교환하기 (이 부분을 수정하시오)
x = y   # 변수 x에 변수 y의 데이터를 대입한다.
y = x   # 변수 y에 변수 x의 데이터를 대입한다.

# 바뀐 결과를 출력한다.
print(x)   # -20이 출력된다. (-20이 출력되어야 한다)
print(y)   # -20이 출력된다. (10이 출력되어야 한다)
```

그런데 프로그램을 실행해 보니 두 변수의 데이터가 전부 -20이 되어 버렸다. 프로그램이 의도대로 동작하지 않은 이유는 무엇인가? 그 이유를 찾고 프로그램을 올바르게 수정해 보라.

연습문제 5-19 함수 gap()을 정의하라. 이 함수는 여러 개의 수를 전달받아, 인자 중 가장 큰 수와 가장 작은 수의 차이를 반환한다. 이 함수를 정의한 뒤 다음과 같이 테스트해 보라.

```
>>> gap(100)
0

>>> gap(10, 20, 30, 40)
30

>>> ages = [19, 16, 24, 19, 23]
>>> gap(*ages)
8
```

HINT 정해지지 않은 여러 개의 매개변수를 전달받기 위해 패킹을 활용하라.

> **연습문제 5-20** 여러 개의 문자열을 연결해 반환하는 함수 concatenate()를 정의하라. 이 함수는 seperator라는 이름으로 구분자 문자열을 전달받을 수 있는데, 문자열을 연결할 때 구분자를 각 문자열 사이에 끼워 넣어 반환한다. 예를 들면 다음과 같이 실행되어야 한다.
>
> ```
> >>> concatenate('가난하다고', '해서', '외로움을', '모르겠는가', seperator='/')
> 가난하다고/해서/외로움을/모르겠는가
>
> >>> concatenate(*'월화수목금토일', seperator=' - ')
> '월 - 화 - 수 - 목 - 금 - 토 - 일'
> ```
>
> **HINT** 127쪽에서 소개한 join() 메서드를 활용하자.

5장을 맺으며

5장에서는 데이터를 모아 다루는 컬렉션을 살펴봤다. 현실의 정보 중에는 집합적으로 다루어야 하는 것이 많다. 집합적인 정보를 낱낱의 데이터로 취급하면 정보량이 많아졌을 때 문제를 해결하기 어렵다. 시퀀스, 매핑, 집합의 특징을 잘 이해하고 어떤 정보가 어떤 컬렉션에 어울리는지 잘 판단하도록 하자. 컬렉션을 이용하는 방법은 6장과 7장에서도 더 자세히 알게 될 것이다.

5장 요약

1. 많은 양의 데이터를 구조적으로 관리하기 위해 컬렉션을 사용한다. 파이썬이 제공하는 대표적인 컬렉션으로 시퀀스, 매핑, 집합이 있다.

2. 시퀀스는 순서를 통해 데이터를 관리한다. 시퀀스를 이용해 여러 개의 데이터를 하나로 모을 수 있다. 시퀀스의 종류에는 리스트, 튜플, 레인지, 문자열 등이 있다.

3. 매핑은 키를 통해 데이터를 관리한다. 매핑을 이용해 연관성 있는 데이터를 묶어 관리할 수 있다. 사전은 파이썬의 대표적인 매핑이다.

4. 집합은 중복과 순서가 없는 컬렉션이다. 집합에 원소가 포함되어 있는지 검사하거나 수학의 집합 연산을 활용할 수 있다.

5. 내용을 수정할 수 있는지에 따라, 데이터 유형은 가변 데이터와 불변 데이터로

구분된다. 수, 문자열, 튜플, 레인지, 불은 불변 데이터이다. 리스트, 사전, 집합은 가변 데이터이다. 불변 데이터는 내용을 수정하는 연산이나 메서드를 지원하지 않는다.

6. 여러 개의 값을 하나의 컬렉션으로 묶는 것을 패킹이라고 하고, 컬렉션에 들어 있는 요소들을 여러 개의 변수에 나누어 대입하는 것을 언패킹이라고 한다.

7. 패킹과 언패킹을 이용해 대입과 함수 호출을 간결하게 표현할 수 있다.

선택과 반복으로
실행 흐름 조정하기

지금까지 작성한 프로그램은 한 갈래로만 흐르고 늘 동일하게 동작했다. 하지만 컴퓨터 프로그램은 첫 장부터 마지막 장까지 순서대로 읽는 소설책과는 다르다. 복잡한 문제를 해결하려면 상황에 따라 알맞은 처리를 할 수 있도록 여러 갈래의 흐름을 준비해 두어야 한다. 그리고 작업을 완료할 때까지 필요한 과정을 되풀이하는 흐름도 필요하다. 6장에서는 프로그램의 실행 흐름을 조정해 좀 더 똑똑하고 쓸모 있는 프로그램을 만드는 법을 배운다.

6.1 선택

선택이란 여러 선택지 중에서 하나를 고르는 것이다. 앞 장까지 만들어 본 프로그램은 언제나 한 가지 흐름으로만 실행되었는데, 선택지와 조건을 고려하지 않았기 때문이다. 프로그램에 선택지와 조건을 마련해 두면 컴퓨터가 상황에 따라 적절하게 작업을 수행하도록 할 수 있다.

6.1.1 여러 선택지 중에서 하나 고르기

이번 일요일 낮에 무엇을 하면 좋을지 선택지로 꼽아 보자.

1. 집에서 프로그램을 만들자.
2. 공원에서 스케이트보드를 타자.

둘 다 좋은 선택지이다. 하지만 이 선택지만으로는 의사결정을 하기가 어렵다. 선택을 위한 판단 기준이 없기 때문이다. 선택지에 조건을 추가해 보자.

1. 비가 오면, 집에서 프로그램을 만들자.
2. 비가 오지 않으면, 공원에서 스케이트보드를 타자.

"비가 온다"와, "비가 오지 않는다"라는 조건을 각각 추가함으로써 의사결정을 위한 판단 기준이 생겼다. 비가 실제로 올지는 일요일이 되어 봐야 알 수 있으므로, 그 전까지는 두 선택지 모두 가능성이 있다. 하지만 일요일이 되면 둘 중에서 하나만 선택될 것이다.

6.1.2 if 문: 만약 그렇다면

파이썬에서는 조건과 선택지를 작성할 때 if 문을 사용한다. if 문은 조건을 검사하여 조건이 참이면 본문의 코드(선택지)를 실행하고, 조건이 거짓이면 본문의 코드를 실행하지 않는다. if 문을 작성하는 양식은 다음과 같다.

```
if 조건:    # ❶ 첫 행
    본문    # ❷ 조건이 참일 때 실행할 코드 블록
```

if 문은 함수를 정의할 때 사용하는 def 문과 형태가 비슷하다. ❶ 첫 행에는 상황을 판단하기 위한 조건이 들어가고 콜론(:)으로 끝난다. ❷ 그다음 행부터는 조건이 참일 때 실행할 코드를 네 칸씩 들여쓰기하여 작성한다. 실행할 코드를 여러 행에 걸쳐 작성할 수도 있다.

TIP
참·거짓으로 가려낼 수 있는 식은 4.4절에서 설명했다.

if 문에 입력하는 조건으로는 날씨 == '비'와 같이 참·거짓으로 가려낼 수 있는 식을 사용한다. if 문을 실제 코드로 작성한 예를 들어 보자.

코드 6-1 if 문의 예

```
if 날씨 == '비':
    print('집에서 프로그램을 만들자.')
```

if는 '만약 … 이라면'이라는 뜻이다. 이 코드를 사람의 말로 옮긴다면, "날씨 변수의 값이 '비'라면, 화면에 '집에서 프로그램을 만들자.'를 출력하시오"가 된다.

if 문 실행해 보기

if 문을 사용한 프로그램을 실제로 작성하고 실행해 보자. 파이참에서 if_1.py 파일을 새로 만들고 다음 코드를 입력해 실행해 보자.

코드 6-2 일요일 낮에 할 일 선택 1 (if_1.py)

```
print('일요일 낮의 날씨를 입력해 주세요:')
날씨 = input()        # ❶

if 날씨 == '비':    # ❷
    print('집에서 프로그램을 만들자.')

if 날씨 != '비':    # ❸
    print('공원에서 스케이트보드를 타자.')
```

이 프로그램은 사용자의 입력을 받아 **날씨** 변수에 대입한 후, 그 값이 '비'일 때와 아닐 때 각각 다른 메시지를 출력한다. 프로그램을 실행하고 '맑음'이라고 입력해 보자. 실행 결과는 다음과 같다.

일요일 낮의 날씨를 입력해 주세요:
맑음
공원에서 스케이트보드를 타자.

실행 과정을 생각해 보자. ❶에서 사용자의 입력에 의해 **날씨** 변수에 '맑음'이 대입됐다. 따라서 ❷의 if 문에서는 조건이 '맑음' == '비'가 되므로 거짓으로 평가되어 본문이 실행되지 않는다. ❸의 if 문에서는 조건이 '맑음' != '비'가 되므로 참으로 평가되어 본문이 실행된다. 그 결과, 화면에 **'공원에서 스케이트보드를 타자.'**라는 텍스트만 출력되었다.

선택은 여러 가능성이 열려 있어야 의미가 있다

선택은 여러 가능성이 열려 있어야 의미가 있다. 조건이 언제나 똑같이 평가되거나, 선택지가 하나뿐이라면 선택을 할 필요가 없다. 다음 경우를 생각해 보자.

1. 조건이 항상 참일 때: 본문이 항상 실행된다. 따라서 if 문 없이 코드 본문을 작성하면 된다.
2. 조건이 항상 거짓일 때: if 문의 본문이 절대 실행되지 않는다. 따라서 코드를 작성할 필요가 없다.
3. 선택지가 하나뿐일 때: 조건을 따지지 않고 실행해야 한다. 따라서 if 문 없이 코드 본문을 작성하면 된다.

초보자는 조건을 항상 참이거나 항상 거짓이 되도록 코드를 잘못 작성하는 경우가 많다. 예를 들어 10 < x and x < 5 같은 조건은 변수 x에 어떤 값이 대입되든지 항상 거짓이 된다. 이때 수직선과 진리표 등을 이용하면 조건을 틀리게 작성하는 것을 예방할 수 있다.

> **TIP**
> 진리표는 가능한 모든 조건과 결과를 나열한 표이다. 102쪽에서 소개했다.

6.1.3 함수 안에서 if 문 활용하기

함수는 매개변수를 통해 데이터를 입력받는다. 무언가를 입력받는다는 것은 여러 가능성이 열려 있다는 뜻이다. 매개변수에 무엇이 전달될지는 함수가 호출되기 전까지 알 수 없다. 함수 중에는 매개변수에 전달된 값에 따라 실행 과정이 달라져야 하는 것도 있다. 이럴 때, 함수 안에서 if 문을 사용하면 된다.

abs() 함수와 같은 역할을 하는 함수를 직접 정의한다고 가정해 보자.

> **TIP**
> abs() 함수는 어떤 수 N을 입력받아 절댓값을 반환한다. 36쪽에서 다루었다.

- N이 0 이상이면 절댓값은 N이다.
- N이 0 미만이면 절댓값은 -N이다.

이 계산법에서는 'N이 0 이상이다'라는 조건과 'N이 0 미만이다'라는 조건에 따라 절댓값을 구하는 방법이 다르다. 조건에 따라 실행할 코드가 달라야 하므로 if 문을 사용해야 한다. 함수로 작성해 보자.

> **TIP**
> '0 이상이다'와 '0 이하이다'로 구분할 경우 0이 조건 모두에 포함되므로 유의해야 한다.

코드 6-3 **if를 이용한 절댓값 계산 함수 정의 (absolute.py)**

```
def 절댓값(n):
    """수 n을 입력받아, 절댓값을 반환한다."""
    if n >= 0:          # n이 0 이상이면 n을 반환한다.
        return n
    if n < 0:           # n이 0 미만이면 -n을 반환한다.
        return -n

print('10의 절댓값:', 절댓값(10))
print('-5의 절댓값:', 절댓값(-5))
```

실행 결과는 다음과 같다.

10의 절댓값: 10
-5의 절댓값: 5

TIP
물론 실전에서는 검증된 기본
함수를 이용하는 것이
바람직하다.

직접 정의한 **절대값()** 함수는 abs()와 실행 결과가 동일하다. 파이썬의 기본 함수를 흉내 내는 함수를 만들어 보는 것은 실력 향상에 도움이 된다.

한편, 코드 6-3에서 def 문의 본문 속에 if 문이 있고, 그 if 문의 본문도 있음에 주목하자. if 문의 본문은 두 번 들여쓰기되어 여덟 개의 공백 문자로 시작했다. 이처럼 들여쓰기는 여러 단계에 중첩하여 이루어질 수 있다.

6.1.4 else: 그렇지 않다면

if 문은 조건이 참일 때만 본문의 내용을 실행하고, 조건이 거짓이라면 본문의 내용을 실행하지 않고 다음 코드로 넘어간다. 조건이 거짓일 때 별도의 코드를 실행하게 할 수도 있다. if 문에 else 절을 추가로 작성하면 된다. if 문의 양식에 else 절을 추가하여 다음과 같이 기억해 두자.

```
if 조건:
    본문 1     # 조건이 참일 때 실행할 코드
else:
    본문 2     # 조건이 거짓일 때 실행할 코드
```

이 양식을 사람의 말로 옮긴다면 "조건이 참이라면 본문 1을 실행하고, 그렇지 않다면 본문 2를 실행하라"가 된다. 다음은 코드 6-2를 else 절을 이용하도록 수정한 것이다.

코드 6-4 **일요일 낮에 할 일 선택 2 (if_2.py)**

```
print('일요일 낮의 날씨를 입력해 주세요:')
날씨 = input()

if 날씨 == '비':
    print('집에서 프로그램을 만들자.')
else:   # ❶ 날씨 == '비'가 아닌 경우
    print('공원에서 스케이트보드를 타자.')
```

결과는 코드 6-2와 동일하다. 코드 6-2에서는 **날씨 != '비'**인 경우를 별도의 if 문으로 검사하여 처리했지만, 여기서는 ❶의 else 절을 이용해 처리했다. if 문이 하나로 줄어들어 간결해졌다.

 서로 모순인 조건

'비가 온다'와 '비가 오지 않는다'라는 두 조건은 서로 모순이다. 두 조건이 서로 모순이라면, 한 조건이 참일 때 다른 한 조건은 거짓이고, 한 조건이 거짓일 때 다른 한 조건은 참이다. 두 조건이 동시에 참이거나 동시에 거짓일 수는 없다.

이런 경우에는 두 조건을 각각 검사하는 것보다 조건 하나가 참인지 거짓인지 검사하는 것이 더 쉽다. 컴퓨터가 수행해야 할 연산도 줄어들고, 사람도 두 조건을 묶어서 생각할 수 있어 이해하기 편하다.

단, else를 이용해 두 번째 조건을 대체할 수 있는 경우는 두 조건이 서로 모순일 때뿐이다. 예를 들어, '비가 온다'라는 조건과 '오늘은 일요일이다'라는 조건은 서로 모순이 아니므로 제각각 검사해야 한다.

pass 문: 빈 코드 블록 정의하기

파이썬에서 코드 블록을 비워두고 싶을 때는 아무것도 하지 않는 명령 pass 문을 이용하면 된다. pass 문을 이용하면 if 문에서 조건이 참일 때 아무것도 하지 않도록 지시할 수 있다.

코드 6-5 **조건이 거짓일 때만 실행되는 코드 1**

```
print('일요일 낮의 날씨를 입력해 주세요:')
날씨 = input()
if 날씨 == '비':
    pass   # 조건이 참일 때는 아무것도 실행하지 않는다.
else:
    print('공원에서 스케이트보드를 타자.')
```

조건이 거짓일 때만 화면에 메시지를 출력한다는 걸 알 수 있다. 이처럼 else 절에서만 코드를 실행하고, 조건이 참일 때는 생략하고 싶을 때 pass 문으로 if 문의 본문을 비워둘 수 있다.

조건이 부정일 때만 실행하기

하지만 조건이 거짓일 때만 코드를 실행하고 싶다면 다음과 같이 조건을 부정하여 판단하는 편이 간결하다.

코드 6-6 조건이 거짓일 때만 실행되는 코드 2

```python
print('일요일 낮의 날씨를 입력해 주세요:')
날씨 = input()
if not (날씨 == '비'):
    print('공원에서 스케이트보드를 타자.')
```

not 연산은 102쪽에서 다루었다.

not 연산을 이용하면 조건을 부정할 수 있다. 조건이 반대로 뒤집혔으므로 이전 else 절의 본문은 if 문의 본문으로 옮긴다. 코드 6-5보다 훨씬 간결하다.

조건을 부정할 때는 not **조건**과 같이 not 연산을 사용해도 되고, 부정 조건을 프로그래머가 직접 계산해 작성해도 된다. 따라서 코드 6-6의 조건을 not (날씨 == '비') 대신 날씨 != 비라고 작성해도 좋다.

6.1.5 elif: 선택지가 여러 개일 때

'elif'는 영어 표현 '그렇지 않고 만약 …이라면(else if …)'을 줄인 것이다.

선택지가 두 개를 넘을 때도 있다. 이때 if 문과 else 절 사이에 elif 절을 추가할 수 있다. elif 절을 이용하면 조건과 선택지를 원하는 만큼 추가할 수 있고, 여러 개의 선택지를 하나의 if 문으로 묶을 수 있다.

elif 절을 포함하면 if 문의 양식은 다음과 같이 확장된다.

```python
if 조건 1:
    본문 1         # 조건 1이 참일 때 실행할 코드
elif 조건 2:
    본문 2         # 조건 2가 참일 때 실행할 코드
elif 조건 3:
    본문 3         # 조건 3이 참일 때 실행할 코드
...
else:
    마지막 본문     # 모든 조건이 거짓일 때 실행할 코드
```

elif 절을 이용해 기온에 따라 할 일을 선택하는 코드를 작성해 보자.

코드 6-7 **일요일 낮에 할 일 선택 3 (if_3.py)**

```
print('일요일 낮의 기온을 입력해 주세요:')
기온 = float(input())    # 입력받은 기온을 실수로 변환한다.

if 28.0 <= 기온:          # ❶ 첫 번째 선택지
    print('바닷가에서 더위를 피하자.')

elif 16.0 <= 기온:        # ❷ 첫 번째 조건이 거짓일 때 검사한다.
    print('공원에서 스케이트보드를 타자.')

elif 8.0 <= 기온:         # 첫 번째와 두 번째 조건이 거짓일 때 검사한다.
    print('도서관에서 책을 읽자.')

else:                     # 모든 조건이 거짓일 때 실행한다.
    print('집에서 프로그램을 만들자.')
```

실행 결과는 다음과 같다.

```
일요일 낮의 기온을 입력해 주세요:
17.0
공원에서 스케이트보드를 타자.
```

elif 절은 자신의 앞에 나오는 조건이 거짓일 때만 자기 조건을 검사한다. 코드 6-7
의 if 문을 실행하면, 먼저 ❶ 28.0 <= 기온 조건을 검사하여 참이면 본문을 실행하
고 if 문의 실행을 끝낸다. 기온을 '17.0'이라고 입력했다면 조건이 거짓이 되므로
이어서 ❷ elif 절의 조건을 검사한다. ❷의 조건은 참이므로 본문을 실행하고 if 문
의 실행을 종료한다. 이처럼 중간에 하나라도 조건이 참인 선택지가 있다면 그 이
후에 나오는 선택지는 고려하지 않는다.

elif 절을 사용하지 않고 if 문만 나열하는 경우

여러 개의 조건과 선택지를 나타낼 때, elif 대신 if 문을 여러 개 사용해도 결과가 같
을까?

코드 6-8 **elif 절을 사용하지 않고 if 문으로만 선택지를 나타냈을 때 (if_4.py)**

```
print('일요일 낮의 기온을 입력해 주세요:')
기온 = float(input())    # 입력받은 기온을 실수로 변환하자.

if 28.0 <= 기온:
    print('바닷가에서 더위를 피하자.')

if 16.0 <= 기온:          # ❶
```

```
    print('공원에서 스케이트보드를 타자.')

if 8.0 <= 기온:          # ❷
    print('도서관에서 책을 읽자.')

else:
    print('집에서 프로그램을 만들자.')
```

실행 결과는 다음과 같다.

```
일요일 낮의 기온을 입력해 주세요:
17.0
공원에서 스케이트보드를 타자.
도서관에서 책을 읽자.
```

기온이 17.0일 때 '공원에서 스케이트보드를 타자.'와 '도서관에서 책을 읽자.'가 함께 출력된다. 기온이 17.0이면 ❶의 조건도 만족하고 ❷의 조건도 만족하기 때문이다. 한 가지 선택지만 출력해야 하므로 프로그램이 잘못 작성됐다.

　elif 절과 else 절을 이용하면 여러 선택지를 묶어 그중에서 한 번만 선택하도록 한다. 반대로 각 선택지를 별도의 if 문으로 작성하면 작성한 if 문의 개수만큼 선택이 일어난다. 이 차이를 잘 알아 두도록 하자.

6.1.6 여러 조건 결합하기

if 문에서 여러 조건을 결합하고 싶을 때가 있다. 예를 들어 할 일을 고를 때 날씨뿐 아니라 요일도 고려하려는 것이다. 이때 and 연산과 or 연산을 사용하면 여러 조건을 결합할 수 있다.

and: 여러 조건이 모두 참이다

and 연산은 여러 조건이 모두 참인 경우를 나타낼 때 사용한다. 날씨가 **'맑음'**이고 요일이 **'일요일'**인 경우를 가려내고 싶다면 다음과 같이 조건을 작성한다.

코드 6-9 **여러 조건이 모두 참일 때 (and 연산)**

```
if (날씨 == '맑음') and (요일 == '일요일'):
    print('공원에서 스케이트보드를 타자.')
```

이와 동일한 조건을 and 연산을 사용하지 않고 나타내려면, 다음과 같이 if 문을 중첩해야 한다. and 연산을 이용하는 편이 간결하다.

코드 6-10 여러 조건이 모두 참일 때 (중첩 if 문)

```
if 날씨 == '맑음':
    if 요일 == '일요일':
        print('공원에서 스케이트보드를 타자.')
```

or: 여러 조건 중 단 하나만이라도 참이다

or 연산은 여러 조건 중 단 하나만이라도 참이면 되는 경우를 나타낼 때 사용된다. 토요일이거나 일요일인 경우를 가려내고 싶다면, 다음과 같이 조건을 작성한다.

코드 6-11 여러 조건 중 하나만이라도 참일 때 (or 연산)

```
if (요일 == '토요일') or (요일 == '일요일'):
    print('여유로운 시간을 보내자.')
```

이와 동일한 조건을 or 연산을 사용하지 않고 나타내려면, 다음과 같이 if 문을 중첩해야 한다. or 연산을 이용하는 편이 간결하다.

코드 6-12 여러 조건 중 하나만이라도 참일 때 (중첩 if 문)

```
if 요일 <= '토요일':
    print('여유로운 시간을 보내자.')
else:
    if 요일 <= '일요일':
        print('여유로운 시간을 보내자.')
```

조건을 결합할 때 주의할 점

or 연산을 이용해 조건을 결합할 때 저지르기 쉬운 실수가 있다. '계절이 봄 또는 가을이다'라는 조건을 나타낼 때, 다음 중 어느 것이 올바른 표현인지 생각해 보자.

1. 계절 == '봄' or '가을'
2. 계절 == '봄' or 계절 == '가을'

1은 틀렸고 2가 올바르다. 1은 비교식 계절 == '봄'과 문자열 '가을'을 or 연산했다. 문자열은 빈 문자열 ''를 제외하면 모두 참으로 평가된다. 따라서 문자열 '가을'은 항상 참으로 평가된다. 그러므로 1은 계절 변수의 값이 무엇이든, 언제나 참으로 평가된다.

일상어에서는 반복되는 단어를 생략할 때가 많다. '계절이 봄 또는 가을이다'는 엄밀히 따지면 '계절이 봄이다 또는 계절이 가을이다'를 줄인 말이다. 프로그래밍 코드를 옮길 때는 이처럼 완전한 문장으로 표현해야 한다. (계절 == '봄') or (계절 == '가을')과 같이 or 양변의 비교식을 괄호로 둘러싸 표현하면 실수를 줄일 수 있다.

6.1.7 조건부 식

카페에서 월요일에만 카페라테를 1,000원에 판매하기로 했다. 월요일에만 음료 가격을 다르게 하고 싶다면 어떻게 해야 할까?

조건부 식(conditional expression)은 조건에 따라 값을 구하는 식이다. 덧셈식이 좌변과 우변의 값에 따라 값을 구하는 것처럼, 조건부 식은 조건을 판단한 결과에 따라 값을 구한다. 조건부 식은 형태가 if 문과 비슷하며, 다음과 같은 양식으로 작성한다.

```
참값  if  조건  else  거짓값
```

조건부 식은 if 예약어와 else 예약어 사이에 적어 둔 '조건'이 참이면 if 예약어 왼쪽의 '참값'으로 평가되고, 조건이 거짓이면 else 예약어 오른쪽의 '거짓값'으로 평가된다. 다음은 요일에 따라 음료 가격을 구하는 식이다.

코드 6-13 요일에 따라 음료 가격 구하기 (조건부 식)

```
가격 = 1000 if 요일 == '월요일' else 2500
```

우변의 조건부 식(1000 if 요일 == '월요일' else 2500)을 살펴보자. 식을 평가하면 조건 요일 == '월요일'을 평가한 결과에 따라 참값 1000 또는 거짓값 2500으로 평가될 것이다. 식을 평가한 값은 가격 변수에 대입할 수 있다.

if 문으로도 비슷한 작업을 수행할 수 있지만, if 문은 식이 아니라 명령문이기 때문에 평가 결과를 직접 변수에 대입하는 것이 불가능하다. 다음과 같이 if 문 속에서 대입문을 작성해야 한다.

코드 6-14 요일에 따라 음료 가격 구하기 (if 문)

```
if 요일 == '월요일':
    가격 = 1000   # ❶ if 문의 본문에 대입문이 하나 필요하고,
else:
    가격 = 2500   # ❷ else 절의 본문에도 대입문이 하나 필요하다.
```

따라서 조건에 따라 값을 바로 계산해 사용하고자 할 때는 if 문보다는 조건부 식을

사용하는 게 간결하다. 반대로 단순히 값을 구하는 것이 아니라 조건에 따라 명령을 실행해야 할 때는 조건부 식이 아니라 if 문을 사용해야 한다.

연습문제 6-1   어떤 상점에서는 상품을 한꺼번에 많이 구매하면 다음과 같이 상품 가격을 할인해 준다.

- 10개 미만: 상품 하나에 100원
- 10개 이상 30개 미만: 상품 하나에 95원
- 30개 이상 100개 미만: 상품 하나에 90원
- 100개 이상: 상품 하나에 85원

이 쇼핑몰에서 구매할 상품 개수를 입력받아, 총 지불해야 할 가격을 계산하는 함수 price()를 정의하라. 함수를 정의한 후에는 이 함수에 여러 상품 개수를 입력하여 결과가 올바른지 확인해 보라.

연습문제 6-2   연도를 매개변수로 입력받아 그해가 윤년인지 아닌지를 True 또는 False로 반환하는 함수 is_leap_year()를 정의하라.
윤년이란 1년이 366일로 이뤄진 해이다. 윤년에는 2월이 28일까지가 아니라 29일까지 있다. 어떤 해가 윤년인지 아닌지를 판단하는 규칙은 다음과 같다.

- 그해의 수가 4로 나누어 떨어지면 윤년이다. 따라서 1996년은 윤년이다.
- 단, 그해의 수가 100로 나누어 떨어지면 윤년이 아니다. 따라서 1900년은 윤년이 아니다.
- 단, 그해의 수가 400으로 나누어 떨어지면 윤년이다. 따라서 2000년은 윤년이다.

연습문제 6-3   연도와 월을 매개변수로 입력받아, 그달이 며칠까지 있는지 반환하는 함수 days_in_month()를 작성하라. 이때, 2월의 길이는 윤년인지 아닌지에 따라 다르다. 윤년 계산을 위해 연습문제 6-2에서 만든 함수를 활용하라.

연습문제 6-4   사용자로부터 키와 몸무게를 입력받아 비만 정도를 알려 주는 프로그램을 작성하라. 비만도를 측정하는 방법은 다음과 같다.

1. 체질량 지수를 구한다. 키가 t 미터, 체중이 w 킬로그램일 때, 체질량 지수
   는 w / (t * t)이다.

2. 1에서 구한 체질량 지수가 18.5 미만이면 저체중, 18.5 이상 23 미만이면
   정상, 23 이상 25 미만이면 과체중, 25 이상이면 비만이다.

실행 예는 다음과 같다.

키를 입력하세요(m): 1.75
몸무게를 입력하세요(kg): 65
정상입니다.

> HINT 문제를 필요한 만큼 여러 단계로 나누어, 여러 개의 함수를 정의하자.

연습문제 6-5 절댓값을 구하는 함수 absolute_number()를 조건부 식을 활용해
작성하라. if 문과 abs() 함수를 사용해서는 안 된다.

6.2 반복

반복이란 같은 작업을 여러 번 실행하는 것이다. 매일 아침 7시에 전화벨 울리기,
영화표 구매가 가능한지 5분마다 확인하기, 숫자를 세다가 3, 6, 9가 나오면 박수
치기... 이런 반복 작업은 힘도 들고 실수하기도 쉽다. 하지만 컴퓨터는 몇 번이든
정확하게 해 낼 수 있다. 우리가 할 일은 컴퓨터가 정확하게 반복 작업을 수행할 수
있도록 프로그램을 만드는 것뿐이다. 그렇다면 반복하는 프로그램은 어떻게 만들
수 있을까?

6.2.1 반복: 여러 번 실행하기

반복 작업을 프로그래밍해 보기

숫자를 1부터 4까지 차례대로 화면에 출력하는 프로그램을 작성해 보자.

코드 6-15 **1부터 4까지 출력하는 프로그램 1**

```python
print(1)
print(2)
print(3)
print(4)
```

이 프로그램은 두 가지 문제가 있는데, 첫 번째는 매 반복 단계에서 수를 바꾸는 계산을 프로그래머가 직접 했다는 것이다. 계산할 식이 복잡하거나 반복해야 할 횟수가 많아지면 프로그래머가 실수할 우려가 크다.

TIP
컴퓨터가 더 잘 할 일을 사람이 대신해야 한다면 좋은 프로그램이라고 하기 어렵다.

두 번째 문제는 이 프로그램이 '작업의 반복'이 아니라 '작업들'을 지시한다는 점이다. "네 번 출력하시오"가 아니라 "출력하시오. 출력하시오. 출력하시오. 출력하시오"라고 지시한다. 반복할 횟수가 많아질수록 프로그래머가 작성해야 할 "출력하시오" 코드도 많아질 것이다. 게다가 몇 번 반복해야 할지 미리 알 수 없는 경우에는 이 방법을 아예 쓸 수 없다.

이 문제를 하나씩 해결하며, 반복 작업을 우아하게 지시하는 방법을 알아보자.

6.2.2 반복의 한 주기를 온전히 나타내기

반복 작업을 프로그래밍할 때는 전체 반복을 생각하기보다 반복의 '한 주기'에서 일어나는 일이 무엇인지 생각해야 한다. 한 주기를 정확하게 수행해 내는 것이 핵심이고, 그 주기를 몇 번 반복할 것인지는 부차적이다.

TIP
주기: 동일하게 반복해서 실행되는 코드의 한 차례

코드 6-15는 1, 2, 3, 4를 출력한다. 코드에는 나와 있지 않지만, 프로그래머가 직접 이전 주기에서 수를 1만큼 증가시켜 구한 것이다.

프로그래머가 한 작업을 코드가 대신하도록 나타내면 다음과 같다.

코드 6-16 1부터 4까지 출력하는 프로그램 2

```
number = 0        # 수를 세기 위해 변수가 필요하다.

number += 1       # 수를 1 증가시킨다.
print(number)     # 수를 출력한다.
number += 1
print(number)
number += 1
print(number)
number += 1
print(number)
```

앞서 지적한 문제점 중 첫 번째 문제를 해결했다. 하지만 똑같은 코드를 여러 번 반복해 입력해야 하는 두 번째 문제는 여전히 남아 있다. 한 주기에 해당되는 코드 number += 1과 print(number)만 작성하고, "이걸 네 번 실행하시오"라고 지시할 수 있다면 편리할 것이다.

6.2.3 while 문: 조건이 유지되는 동안 반복하기

while 문은 지정한 조건이 유지되는 동안 코드를 계속 반복하는 명령이다. while 문을 작성하는 양식은 다음과 같다.

```
while 조건:      # ❶ 첫 행
    본문         # ❷ 조건이 참인 동안 반복 실행할 코드 블록
```

while 문은 if 문처럼 지정된 조건이 참일 때만 본문을 실행한다. if 문은 본문을 최대 한 번만 실행하지만, while 문은 조건이 참으로 유지되는 동안에는 몇 번이든 조건 검사와 코드 실행을 반복한다. 영어 단어 'while'은 "...인 동안"이라는 뜻이고, while 문을 우리 말로 옮기면 "조건이 유지되는 동안 본문의 코드를 반복 실행하라" 라고 풀이할 수 있다.

반복 횟수 관리하기

while 문은 조건이 참이면 반복하므로 확인하는 조건에 변화가 생기지 않는다면 반복은 영원히 계속될 것이다. 따라서 반복을 어떻게 끝낼지를 여러분이 직접 설계해야 한다. 예를 들어, 코드를 N번 반복하려면 변수를 이용해 반복 횟수를 관리한다. while 문을 이용해 '안녕'을 세 번 출력하는 프로그램을 작성하고 실행해 보자.

TIP
while 문을 다룰 때 반복 흐름을 잘못 설계하거나 조건을 틀리게 입력하면 코드가 무한히 반복 실행될 수 있다. 이럴 때는 'Ctrl + C' 키 조합을 입력해 프로그램의 실행을 중지하면 된다.

코드 6-17 '안녕'을 세 번 출력하기

```
i = 0              # ❶ 현재 반복된 횟수를 기억하기 위한 변수

while i < 3:       # ❷ 조건(i < 3)이 유지되는 동안 본문을 반복 실행한다.
    print('안녕')   # ❸ 화면에 텍스트를 출력한다. (반복을 통해 수행하려는 일)
    i += 1         # ❹ 반복된 횟수가 한 번 증가한 것을 기억한다.
```

화면에 '안녕'이 세 번 출력되었으면 첫 while 문을 성공적으로 작성한 것이다.

반복 코드를 잘 작성하려면 반복 과정을 한 단계씩 추적해 보는 연습을 해야 한다. 다음은 코드 6-17이 실행되는 과정을 한 단계씩 풀어 설명한 것이다. 어렵지 않으니 코드와 비교해가며 차근차근 읽어 보자.

TIP
'i'는 반복 횟수를 가리키는 변수에 흔히 사용하는 이름이다.

1. while 문을 시작하기 전, while 문이 반복 실행된 횟수를 기억하기 위해 ❶에서 변수 i를 정의했다. 이 시점에서는 아직 반복 주기가 실행되지 않았으므로 0을 대입한다.

2. ❷에서 while 문을 최초로 실행할 차례가 되면 컴퓨터는 while 문의 조건을 검사한다. 이 시점에서 i는 0이고, 0은 3보다 작다. 따라서 조건은 참이다. 그러므로 while 문의 본문을 실행한다.

3. 본문에는 반복 실행하려는 코드 ❸(화면에 텍스트 출력)과 반복을 제어하기 위한 코드 ❹(현재 반복된 횟수를 1 증가)가 있다. 본문이 실행되면 화면에 '안녕'이 출력되고 i는 0에서 1 증가해 1이 된다.

4. 본문의 실행을 마치면 ❷로 돌아와 조건이 참인지 다시 검사한다. i가 1로 변경되었지만 여전히 3보다 작으므로 조건이 참이다. 본문(❸, ❹)을 한 번 더 실행해 화면에 '안녕'이 두 번째로 출력되고 i는 2가 된다.

5. 다시 ❷의 조건을 검사한다. i는 2로 여전히 3보다 작다. 본문(❸, ❹)을 한 번 더 실행한다. 화면에 '안녕'이 세 번째로 출력되고 i는 3이 된다.

6. 다시 ❷의 조건을 검사한다. 이 순간 i는 3이어서 3보다 작지 않다. 조건은 거짓이다. 이번에는 while 문의 본문(❸, ❹)을 실행하지 않고, 다음 차례의 명령으로 넘어간다. 다음 차례의 명령이 없으므로 프로그램은 끝이 난다.

while 문을 사용할 때는 반복을 올바르게 설계하는 데 신경을 써야 한다. 코드 6-17에서 조건을 i > 3으로 잘못 지정했다면 '안녕'은 한 번도 출력되지 않는다. 반복 횟수를 갱신하는 ❹를 누락한다면 '안녕'이 무한히 반복 출력된다.

while 문을 사용하는 패턴에는 여러 가지가 있는데, 지금 살펴본 반복 횟수를 관리하는 패턴이 가장 기본적이다. 코드를 N번 반복 실행 패턴을 다음과 같이 정리해 두자.

1. 반복을 시작하기 전, 반복 횟수를 기억할 변수(i)에 0을 대입한다.
2. while 문의 반복 유지 조건을 i < N으로 지정한다.
3. while 문의 본문 코드 블록 안에서 필요에 따라 i의 값을 활용한다.
4. while 문의 본문 코드 블록 안에서 i의 값을 1 증가시킨다.

컬렉션 순회하기

반복은 컬렉션을 순회하는 데도 사용된다. 다음은 무지개 색을 표현한 리스트의 전체 내용을 화면에 출력하는 프로그램이다.

TIP 순회: 여러 곳을 돌아다님

코드 6-18 **무지개 색 리스트의 내용을 순회하며 출력**

```python
rainbow = ['Red', 'Orange', 'Yellow', 'Green', 'Blue', 'Indigo', 'Violet']
index = 0                          # ❶ 몇 번째 요소를 읽을 차례인지 기억하는 변수

while index < len(rainbow):   # ❷ index 변수가 리스트의 길이보다 작은 동안 반복한다.
    print(rainbow[index])      # ❸ rainbow 리스트의 index 번째 요소를 화면에 출력한다.
    index += 1                   # ❹ 다음 요소를 가리키도록 index 값을 1 증가시킨다.
```

1. ❶에서 컬렉션의 몇 번째 요소를 읽어야 하는지 기억하는 변수 index를 정의했다. 처음에 0을 대입했으므로 컬렉션의 첫 번째 요소를 가리킨다.

2. 반복 유지 조건은 index가 컬렉션의 범위를 벗어나지 않은 동안이다. 이를 나타내기 위해 ❷에서 'index가 컬렉션의 길이(len(rainbow))보다 작은 동안'으로 조건을 설정했다.

3. while 문의 본문 중 ❸에서 index는 rainbow[index]]와 같이 컬렉션의 index 번째 요소를 가리키는 데 활용된다.

4. ❹에서 index의 크기가 1씩 증가한다. 따라서 반복이 1회 진행될 때마다 컬렉션의 다음 요소를 읽을 수 있다.

TIP
실제로 컬렉션을 순회할 때는 다른 방법을 쓴다. 컬렉션 순회에 특화된 반복 기능을 알아볼 것이다.

이와 같이 다음번에 읽을 위치를 갱신하며 컬렉션을 순회하는 반복 패턴은 컬렉션과 함께 자주 사용된다.

흐름이 예정되지 않은 반복

수를 차례대로 세거나 컬렉션을 순서대로 읽는 것은 반복 흐름이 일정하게 정해져 있다. 하지만 반복 작업이 어떤 순서로 몇 번이나 일어날지 미리 정할 수 없는 경우도 있다. 다음 프로그램에서 while 문의 본문이 몇 번 반복 실행될지 예상해 보자.

코드 6-19 **'그만'을 입력할 때까지 반복하기**

```python
text = "아무 메시지나 입력하세요. 그만하려면 '그만'을 입력하세요."
while text != '그만':
    print('컴퓨터: ' + text)
    text = input()
```

실행 결과는 다음과 같다.

컴퓨터: 아무 메시지나 입력하세요. 그만하려면 '그만'을 입력하세요.
안녕?
컴퓨터: 안녕?

따라 하지마.
컴퓨터: 따라 하지마.
그만

코드 6-19는 사용자가 '그만'을 입력할 때까지 while 문의 본문을 반복한다. 즉, while 문은 어떤 '횟수'만큼이 아니라 '조건이 유지되는 동안' 코드를 반복하는 것이다. 그러므로 예정되지 않은 반복을 나타내기에도 적합하다.

예정되지 않은 조건에는 다음과 같은 사례가 있다.

- 사용자가 엔터 키를 누를 때까지
- 다음 공휴일 자정까지
- 읽을 파일 내용이 남아 있는 동안
- 서버에서 응답이 올 때까지
- 영원히

무한 반복

의도적으로 무한 반복을 일으키는 경우도 있다. 무한 반복을 일으키는 방법에는 여러 가지가 있지만, while 문의 조건으로 True를 지정하는 방법이 가장 좋다. True는 절대적인 참을 의미하므로 코드를 무한히 반복하겠다는 의도가 분명히 드러난다.

코드 6-20 명시적인 무한 반복

```
while True:
    print('이 메시지는 무한히 반복 출력됩니다.')
```

무한 반복이 활용되는 곳은 많다. 몇 가지만 예를 들어 보자.

- 사용자와 계속 상호작용하는 프로그램
- 웹 문서를 지속적으로 탐색하며 정보를 수집하는 크롤링 프로그램
- 음악을 무한 반복 재생하는 프로그램
- 컴퓨터가 켜져 있는 동안 시스템을 관리하는 운영체제

그런데 이런 프로그램들도 무한 반복을 중지해야 할 때가 생긴다. 사용자가 프로그램 종료 버튼을 눌렀거나, 더 이상 탐색할 문서가 없을 수도 있다. 이런 예외 상황이 발생하면 반복을 중지해야 한다. 반복을 임의로 중지하는 방법은 continue 문과 break 문을 다룰 때 설명한다.

6.2.4 for 문: 컬렉션 순회하기

for 문은 while 문과 마찬가지로 코드를 반복 실행하는 명령이다. while 문이 여러 목적에 활용할 수 있는 범용적인 반복 기능이라면, for 문은 순차적 처리와 컬렉션 순회에 특화된 반복 기능이다. for 문을 이용하면 반복 횟수를 관리하는 데 신경을 쓰지 않고 간단히 컬렉션을 순회할 수 있다.

for 문을 작성하는 양식을 살펴보자.

```
for 변수 in 컬렉션:    # ❶ 첫 행
    본문              # ❷ 컬렉션의 각 항목마다 반복 실행할 코드 블록
```

for 문도 def 문, if 문, while 문과 같이 첫 행과 본문 행으로 구성된다. for 문의 첫 행에는 in 예약어가 있다. in 예약어의 왼쪽에는 컬렉션의 요소를 대입할 변수를, 오른쪽에는 순회하려는 컬렉션을 지정한다.

다음은 while 문으로 작성한 무지개색 순회 프로그램(코드 6-18)을 for 문을 사용하도록 수정한 것이다.

코드 6-21 무지개 색 리스트의 내용을 순회하며 출력

```
rainbow = ['Red', 'Orange', 'Yellow', 'Green', 'Blue', 'Indigo', 'Violet']

for color in rainbow:  # ❶
    print(color)       # ❷
```

for 문은 지정된 컬렉션의 길이만큼 본문의 코드를 반복 실행한다. ❶에서 순회할 컬렉션으로 rainbow를 지정했는데, 이 리스트의 길이가 7이므로 본문(❷)은 7번 실행된다. ❶의 in 예약어 왼쪽에 정의한 color 변수에는 각 반복 주기마다 rainbow 리스트의 요소가 하나씩 순서대로('Red', 'Orange', …) 대입된다. 이 변수는 ❷와 같이 for 문의 본문에서 사용할 수 있다.

컬렉션을 순회할 때 while 문 대신 for 문을 사용하면 반복 횟수를 직접 관리하지 않아도 된다.

한 가지 예를 더 들어 보자. 다음은 시퀀스에 들어 있는 모든 수의 합계를 계산하는 함수를 for 문을 이용해 정의한 것이다.

코드 6-22 시퀀스의 모든 수의 합을 계산하는 함수

```
def my_sum(numbers):
    """numbers의 모든 요소의 합을 반환한다."""
```

```
    total = 0   # 합계 초기화
    for n in numbers:
        total += n
    return total

print(my_sum([1, 2, 3, 4, 5]))
```

for 문과 레인지

5.2절에서 배운 레인지는 for 문과 함께 활용하기에 좋다. 다음은 for 문을 이용해 1부터 10까지의 모든 짝수의 합을 계산하는 프로그램이다. 이 프로그램을 살펴보며 레인지가 왜 필요한지 생각해 보자.

코드 6-23 1부터 10까지의 모든 짝수의 합

```
total = 0            # 합계 초기화

for n in [1, 2, 3, 4, 5, 6, 7, 8, 9, 10]:
    if n % 2 == 0:   # n이 짝수인 경우,
        total += n   # total에 n을 더한다.

print(total)         # 30이 출력된다.
```

이 프로그램은 1부터 10까지의 자연수를 담은 리스트를 순회하며 수가 짝수인 경우에만 total 변수에 더한다. 이제 더하려는 수의 범위를 한번 바꿔 보자. for 문에 지정한 리스트만 변경하면 될 것이다. for 문에 지정할 수의 범위는 '1부터 1천만까지의 모든 자연수'로 하자. 레인지를 활용하면 간단히 수열을 나타낼 수 있다.

코드 6-24 1부터 1천만까지의 모든 짝수의 합

```
total = 0                     # 합계 초기화

for n in range(1, 10000001):  # 1부터 1천만까지의 레인지를 순회한다.
    if n % 2 == 0:            # n이 짝수인 경우,
        total += n            # total에 n을 더한다.

print(total)                  # 25000005000000이 출력된다.
```

한편, 레인지를 생성하는 range() 함수에서 세 번째 매개변수로 수열의 간격을 지정할 수 있다. 이를 이용해 '1부터 1천만까지의 모든 짝수'의 레인지를 바로 표현하는 것도 가능하다.

코드 6-25 **1부터 1천만까지의 모든 짝수의 합**

```
total = 0                        # 합계 초기화

for n in range(2, 10000001, 2):  # 2부터 1천만까지 2씩 증가하는 레인지를 순회한다.
    total += n                   # n이 짝수인지 검사하지 않고 total에 더해도 된다.

print(total)                     # 25000005000000이 출력된다.
```

이 코드에서는 range() 함수가 짝수의 수열을 생성하므로, 각 요소가 짝수인지 검사하는 if 문이 없어도 된다. 이처럼 등차수열을 순회할 때 for 문과 레인지를 함께 사용하면 편리하다.

코드를 n회 반복 실행하기

단순히 본문의 코드를 n번 반복 실행하고 싶을 때, for 문과 레인지의 조합을 활용할 수 있다.

코드 6-26 **화면에 '안녕?'을 n번 출력하기**

```
print('몇 번 반복하시겠습니까?')
n = int(input())      # 반복할 횟수

for _ in range(n):  # 코드를 n번 반복 실행한다.
    print('안녕')
```

실행 결과는 다음과 같다.

```
몇 번 반복하시겠습니까?
3
안녕
안녕
안녕
```

코드 6-26은 사용자가 원하는 횟수만큼 for 문의 본문을 실행한다. 여기서는 range()의 크기(본문을 몇 번 반복할지)만이 의미가 있다. 컬렉션의 각 요소가 무엇인지는 의미가 없기 때문에 요소를 대입받을 변수의 이름을 밑줄 기호 하나(_)로 지정했다. 사용하지 않는 무의미한 변수임을 나타낸다.

for 문은 컬렉션을 순서대로 순회할 때 편리하게 사용할 수 있다. while 문을 사용하면 반복 과정을 제어하는 코드를 직접 작성해야 해 불편하다.

TIP
for 문으로 할 수 있는 일은 대부분 while 문으로도 할 수 있다.

6.2.5 continue 문과 break 문: 실행 흐름 중지하기

3장에서 return 문을 배웠다. return 문을 사용하면 함수를 실행 도중에 중지시킬 수 있다. 이와 유사하게, while 문과 for 문의 실행을 도중에 중지시키는 기능이 있다. continue 문과 break 문이 그것이다. 두 명령은 for 문과 while 문 둘 다에서 똑같이 사용할 수 있다.

continue 문: 이번 주기의 실행을 중지

continue 문은 반복 도중에 '한 주기의 실행'을 중지하고 다음 주기로 넘어도록 하는 명령이다. continue 문을 사용하려면 for 문 또는 while 문의 본문 안에서 continue를 입력하면 된다. 다음은 for 문에서 continue 문을 사용한 예이다.

코드 6-27 continue 문

```
for i in range(4):
    print('현재 반복 주기:', i)        # ❶
    continue                          # 현재 반복 주기를 중지하고 다음 주기로 넘어간다.
    print('다음 반복 주기:', i + 1)    # ❷
```

실행 결과는 다음과 같다.

```
현재 반복 주기: 0
현재 반복 주기: 1
현재 반복 주기: 2
현재 반복 주기: 3
```

❶은 실행되지만 continue 문 이후의 ❷는 실행되지 않는다. 곧바로 다음 주기가 이어서 반복 실행된다.

break 문: 반복 전체를 중지

break 문은 반복의 한 주기만이 아니라 '반복 전체'를 중지시킨다. 사용법은 continue 문과 동일하다. 다음은 for 문에서 break 문을 사용한 예이다.

코드 6-28 break 문

```
for i in range(4):
    print('현재 반복 주기:', i)        # ❶
    break                             # 반복 전체를 중지한다.
    print('다음 반복 주기:', i + 1)    # ❷
```

실행 결과는 다음과 같다.

```
현재 반복 주기: 0
```

반복 전체가 중지되어 ❶이 단 한 번만 실행된다.

continue 문과 break 문의 활용

기본적인 반복 조건은 while 문과 for 문의 헤더에도 나타낼 수 있다. 하지만 반복 흐름을 본문의 실행 '도중에' 변경해야 할 때는 continue 문과 break 문이 필요하다. 다음 코드는 사용자로부터 입력받은 수를 계속 누적해 합계를 출력하는 프로그램 이다. 이 프로그램에서 break 문과 continue 문이 어떻게 사용되었는지 살펴보자.

코드 6-29 **continue 문과 break 문의 활용**

```
total = 0

while True:                          # ❶ 본문 코드를 무한 반복한다.
    print('더할 수를 입력하세요: ', end='')
    user_input = input()

    if user_input == '그만':          # ❷ '그만'이 입력되면 반복을 종료한다.
        break

    if not user_input.isnumeric():    # ❸ 입력값이 수가 아니면 다음 주기로 넘어간다.
        print('잘못된 입력입니다.')
        continue

    total += int(user_input)
    print('합계:', total)

print('프로그램을 종료합니다.')
```

실행 결과는 다음과 같다.

```
더할 수를 입력하세요: 500
합계: 500
더할 수를 입력하세요: 2000
합계: 2500
더할 수를 입력하세요: 안녕
잘못된 입력입니다.
더할 수를 입력하세요: 10000
합계: 12500
더할 수를 입력하세요: 그만
프로그램을 종료합니다.
```

이 프로그램의 while 문은 기본 반복 조건과 본문 중간에서 반복 흐름을 제어해야 하는 예외상황 두 가지를 처리하고 있다.

- 기본 반복 조건: 사용자가 수를 몇 번이나 입력할지 모르므로, ❶에서 반복 조건을 True로 해 무한히 반복하도록 했다.
- 예외상황 1: ❷에서 사용자가 '그만'을 입력한 경우. break 문으로 반복을 중지한다. break 문 다음 행의 코드는 실행되지 않으며, 반복 자체도 종료된다.
- 예외상황 2: 사용자가 입력한 텍스트가 수가 아닌 경우. 이 경우에는 덧셈을 할 수 없으므로 수를 더하는 명령을 실행해서는 안 된다. ❸에서 이런 경우를 확인해 '잘못된 입력입니다.'를 출력하고 continue 문으로 다음 주기로 넘어간다. continue 문 아래의 수를 더하는 코드는 실행되지 않으며, 사용자로부터 수를 입력받는 코드가 다시 반복 실행된다.

TIP
무한 반복은 스스로를 멈추지 못하므로 break 문과 함께 사용되는 경우가 많다.

6.2.6 while 문과 for 문의 else 절

if 문에서 배운 else 절을 while 문과 for 문에서도 사용할 수 있다. if 문에서와 어떻게 다른지 살펴보자.

while 문에서의 else 절

while 문의 else 절은 if 문과 마찬가지로 조건이 거짓일 때 실행할 코드를 포함한다. else 절을 포함한 while 문의 양식은 다음과 같다.

```
while(조건):
    본문 1      # 조건이 참인 동안 반복 실행할 코드 블록
else:
    본문 2      # 조건이 거짓일 때 실행할 코드 블록
```

다음은 while 문에 else 절을 포함한 예이다.

코드 6-30 while ... else ... 문의 사용 예

```
i = 0
while(i < 3):
    print(i, ' 번째 실행')
    i += 1
else:
    print('반복 완료')
```

실행 결과는 다음과 같다.

```
0 번째 실행
1 번째 실행
2 번째 실행
반복 완료
```

if 문에서는 조건이 참인지 거짓인지에 따라 else 절의 본문이 실행될 수도 그렇지 않을 수도 있다. 그런데 while 문은 조건이 거짓이 될 때 반복이 끝나므로, 반복이 끝날 때 항상 else 절의 본문이 실행될 것이라고 생각할 수 있다. 정상적으로 반복이 끝난 경우에는 그렇다. 하지만 break 문을 통해 반복이 종료된 경우에는 '조건이 거짓으로 평가'된 것이 아니므로 else 절의 본문이 실행되지 않는다.

코드 6-31 else 절이 실행되지 않는 경우

```python
i = 0
while(i < 100):
    print(i, ' 번째 실행')
    i += 1
    if (i > 2):
        print('반복 중지')
        break
else:
    print('반복 완료')
```

실행 결과는 다음과 같다.

```
0 번째 실행
1 번째 실행
2 번째 실행
반복 중지
```

for 문에서의 else 절

for 문의 else 절은 전체 반복 과정이 정상적으로 종료된 직후에 본문의 코드를 실행한다. break 문으로 반복이 중지된 경우는 정상적인 종료가 아니므로 else 문의 본문이 실행되지 않는다. else 절을 포함한 양식은 다음과 같다.

```python
for 변수 in 컬렉션:
    본문 1              # 컬렉션의 각 항목마다 반복 실행할 코드 블록
else:
    본문 2              # 반복이 정상 종료된 직후 실행할 코드 블록
```

다음은 for 문에 else 절을 포함한 예이다.

코드 6-32 **for ... else ... 문의 사용 예**

```
for i in range(3):
    print(i, ' 번째 실행')
else:
    print('반복 완료')
```

실행 결과는 다음과 같다.

```
0 번째 실행
1 번째 실행
2 번째 실행
반복 완료
```

반복에서 else 절의 활용

단순히 반복이 끝난 후에 코드를 실행해야 한다면 else 절을 사용할 필요 없이 그저 while 문과 for 문의 다음 행에 그 코드를 입력하면 된다. else 절의 가치는 반복이 정상적으로 종료되었는지 아니면 임의로 중지되었는지를 구분하는 데 있다. 다음 은 이를 활용해 수 리스트에서 첫 번째 짝수를 찾아내는 프로그램이다.

코드 6-33 첫 짝수 찾기

```
def 첫_짝수_찾기(numbers):
    """numbers에서 첫 번째 짝수를 찾아 화면에 출력한다."""
    for n in numbers:
        if n % 2 == 0:
            print(n, '이 첫 짝수입니다.')
            break;
    else:
        print('짝수가 없습니다.')

첫_짝수_찾기([1, 3, 5, 33, 47, 55])
첫_짝수_찾기([7, 5, 6, 72, 19, 81])
```

실행 결과는 다음과 같다.

```
짝수가 없습니다.
6 이 첫 짝수입니다.
```

첫_짝수_찾기() 함수는 짝수가 중간에 발견되었을 때는 반복을 중지하며 발견된 짝

> **TIP**
> else 절을 활용하지 않았다면 별도의 변수를 사용해 짝수를 발견했는지 아닌지 기억해야 했을 것이다.

수를 알려 주고, 반복이 다 끝날 때까지(정상 종료시까지) 짝수를 찾지 못했을 때는 짝수가 없다고 알려 준다.

6.2.7 반복 중첩하기

코드 블록은 또 다른 코드 블록을 포함할 수 있다. 그동안 def 문 안에서 if 문과 for 문을 사용해 보기도 했고, if 문 안에서 if 문을 정의한 표현도 보았다. 코드 블록의 중첩은 필요한 만큼 여러 번 할 수 있다. for 문과 while 문의 본문도 코드 블록이므로 반복을 서로 중첩하는 것도 가능하다. 반복을 중첩하면 표를 그리거나 2차원, 3차원, … n차원의 컬렉션을 순회하는 등의 작업을 나타낼 수 있다.

곱셈표 출력하기

다음은 for 문 두 개를 중첩해 곱셈표를 출력하는 프로그램이다.

코드 6-34 **for 문 중첩하기**

```
for i in range(2, 10):          # ❶ 바깥쪽 for 문: 2에서 9까지 순회한다.
    for j in range(1, 10):      # ❷ 안쪽 for 문: 1에서 9까지 순회한다.
        print(i * j, end=' ')   # ❸ i * j 출력한다.
    print()                     # ❹ 줄을 바꾼다.
```

실행 결과는 다음과 같다.

```
2   4   6   8   10  12  14  16  18
3   6   9   12  15  18  21  24  27
4   8   12  16  20  24  28  32  36
5   10  15  20  25  30  35  40  45
6   12  18  24  30  36  42  48  54
7   14  21  28  35  42  49  56  63
8   16  24  32  40  48  56  64  72
9   18  27  36  45  54  63  72  81
```

코드 6-34가 실행되는 과정을 한번 생각해 보자.

1. ❶ 바깥쪽의 for 문은 range(2, 10)을 순회하므로 본문의 코드가 8회 실행된다.

2. ❷ 안쪽의 for 문은 ❶이 한 번 실행될 때마다 range(1, 10)을 순회한다. 바깥에서 8번, 안에서 9번 반복되므로 ❸은 총 72회 실행된다.

3. 화면에 출력할 수는 i * j로 계산했는데, 이는 바깥쪽 for 문의 변수 i와 안쪽 for 문의 변수 j를 함께 사용한 것이다. i에 2가 대입된 동안, j에는 1, 2, 3, 4,

...가 차례로 대입되므로, 화면에는 2, 4, 6, 8, ...이 차례대로 출력된다.

4. 안쪽 for 문을 실행한 후에는 ❹ print() 명령으로 줄바꿈을 했다. 이 명령도 바깥쪽 for 문의 일부분이므로(들여쓰기로 구별할 수 있다) 총 8회 실행된다.

중첩 반복 표현은 중첩된 컬렉션을 순회할 때도 많이 사용된다. 복잡한 컬렉션을 순회하는 방법은 7장에서 좀 더 알아보기로 하자.

연습문제 6-6   1백 이상, 1만 미만인 자연수 가운데 5의 배수를 모두 합하면 얼마인지 while 문을 사용해 계산해 보라.

HINT 초깃값이 1백이고 각 반복 주기마다 5씩 증가하는 변수를 사용해 보자.

연습문제 6-7   연습문제 6-6의 문제를 for 문과 레인지를 사용해 계산해 보라.

연습문제 6-8   리스트 하나를 매개변수로 전달받아, 리스트에서 가장 큰 요소를 반환하는 함수를 정의해 보라. 단, max() 함수를 사용해서는 안 된다.

HINT 가장 큰 수를 기억하기 위해 변수를 사용하자.

연습문제 6-9   약수가 1과 자기 자신뿐인 자연수를 소수(prime number)라 한다. 어떤 수를 입력받아 그 수가 소수인지를 True 또는 False로 반환하는 함수 is_prime()을 정의하라. 그 후, 정의한 함수를 이용해 1 이상 100 미만의 모든 소수의 합을 계산하라.

HINT A를 B로 나눈 나머지가 존재한다면 B는 A의 약수가 아니다.

6.3 단축 평가와 재귀

이 절에서는 if 문, while 문, for 문을 사용하지 않고 선택과 반복을 수행하는 방법을 알아본다. 지금 수준에서 반드시 알아야 하는 것은 아니니, 어렵게 느껴진다면 건너뛰어도 괜찮다.

6.3.1 단축 평가

단축 평가(short-circuit evaluation)란 계산을 진행하는 도중에 결과가 이미 확정된 경우, 나머지 계산 과정을 생략하는 것이다. and 연산과 or 연산은 연산의 특성상 단축 평가를 할 수 있다.

and 연산은 좌변과 우변이 모두 참이어야 참으로 평가된다. 만약 좌변이 거짓이라면, 우변은 살펴볼 볼 필요도 없이 거짓이다.

코드 6-35 and 연산의 단축 평가

```
(1 == 2) and (3 < 4) and (True != False)
```

and 좌변의 식 (1 == 2)는 거짓이므로, 우변의 식 (3 < 4) and (True != False)를 계산하지 않고 전체 식의 결과를 True로 판단한다. 컴퓨터는 (1 == 2) 식만을 평가한 후 거짓임을 알고 나머지는 계산하지 않은 채 거짓으로 결론내린다.

이와 유사하게, or 연산은 좌변과 우변이 모두 거짓이어야 거짓으로 평가된다. 만일 좌변이 참이라면, 우변의 계산을 생략할 수 있다.

코드 6-36 or 연산의 단축 평가

```
('red' in ['red', 'violet', 'blue']) or (1 == 10 - 9) and (20 < 20)
```

or 좌변의 식 ('red' in ['red', 'violet', 'blue'])은 참이다. 컴퓨터는 우변의 식 (1 == 10 - 9) and (20 < 20)을 계산하지 않고 전체 식의 결과를 True로 판단한다.

단축 평가를 이용한 선택

and 연산과 or 연산의 단축 평가 특성을 이용하면 if 문을 사용하지 않고도 선택을 나타낼 수 있다.

코드 6-37 and 와 or 를 이용한 선택

```
def 홀짝(n):
    """n이 홀수인지 짝수인지를 화면에 출력한다."""
    (n % 2 == 0) and print(n, '은 짝수입니다.')
    (n % 2 == 0) or print(n, '은 홀수입니다.')

홀짝(10)      # '10 은 짝수입니다.'가 출력된다.
홀짝(11)      # '11 은 홀수입니다.'가 출력된다.
```

홀짝() 함수에서 n이 짝수일 때 and 연산과 or 연산의 좌변은 참이 된다. and 연산에서는 우변도 참인지 확인하기 위해 코드가 실행되지만, or 연산에서는 우변이 참인지 확인할 필요가 없어 코드가 실행되지 않는다. n이 홀수일 때는 그 반대이다.

단축 평가를 if 문 대신 사용하면 코드가 간결해지지만 이런 표현에 익숙하지 않다면 헷갈릴 수 있다. 따라서 단축 평가보다는 if 문을 사용하는 것이 좋다. 남의 코드를 읽을 수 있는 정도로만 알아 두자.

6.3.2 재귀

내가 내 이름을 부를 수 있는 것처럼, 함수도 자기 자신을 호출할 수 있다. 함수가 자신을 직접 또는 간접적으로 호출하는 것을 재귀(recursion)라 한다. 재귀를 사용하면 while 문이나 for 문 없이도 반복 작업을 수행할 수 있다.

코드 6-38 **n 이상 m 미만의 자연수 출력**

```
def 자연수(n, m):
    """수 n을 출력하고, 1 더한 수가 m보다 작으면 그 수도 출력한다."""
    print(n)                    # ❷
    if n + 1 < m:               # ❸
        자연수(n + 1, m)         # ❹

자연수(4, 8)                     # ❶
```

실행 결과는 다음과 같다.

```
4
5
6
7
```

코드 6-38의 **자연수()** 함수는 자연수 n과 m을 입력받아, 그 사이의 모든 자연수를 출력한다. 이 함수는 본문 안에서 자기 자신(**자연수()**)을 호출한다. 이 함수가 실행되는 과정을 생각해 보자.

1. ❶ 처음에 **자연수(4, 8)**을 호출한다. ❷ 화면에 4가 출력된다. ❸ 4 + 1 < 8는 참이므로, ❹ **자연수(4 + 1, 8)**이 재귀 호출된다.

2. 다시 호출된 **자연수()** 함수는 전달받은 수 5를 출력하고, 조건을 검사해 **자연수(5 + 1, 8)**을 다시 호출한다.

3. **자연수()** 함수는 계속 동일한 형태로 호출되지만, 이 함수의 매개변수 n에 전달

되는 값은 계속 변한다. n + 1 < m 조건이 거짓이 된 호출에서 재귀 호출은 더 이상 일어나지 않는다.

이처럼 재귀 함수는 while 문이나 for 문과 형태는 다르지만 그들과 마찬가지로 반복의 시작, 각 주기의 변화, 반복의 유지 조건(종료 조건)이 있다. 재귀는 처음에 어렵게 느껴질 수 있지만, 언제 자기 자신을 호출할 것인지, 어떤 값을 변화시켜 매개 변수로 전달할 것인지를 신경 쓰면 쉽게 작성할 수 있다.

재귀 활용하기

피보나치 수열은 1, 1, 2, 3, 5, 8, ...처럼 앞의 두 수를 합한 수를 나열한 수열이다. 예를 들어 다섯 번째 피보나치 수는 세 번째 수 2와 네 번째 수 3의 합이다. 다음 세 가지 규칙만 알면 몇 번째 피보나치 수라도 계산할 수 있다.

- 규칙 1: 첫 번째 피보나치 수는 1
- 규칙 2: 두 번째 피보나치 수는 1
- 규칙 3: 그 후, N번째 피보나치 수는 (N - 1)번째 피보나치 수와 (N - 2)번째 피보나치 수의 합

규칙 3을 보면 피보나치 수를 구하는 방법에서 피보나치 수를 구하는 방법을 사용하고 있다. 이때 재귀를 활용하면 이 문제 해결법을 그대로 프로그램으로 옮길 수 있다.

코드 6-39 **재귀를 이용한 피보나치 수 계산**

```
def n번째_피보나치_수(n):
    """n번째 피보나치 수를 반환한다."""
    if n == 1:         # 첫 번째 피보나치 수는 1
        return 1
    elif n == 2:       # 두 번째 피보나치 수는 1
        return 1
    else:              # 그 후의 피보나치 수
        return n번째_피보나치_수(n - 1) + n번째_피보나치_수(n - 2)

# 1 번째부터 11 번째 피보나치 수까지 출력한다.
for in range(1, 12):
    print(n번째_피보나치_수(n), end=' ')
```

실행 결과는 다음과 같다.

1 1 2 3 5 8 13 21 34 55 89

재귀의 단점

재귀는 특정한 문제를 해결할 때 편리하지만 단점도 있다. 재귀는 함수의 실행이 끝나기도 전에 또다시 함수를 실행하기 때문에, 재귀 호출이 연달아 많이 일어나면 컴퓨터의 계산 자원과 기억 자원을 빠르게 소모할 수 있다. 코드 6-38에서 정의한 **자연수()** 함수를 이용해 1에서 1천까지의 자연수를 출력해 보자.

```
1
2
(중략)
995
996
RecursionError: maximum recursion depth exceeded while calling a Python object
```

파이썬에서 제한해 놓은 최대 재귀 호출 단계를 넘어서서 오류가 발생했다. 재귀를 무한정 허용하면 컴퓨터의 자원을 다 써버릴 수 있기 때문에 파이썬에서는 재귀의 호출을 일정 수준에서 제한해 두었다.

    파이썬에서는 재귀를 꼭 필요할 때만 사용해야 하며 최대 호출 단계를 넘지 않도록 주의해야 한다. 재귀로 작성한 코드는 동일한 작업을 수행하는 while 문으로 수정할 수 있다.

> **TIP**
> 오류 메시지는 "재귀 오류: 파이썬 객체를 호출하는 도중 최대 재귀 깊이를 초과했다"는 뜻이다.

6장을 맺으며

6장에서는 프로그램의 흐름을 유연하게 조정하는 선택과 반복에 대해 알아봤다. 선택과 반복을 이해하는 것은 쉽지만, 이들을 조합해 실행 흐름을 올바르게 구성하려면 연습이 많이 필요하다. 프로그램의 흐름이 어떻게 이루어질지 생각하고, 단계별로 적어 보고, 조건을 논리적으로 따져 보는 연습을 많이 해 보자.

6장 요약

1. if 문을 이용해 조건에 따라 실행할 코드를 선택하도록 할 수 있다.
2. if 문 안에 else 절과 elif 절을 추가해 선택지를 늘릴 수 있다.
3. if 문의 조건에 논리 연산(not, and, or)을 활용하면 조건을 더 간결하게 나타낼 수 있다.

4. 선택지의 조건을 작성할 때는 논리 오류를 범하지 않도록 주의해야 한다.

5. 조건에 따라 달라지는 값을 조건부 식으로 표현할 수 있다.

6. 조건이 유지되는 동안 코드를 반복 실행할 때 while 문을 사용한다.

7. 컬렉션을 순회할 때 for 문을 사용한다.

8. 반복의 한 주기를 정확히 작성하는 것이 중요하다.

9. 임의로 반복을 중지하거나 다음 주기로 넘어 가기 위해 break 문과 continue 문을 사용한다.

10. for 문과 while 문의 else 절은 break 문이 실행되지 않고 반복이 정상적으로 끝났을 때 실행된다.

11. 논리 연산의 단축 평가를 이용해 선택을 구현할 수 있다.

12. 함수를 재귀 호출해 반복을 구현할 수 있다.

컬렉션을
중첩·순회·가공하기

프로그래밍은 데이터를 다루는 일이다. 우리는 현실의 사물과 현상에서 필요한 정보를 추려내 데이터로 표현한다. 현실의 정보는 복잡하여 어떤 하나의 데이터 유형으로 표현하기는 쉽지 않다. 하지만 컬렉션을 중첩하면 복잡한 정보도 단순하게 표현하고 저장할수 있다. 7장에서는 컬렉션을 중첩하여 다차원적인 데이터를 나타내는 방법을 살펴보고, 그 속을 자유롭게 순회하며 새로운 데이터를 이끌어 내는 방법을 알아본다.

7.1 중첩 컬렉션

컬렉션마다 담을 수 있는 데이터의 종류가 다르다. 문자열은 문자열만을, 레인지는 정수만을, 튜플과 집합은 불변 데이터만을 요소로 가진다. 그런데 리스트와 사전은 그 속에 담는 데이터의 유형을 가리지 않는다. 수, 문자열, 불, None, … 등 온갖 유형의 데이터를 섞어 담을 수 있다. 심지어 리스트 속에 리스트를, 사전 속에 사전을 담을 수도 있다. 리스트와 사전의 이런 특징을 활용하면 블록 장난감을 조립하듯 데이터를 조립하여 현실의 다양한 대상을 데이터로 나타낼 수 있다.

TIP
리스트를 품은 사전을 품은 리스트도 문제없다.

7.1.1 리스트 중첩하기

리스트는 다른 리스트를 요소로 가질 수 있다.

코드 7-1 중첩 리스트

```python
# 중첩 리스트
nested_list = [[1, 2, 3, 4], ['a', 'b', 'c', 'd'], [], [100, 200]]

# 중첩 리스트의 요소 읽기
nested_list[1][3]   # 'd'가 담겨 있다.
```

TIP
nested_list[1][3]은 nested_List에서 두 번째 리스트의 네 번째 값이다.

이렇게 리스트를 담은 리스트를 중첩 리스트라 한다. 중첩 리스트를 이용해 다양한 구조를 표현할 수 있다. 데이터를 어떻게 담을지는 프로그래머가 정하기 나름이다. 몇 가지 예를 보자.

코드 7-2 중첩 리스트로 다양한 데이터 나타내기

```python
# ❶ 좌표평면 위의 직사각형
coordinates = [[0, 0], [0, 9], [8, 9], [8, 0]]

# ❷ 체스판에 놓인 말들
pieces = [
    ['A', 8, 'black', '룩'],
    ['D', 7, 'black', '킹'],
    ['C', 4, 'white', '비숍'],
    ['E', 1, 'white', '킹'],
]

# ❸ 서가에 보관해 둔 도서 정보
books = [
    ['파이썬으로 시작하는 컴퓨터 과학 입문', ['존 M. 젤']],
    ['파이썬을 활용한 데이터 길들이기', ['J. 카질', 'K. 자멀']],
    ['HTTP 완벽 가이드', ['D. 고울리', 'B. 토티', 'M. 세이어', 'S. 레디', 'A. 아가왈']],
]
```

TIP
pieces와 books는 한 행에 다 쓰기는 너무 길기 때문에 적절히 행을 바꾸고 들여써서 보기 좋게 작성했다.

❶ coordinates는 좌표평면 위의 직사각형을 나타낸다. 리스트의 각 요소는 좌표평면 위의 점을 가리키는 좌표인데, 이 좌표는 각각 두 개의 요소를 가지는 리스트이다. 좌표의 첫 번째 요소는 x축의 위치, 두 번째 요소는 y축의 위치를 나타낸다.

❷ pieces는 체스판 위의 말들을 나타낸다. 각 요소는 체스 말의 정보를 담은 리스트로 4개의 체스 말이 있다. 첫 번째와 두 번째 요소는 체스 말이 놓인 위치이고, 세 번째 요소는 체스 말의 색(진영), 마지막 요소는 체스 말의 역할이다. 그림 7-1에서 체스 말의 위치를 확인할 수 있다.

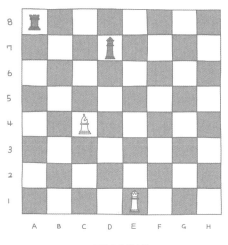

그림 7-1 체스판

❸ books는 서가에 보관한 도서의 정보를 기록한 것이다. 리스트의 요소는 책의 정보를 나타내는 리스트이다. 책 정보의 첫 번째 요소는 제목, 두 번째 요소는 저자 리스트이다. 저자가 여러 명인 경우도 있어 리스트에 담아야 한다.

✅ **대상에서 어떤 특성을 선택할 것인가**

사물과 현상을 데이터로 표현하려면 대상을 추상화해야 한다. 그런데 대상의 모든 특성을 1:1로 정확히 옮기는 일은 불가능하다. 대상에서 프로그램에 필요한 정보만 골라내야 한다. 예컨대 체스판의 말에는 코드 7-2에서 적은 요소 외에도 재질, 무게, 크기, 사용된 횟수, 자석이 달려 있는지 등의 요소가 더 있다. 하지만 이런 요소는 체스 프로그램을 만드는 데 필요한 정보는 아니다. 물론 어떤 정보가 필요한지는 프로그램의 목적이 무엇인지에 따라 다르다. 체스 말을 판매하는 쇼핑몰 웹사이트 프로그램이라면 체스 말의 가격이 중요한 정보가 된다.

데이터를 설계하는 방법은 다양하다

동일한 대상이라도 데이터로 나타내는 방법은 다를 수 있다. 다음은 코드 7-2의
❷ '체스판에 놓인 말들'을 다른 방법으로 나타낸 것이다.

코드 7-3 체스판 전체를 나타낸 중첩 리스트

```
# 체스판(그리고 그 위에 놓인 말들)
board = [
    [['black', '룩'], None, None, None, None, None, None, None],
    [None, None, None, ['black', '킹'], None, None, None, None],
    [None, None, None, None, None, None, None, None],
    [None, None, None, None, None, None, None, None],
    [None, None, ['white', '비숍'], None, None, None, None, None],
    [None, None, None, None, None, None, None, None],
    [None, None, None, None, None, None, None, None],
    [None, None, None, None, ['white', '킹'], None, None, None],
]
```

리스트 안의 각 요소는 체스판의 한 행을 나타내는 리스트이고, 그 리스트 각각은
한 행 안의 칸들을 표현하고 있다. 말이 놓여 있지 않은 곳은 None이고, 말이 놓여
있는 곳은 체스 말의 정보가 담겨 있다. 말 하나를 나타내는 정보에서 위치 정보는
빠졌다. 리스트 내의 요소 위치가 말의 위치를 나타내기 때문이다.

코드 7-3의 board와 코드 7-2의 pieces는 동일한 체스판을 표현하고 있다. 그런
데 코드 7-2는 말에, 코드 7-3은 체스판 전체에 초점을 맞췄다. 데이터를 어떻게 구
조화하는가에 따라 데이터를 사용하는 방법과 프로그램을 작성하는 방법도 달라
진다.

중첩 리스트의 요소에 접근할 때는 인덱싱 연산자([,])를 연달아 쓰면 된다. 바
깥쪽 리스트의 요소에 접근하면 안쪽 리스트를 구할 수 있다. 리스트의 인덱싱을
중첩하면 아무리 깊은 리스트의 요소라도 문제없이 접근할 수 있다.

> **TIP**
> 데이터를 나타내는 데 어떤
> 방식을 사용할 것인지 잘
> 판단해야 한다. 이런 능력은
> 프로그래밍을 경험을 쌓으며
> 익힐 수 있다.

코드 7-4 중첩된 리스트의 요소에 접근하기

```
>>> nested_list = [[1, 2, 3], [4, [5, 6, [7, 8]]]]
>>> nested_list[0]            # nested-list의 첫 번째 요소
[1, 2, 3]

>>> nested_list[1][1]
[5, 6, [7, 8]]

>>> nested_list[1][1][2]
```

```
[7, 8]

>>> nested_list[1][1][2][0]
7
```

7.1.2 사전과 리스트 중첩하기

리스트로 대상을 나타내면 각 요소가 대상의 어떤 정보를 나타내는 것인지 알기 어렵다. 예를 들어, 좌표 [8, 9]의 첫 번째 요소 8은 x축의 위치일 수도, y축의 위치일 수도 있다. 또 체스 말 하나를 나타내는 리스트 ['C', 4, 'white', '비숍']에서 두 번째 요소 4는 위치를 나타낼 수도 있지만 이 말로 다른 말을 잡은 횟수를 뜻할 수도 있다.

이러한 혼란을 방지하기 위해서 리스트 대신 사전을 이용해 보자. 사전을 이용하면 키의 이름으로 데이터의 의미를 표시할 수 있다. 다음은 코드 7-2에서 나타낸 각종 정보를 리스트와 사전을 함께 사용하도록 수정한 것이다.

코드 7-5 리스트와 사전을 중첩해 다양한 데이터 나타내기

```python
# ❶ 좌표평면 위의 도형을 나타내는 꼭짓점의 좌표들
coordinates = [
    {'x': 0, 'y': 0},
    {'x': 0, 'y': 9},
    {'x': 8, 'y': 9},
    {'x': 8, 'y': 0},
]

# ❷ 체스판에 놓인 말들
pieces = [
    {'x': 'A', 'y': '8', 'color': 'black', 'role': '룩'},
    {'x': 'D', 'y': '7', 'color': 'black', 'role': '킹'},
    {'x': 'C', 'y': '4', 'color': 'white', 'role': '비숍'},
    {'x': 'E', 'y': '1', 'color': 'white', 'role': '킹'},
]

# ❸ 서가에 보관해 둔 도서 정보
books = [
    {'title': '파이썬으로 시작하는 컴퓨터 과학 입문',
     'authors': ['존 M. 젤']},
    {'title': '파이썬을 활용한 데이터 길들이기',
     'authors': ['J. 카질', 'K. 자멀']},
    {'title': 'HTTP 완벽 가이드',
     'authors': ['D. 고울리', 'B. 토티', 'M. 세이어', 'S. 레디', 'A. 아가왈']},
]
```

❶ coordinates 리스트의 요소 좌표들을 리스트 대신 사전으로 표현했다. 좌표에서 x축의 위치와 y축의 위치를 정확히 구별할 수 있다.

❷ pieces의 요소 체스 말들을 사전으로 표현했다. x, y는 좌표, color는 말의 색, role은 말의 역할이란 것을 쉽게 알 수 있다.

❸ books의 도서도 사전으로 나타내면 알기 쉽다. title은 책 제목, authors는 저자라는 것을 쉽게 알 수 있다. 특히 authors는 복수형 이름 덕분에 저자가 여러 명이 될 수 있다는 것임을 짐작할 수 있다.

7.1.3 양이 많은 데이터를 쉽게 나타내고 읽는 방법

리스트와 사전을 중첩하면 데이터를 나타낸 코드가 점점 복잡해지고 길어져 읽기가 힘들어진다. 이때 개행과 들여쓰기를 적절히 활용하면 보기 좋은 코드를 작성할 수 있다. 예를 들어 다음 코드 7-6의 ❶, ❷, ❸은 모두 동일한 데이터를 나타내지만 작성된 스타일이 다르다.

코드 7-6 데이터를 표기하는 코딩 스타일들

```python
# ❶ 한 행에 걸쳐 모두 표기한 스타일
books1 = [{'title': '파이썬으로 시작하는 컴퓨터 과학 입문', 'authors': ['존 M. 젤']},
{'title': '파이썬을 활용한 데이터 길들이기', 'authors': ['J. 카질', 'K. 자멀']},
{'title': 'HTTP 완벽 가이드', 'authors': ['D. 고울리', 'B. 토티', 'M. 세이어',
'S. 레디', 'A. 아가왈']}]

# ❷ 리스트를 여러 행에 걸쳐 작성하기
books2 = [
    {'title': '파이썬으로 시작하는 컴퓨터 과학 입문', 'authors': ['존 M. 젤']},
    {'title': '파이썬을 활용한 데이터 길들이기', 'authors': ['J. 카질', 'K. 자멀']},
    {'title': 'HTTP 완벽 가이드', 'authors': ['D. 고울리', 'B. 토티', 'M. 세이어',
                'S. 레디', 'A. 아가왈']},
]

# ❸ 리스트와 리스트에 포함된 사전을 여러 행으로 나누어 작성하기
books3 = [
    {
        'title': '파이썬으로 시작하는 컴퓨터 과학 입문',
        'authors': ['존 M. 젤']
    },
    {
        'title': '파이썬을 활용한 데이터 길들이기',
        'authors': ['J. 카질', 'K. 자멀']
    },
    {
```

```
        'title': 'HTTP 완벽 가이드',
        'authors': ['D. 고울리', 'B. 토티', 'M. 세이어', 'S. 레디', 'A. 아가왈']
    },
]
```

❶ books1은 한 행에 모든 내용을 넣었다. 이런 방식은 데이터의 내용을 한눈에 파악하기가 힘들다.

❷ books2는 리스트를 여러 행에 걸쳐 작성했다. 리스트 각각의 요소를 한 행에 하나씩, 한 단계씩 들여쓰기했다. 리스트의 마지막 요소의 경우 한 행에 표시되는 코드가 길어 한 번 더 개행했다.

❸ books3은 리스트와 사전을 모두 여러 행에 걸쳐 작성했다. 리스트의 요소를 한 단계씩 개행했고, 사전의 키-값 쌍도 한 단계씩 더 개행해 나타냈다.

여러분이 프로그래밍할 때는 books2와 books3처럼 컬렉션의 중첩 구조를 드러 내는 스타일로 작성하기 바란다. books1의 스타일은 구조를 알아보기 불편해 좋지 않다.

pprint로 복잡한 데이터를 구조적으로 출력하기

그런데 개행과 들여쓰기를 이용해 데이터를 표기하더라도, 파이썬이 여러분에게 데이터를 보여 줄 때는 한 행에 모두 모아서 보여 준다.

코드 7-7 컬렉션을 출력했을 때

```
# 코드 7-6 생략
print(books3)
[{'title': '파이썬으로 시작하는 컴퓨터 과학 입문', 'authors': ['존 M. 젤']}, {'title':
'파이썬을 활용한 데이터 길들이기', 'authors': ['J. 카질', 'K. 자멜']}, {'title': 'HTTP
완벽 가이드', 'authors': ['D. 고울리', 'B. 토티', 'M. 세이어', 'S. 레디',
'A. 아가왈']}]
```

파이썬 인터프리터가 코드를 해석한 후에는 데이터만 남고 개행·들여쓰기 등의 코드 스타일은 버려진다. 따라서 코드 7-6의 books1, books2, books3은 코드 스타일과 관계없이 똑같은 내용으로 저장되며, 그것을 출력하면 파이썬의 기본 출력 방식(한 행에 모두 표시)으로 데이터가 출력된다.

TIP
pprint: pretty print를 의미한다.

데이터를 좀 더 쉽게 알아보고 싶다면 pprint() 함수를 사용한다. pprint() 함수를 이용하면 컬렉션의 요소를 적절히 개행하고 들여쓰기하여 보기 좋게 출력된다. 복잡한 컬렉션을 화면에 출력해 확인할 때 유용하다.

코드 7-8 pprint()로 데이터 구조 출력하기

```
import pprint   # pprint() 함수가 들어 있는 모듈을 임포트
# 코드 7-6 생략
pprint.pprint(books3)
[{'authors': ['존 M. 젤'], 'title': '파이썬으로 시작하는 컴퓨터 과학 입문'},
 {'authors': ['J. 카질', 'K. 자멀'], 'title': '파이썬을 활용한 데이터 길들이기'},
 {'authors': ['D. 고울리', 'B. 토티', 'M. 세이어', 'S. 레디', 'A. 아가왈'],
  'title': 'HTTP 완벽 가이드'}]
```

연습문제 7-1   다음은 9월 1일의 지역별 날씨를 나타내는 정보이다. 이 정보를 중첩 리스트를 사용해 나타내 보라.

날짜	지역	날씨	기온	습도	강수 확률
9월 1일	경기	맑음	27.2	0.4	0.1
9월 1일	강원	맑음	23.6	0.6	0.1
9월 1일	충청	맑음	24.4	0.35	0.1
9월 1일	경상	맑음	26	0.55	0.1
9월 1일	전라	맑음	27	0.4	0
9월 1일	제주	구름 조금	26.4	0.45	0.1

연습문제 7-2   연습문제 7-1에서 정의한 날씨 정보를 리스트와 사전을 이용해 다시 정의해 보라.

연습문제 7-3   연습문제 7-2에서 정의한 날씨 정보를 개행과 들여쓰기를 이용해 좀 더 보기 좋게 다듬어 보라. (스타일이 괜찮다면 그대로 두어도 좋다.) 다듬은 후에는 pprint() 함수에 전달해 출력해 보라. 여러분의 스타일과 pprint() 함수의 스타일을 비교해 보고, 두 스타일의 장단점을 설명해 보라.

7.2 컬렉션 순회하기

6.2절에서는 for 문으로 리스트와 레인지를 순회해 보았다. 이 절에서는 for 문으로 더 다양한 컬렉션을 순회해 보고, 중첩된 컬렉션을 순회하는 방법도 알아보자.

7.2.1 시퀀스 순회하기

컬렉션을 순회할 때는 for 문을 사용하는 것이 편리하다.

코드 7-9 리스트 순회하기

```
for element in ['a', 'b', 'c', 'd']:
    print(element)
```

for 문을 이용하면 리스트뿐 아니라 시퀀스를 대상으로도 순회할 수 있다.

코드 7-10 여러 가지 시퀀스 순회하기

```
for element in ('월', '화', '수'):     # 튜플 순회하기
    print(element)

for character in '가나다라':           # 문자열 순회하기
    print(character)

for n in range(10):                    # 레인지 순회하기
    print(n)
```

TIP
레인지를 순회하는 방법은
6장에서 살펴보았다.

튜플을 순회하는 방법은 리스트를 순회하는 것과 거의 동일하다. 문자열은 각 문자를 요소로 하는 시퀀스이므로 순회가 가능하다. 시퀀스는 모두 순서가 있는 컬렉션이므로, 일정한 순서대로 요소를 순회할 수 있다.

7.2.2 집합과 매핑 순회하기

집합과 매핑은 순서를 기준으로 요소를 가리키지 않는다. 그래서 언뜻 생각하기에는 이들을 순회할 수 없을 것 같다. 하지만 요소를 가리키는 기준이 순서가 아닐 뿐, for 문을 이용해 순회하는 것이 가능하다.

집합 순회하기

집합을 순회하며 각 원소를 출력해 보자.

코드 7-11 집합 순회하기

```
for element in {'사자', '박쥐', '늑대', '곰'}:
    print(element)
```

실행 결과는 다음과 같다.

늑대
박쥐
사자
곰

집합에는 원소의 순서가 없으므로 element 변수에 어떤 순서로 원소가 대입될지 알수 없다. 따라서 실행할 때마다 결과의 순서가 바뀔 수도 있다.

매핑 순회하기

매핑을 순회할 때는 키를 순회할 것인지, 값을 순회할 것인지, 키-값 쌍을 함께 순회할 것인지를 고려해야 한다. for 문에 매핑을 그냥 입력하면 키를 순회한다. 음료 가격을 나타내는 사전을 여러 가지 기준으로 순회해 보자.

코드 7-12 사전의 키를 순회하기

```
drinks = {
    '아메리카노': 2500,
    '카페라테': 3000,
    '딸기 주스': 3500,
}

for k in drinks:
    print(k)          # ❶ 변수에는 사전의 키들이 대입된다.
    print(drinks[k])  # ❷ 키를 이용해 값을 구할 수도 있다.
```

실행 결과는 다음과 같다.

아메리카노
2500
카페라테
3000
딸기 주스
3500

실행 결과를 보면 사전에 입력된 순서대로 요소가 출력됨을 알 수 있다.

❶ for 문에 사전을 넘기면 사전의 각 키를 순회한다. ❷ 키가 있으면 값을 구할수 있다.

이렇게 하는 것이 불편하다면, 사전의 키-값 쌍의 시퀀스를 구하는 items() 메서드를 활용해 키와 값을 나란히 순회할 수도 있다. 코드 7-12의 for 문을 다음으로 대체해도 결과는 같다.

TIP
사전에 입력된 요소의 순서는 파이썬 3.7 이상 버전에서 유지된다. 파이썬 3.5 이하 버전에서는 사전에 입력된 요소의 순서가 고정되지 않으며, 파이썬 3.6 버전에서는 인터프리터마다 구현이 다르다.

코드 7-13 **사전의 키와 값을 나란히 순회하기**

```
for k, v in drinks.items():
    print(k)
    print(v)
```

이 코드는 사전 drinks를 직접 순회하는 대신 drinks.items()을 순회한다. 화면에
출력되는 결과는 코드 7-12와 동일하다. drinks.items()은 키-값 쌍(('아메리카노',
2500)과 같이 요소 두 개를 가진 튜플)을 요소로 가지는 시퀀스이며, for 문의 각 반
복 주기에서는 변수에 이 키와 값의 쌍이 대입된다. 키와 값의 쌍은 하나의 변수에
튜플로 대입할 수도 있지만, 여기서는 언패킹을 이용해 k, v 두 요소에 나누어 대
입했다.

TIP
언패킹은 5.5절에서 다루었다.

7.2.3 중첩 컬렉션 순회하기

7.1절에서 리스트와 사전을 중첩해 보았다. for 문을 중첩하여 실행하면 중첩된 컬
렉션을 순회할 수 있다. 중첩 리스트로 작성된 체스판을 순회하며, 화면에 출력해
보자.

코드 7-14 **체스판을 나타내는 2차원 리스트**

```
board = [
    [['black', '룩'], None, None, None, None, None, None, None],
    [None, None, None, ['black', '킹'], None, None, None, None],
    [None, None, None, None, None, None, None, None],
    [None, None, None, None, None, None, None, None],
    [None, None, ['white', '비숍'], None, None, None, None, None],
    [None, None, None, None, None, None, None, None],
    [None, None, None, None, None, None, None, None],
    [None, None, None, ['white', '킹'], None, None, None, None],
]
```

일단 안쪽 리스트는 생각하지 말고 바깥쪽 리스트를 순회하며 요소(체스판의 각
행)를 출력해 보자.

코드 7-15 **체스판의 각 행 출력하기**

```
# 코드 7-14 생략
for row in board:   # 체스판(바깥쪽 리스트)의 각 행(요소)을 순회한다.
    print(row)      # 각 행을 화면에 출력한다.
```

실행 결과는 다음과 같다.

```
[['black', '룩'], None, None, None, None, None, None, None]
[None, None, None, ['black', '킹'], None, None, None, None]
[None, None, None, None, None, None, None, None]
[None, None, None, None, None, None, None, None]
[None, None, ['white', '비숍'], None, None, None, None, None]
[None, None, None, None, None, None, None, None]
[None, None, None, None, None, None, None, None]
[None, None, None, None, ['white', '킹'], None, None, None]
```

안쪽 리스트가 리스트의 형태 그대로 출력되어 아직 체스판처럼 보이지 않는다. for 문의 각 반복 주기에서 for 문을 중첩해 안쪽 리스트를 순회하도록 해 보자.

코드 7-16 체스판 전체 순회하며 출력하기

```
# 코드 7-14 생략
for row in board:            # ❶ 체스판(바깥쪽 리스트)의 각 행(요소)을 순회한다.
    for piece in row:        # ❷ 행(안쪽 리스트)의 각 체스말(요소)을 순회한다.
        if piece:            # ❸ 체스말이 있으면 I를, 없으면 .을 출력한다.
            print('I', end=' ')
        else:
            print('.', end=' ')
    print()                  # ❹ 바깥쪽 리스트를 순회할 때마다 행을 바꾼다.
```

❶ 바깥쪽 for 문의 본문은 두 개의 명령을 수행한다. ❷ 안쪽 for 문과 ❹ 체스판의 각 행마다 개행하는 print() 함수이다. ❷ 안쪽 for 문은 다시 각각의 행(row)을 순회한다. 행의 요소(체스말)는 순서대로 piece 변수에 대입되고, 안쪽 for 문의 본문에서는 ❸ 체스말이 체스말의 정보를 나타내는 리스트인지, 아니면 (체스말이 없음을 나타내는) None인지 검사한 후 그에 맞는 텍스트를 출력한다.

실행 결과는 다음과 같다.

```
I . . . . . . .
. . . I . . . .
. . . . . . . .
. . . . . . . .
. . I . . . . .
. . . . . . . .
. . . . . . . .
. . . . I . . .
```

이 프로그램을 조금 더 개선하면 체스말의 종류나 팀에 따라 문자를 다르게 출력할 수도 있을 것이다. 그건 여러분의 몫으로 남겨둔다. 이처럼 여러 번 중첩된 컬렉션이라도 for 문을 중첩하면 전체 요소를 빠짐없이 순회할 수 있다.

7.2.4 여러 개의 컬렉션을 나란히 순회하기

서로 독립적인 여러 개의 컬렉션을 나란히 순회해야 할 때가 있다. 계절과 산을 나타내는 독립된 컬렉션을 생각해 보자.

코드 7-17 서로 독립된 여러 개의 컬렉션

```python
seasons = ['봄', '여름', '가을', '겨울']
mountains = ['금강산', '봉래산', '풍악산', '개골산']
```

이 두 리스트를 나란히 순회하면서 다음과 같은 형태로 출력하는 프로그램을 작성해 보자.

봄에는 금강산
여름에는 봉래산
가을에는 풍악산
겨울에는 개골산

중첩된 구조를 순회할 때처럼 for 문을 중첩하여 순회하도록 하면 될까?

코드 7-18 반복을 중첩하는 것으로는 두 리스트를 나란히 순회할 수 없다

```python
# 코드 7-17 생략
for season in seasons:
    for mountain in mountains:
        print(season + '에는 ' + mountain)
```

실행 결과는 다음과 같다.

봄에는 금강산
봄에는 봉래산
봄에는 풍악산
봄에는 개골산
여름에는 금강산
여름에는 봉래산
여름에는 풍악산
여름에는 개골산
가을에는 금강산
가을에는 봉래산
가을에는 풍악산
가을에는 개골산
겨울에는 금강산
겨울에는 봉래산
겨울에는 풍악산
겨울에는 개골산

뭔가 잘못되었다. 두 리스트는 중첩된 관계가 아니기 때문에 for 문을 중첩하는 것으로는 원하는 결과를 얻을 수 없다. 우리가 원하는 건 seasons의 첫 번째 요소와 mountains의 첫 번째 요소를 동시에 출력하고, 그 다음으로 seasons의 두 번째 요소와 mountains의 두 번째 요소를 동시에 출력하는 식의 과정이다. 하지만 중첩된 for 문은 seasons의 각 요소마다 mountains의 모든 요소를 출력해 버린다.

zip() 함수로 엮기

이 문제는 zip() 함수를 사용하여 해결할 수 있다. zip() 함수는 여러 개의 컬렉션을 입력받아 각 요소를 순서대로 엮는 함수이다. 예를 들어 [1, 2, 3], ['a', 'b', 'c'], ['가', '나', '다'] 세 개의 시퀀스를 zip() 함수로 엮으면 다음과 같이 요소들을 엮은 튜플들의 시퀀스를 구할 수 있다.

코드 7-19 zip() 함수로 시퀀스 엮기

```
>>> list(zip([1, 2, 3], ['a', 'b', 'c'], ['가', '나', '다']))
[(1, 'a', '가'), (2, 'b', '나'), (3, 'c', '다')]
```

각 시퀀스의 첫 번째 요소인 1, 'a', '가'가 (1, 'a', '가')와 같이 튜플로 묶였음을 확인하자. 이제 zip() 함수를 이용해 seasons 리스트와 mountains 리스트를 나란히 순회해 보자.

코드 7-20 zip() 함수를 이용해 두 리스트를 나란히 순회하기

```
# 코드 7-17 생략
for season, mountain in zip(seasons, mountains):
    print(season + '에는 ' + mountain)
```

실행 결과는 다음과 같다.

```
봄에는 금강산
여름에는 봉래산
가을에는 풍악산
겨울에는 개골산
```

코드 7-20은 seasons과 mountains을 직접 순회하지 않고, 두 리스트를 zip() 함수로 묶은 후 순회했다. zip() 함수가 반환하는 시퀀스의 각 요소는 seasons과 mountains의 각 요소를 순서대로 엮은 튜플이기 때문에 이를 언패킹하여 seasons 변수와 mountain 변수에 대입하도록 했다.

연습문제 7-4 다음은 몇몇 국가의 행복도를 나타낸 사전이다.

```
happiness = {
    '호주': 7.95,
    '노르웨이': 7.9,
    '미국': 7.85,
    '일본': 6.2,
    '한국': 5.75,
}
```

이 사전을 순회하며 다음과 같은 텍스트를 화면에 출력해 보라.

```
호주 사람들은 7.95만큼 행복합니다.
노르웨이 사람들은 7.9만큼 행복합니다.
미국 사람들은 7.85만큼 행복합니다.
일본 사람들은 6.2만큼 행복합니다.
한국 사람들은 5.75만큼 행복합니다.
```

연습문제 7-5 과거에는 연도를 나타내기 위해 육십갑자를 사용했다. 육십갑자는 10개의 천간(십간)과 12개의 지지(십이지)를 교차하여 나열한 것이다. 다음과 같이 천간 리스트와 지지 리스트를 정의하라.

```
천간 = ['갑', '을', '병', '정', '무', '기', '경', '신', '임', '계']
지지 = ['자', '축', '인', '묘', '진', '사', '오', '미', '신', '유', '술', '해']
```

그리고 이들을 교차 출력하여 육십갑자표를 출력하라. 실행 결과는 다음과 같다.

```
갑자 갑축 갑인 갑묘 갑진 갑사 갑오 갑미 갑신 갑유 갑술 갑해
을자 을축 을인 을묘 을진 을사 을오 을미 을신 을유 을술 을해
병자 병축 병인 병묘 병진 병사 병오 병미 병신 병유 병술 병해
정자 정축 정인 정묘 정진 정사 정오 정미 정신 정유 정술 정해
무자 무축 무인 무묘 무진 무사 무오 무미 무신 무유 무술 무해
기자 기축 기인 기묘 기진 기사 기오 기미 기신 기유 기술 기해
경자 경축 경인 경묘 경진 경사 경오 경미 경신 경유 경술 경해
신자 신축 신인 신묘 신진 신사 신오 신미 신신 신유 신술 신해
임자 임축 임인 임묘 임진 임사 임오 임미 임신 임유 임술 임해
계자 계축 계인 계묘 계진 계사 계오 계미 계신 계유 계술 계해
```

연습문제 7-6 두 시퀀스의 요소를 합하는 함수 plus_elements()를 정의하라. 이 함수는 두 개의 시퀀스를 전달받은 후 각 요소를 순서대로 합한 리스트를

반환한다. 예를 들어, (1, 2, 3)과 [4, 5, 6]을 전달받은 경우 [5, 7, 9]를 반환한다.

7.3 컬렉션 가공하기

컬렉션에 많은 정보가 담겨 있더라도, 적절히 가공할 수 있어야 정보를 쉽게 파악할 수 있고 새로운 지식도 이끌어 낼 수도 있다. 이 절에서는 다음과 같은 가장 기본적이고 많이 사용되는 컬렉션 가공법을 카페 예제를 통해 알아본다.

- 모든 요소에 연산 적용하기 (예: 음료 가격을 50원씩 올리기)
- 모든 요소 누적하기 (예: 음료 가격의 평균 구하기)
- 선별하기 (예: 음료 가격이 2천 원 이하인 것만 구하기)
- 정렬하기 (예: 음료 가격을 싼 것부터 비싼 것 순으로 정렬하기)

컬렉션 가공법에 사용할 리스트를 먼저 정의해 두자. 다음은 어느 카페의 음료 가격들이다.

코드 7-21 **8가지 음료의 가격 리스트**

```
prices = [2500, 3000, 1800, 3500, 2000, 3000, 2500, 2000]
```

설명을 위해 간단한 컬렉션을 선택했지만, 이 절에서 배울 내용을 잘 습득하면 복잡한 컬렉션도 얼마든지 가공할 수 있다.

7.3.1 모든 요소에 연산 적용하기

컬렉션 안의 모든 요소를 동일하게 수정해야 하는 경우를 생각해 보자. 예를 들어, 모든 음료의 가격을 50원씩 인상하려고 한다. 이를 위해서는 음료 가격 리스트를 순회하며 모든 요소(음료의 가격)에 각각 연산(50원씩 인상)을 적용해야 한다.

for 문으로 모든 요소에 연산 적용하기

새 컬렉션을 하나 준비하고, for 문으로 기존 컬렉션을 순회하면서 새로운 값을 계산해 새 컬렉션에 담아 보자.

코드 7-22 새로운 리스트를 만들어 요소 수정해 넣기

```
prices = [2500, 3000, 1800, 3500, 2000, 3000, 2500, 2000]
new_prices = []                        # ❶ 인상된 가격을 담을 새 리스트

for price in prices:                   # ❷ 가격 리스트를 순회하면서
    new_prices.append(price + 50)      #    각 가격에 50을 더해 new_prices에 담는다.

print(new_prices)
```

실행 결과는 다음과 같다. 모든 요소가 50원씩 인상되었다.

```
[2550, 3050, 1850, 3550, 2050, 3050, 2550, 2050]
```

이 방법은 ❶ 수정된 요소를 저장할 컬렉션을 준비하고, ❷ for 문으로 기존 컬렉션을 순회하면서 연산을 적용하여 새 컬렉션에 담는 방법이다.

기존의 prices 리스트에는 수정 전의 데이터가 들어 있다. 수정 이전의 데이터가 필요하지 않다면 새 리스트를 만든 후 prices = new_prices와 같이 전 리스트에 대입하면 된다.

코드 7-22와 같은 패턴은 매우 자주 사용된다. 자주 사용되는 만큼 좀 더 간결하게 표현하는 기능이 준비되어 있는데, 그게 바로 리스트 조건제시법이다.

리스트 조건제시법

리스트 조건제시법(list comprehension)이란, 각 요소를 구하는 조건을 제시하여 컬렉션을 정의하는 방법이다. 다음은 [2, 4, 6, 8, 10] 리스트를 여러 가지 방법으로 정의해 본 것이다.

- 원소나열법: [2, 4, 6, 8, 10]
- 레인지: 2 이상 11 미만의 2씩 증가하는 수의 리스트
- 조건제시법: [1, 2, 3, 4, 5]의 각 요소에 2를 곱한 리스트

원소나열법은 모든 요소를 직접 기술하고, 레인지는 범위와 간격으로 등차수열을 나타낸다. 리스트 조건제시법은 컬렉션의 각 요소에 지정된 조건(연산)을 적용해 새 리스트를 만든다. 원소나열법과 레인지는 새 리스트를 바로 정의할 수 있지만, 조건제시법은 기존에 정의된 컬렉션이 있어야 한다.

리스트 조건제시법은 다음과 같은 양식으로 표현할 수 있다.

[연산 for 변수 in 컬렉션]

for 문의 헤더에 대괄호를 씌운 형태이다. for 예약어와 in 예약어를 기준으로 연산, 변수, 원본 컬렉션을 작성한다. 이 표현을 실행하면 원본 컬렉션의 각 요소를 변수에 대입한 뒤 지정한 연산을 적용해 새 리스트로 만든다.

설명만으로는 이해가 어려울 수 있다. 코드를 직접 작성해 보자. 다음은 [1, 2, 3, 4, 5]의 각 요소에 2를 곱한 리스트를 파이썬 코드로 나타낸 것이다.

코드 7-23 리스트 조건제시법으로 리스트 정의하기

```
>>> [e * 2 for e in [1, 2, 3, 4, 5]]
[2, 4, 6, 8, 10]
```

리스트 조건제시법 [e * 2 for e in [1, 2, 3, 4, 5]]를 오른쪽 항목부터 왼쪽 항목 순으로 살펴보자.

- in 예약어의 오른쪽에는 순회 가능한 컬렉션을 입력한다. 이 컬렉션은 새 리스트를 만들기 위한 원본이다. [1, 2, 3, 4, 5]를 입력했다.
- for 예약어와 in 예약어 사이에는 원본 컬렉션의 각 요소를 전달받을 변수를 입력한다. 변수의 이름은 자유롭게 지을 수 있다. 여기서는 요소를 뜻하는 element의 e를 따서 이름을 지었다.
- for 예약어의 왼쪽에는 요소를 전달받은 변수를 이용해 새 리스트에 담을 값을 생성하는 연산을 입력한다. 여기서는 e * 2를 사용했다. 즉, 각 주기마다 요소 e에 2를 곱하라는 뜻이다. 이 식을 계산한 결과가 새 리스트의 각 요소가 된다.

이 표현을 해석해 보면 만들어지는 리스트가 [2, 4, 6, 8, 10]이라는 것을 알 수 있다.

이제 음료 가격을 인상하는 문제로 다시 돌아오자. 리스트 조건제시법을 사용하면 동일한 작업을 더 간결하게 수행할 수 있다.

코드 7-24 리스트 조건제시법으로 음료 가격 수정하기

```
prices = [2500, 3000, 1800, 3500, 2000, 3000, 2500, 2000]
print([price + 50 for price in prices])
```

리스트 조건제시법 또한 새 리스트를 생성할 뿐, 원본 리스트는 수정하지 않는다.

원본 리스트를 변경하고 싶다면 prices = [price + 50 for price in prices]와 같이 원본 리스트를 대입해 두었던 변수에 새 리스트를 대입한다.

map() 함수

여기서 리스트 조건제시법과 유사한 기능을 하는 함수 map()을 사용할 수도 있다. 리스트 조건제시법은 파이썬 문법에 정의된 '식'이고 map()은 일반적인 '함수'이다. map() 함수는 각 요소에 적용할 연산(함수)과 컬렉션을 전달받아, 컬렉션의 모든 요소에 연산을 적용한다. 코드 7-22를 map() 함수로 구현하면 다음과 같다.

코드 7-25 map() 함수로 음료 가격 수정하기

```
prices = [2500, 3000, 1800, 3500, 2000, 3000, 2500, 2000]
def plus50(n):                        # ❶ 각 요소에 적용할 연산을 함수로 정의해 둔다.
    return n + 50

print(list(map(plus50, prices)))   # ❷ prices의 각 요소에 plus50 함수를 적용한
                                   #    리스트를 생성한다.
```

map() 함수는 각 요소에 적용할 연산을 지정하기 위해 함수가 필요하다. 그래서 ❶ 전달받은 수에 50을 더해 반환하는 함수를 정의했다. ❷의 map() 함수에는 두 개의 인자를 전달하는데, 첫 번째 인자는 각 요소에 적용할 함수(plus50())이다. 두 번째 인자는 연산을 적용할 원본 컬렉션(prices)이다.

이렇게 map() 함수를 실행하면 컬렉션의 모든 요소에 plus50() 함수가 적용된다. map() 함수는 range() 함수처럼 지연 계산법을 사용하므로 list() 함수를 통해 리스트로 변환해 주어야 결과를 바로 확인할 수 있다.

그런데 plus50()은 map() 함수에서 한 번만 쓰고 마는 일회용 함수다. 일회용 함수는 람다 식으로 표현하는 것이 좋다.

TIP
일회용 함수와 람다 식은 77쪽에서 다루었다.

코드 7-26 map() 함수에 람다 식 전달하기

```
prices = [2500, 3000, 1800, 3500, 2000, 3000, 2500, 2000]
print(list(map(lambda n: n + 50, prices)))
```

plus50() 함수는 람다 식으로 lambda n: n + 50와 같이 표현할 수 있다. 람다 식을 사용하면 간단한 연산을 한 행으로 표현할 수 있어 편리하다. 하지만 연산이 복잡해지거나 함수를 다시 사용할 필요가 있다면 def 문으로 정의하는 것이 좋다.

조건제시법과 map() 함수는 동작이 유사하고, 대부분의 경우에 서로 바꿔 쓸 수 있다. 파이썬에서는 일반적으로 조건제시법을 사용하는 것을 권장한다. map() 함수와 람다 식은 다른 사람이 작성한 코드를 읽을 수 있도록 알아 두자.

7.3.2 모든 요소 누적하기

컬렉션의 요소가 많으면 데이터의 의미를 파악하기가 어렵다. 전체 데이터의 특성을 누적해 하나의 수치로 요약해 두면 데이터의 의미를 좀 더 쉽게 알 수 있다. 예를 들어, 모든 음료의 평균 가격이나 가장 비싼 음료 가격이 얼마인지 구하는 것이다.

for 문으로 모든 요소 누적하기

for 문으로 음료의 평균 가격과 가장 비싼 가격을 구할 수 있다. 먼저, 평균 가격부터 계산해 보자.

코드 7-27 음료의 평균 가격 구하기

```
prices = [2500, 3000, 1800, 3500, 2000, 3000, 2500, 2000]
total_price = 0                  # ❶ 총 가격을 저장할 변수
num_items = 0                    #    전체 항목 개수를 저장할 변수

for price in prices:             # ❷ prices의 모든 요소를 순회하며
    total_price += price         #    각 음료 가격을 누적하고 (총 가격 구하기)
    num_items += 1               #    전체 항목 개수를 1씩 증가시킨다. (전체 항목 개수 세기)

print(total_price / num_items)   # ❸ 출력: 2537.5
```

❶ 누적한 값을 저장할 변수가 필요하다. 평균을 구하려면 전체 가격과 항목 개수가 필요하므로 두 개의 변수를 정의한다. ❷ for 문으로 prices 리스트를 순회하면서 각 요소의 정보를 준비한 변수에 누적한다. 반복이 끝나면 모든 요소를 누적한 결과가 변수에 저장된다. ❸ 누적한 값을 이용해 음료의 평균을 계산한다.

이번에는 가장 비싼 음료가 얼마인지 구해 보자.

코드 7-28 가장 비싼 음료의 가격 구하기

```
prices = [2500, 3000, 1800, 3500, 2000, 3000, 2500, 2000]
most_expensive = 0               # ❶ 가장 비싼 가격을 기억할 변수

for price in prices:             # ❷ prices의 모든 요소를 순회하며
    if most_expensive < price:   # ❸ 요소가 가장 비싼 가격보다 크면
```

```
        most_expensive = price   #   이 요소를 가장 비싼 가격으로 기억한다.

print(most_expensive)              # 출력: 3500
```

❶ 가장 비싼 가격을 기억할 most_expensive 변수를 정의한다. 이 변수의 초깃값이 다른 요소보다 크면 안되는데, 음료 가격이 마이너스가 될 수는 없으므로 0으로 지정해도 무방하다. ❷ for 문으로 prices 리스트를 순회하면서, ❸ 지금까지 발견한 가장 비싼 가격보다 높은 가격이 있는지 확인한다. 더 비싼 가격을 발견하면 가장 비싼 가격을 갱신한다. 반복이 끝나면 most_expensive에는 가장 비싼 음료 가격이 저장된다.

for 문으로 평균(합계·요소 개수)과 최댓값을 구해 보았다. 그런데 합계, 요소 개수, 최솟값, 최댓값은 이렇게 코드를 직접 작성하여 구하는 것보다 sum(), len(), min(), max() 같은 통계 함수를 사용하는 것이 좋다. 여기서 직접 구하는 계산 과정을 살펴본 이유는, 이와는 조금 다른 방식으로 데이터를 요약해야 하는 경우가 생기기 때문이다. 이 통계 함수가 어떻게 작동하는지 원리를 알아 둔다면 응용하기도 쉬울 것이다.

 reduce() 함수

map() 함수로 컬렉션의 모든 요소에 연산을 적용할 수 있는 것처럼, functools.reduce()라는 함수를 이용해 컬렉션 전체를 하나의 값으로 누적할 수 있다. 하지만 파이썬을 만든 귀도 반 로섬은 이 함수보다는 for 문을 직접 사용하기를 권장한다. reduce() 함수는 실행 과정을 예측하기가 까다롭기 때문이라 한다.

7.3.3 조건에 따라 요소 선별하기

사람은 매순간 감각기관으로 쏟아져 들어오는 수많은 정보 중에서 의미 있는 것만을 추려내어 처리한다. 프로그래밍에서도 많은 데이터 중에서 필요한 것만을 선별(filter)해야 할 때가 많다. 예를 들어, 음료 가격이 2천원 이하인 것만 구하려 한다고 해 보자. 컬렉션의 요소를 원하는 조건에 따라 선별하는 방법을 알아보자.

for 문으로 선별하기

for 문은 컬렉션의 요소를 선별할 때도 사용할 수 있다.

코드 7-29 for 문으로 음료 가격 선별하기

```
prices = [2500, 3000, 1800, 3500, 2000, 3000, 2500, 2000]
filtered_prices = []                    # ❶ 조건에 맞는 가격을 담을 리스트

for price in prices:                    # ❷ prices 리스트의 모든 요소를 순회하며
    if price <= 2000:                   # ❸ 각 요소가 조건에 맞는 경우
        filtered_prices.append(price)   #    새 리스트에 담는다.

print(filtered_prices)                  # 결과: [1800, 2000, 2000]
```

❶ 먼저 선별한 음료 가격을 담을 빈 리스트를 만든다. ❷ for 문으로 prices 리스트를 순회하면서 ❸ if 문으로 각 요소가 조건에 맞는지 검사해 조건을 통과하는 요소만 새 리스트에 추가한다. 반복이 완료되면 새 리스트에 조건에 맞는 요소만 선별된다.

리스트 조건제시법으로 선별하기

리스트 조건제시법으로도 컬렉션의 요소를 선별할 수 있다. 다음과 같은 양식이다.

[연산 for 변수 in 원본 if 조건]

리스트 조건제시법 식의 마지막에 if **조건**을 추가하면 원본 컬렉션에서 조건이 참인 요소만을 (연산을 적용하여) 새 리스트에 담는다. 음료 가격 리스트를 리스트 조건제시법으로 선별해 보자.

코드 7-30 리스트 조건제시법으로 선별하기

```
prices = [2500, 3000, 1800, 3500, 2000, 3000, 2500, 2000]
print([price for price in prices])                  # ❶
print([price for price in prices if price <= 2000]) # ❷
```

실행 결과는 다음과 같다.

```
[2500, 3000, 1800, 3500, 2000, 3000, 2500, 2000]
[1800, 2000, 2000]
```

❶ 원본 리스트의 각 요소를 price 변수로 전달받아 price 변수를 그대로 요소로 가지는 새 리스트를 정의했다. price에 아무 연산도 적용하지 않았기 때문에 원본 리스트와 새 리스트가 동일하다.

❷ 조건제시법의 마지막에 if price <= 2000이라는 조건을 추가했다. 그래서

TIP ❶은 이해를 돕기 위해 실행한 명령으로, 실제로는 ❷만 실행해도 된다.

2000 이하인 가격만 새 리스트에 담았다. price를 그대로 담도록 했으므로 요소를 변경하지는 않았다.

filter() 함수

filter() 함수는 컬렉션에서 조건에 맞는 요소를 선별한다. 이 함수도 map()처럼 함수와 원본 컬렉션을 매개변수로 전달받는다.

코드 7-31 filter() 함수를 이용해 조건에 맞는 요소 선별하기

```
prices = [2500, 3000, 1800, 3500, 2000, 3000, 2500, 2000]
print(list(filter(lambda n: n <= 2000, prices)))  # 결과: [1800, 2000, 2000]
```

filter() 함수에 전달한 첫 번째 인자는 수를 입력받아 2000 이하인지 검사하는 함수, 두 번째 인자는 원본 컬렉션이다. filter() 함수는 전달받은 컬렉션의 모든 요소를 전달받은 함수로 검사하여 검사 결과가 참인 요소만을 반환한다. 조건제시법은 map() 함수와 filter() 함수를 합쳐 놓은 기능이다.

7.3.4 기준을 정해 요소 정렬하기

어떤 기준을 정해 컬렉션의 요소를 순서대로 재배열해야 할 때가 있다. 예를 들어 음료를 가격이 싼 것부터 비싼 것 순으로 정렬하려 한다고 가정해 보자. 단순한 정렬 알고리즘인 '거품 정렬'을 for 문을 이용해 구현해 보고, 파이썬의 표준 정렬 함수 sorted()를 사용하는 방법도 알아보자.

✅ **정렬 알고리즘의 종류**

다음은 몇 가지 유명한 정렬 알고리즘(algorithm, 작업을 수행하기 위한 규칙과 절차)이다.

- 거품 정렬(bubble sort): 바로 옆의 두 요소를 각각 비교하는 알고리즘. 비효율적이고 정렬 속도가 느리지만 단순해서 쉽게 이해할 수 있다.
- 퀵 정렬(quicksort): 요소 하나를 기준점으로 삼고 그보다 작은 요소와 큰 요소를 나누어 배치하는 과정을 반복하는 알고리즘.
- 삽입 정렬(insertion sort): 각 요소를 이미 정렬된 부분의 제 위치에 삽입하는 과정을 반복하는 알고리즘.
- 합병 정렬(merge sort): 전체를 작은 단위로 나눈 후 다시 합치면서 정렬하는 알고리즘.
- 팀 정렬(Timsort): 삽입 정렬과 합병 정렬을 조합한 알고리즘. 뒤에서 설명할 sorted() 함수가 쓰는 알고리즘이다.

거품 정렬로 정렬하기

거품 정렬은 비효율적이어서 실제 프로젝트에서는 잘 사용하지 않지만, 방식이 단순해서 정렬 과정을 살펴보기에 좋다. 거품 정렬은 두 요소의 크기를 비교하고, 왼쪽 요소가 오른쪽 요소보다 크다면 두 요소의 위치를 서로 바꾸는 과정을 전체 요소에 적용한다. 먼저, 요소가 두 개인 리스트를 정렬해 보자.

코드 7-32 요소가 두 개인 리스트 정렬하기

```
coll = [2, 1]

if coll[0] > coll[1]:                # ❶ 왼쪽 요소가 오른쪽 요소보다 크다면
    coll[0], coll[1] = coll[1], coll[0]  # ❷ 위치를 서로 바꾼다.
print(coll)                          # ❸ 결과: [1, 2]
```

❶ 2 > 1은 참이므로 ❷ coll[0]에 coll[1]을, coll[1]에 coll[0]을 대입하여 두 요소의 위치를 서로 바꾼다. ❸ 결과를 출력해 보면 올바르게 정렬된 것을 확인할 수 있다.

그러면 같은 방법으로 요소가 세 개인 리스트를 정렬해 보자.

코드 7-33 요소가 세 개인 리스트 정렬하기

```
coll = [10, 5, 1]

if coll[0] > coll[1]:                # ❶ 첫 번째와 두 번째 요소를 비교·교환한다.
    coll[0], coll[1] = coll[1], coll[0]
print(coll)                          # 결과: [5, 10, 1]

if coll[1] > coll[2]:                # ❷ 두 번째와 세 번째 요소를 비교·교환한다.
    coll[1], coll[2] = coll[2], coll[1]
print(coll)                          # 결과: [5, 1, 10]
```

❶ 첫 번째와 두 번째 요소를 비교·교환한다. 10 > 5는 참이므로 두 요소의 위치가 바뀌어 [5, 10, 1]이 된다. ❷ 두 번째와 세 번째 요소를 비교·교환한다. 이때, 앞에서 위치가 바뀌었으므로 두 번째 요소는 5가 아니라 10임에 유의하자. 10 > 1은 참이므로 두 요소의 위치가 바뀌어 [5, 1, 10]이 된다.

첫 번째 요소부터 마지막 요소까지 비교·교환했는데 왜 정렬이 덜 된 것일까? 그이유는 5와 1이 아직 비교되지 않았기 때문이다. 거품 정렬은 컬렉션을 한 번 순회하는 과정만으로는 요소를 다 정렬하지 못한다.

이 문제는 잠시 후 해결하기로 하고, 지금 수행한 한 번의 순회 과정을 for 문으로

일반화하여 임의의 길이의 리스트에서 동작할 수 있도록 수정해 보자.

코드 7-34 거품 정렬의 한 단계 수행하기

```python
coll = [10, 5, 1, 9, 7, 3]

for i in range(len(coll) - 1):     # ❶ 요소 개수보다 하나 적은 횟수만큼 반복한다.
    if coll[i] > coll[i + 1]:      # ❷ 컬렉션의 i 번째 요소와 i+1 번째 요소를 비교·교환한다.
        coll[i], coll[i + 1] = coll[i + 1], coll[i]

print(coll)                        # 결과: [5, 1, 9, 7, 3, 10]
```

❷ for 문의 각 반복 주기에서는 i 번째 요소와 그 다음(i+1 번째) 요소를 비교·교환한다. 이때, ❶ for 문의 반복 횟수는 컬렉션의 요소 개수보다 하나 적어야 한다. ❷에서 컬렉션의 i+1 번째 요소를 인덱싱하기 때문이다.

코드 7-34를 실행하면 거품 정렬의 한 단계가 수행된다. 컬렉션이 완전히 정렬되지는 않았지만, 가장 큰 수 10이 가장 오른쪽으로 이동해 제자리를 찾았다. 이처럼 거품 정렬을 한 단계 수행할 때마다 남아 있는 가장 큰 수가 제자리로 이동한다. 따라서 거품 정렬을 수행하는 각 단계를 전체 요소의 수만큼 반복하면 전체 요소가 정렬될 것이다. 다음과 같이 for 문을 중첩하면 된다.

코드 7-35 거품 정렬의 모든 단계 수행하기

```python
coll = [10, 5, 1, 9, 7, 3]

for _ in coll:                          # ❶ 컬렉션 요소의 개수만큼 반복하여
    for i in range(len(coll) - 1):      # ❷ 각 주기마다 거품 정렬의 한 단계를 수행한다.
        if coll[i] > coll[i + 1]:
            coll[i], coll[i + 1] = coll[i + 1], coll[i]

print(coll)  # [1, 3, 5, 7, 9, 10]
```

이제 리스트가 완전히 정렬되었다. 거품 정렬 과정을 눈으로 보기만 한다면 어렵게 느껴질 수 있지만 손으로 데이터를 비교해 가며 직접 구현해 보면 생각보다 쉽게 구현할 수 있다.

거품 정렬은 컬렉션의 길이만큼의 반복을 두 번 중첩하여 수행한다. 그래서 컬렉션의 요소가 100개이면 약 1만 회의 연산이, 1000개이면 약 1백만 회의 연산이 필요하다. 그래서 거품 정렬은 양이 많은 데이터를 정렬하는 데 사용하기에는 적합하지 않다.

sorted() 함수

프로그래밍을 공부할 때는 정렬 알고리즘을 직접 구현해 보는 것도 좋지만, 실제 프로젝트에서는 프로그래밍 언어가 제공하는 이미 검증된 정렬 함수를 사용하는 편이 좋다. 파이썬에서는 표준 정렬 함수 sorted()를 사용하면 된다.

코드 7-36 sorted() 함수로 정렬하기

```
print(sorted([10, 5, 1, 9, 7, 3]))    # 출력: [1, 3, 5, 7, 9, 10]
```

sorted() 함수는 새 리스트를 반환하므로 원본 컬렉션의 순서는 그대로 유지된다. 원본 컬렉션을 정렬된 리스트로 바꾸려면 원본 컬렉션을 담은 변수에 sorted() 함수의 반환값을 대입하면 된다.

코드 7-37 sorted() 함수는 원본 컬렉션을 수정하지 않는다

```
coll = [10, 5, 1, 9, 7, 3]
print(sorted(coll))        # ❶ 출력: [1, 3, 5, 7, 9, 10]
print(coll)                # ❷ 출력: [10, 5, 1, 9, 7, 3]

coll = sorted(coll)        # 정렬한 리스트로 바꾼다.
print(coll)                # ❸ 출력: [1, 3, 5, 7, 9, 10]
```

❶ coll을 정렬한 리스트를 구한다. ❷ 원본의 순서는 변하지 않는다. ❸ coll 리스트가 정렬되어 있다.

sorted() 함수는 요소의 크기를 서로 비교할 수 있다면 수 외에도 다양한 데이터를 정렬할 수 있다. 예를 들어 문자열은 '가' < '나'와 같이 가나다순으로 비교를 할 수 있으므로, 정렬도 가능하다.

코드 7-38 요소의 크기를 비교할 수 있다면 수가 아니라도 정렬이 가능하다

```
print(sorted(['월', '화', '수', '목', '금']))  # 출력: ['금', '목', '수', '월', '화']
```

sorted() 함수가 반환하는 결과는 리스트이다. 문자열, 튜플, 집합 같은 다른 컬렉션을 정렬하더라도 리스트가 반환된다.

> **TIP**
> 집합은 순서가 없는 컬렉션이므로, 정렬된 결과가 리스트로 표현된다.

코드 7-39 sorted() 함수로 정렬한 결과는 리스트로 반환된다

```
print(sorted((5, 4, 3, 2, 1)))            # 출력: [1, 2, 3, 4, 5]
print(sorted('안녕하세요'))                 # 출력: ['녕', '세', '안', '요', '하']
print(sorted({'사자', '박쥐', '늑대', '곰'}))  # 출력: ['곰', '늑대', '박쥐', '사자']
```

오름차순 정렬과 내림차순 정렬

작은 것에서 큰 것 순으로 정렬하는 것을 오름차순(ascending order), 반대로 큰 것에서 작은 것 순으로 정렬하는 것을 내림차순(descending order)이라 한다. sorted() 함수는 기본적으로 오름차순으로 정렬한다. 내림차순으로 정렬하려면 함수를 호출할 때 옵션 매개변수 reverse를 True로 지정하면 된다.

TIP
'reverse'는 '뒤집다'라는 뜻이다.

코드 7-40 오름차순 정렬과 내림차순 정렬

```
pinrt(sorted([3, 5, 1, 2, 4]))           # 출력: [1, 2, 3, 4, 5]
print(sorted([3, 5, 1, 2, 4], reverse=True)) # 출력: [5, 4, 3, 2, 1]
```

키 지정하기

sorted() 함수를 호출할 때 key 매개변수를 이용해 각 요소를 가공한 뒤 비교하도록 할 수 있다. key 매개변수에는 함수를 인자로 전달해야 하는데, 이 함수는 값 하나를 입력받아 변환한 값을 반환해야 한다. 예를 들어, 컬렉션의 각 요소를 절댓값으로 비교해 정렬하고 싶다면 key 매개변수에 abs() 함수를 전달하면 된다. 각 요소가 사전이면 각 사전의 특정 값을 비교하도록 지시할 수도 있다.

TIP
pprint() 함수를 사용하려면 pprint 모듈을 임포트해야 한다.

코드 7-41 key 매개변수 지정하기

```
import pprint
print(sorted([3, -5, 1, -2, -4], key=abs))     # 절댓값으로 비교한다.

items = [
    {'name': '아메리카노', 'price': 2000},
    {'name': '카페라테', 'price': 2500},
    {'name': '카푸치노', 'price': 2400},
]
sorted_items = sorted(items, key=lambda item: item['price']) # 사전의 특정 키-값으로 비교한다.
pprint.pprint(sorted_items)
```

실행 결과는 다음과 같다.

```
[1, -2, 3, -4, -5]
[{'name': '아메리카노', 'price': 2000},
 {'name': '카푸치노', 'price': 2400},
 {'name': '카페라테', 'price': 2500}]
```

연습문제 7-7　리스트 [0, 1, 4, 9, 16, 25, 36, 49, 64, 81]을 레인지와 리스트 조건제시법을 활용해 요소를 직접 나열하지 않고 작성해 보라.

> HINT 이 리스트는 [0, 1, 2, 3, 4, 5, 6, 7, 8, 9]의 각 요소를 제곱한 것이다.

연습문제 7-8　연습문제 7-7에서 만든 리스트를 레인지와 map() 함수를 이용해 작성해 보라.

연습문제 7-9　len() 함수를 흉내 낸 length() 함수를 정의해 보라. 이 함수는 시퀀스 하나를 매개변수로 입력받아 요소의 개수를 반환한다. 단, 구현할 때 len() 함수를 사용하면 안 된다.

연습문제 7-10　여러 개의 시퀀스를 입력받아, 그중 가장 많은 요소를 가진 시퀀스를 반환하는 함수 longest()를 정의해 보라. 다음은 이 함수의 실행 예이다.

```
>>> longest([1, 2, 3], (4, 5), [], 'abcdefg', range(5))
'abcdefg'
```

```
>>> longest('파이썬', '프로그래밍')
'프로그래밍'
```

```
>>> longest(range(10), range(100), range(50))
range(0, 100)
```

> HINT 함수에서 정해지지 않은 여러 개의 매개변수를 전달받으려면 패킹과 언패킹(5.5절 참고)을 활용한다.

연습문제 7-11　연오는 개 다섯 마리를 키우고 있다. 어느날 외출하고 돌아오니 누군가가 침대를 물어뜯은 것이 아닌가! 현장 조사 결과, 범인은 주둥이가 작고, 발이 크고, 흰색 털을 가진 개라는 것을 알 수 있었다. 연오는 용의자를 좁히기 위해 개의 정보를 정리했다. 이 데이터를 선별해 용의자로 의심되는 개를 모두 찾아 그 이름을 화면에 출력하라.

```
용의자 = [
    {'이름': '멍멍', '털': '흰색', '주둥이': '크다', '발': '크다'},
    {'이름': '쿵쿵', '털': '검은색', '주둥이': '작다', '발': '크다'},
```

```
    {'이름': '왈왈', '털': '흰색', '주둥이': '작다', '발': '크다'},
    {'이름': '꿀꿀', '털': '검은색', '주둥이': '작다', '발': '작다'},
    {'이름': '낑낑', '털': '흰색', '주둥이': '작다', '발': '작다'},
]
```

연습문제 7-12 파이공업은 여러 개의 베어링을 무작위로 선택하여 지름을 측정해 리스트에 담은 후, 이 정보를 이용해 베어링의 불량률을 계산하려 한다. 지름이 0.99mm 이상 1.01mm 미만인 베어링을 정상 제품이라고 가정하고, 베어링의 지름을 담은 리스트를 전달받아 불량률을 계산하는 함수 faulty_rate()를 정의하라. 다음은 이 함수로 10개의 베어링으로 불량률을 계산한 예이다.

```
>>> diameters = [0.985, 0.992, 1.004, 0.995, 0.899, 1.001, 1.002, 1.003,
                 1.009, 0.998]
>>> faulty_rate(diameters)
0.2
```

연습문제 7-13 문자열이 담긴 리스트를 sorted() 함수로 정렬하면 가나다순으로 정렬된다.

```
>>> fruits = ['배', '사과', '복숭아', '블루베리']
>>> sorted(fruits)
['배', '복숭아', '블루베리', '사과']
```

길이를 기준으로 문자열을 정렬하려면 어떻게 해야 할까? sorted() 함수를 활용해 fruits 데이터를 이름이 긴 것에서 짧은 것 순으로 정렬하라. 정렬 결과는 다음과 같아야 한다.

```
['블루베리', '복숭아', '사과', '배']
```

7.4 반복자와 생성기

이 절에서는 순회 가능한 객체의 특징과 원리를 알아본다. 내용이 약간 이해하기 어려울 수도 있다. 여러 번 읽어 봐도 이해가 되지 않는다면 무리해서 정신력을 소모하기보다 다음 장으로 건너뛰었다가 나중에 다시 보도록 하자.

7.4.1 차례를 기억하는 반복자

for 문은 시퀀스뿐 아니라 집합과 사전 등 순서가 없는 컬렉션에서도 동작한다. for 문은 반복자(iterator)를 제공하는 데이터라면 모두 순회할 수 있다. 반복자는 다음에 무엇을 출력할 차례인지를 기억하여 데이터를 순서대로 꺼낼 수 있도록 돕는 인터페이스이다.

반복자를 사용하려면 iter() 함수와 next() 함수가 필요하다. iter() 함수는 전달된 데이터의 반복자를 꺼내 반환한다. next() 함수는 반복자를 입력받아 그 반복자가 다음에 출력해야 할 요소를 반환한다. iter() 함수로 반복자를 구하고 그 반복자를 next() 함수에 전달하여 요소를 차례대로 꺼낼 수 있다.

TIP
iter()와 next() 함수로 반복자를 사용할 때 데이터의 내부 구조와 동작은 몰라도 된다.

코드 7-42 **반복자로 리스트 순회하기**

```
>>> it = iter([1, 2, 3])   # [1, 2, 3]의 반복자 구하기
>>> next(it)               # 반복자의 다음 요소 구하기
1

>>> next(it)               # 반복자의 다음 요소 구하기
2

>>> next(it)               # 반복자의 다음 요소 구하기
3

>>> next(it)               # 더 구할 요소가 없으면 오류가 발생한다.
StopIteration
```

iter() 함수와 next() 함수를 활용하면 for 문을 사용하지 않고도 컬렉션을 순회할 수 있다. 원한다면 for 문을 흉내 내는 함수를 정의할 수도 있을 것이다.

7.4.2 정해둔 순서대로 값을 생성하는 생성기

반복자가 컬렉션을 순회하는 데만 쓰이는 것은 아니다. 반복자는 next() 함수에 의해 값을 하나씩 내어 놓을 뿐이다. 내어 놓는 값의 원천이 컬렉션이든 아니든 상관없다. 정해 둔 순서대로 값을 생성하는 함수를 정의하면, 이 함수를 이용해 값을 하나씩 꺼내는 반복자를 만들 수 있다. 이런 식으로 값을 생성해 내는 반복자를 생성기(generator)라 한다.

TIP
반복자를 직접 활용할 일이 많지는 않지만, 개념을 알아 두면 파이썬 프로그래밍에 도움이 된다.

yield 문

함수로 생성기를 만들기 위해서는 yield 문이 필요하다. yield 문은 return 문처럼

함수가 값을 반환하고 정지하도록 하는데, 그 함수를 나중에 다시 실행하면 정지했던 위치부터 다시 실행되도록 한다. yield 문이 포함된 함수는 일반 함수와 달리, 호출했을 때 생성기를 반환한다. 다음 예제는 next() 함수에 의해 값 'a', 'b', 'c'를 차례대로 내어 놓는 생성기를 만든 것이다.

코드 7-43 **생성기 만들기**

```python
def abc():        # ❶ 생성기를 반환하는 함수 정의하기
    """a, b, c를 출력하는 생성기를 반환한다."""
    yield 'a'
    yield 'b'
    yield 'c'

print(abc())    # ❷ 출력: <generator object abc at 0x7fdcd41583b8>
```

❶ 함수 abc()를 정의했는데, 이 함수 자체는 생성기가 아니라 그냥 함수이다. 생성기는 yield 문이 실행되는 함수를 실행할 때마다 새로 만들어진다. ❷와 같이 abc()를 실행했을 때 그 결과로 생성기가 만들어진다.

생성기는 반복자의 일종이므로, 이렇게 만든 생성기를 next() 함수에 전달해 값을 하나씩 꺼낼 수 있다.

코드 7-44 **next() 함수로 생성기에서 값 꺼내기**

```python
# 코드 7-43 생략
abc_generator = abc()             # ❶ 생성기 만들기
print(next(abc_generator))        # ❷ 출력: a
print(next(abc_generator))        #    출력: b
print(next(abc_generator))        #    출력: c
print(next(abc_generator))        # ❸ StopIteration 오류가 발생한다.
```

❶ 함수 abc()를 호출해 생성기를 만들어 abc_generator 변수에 대입했다. ❷ 만든 생성기를 next() 함수에 전달해 값을 순서대로 꺼낼 수 있다. 이때 생성되는 값은 생성기를 만드는 데 사용한 함수 abc()에서 yield 문에 정의된 값이다. yield 문이 세 번에 걸쳐 a, b, c를 내도록 정의되어 있기 때문에, 이 함수를 통해 만들어진 생성기는 a, b, c 세 값을 내어 놓는다. ❸ 그 후 next() 함수로 한 번 더 값을 꺼내도록 지시하면 꺼낼 값이 없으므로 오류가 발생한다.

yield 문을 포함한 함수는 일반적인 함수와 실행 방식이 다르다. 이 함수는 호출되어도 본문을 실행하지 않고 생성기를 반환할 뿐이며, 본문은 생성기가 next() 함수에 전달되었을 때 비로소 실행된다. 본문에서 yield 문이 등장하면, 생성기는

yield 문에 정의된 값을 반환한 후 실행을 멈춘다. next() 함수에 의해 생성기가 다시 실행되면 멈춘 위치에서부터 실행이 이어진다. 함수 중간중간에 print() 함수로 진행 상황을 출력해 보자.

코드 7-45 생성기 함수의 본문은 next() 함수에 의해 실행된다

```
def one_to_three():
    """1, 2, 3을 반환하는 생성기를 반환한다."""
    yield 1
    yield 2
    yield 3
one_to_three_generator = one_to_three()

print(next(one_to_three_generator))    # 출력: 1
print(next(one_to_three_generator))    # 출력: 2
print(next(one_to_three_generator))    # 출력: 3
```

생성기를 어디에 활용할까?

생성기는 원본이 되는 데이터가 없더라도 순회할 수 있다. 순회하는 시점에 데이터를 생성해 낸다. 컴퓨터의 메모리는 한정되어 있으므로 순회해야 할 데이터를 미리 정의해 두는 것이 불가능할 때도 있다. 예를 들어, 1부터 무한대까지의 모든 자연수를 담은 컬렉션은 컴퓨터에 미리 만들어 저장할 수 없다. 하지만 생성기로 필요한 값을 하나씩 꺼내도록 하면 무한대의 컬렉션을 흉내 낼 수 있다.

코드 7-46 1부터 무한대 범위의 자연수를 출력하는 생성기

```
def one_to_infinite():
    """1 – 무한대 범위의 자연수를 순서대로 내는 생성기를 반환한다."""
    n = 1
    while True:                         # ❶ 무한 반복
        yield n                         # ❷ 실행을 일시정지하고 n을 반환한다.
        n += 1

natural_numbers = one_to_infinite()    # 생성기를 만든다.
print(next(natural_numbers))           # ❸ 출력: 1
```

❶ one_to_infinite() 함수는 무한 반복된다. 하지만 ❷ yield 문이 값을 하나 반환하고 실행을 일시정지하므로 무한 반복이 있더라도 함수가 그때그때 종료된다. ❸을 여러 번 실행해 보자. 아무리 많이 실행하더라도 next() 함수는 1부터 무한대까지의 수를 원하는 만큼 꺼낼 수 있다.

TIP
물론 생성기로 요소를 꺼낼 때 1초씩 걸리긴 한다.

생성기는 각 요소를 구하는 비용이 클 때도 활용하면 좋다. 요소 하나를 구하는 데 1초가 걸린다면, 1천 개짜리 컬렉션을 미리 만들기 위해서는 1천 초가 필요하다. 하지만 생성기로 각 요소가 필요할 때만 하나씩 구한다면 미리 시간을 들여 요소를 준비하지는 않아도 된다.

생성기는 반복자이므로, 반복자와 마찬가지로 for 문으로 순회하거나 리스트·튜플로 변환할 수 있다.

TIP
단, 무한한 범위의 생성기를 리스트·튜플로 변환할 수는 없다.

코드 7-47 생성기를 리스트와 튜플로 변환하기

```
def countdown(start, end):
    """start(포함)부터 end(비포함)까지 거꾸로 세는 생성기를 반환한다."""
    n = start
    while end < n:              # n이 end에 도달하지 않는 동안 반복한다.
        yield n                 # 실행을 일시정지하고 n을 반환한다.
        n -= 1


print(list(countdown(10, 0)))     # 출력: [10, 9, 8, 7, 6, 5, 4, 3, 2, 1]
print(tuple(countdown(100, 95)))  # 출력: (100, 99, 98, 97, 96)
```

7.4.3 생성기 식

생성기 식(generator expression)은 생성기를 표현하는 식이다. 생성기 식은 원본 반복 가능 데이터를 가공하여 데이터를 생성한다. 생성기 식은 앞에서 배운 리스트 조건제시법과 유사하니, 리스트 조건제시법과 비교하며 알아보자.

리스트 조건제시법을 사용하기 곤란할 때

다음 코드는 0부터 10개의 세제곱수를 담은 리스트를 리스트 조건제시법으로 표현한 것이다.

코드 7-48 리스트 조건제시법으로 표현한 세제곱수 리스트

```
>>> [e ** 3 for e in range(10)]
[0, 1, 8, 27, 64, 125, 216, 343, 512, 729]
```

리스트 조건제시법을 평가하면 원본 컬렉션을 조건에 따라 계산하여 새 리스트가 만들어진다. 새 리스트가 즉시 만들어진다는 점이 중요한데, 변형할 요소의 양이 적을 때는 이 점이 문제가 되지 않는다. 하지만 세제곱수를 0부터 10억 개까지 담은 리스트를 만든다면 어떻게 될까?

코드 7-49 리스트 조건제시법으로 세제곱수를 10억 개 만들기

```
>>> [e ** 3 for e in range(1000000000)]   # 시간이 오래 걸린다.
```

실행하면 계산하는 데 오랜 시간이 걸려서 대화식 셀이 멈춘 것처럼 보일 것이다. 메모리가 부족해 오류가 발생할 수도 있다. 이처럼 리스트의 크기가 클 때는 리스트 조건제시법을 사용하기 어렵다.

TIP
'Ctrl + C' 키를 눌러 명령을 취소하자.

생성기 식으로 대체하기

다음은 생성기 식의 양식이다. 리스트 조건제시법과 거의 똑같다. 대괄호를 소괄호로 바꾸었을 뿐이다.

```
(연산 for 변수 in 컬렉션 if 조건)
```

생성기 식이 하는 일도 리스트 조건제시법과 거의 똑같다. 컬렉션의 각 요소에 연산을 적용한다. 그러나 생성기 식은 리스트를 바로 생성하는 것이 아니라 생성기를 만들어 낸다. 그러므로 즉시 모든 요소에 연산을 수행하는 것이 아니라, 각 요소를 꺼내야 하는 시점에만 연산을 수행하도록 할 수 있다. 코드 7-49를 생성기 식으로 수정하여 실행해 보자.

코드 7-50 세제곱수를 10억 개 만들어 내는 생성기

```
>>> (e ** 3 for e in range(1000000000))   # 대괄호가 아닌 괄호를 사용한다.
<generator object <genexpr> at 0x7fdcd41584c0>
```

레인지를 바로 리스트로 변환하는 작업이 일어나지 않고, <generator object <genexpr> at 0x7fdcd41584c0>과 같은 생성기 객체가 만들어졌다. 이 생성기를 변수에 대입해 next() 함수에 전달하면 세제곱수를 하나씩 구할 수 있다.

코드 7-51 생성기 식으로 만든 생성기를 next() 함수로 실행하기

```
>>> cube_generator = (e ** 3 for e in range(1000000000))
>>> next(cube_generator)         # ❶ 결과: 0
```

❶을 여러 번 실행해 보자. 0, 1, 8, 27, 64... 등 세제곱 결과가 계속 출력된다.

생성기 식을 이용하면 원본 컬렉션을 다른 것으로 변환하는 종류의 생성기를 간편하게 만들 수 있다. 각 요소를 구하는 비용이 크거나 원본 컬렉션의 크기가 방대할 때는 리스트 조건제시법 대신 생성기 식을 사용하는 것이 유리하다.

연습문제 7-14 난수(random number)란 예측할 수 없는 임의의 수를 말한다. 파이썬에서는 random 모듈(11장)의 random.randint() 함수를 이용해 매개변수로 지정한 범위 사이의 난수를 구할 수 있다. 다음은 random.randint() 함수를 사용하는 예이다.

```
>>> import random          # random 모듈 임포트
>>> random.randint(0, 63)  # 0 이상 63 이하의 임의의 수
24

>>> random.randint(0, 63)
62

>>> random.randint(0, 63)
0

>>> [random.randint(0, 63) for _ in range(5)]  # 난수 5개의 리스트
[39, 38, 43, 46, 29]
```

random.randint() 함수를 이용해 무한한 개수의 난수를 꺼낼 수 있는 무한 난수 생성기를 만들어 보라.

연습문제 7-15 사용자에게 음료를 주문받은 후 제조를 지시하는 프로그램을 만들었다. input_orders() 함수는 사용자로부터 n개의 주문을 입력받아 리스트로 반환한다. 이 함수를 이용해 음료를 세 개 입력받고 제조를 지시하도록 했다.

```
def input_orders(n):
    """n개의 음료를 주문받아 리스트로 반환한다."""
    return [input() for _ in range(n)]

# 음료 주문 세 개를 입력받아 각 음료마다 제조를 지시한다.
for drink in input_orders(3):
    print(drink, '만들어 주세요!')
```

이 프로그램을 실행하면, 음료 세 개를 먼저 입력받은 뒤 이어서 제조를 세 번 지시한다.

```
아메리카노
카페라테
딸기 주스
```

> 아메리카노 만들어 주세요!
> 카페라테 만들어 주세요!
> 딸기 주스 만들어 주세요!

이 프로그램의 input_names() 함수에서 사용된 리스트 조건제시법을 생성기 식으로 수정하고 프로그램을 실행해 보라. 실행 결과가 어떻게 달라지는지 확인하고, 왜 그런지 설명해 보라.

7장을 맺으며

7장에서는 정보를 컬렉션 데이터로 표현하고 처리하는 여러 가지 요령을 알아보았다. 컬렉션을 중첩하는 방법, 선택과 반복을 이용해 컬렉션을 순회하고 조작하는 방법, 리스트 조건제시법과 컬렉션 조작 함수 등은 프로그램을 만들 때 계속 사용하게 된다. 필요할 때 다시 찾아봐도 좋지만, 책을 보지 않고도 코드를 작성할 수 있을 만큼 연습해 두면 큰 도움이 될 것이다.

7장까지의 내용이 파이썬 프로그래밍에서 꼭 알아 두어야 할 기초이다. 지금까지 배운 것을 응용해 실생활에서 접하는 문제를 프로그래밍하여 해결할 수 있고, 간단한 응용 프로그램도 만들 수 있다. 책의 순서대로 계속 학습하기를 권하고 싶지만, 이미 자신감이 많이 생겼고 무언가 만들어 보고 싶은 마음이 든다면 11장과 12장을 참고해 응용 프로그램 만들기에 바로 도전해 봐도 좋다.

7장 요약

1. 컬렉션을 중첩해 다양한 데이터를 표현할 수 있다. 이때 하나의 개체의 다양한 특성을 나타낼 때는 사전을, 여러 개체를 한곳에 모을 때는 리스트를 사용하면 유리하다.

2. 컬렉션은 for 문을 이용해 순회하면 편리하다. 시퀀스·집합·매핑 모두 for 문으로 순회할 수 있다. 중첩된 컬렉션은 for 문을 중첩해 순회할 수 있다.

3. zip() 함수는 여러 컬렉션의 요소들을 순서대로 엮는다. 여러 개의 컬렉션을 나란히 순회하려면 zip() 함수를 이용해 컬렉션들을 엮으면 된다.

4. 컬렉션을 가공할 수 있다. 모든 요소에 연산을 적용해 수정하고, 전체 요소를 하나의 값으로 누적하고, 조건에 맞는 요소를 걸러 내고, 기준을 정해 요소를 정

렬할 수 있다.

5. 컬렉션의 요소에 연산을 적용하거나 선별할 때는 리스트 조건제시법을 활용하는 것이 좋다. map() 함수와 filter() 함수를 사용할 수도 있다.

6. 컬렉션의 요소를 정렬할 때는 sorted() 함수를 사용한다.

7. 컬렉션을 순회할 때는 내부적으로 반복자를 이용한다. 반복자는 iter() 함수에 반복 가능한 데이터(컬렉션 등)를 넘겨 구할 수 있다. next() 함수로 반복자의 값을 하나씩 꺼낼 수 있다.

8. 생성기는 필요한 시점에 값을 계산해 출력하는 특별한 반복자이다. yield 문을 포함하는 함수 또는 생성기 식으로 만들 수 있다. 생성기를 이용해 규모가 매우 큰 컬렉션을 흉내 낼 수 있다.

클래스로
데이터 분류하기

세상에는 나무가 수없이 많다. 이 많은 나무들을 모두 '나무'라는 하나의 범주로 지칭할 수 있다. 범주를 이용하면 개별 대상을 하나씩 가리키지 않고도 통틀어 생각할 수 있다. 같은 범주에 속하는 대상은 특성을 공유하므로, "나무는 불이 잘 붙는다."라는 지식을 정리해 둘 수도 있다.

프로그래밍에서는 데이터의 유형이 범주와 같은 역할을 한다. 파이썬에서 데이터의 유형을 분류하는 데는 클래스(class, 분류)라는 도구가 쓰인다. 8장에서는 클래스를 이용해 데이터 유형을 직접 정의하고 데이터 유형에 알맞은 연산을 제공하는 방법을 알아본다.

8.1 데이터를 분류하는 방법

이 절에서는 간단한 2차원 도형 정보를 다루어 보면서 데이터 유형이 필요한 이유와 데이터 유형을 관리하는 기초적인 방법을 알아본다.

8.1.1 개별 데이터 정의하기

컬렉션을 중첩하면 복잡한 구조의 정보를 표현할 수 있다는 걸 배웠다. 다음 그림은 좌표에서 점, 삼각형, 사각형을 표현한 것이다.

TIP
컬렉션 중첩에 대한 자세한 내용은 7.1절에서 다루었다.

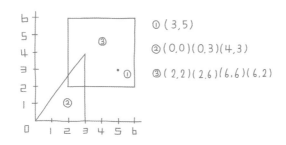

그림 8-1 좌표평면 위의 점과 도형

도형을 코드로 표현하기

그림 8-1의 도형을 사전을 중첩하여 코드로 표현해 보자.

코드 8-1 **좌표평면 위의 점과 도형**

```
coordinate_1 = {'x': 5, 'y': 3}    # ❶ 점 (좌표)

triangle_1 = {                     # ❷ 삼각형
    'point_a': {'x': 0, 'y': 0},   #   꼭짓점 세 개를
    'point_b': {'x': 3, 'y': 0},   #   좌표로 나타냈다.
    'point_c': {'x': 3, 'y': 4},
}

rectangle_1 = {                    # ❸ 사각형
    'point_a': {'x': 2, 'y': 2},   #   꼭짓점 네 개를
    'point_b': {'x': 6, 'y': 2},   #   좌표로 나타냈다.
    'point_c': {'x': 6, 'y': 6},
    'point_d': {'x': 2, 'y': 6},
}
```

❶ 점(좌표)은 x축의 위치와 y축의 위치가 쌍을 이루어 구성된다. 두 위치를 사전으

로 묶자. ❷ 삼각형은 각 꼭짓점의 위치를 나타내는 좌표 세 개를 묶은 사전으로 표현했다. ❸ 사각형도 마찬가지로 좌표 네 개를 묶은 사전으로 표현했다.

도형의 둘레 구하기

이렇게 나타낸 도형들의 둘레를 구하는 것도 가능하다. 두 점 사이의 거리를 구하는 함수를 정의하고, 그 함수를 이용해 도형의 둘레를 계산하는 함수를 정의한다.

코드 8-2 두 점의 거리와 도형의 둘레를 계산하는 함수

```python
import math    # 제곱근(math.sqrt()) 계산을 위해 수학 모듈을 임포트한다.

def square(x):
    """전달받은 수의 제곱을 반환한다."""
    return x * x

def distance(point_a, point_b):
    """두 점 사이의 거리를 계산해 반환한다. (피타고라스의 정리)"""
    return math.sqrt(square(point_a['x'] - point_b['x']) +
                     square(point_a['y'] - point_b['y']))

def circumference_of_triangle(shape):
    """삼각형 데이터를 전달받아 둘레를 구해 반환한다."""
    a_to_b = distance(shape['point_a'], shape['point_b'])
    b_to_c = distance(shape['point_b'], shape['point_c'])
    c_to_a = distance(shape['point_c'], shape['point_a'])
    return a_to_b + b_to_c + c_to_a

def circumference_of_rectangle(shape):
    """사각형 데이터를 전달받아 둘레를 구해 반환한다."""
    a_to_b = distance(shape['point_a'], shape['point_b'])
    b_to_c = distance(shape['point_b'], shape['point_c'])
    c_to_d = distance(shape['point_c'], shape['point_d'])
    d_to_a = distance(shape['point_d'], shape['point_a'])
    return a_to_b + b_to_c + c_to_d + d_to_a
```

코드 8-3 삼각형과 사각형의 둘레 구하기

```python
# 코드 8-1 생략
# 코드 8-2 생략
print(circumference_of_triangle(triangle_1))     # 결과: 12.0
print(circumference_of_rectangle(rectangle_1))   # 결과: 16.0
```

도형 데이터를 잘 표현했고, 도형들의 둘레도 정확히 구할 수 있게 되었다. 위치나 크기가 다른 삼각형이나 사각형을 정의하고 위 함수로 둘레를 계산할 수도 있을 것이다.

8.1.2 개별 데이터를 정의하기 위한 유형을 약속하기

데이터를 단 하나만 정의하고 사용할 때는 상관이 없지만, 동일한 범주의 데이터를 여럿 정의할 때는 문제가 생길 수 있다. 컬렉션을 활용해 복잡한 데이터 구조를 나타낼 때, 그 구조를 쌓아올리는 방식이 여러 가지일 수 있기 때문이다. 그림 8-1의 도형들을 코드 8-1과는 다른 구조로 표현할 수도 있다.

코드 8-4 **좌표평면 위의 점과 도형 (다른 표현)**

```
coordinate_2 = (3, 5)                 # ❶ 점 (좌표)

triangle_2 = ((0, 0), (0, 3), (4, 3)) # ❷ 삼각형

rectangle_2 = {                       # ❸ 사각형
    'point': (2, 2),
    'width': 4,
    'height': 4,
}
```

❶ 좌표를 사전 대신 (y, x) 형태의 튜플로 표현했다. ❷ 삼각형은 좌표의 튜플로 표현했다. ❸ 사각형은 기준점이 되는 좌표(point)와 넓이(width)·높이(height)를 가지는 사전으로 표현했다.

이처럼 대상을 나타내는 데 필요한 정보를 모두 담을 수만 있다면, 데이터를 담는 구조는 자유롭게 구성할 수 있다. 그런데 데이터의 구조가 달라지면 데이터를 처리하는 방법도 달라진다. 코드 8-1과 코드 8-4는 같은 정보를 나타내지만, 데이터의 구조가 서로 달라 동일한 방법으로 처리할 수 없다.

코드 8-5 **데이터의 표현 방식이 다르면 같은 함수를 사용할 수 없다**

```
# 코드 8-4 생략
# 코드 8-2 생략
print(circumference_of_triangle(triangle_2))
```

코드 8-2에서 정의한 함수로 코드 8-3으로 작성한 도형의 둘레를 계산하려 하면 다음과 같은 오류가 발생한다.

```
TypeError: tuple indices must be integers or slices, not str
```

주석으로 데이터의 유형·구조 약속하기

이 문제를 해결하기 위해서는 데이터 객체들(개별 도형들)을 제각각 생각하는 것

이 아니라, 데이터 유형(삼각형, 사각형 등)이라는 범주로 묶어 생각할 수 있어야 한다. 동일한 범주에 속하는 데이터의 유형을 정의하고 그 구조를 동일하게 구성하는 것이다. 지금 다루고 있는 정보의 범주는 좌표·삼각형·사각형이다. 이들의 유형과 구조를 약속해 보자.

TIP
데이터 유형을 정의하는 파이썬 문법을 아직 다루지 않았으므로 주석을 이용했다.

코드 8-6 데이터 유형마다 구조를 주석으로 정해 놓기

```python
# 유형: '좌표'는 다음 키를 가지는 사전이다.
#       * 'x': x축의 위치 (정수)
#       * 'y': y축의 위치 (정수)
coordinate_1 = {'x': 5, 'y': 3}

# 유형: '삼각형'은 다음 키를 가지는 사전이다.
#       * 'point_a': 첫 번째 점의 위치 (좌표)
#       * 'point_b': 두 번째 점의 위치 (좌표)
#       * 'point_c': 세 번째 점의 위치 (좌표)
triangle_1 = {
    'point_a': {'x': 0, 'y': 0},
    'point_b': {'x': 3, 'y': 0},
    'point_c': {'x': 3, 'y': 4},
}

# 유형: '사각형'은 다음 키를 가지는 사전이다.
#       * 'point_a': 첫 번째 점의 위치 (좌표)
#       * 'point_b': 두 번째 점의 위치 (좌표)
#       * 'point_c': 세 번째 점의 위치 (좌표)
#       * 'point_d': 네 번째 점의 위치 (좌표)
rectangle_1 = {
    'point_a': {'x': 2, 'y': 2},
    'point_b': {'x': 6, 'y': 2},
    'point_c': {'x': 6, 'y': 6},
    'point_d': {'x': 2, 'y': 6},
}

# 코드 8-2 생략
print(circumference_of_triangle(triangle_1))    # 결과: 12.0
print(circumference_of_rectangle(rectangle_1))  # 결과: 16.0
```

이렇게 약속을 정해 두면, 삼각형과 사각형을 여러 개 정의하더라도 모두 같은 구조로 정의할 수 있다.

8.1.3 데이터의 유형 구별하기

코드 8-2에서는 삼각형의 둘레를 구하는 `circumference_of_triangle()` 함수와 사각형의 둘레를 구하는 `circumference_of_rectangle()` 함수를 각각 정의했다. 그런데 이 함수는 둘 다 '도형의 둘레'를 구한다. 다른 점은 계산하려는 대상의 유형뿐이다. 함수 이름에 _of_triangle(삼각형의)와 같이 도형의 종류가 붙어 있어서 함수 이름이 너무 길어진다. 도형의 유형이 늘어날 때마다 비슷한 함수를 계속 만들어야 하는 문제도 있다. circumference()(둘레)라는 함수를 하나 정의해 두고, 이 함수로 여러 가지 도형의 둘레를 구할 수 있다면 편리하지 않을까?

인자의 유형에 따라 다르게 동작하는 함수

함수에 전달된 인자의 유형에 따라 다르게 동작하도록 하면 된다. if 문과 type() 함수를 이용해 코드 8-2의 circumference_of_triangle() 함수와 circumference_of_rectangle() 함수를 하나로 합쳐 보자.

TIP
데이터의 유형은 type() 함수를 이용하여 확인할 수 있다. type() 함수는 104쪽에서 다루었다.

코드 8-7 둘레 계산 함수를 일반 함수로 정의하기 (잘못된 방법)

```python
# 코드 8-6 생략
import math  # 제곱근(math.sqrt()) 계산을 위해 수학 모듈 임포트

def square(x):
    """전달받은 수의 제곱을 반환한다."""
    return x * x
def distance(point_a, point_b):
    """두 점 사이의 거리를 계산해 반환한다. (피타고라스의 정리)"""
    return math.sqrt(square(point_a['x'] - point_b['x']) +
                     square(point_a['y'] - point_b['y']))
def circumference(shape):
    """도형 데이터를 전달받아 둘레를 구해 반환한다."""
    if type(shape) == '삼각형':       # ❶ 도형의 데이터 유형이 '삼각형'인 경우
        a_to_b = distance(shape['point_a'], shape['point_b'])
        b_to_c = distance(shape['point_b'], shape['point_c'])
        c_to_a = distance(shape['point_c'], shape['point_a'])
        return a_to_b + b_to_c + c_to_a

    elif type(shape) == '사각형':     # ❷ 도형의 데이터 유형이 '사각형'인 경우
        a_to_b = distance(shape['point_a'], shape['point_b'])
        b_to_c = distance(shape['point_b'], shape['point_c'])
        c_to_d = distance(shape['point_c'], shape['point_d'])
        d_to_a = distance(shape['point_d'], shape['point_a'])
        return a_to_b + b_to_c + c_to_d + d_to_a

    else:                             # 지원하지 않는 유형인 경우
        return None
```

코드 8-8 코드 8-7로 삼각형과 사각형의 둘레 구하기

```
# 코드 8-7 생략
# 삼각형과 사각형을 함수에 대입해 보면, 의도와 달리 None이 반환된다!
print(circumference(triangle_1))   # 결과: None
print(circumference(rectangle_1))  # 결과: None
```

❶, ❷에서 type() 함수를 이용해 데이터의 유형을 판단하고, 그에 따라 둘레를 다른 방법으로 계산하도록 했다. 그런데 함수를 호출하면 삼각형을 입력하든 사각형을 입력하든, None이 반환될 뿐이다. 그 이유는 ❶ type(triangle_1)과 ❷ type(rectangle_1)의 평가 결과가 **삼각형**과 **사각형**이 아니기 때문이다.

그렇다면 어떤 유형일까? 다음과 같이 type() 함수를 이용해 데이터 유형을 확인해 보자.

코드 8-9 삼각형과 사각형 데이터 둘 다 유형이 '사전'이다

```
# 코드 8-7 생략
print(type(triangle_1))    # <class 'dict'>
print(type(rectangle_1))   # <class 'dict'>
```

둘 다 '사전' 유형이다. 기억하는가? 우리는 삼각형 유형과 사각형 유형을 주석으로만 정의해 두었다. 컴퓨터는 주석을 무시하므로, 주석으로만 정의한 데이터 유형의 정의를 이해하지 못한다.

데이터의 유형을 나타내는 정보 추가하기

type() 함수를 사용할 수 없다면 데이터의 유형을 어떻게 구별할 수 있을까? 데이터 유형에 해당되는 정보를 추가하면 되지 않을까? 사전으로 정의한 도형 데이터 속에 'type'이라는 키를 새로 추가하고, 이 키의 값을 데이터 유형으로 사용하자.

코드 8-10 데이터 유형을 나타내는 정보를 사전에 추가하기

```
triangle_3 = {
    'type': '삼각형',              # 데이터의 유형을 나타내는 정보
    'point_a': {'x': 0, 'y': 0},
    'point_b': {'x': 3, 'y': 0},
    'point_c': {'x': 3, 'y': 4},
}

rectangle_3 = {
    'type': '사각형',              # 데이터의 유형을 나타내는 정보
    'point_a': {'x': 2, 'y': 2},
```

```
    'point_b': {'x': 6, 'y': 2},
    'point_c': {'x': 6, 'y': 6},
    'point_d': {'x': 2, 'y': 6},
}
```

이제 도형 데이터의 'type' 키를 조사하면 데이터의 유형을 구할 수 있다. 코드 8-6
의 둘레 계산 함수를 다음과 같이 수정하고, type 키가 들어 있는 도형 데이터를 입
력하여 실행하면 함수가 올바르게 동작한다.

코드 8-11 둘레 계산 함수를 일반 함수로 정의하기 (수정된 방법)

```python
# 코드 8-10 생략
import math # 제곱근(math.sqrt()) 계산을 위해 수학 모듈 임포트

def square(x):
    """전달받은 수의 제곱을 반환한다."""
    return x * x

def distance(point_a, point_b):
    """두 점 사이의 거리를 계산해 반환한다. (피타고라스의 정리)"""
    return math.sqrt(square(point_a['x'] - point_b['x']) +
                     square(point_a['y'] - point_b['y']))

def circumference(shape):
    """도형 데이터를 전달받아 둘레를 구해 반환한다."""

    if shape['type'] == '삼각형':     # type() 함수 대신 인덱싱 연산을 사용한다.
        a_to_b = distance(shape['point_a'], shape['point_b'])
        b_to_c = distance(shape['point_b'], shape['point_c'])
        c_to_a = distance(shape['point_c'], shape['point_a'])
        return a_to_b + b_to_c + c_to_a

    elif shape['type'] == '사각형':  # type() 함수 대신 인덱싱 연산을 사용한다.
        a_to_b = distance(shape['point_a'], shape['point_b'])
        b_to_c = distance(shape['point_b'], shape['point_c'])
        c_to_d = distance(shape['point_c'], shape['point_d'])
        d_to_a = distance(shape['point_d'], shape['point_a'])
        return a_to_b + b_to_c + c_to_d + d_to_a

    else:
        return None

print(circumference(triangle_3))     # 결과: 12.0
print(circumference(rectangle_3))    # 결과: 16.0
```

이와 같이 데이터의 구조에 데이터의 유형 자체를 나타내는 정보를 추가함으로써

데이터의 유형을 구별하는 것이 가능해진다. 함수가 데이터의 유형을 참고하여 그에 맞게 동작하도록 하는 것도 가능하다.

8.1.4 데이터 유형을 정의하는 다른 방법

이 절에서 배운 기법을 활용하면 데이터들을 범주에 따라 여러 가지 유형으로 분류하여 다룰 수 있을 것이다. 하지만 아직 더 개선할 점이 있다.

첫 번째, 데이터의 유형을 정의할 때 주석을 이용하는 것보다는 파이썬의 기능을 이용하는 편이 좋다. 그러면 컴퓨터도 데이터 유형을 인식할 수 있고, type() 함수로 유형을 식별하는 것도 가능하다.

두 번째, 데이터 유형에 알맞은 함수를 지정하는 방법이 적절하지 않다. 일반 함수를 정의함으로써 여러 개의 함수를 정의하지 않아도 되는 점은 편리하지만, 함수 하나에 다양한 유형의 계산 방법을 넣어 둔 것은 바람직하지 않다. (데이터 유형이 많아질수록 함수가 길고 복잡해질 테니까!) 각 데이터 유형마다 그에 맞는 함수를 별도로 정의하되, 그 함수가 그 데이터 유형에 대해서만 실행될 수 있도록 강제하는 편이 좋다.

TIP
첫 번째 방법은 8.2절과 8.3절에서 알아본다.

TIP
두 번째 방법은 8.3절과 8.5절에서 알아볼 것이다.

연습문제 8-1 다음은 사전을 이용해 체스말과 바둑돌 데이터를 나타낸 예이다. 체스 말 데이터에서 x, y가 위치, color가 색, role이 역할을 나타낸다. 바둑돌 데이터에서는 x, y가 돌의 위치, order가 몇 수째에 둔 것인지를 뜻하는 수, color가 돌의 색을 나타낸다.

```
# 체스말 데이터 유형 정의하기
체스말1 = {'x': 'A', 'y': '8', 'color': 'black', 'role': '룩'}
체스말2 = {'x': 'E', 'y': '1', 'color': 'white', 'role': '킹'}

# 바둑돌 데이터 유형 정의하기
바둑돌1 = {'x': 8, 'y': 14, 'order': 83, 'color': '흑'}
바둑돌2 = {'x': 12, 'y': 3, 'order': 84, 'color': '백'}
```

이 프로그램을 수정하여 체스말 데이터 유형과 바둑돌 데이터 유형을 주석으로 정의해 보라.

연습문제 8-2 연습문제 8-1에서 정의한 체스말 또는 바둑돌 데이터를 전달받

아 화면에 출력하는 함수 print_piece()를 정의하라. 이 함수는 전달받은 데이터가 체스말인지, 바둑돌인지를 식별해 각각 다른 방식으로 출력한다. 다음은 이 함수를 실행한 예이다.

```
>>> print_piece(체스말1)
black 룩이 A8 위치에 놓여 있어요.

>>> print_piece(바둑돌2)
제 84 수: 백을 (12, 3) 위치에 두었습니다.
```

8.2 클래스와 객체

이 절에서는 클래스와 객체의 정의를 알아본다. 클래스와 객체를 이해하면 파이썬에서 데이터를 관리하는 원리도 알 수 있다. 조금 어려울 수도 있지만, 중요한 내용이니 잘 읽어 보자. 지금까지 학습을 이어온 여러분이라면 충분히 이해할 수 있을 것이다.

8.2.1 클래스: 데이터 유형

파이썬이 제공하는 기본 데이터 유형을 생각해 보자. 0, 1, 2는 정수, 0.0, 1.0, 2.0은 실수, '0', '1', '2'는 문자열이다. 이 외에도 불, 리스트, 사전, 집합 등 여러 가지 데이터 유형이 있다는 걸 배웠다. type() 함수를 이용해 데이터의 유형을 확인해 보자.

TIP
type() 함수의 반환 결과를 읽는 법은 104쪽에서 설명했다.

코드 8-12 데이터의 유형 확인하기

```
>>> type(0)     # 0의 유형은 int (정수)
<class 'int'>

>>> type('0')   # '0'의 유형은 str (문자열)
<class 'str'>
```

예를 들어, <class 'int'>는 데이터가 int 유형이라는 뜻이다. 그런데 type() 함수가 반환하는 이 데이터 자체는 어떤 유형일까? type() 함수가 반환한 결과를 다시 type() 함수에 전달해 그 유형을 확인해 보자.

코드 8-13 데이터의 유형을 나타내는 데이터의 유형은 무엇일까?

```
>>> type(type(0))          # 0의 유형의 유형은 type (유형)
<class 'type'>

>>> type(type(type(0)))   # 0의 유형의 유형의 유형도 type (유형)
<class 'type'>
```

type() 함수가 반환하는 데이터가 type이라는 데이터 유형임을 알 수 있다. 다시 말해, 데이터의 유형을 나타내기 위한 데이터가 존재한다는 뜻이다. 이 데이터가 바로 클래스이다. int, float, str은 데이터 유형을 나타내는 데이터이다. 0, 1, 2의 데이터 유형이 정수인 것처럼, int, float, str의 데이터 유형은 클래스이다.

8.2.2 객체: 개별 데이터

컴퓨터 프로그램은 정보가 어떤 경로(네트워크, 디스크, 센서, 사람의 손 등)로 입력되든지, 결국은 그 정보를 메모리 위에 올린 뒤 처리한다. 메모리는 그냥 비트(숫자)를 나열한 단순하고 넓은 판이기 때문에, 메모리 위에 올려 둔 정보를 의미 있는 덩어리로 묶어 두기 위한 단위가 필요하다. 파이썬에서는 객체(object) 단위로 메모리 위의 정보를 관리한다.

객체에는 값(value)·유형(type)·정체성(identity)이라는 세 특성이 있다. 값은 메모리에 기록된 내용이다. 가변 객체는 값이 바뀔 수 있지만 불변 객체는 값이 바뀌지 않는다. 유형은 데이터의 종류로, 유형에 따라 그 값을 어떻게 읽고 다루어야 할지가 결정된다. 정체성은 각각의 객체를 식별하기 위한 고유번호로, 객체가 메모리 속에서 위치한 주소 값이기도 하다. 값과 유형이 동일한 데이터가 메모리 공간에 여러 개 존재할 수 있지만, 이들은 서로 별개의 객체이며 정체성이 서로 다르다.

객체의 값은 객체를 평가함으로써 구할 수 있다. 유형은 type() 함수로, 정체성은 id() 함수로 구할 수 있다.

TIP
객체는 값 그 자체이고, 그 자신으로 평가된다.

코드 8-14 객체의 값, 유형, 정체성 구하기

```
>>> year = 1789  # 객체를 만들어 변수에 대입한다.

>>> year          # 객체의 값 (객체 자신) 구하기
1789

>>> type(year)    # 객체의 유형 (클래스) 구하기
<class 'int'>
```

```
>>> id(year)        # 객체의 정체성 (고유번호) 구하기
140711867085328
```

값이나 유형이 같더라도 정체성이 다를 수 있다. 데이터를 비교할 때는 비교하는 것이 객체의 값인지, 유형인지, 정체성인지 헷갈리지 않도록 주의해야 한다.

코드 8-15 두 객체의 값, 유형, 정체성 비교

```
>>> year = 1789               # 객체를 만들어 변수에 대입한다.
>>> new_year = 1798           # year와는 다른 객체

>>> year == new_year          # 두 객체의 값을 비교한다.
True

>>> type(year) == type(new_year)   # 두 객체의 유형을 비교한다.
True

>>> id(year) == id(new_year)  # 두 객체의 정체성을 비교한다.
False

>>> same_year = year          # 동일한 객체를 다른 변수에 대입하면,
>>> id(year) == id(same_year) # 두 변수가 같은 객체를 가리킨다.
True
```

일반적으로는 객체의 값을 기준으로 비교하는 경우가 대부분이다.

파이썬은 모든 데이터를 객체로 관리한다. 모든 온갖 종류의 데이터(4장, 5장), 함수(3장), 클래스(8장), 예외(9장), 모듈(10장) 등은 모두 객체이다.

> **객체는 변수와 다르다**
>
> 객체는 변수와 다르다. 객체를 변수에 대입해 둘 때가 많으므로 변수를 곧 객체로 오해하기가 쉽다. year = 1789라고 대입해 두었을 때, 1789라는 값을 가지는 어떤 객체가 있고, year라는 변수가 그 객체를 가리킬 뿐이다. year 변수를 평가하면 1789 객체를 구할 수 있으나, 1789 객체는 year 변수가 아니고 year 변수 또한 1789 객체가 아니다. 실체와 이름을 혼동하면 안 된다. 변수는 객체에 붙인 이름이고, 객체 하나에 이름을 여러 개 붙여 둘 수도 있다.

8.2.3 클래스와 인스턴스의 관계

객체가 어떤 클래스에 속할 때, 그 객체를 해당 클래스의 인스턴스(instance)라 한다. 어떤 범주에 속하는 사례는 여러 가지가 될 수 있듯이, 클래스에 속하는 인스턴스도 여러 개 존재할 수 있다. 1, 2, 3, 4는 모두 int 클래스의 인스턴스이다.

TIP 객체의 정체성을 서로 비교해야 하는 경우는 거의 없다.

TIP 영어 단어 'instance'는 '사례'라는 뜻이다.

객체가 인스턴스인지 검사하기

TIP
isinstance() 함수의
이름은 '인스턴스인가? (is
instance?)'라는 뜻이다.

검사하려는 객체와 클래스가 정해져 있을 때, isinstance() 함수로 객체가 그 클래스에 속하는지(인스턴스인지) 검사할 수 있다.

코드 8-16 isinstance() 함수를 이용해 객체가 유형에 속하는지 확인하기

```
>>> isinstance(1789, int)  # 1789는 int의 인스턴스인가?
True

>>> isinstance(3.14, int)  # 3.14는 int의 인스턴스인가?
False
```

한 객체는 동시에 여러 클래스의 인스턴스일 수 있다

객체 하나의 유형은 클래스 하나로 정해져 있다. type() 함수는 하나의 값만을 반환한다. 그런데 한 객체는 동시에 여러 클래스의 인스턴스일 수 있다. 범주에 계층이 있기 때문이다. 다음 식을 생각해 보자.

여러분은 사람 범주에 속한다. 또한 동물과 생물 범주에 속하기도 한다. 사람은 동물이라는 더 넓은 범주에 속하고, 동물은 생물이라는 더 넓은 범주에 속하기 때문이다. 이를 식으로 표현하면 다음과 같다.

$$사람 \subset 동물 \subset 생물$$

파이썬 방식으로 표현하면, 여러분은 '사람' 클래스의 인스턴스이고, 동시에 '동물' 클래스와 '생물' 클래스의 인스턴스이기도 하다.

파이썬에서 클래스는 다른 클래스의 하위 클래스가 될 수 있다. 객체의 유형은 하나의 클래스이지만, 그 유형의 상위 클래스가 있다면 그 객체는 그 상위 클래스의 인스턴스이기도 하다.

코드 8-17 한 객체는 동시에 여러 클래스의 인스턴스일 수 있다

TIP
프로그래밍에서는 정수와
실수를 서로 다른 유형으로
구별한다. 1789가 실수의
인스턴스가 아닌 이유는 86쪽
'실수의 정밀도 문제' 설명에서
유추할 수 있다.

```
>>> isinstance(1789, int)     # 정수의 인스턴스인가?
True

>>> isinstance(1789, float)   # 실수의 인스턴스인가?
False

>>> isinstance(1789, object)  # object의 인스턴스인가?
True
```

1789를 isinstance() 함수로 확인해 보니, int의 인스턴스이기도 하고 object의 인스턴스이기도 하다. object 클래스는 모든 클래스의 최상위 범주인 특별한 클래스이다.

인스턴스 만들기

파이썬의 모든 데이터는 객체이고, 모든 객체는 어떤 유형(클래스)에 속한다. 즉, 파이썬의 모든 데이터는 인스턴스이다. 파이썬에서 데이터를 생성하는 것은 곧 인스턴스를 생성하는 것이다. 인스턴스를 만드는 방법에는 크게 세 가지가 있는데, 차례로 알아보자.

인스턴스를 만드는 첫 번째 방법은 파이썬 코드를 그대로 평가하는 것이다. 수, 문자열 같은 기본 데이터 유형은 코드를 평가하면 그대로 객체가 된다. 예를 들어, 1이라는 코드는 수 1을 나타내는 객체로 평가된다. 이런 코드를 **리터럴**(literal)이라 한다.

TIP
영어 단어 'literal'은 '문자 그대로'라는 뜻이다.

코드 8-18 리터럴을 평가해 인스턴스 만들기

```
>>> 1789         # 정수 리터럴: 정수 인스턴스가 만들어진다.
1789

>>> 3.1415       # 실수 리터럴: 실수 인스턴스가 만들어진다.
3.1415

>>> 1-2j         # 복소수 리터럴: 복소수 인스턴스가 만들어진다.
(1-2j)

>>> '파이썬'      # 문자열 리터럴: 문자열 인스턴스가 만들어진다.
'파이썬'
```

인스턴스를 만드는 두 번째 방법은 식을 평가하는 것이다. 식을 평가하면 결과가 데이터로 나오니, 식이 인스턴스를 만드는 것이다. 그동안 몰랐을 뿐, 여러분은 이 책을 학습하는 과정에서 수많은 인스턴스를 만들어 보았다.

코드 8-19 식을 평가해 인스턴스 만들기

```
>>> 5 * 5          # 산술 식: 수 인스턴스 만들기
25

>>> [1, 2, 3]      # 리스트 식: 리스트 인스턴스 만들기
[1, 2, 3]
```

```
>>> {'year': 1789}     # 사전 식: 사전 인스턴스 만들기
{'year': 1789}

>>> lambda x: x * x    # 람다 식: 함수 인스턴스 만들기
<function <lambda> at 0x7ffa0a43ce18>
```

인스턴스를 만드는 세 번째 방법은 모든 클래스에 적용할 수 있는 보편적인 방법으로, 인스턴스화(instantiation)하는 것이다. 인스턴스화는 클래스 이름에 괄호를 붙여(**클래스이름()**) 수행한다. 다음은 인스턴스화를 수행해 정수(int)의 인스턴스와 리스트(list)의 인스턴스를 만드는 예이다.

코드 8-20 **인스턴스화를 이용해 클래스의 인스턴스 만들기**

```
>>> int()              # 정수의 기본 인스턴스 만들기
0

>>> int(1789)          # 1789에 대응하는 정수의 인스턴스 만들기
1789

>>> int('1789')        # '1789'에 대응하는 정수의 인스턴스 만들기
1789

>>> int(1789.0)        # 1789.0에 대응하는 정수의 인스턴스 만들기
1789

>>> list()             # 리스트의 기본 인스턴스 만들기
[]

>>> list((0, 1, 2))    # (0, 1, 2)에 대응하는 리스트의 인스턴스 만들기
[0, 1, 2]

>>> list(range(3))     # range(3)에 대응하는 리스트의 인스턴스 만들기
[0, 1, 2]
```

 클래스 이름에 괄호를 붙여 실행하면, 괄호 속에 전달한 인자에 맞는 인스턴스가 생성된다. 함수 호출처럼 보이지만 함수 호출과는 다르다. 4.5절에서 "데이터 유형의 이름은 데이터를 그 데이터 유형으로 변환하는 함수의 이름과 같다"라고 설명했다. 그런데 이것은 엄밀히 따지면 틀린 설명이다. '데이터 유형의 이름'은 사실 함수가 아니라 클래스이다. 파이썬에서는 한번 만들어진 객체의 유형을 바꿀 수 없다. 인스턴스화 과정에서 전달된 데이터 유형에 대응되는 새로운 객체(인스턴스)를 만들어 내는 것일 뿐이다.

> **연습문제 8-3** 객체를 비교하는 다음 질문에 답해 보라.
>
> a. `1 == 1.0`을 평가하면 참이다. 그렇다면 1과 1.0은 동일한 객체인가?
>
> b. `type(a) == type(b)`가 참이면, `a == b`도 참인가?
>
> c. `id(a) == id(b)`가 참이면, `type(a) == type(a)`와 `a == b`도 참인가?
>
> d. `type(a) == type(b)`와 `a == b`가 참이면, `id(a) == id(b)`도 참인가?
>
> **연습문제 8-4** 인스턴스화를 수행해, 다음 인스턴스를 생성해 보라.
>
> - 원소가 없는 튜플(tuple)
> - 원소가 없는 집합(set)
> - 1 이상 10 미만의 자연수를 원소로 가지는 집합(set)
> - 사용자로부터 '1789'라는 텍스트를 입력받아, 그것을 해석한 정수(int)
> - 1789라는 정수를 나타내는 문자열(str)
> - 원소가 없는 리스트([])가 참인지 거짓인지 평가한 불(bool)

8.3 클래스 정의하기

이제 데이터 유형을 클래스로 직접 정의해 볼 차례이다. 클래스를 정의한 뒤에는 그 클래스에 속하는 인스턴스로 생성해 볼 것이다. 클래스·인스턴스의 이름공간과 그 속의 속성에 대해서도 알아본다.

8.3.1 class 문

클래스를 정의할 때는 class 문을 사용한다. class 문은 함수를 정의하는 def 문과 형태가 비슷하다. 가장 간단한 형태의 클래스를 작성하는 양식을 먼저 살펴보고, 여기에 세부사항을 조금씩 덧붙이며 익히자.

```
class 클래스이름:        # ❶ 첫 행
    """독스트링"""       # ❷ 클래스의 의미와 역할을 설명한다.
    본문                 # ❸ 클래스 공용 속성을 정의한다.
```

❶ 첫 행에는 class 예약어, 클래스의 이름, 그리고 콜론을 쓴다. 클래스의 이름을 지

을 때는 파스칼 표기법을 따르는 것이 관례이다. ❷ 클래스에도 함수처럼 독스트링을 입력할 수 있다. ❸ 클래스의 본문에는 클래스에 속하는 속성(attribute)을 정의할 수 있다. 속성에 대해서는 잠시 후 알아본다.

✅ **이름 표기법**

- 파스칼 표기법(PascalCase): PythonProgramming처럼 단어와 단어를 대문자로 구별하는 방법이다. 파이썬 프로그래밍에서 클래스 이름을 지을 때 사용한다.
- 뱀 표기법(snake_case): python_programming처럼 단어와 단어를 밑줄 기호로 구별하는 방법이다. 파이썬 프로그래밍에서 변수·함수의 이름을 지을 때 사용한다.
- 낙타 표기법(camelCase): pythonProgramming처럼 대문자로 단어를 구별하되 첫 단어는 소문자로 쓰는 방법이다. 파이썬에서는 잘 사용하지 않지만, 자바 등 다른 프로그래밍 언어의 코드에서 볼 수 있다.

대화식 셀에 다음 코드를 따라 입력하여, 카페에서 판매하는 '케이크' 유형을 나타내는 클래스를 정의해 보자.

코드 8-21 Cake 클래스 정의하고, 인스턴스 만들기

```
class Cake:                    # ❶ 첫 행
    """케이크를 나타내는 클래스"""
    coat = '생크림'             # ❷ 이 클래스의 공용 속성

cake_1 = Cake()               # ❸ Cake의 인스턴스 만들기
cake_2 = Cake()               # 인스턴스를 여러 개 만들 수 있다.
```

TIP
모듈은 파이썬 코드를 모아 두는 곳이다. 대화식 셀에서 작성하는 코드는 __main__ 모듈에 포함된다. 모듈은 10장에서 자세히 다룬다.

❶ 첫 행에서 파스칼 표기법으로 클래스의 이름을 Cake라고 지었다. ❷에서는 클래스의 공용 속성으로 coat를 정의했다. ❸ 여러분이 정의한 클래스도 다른 클래스처럼 인스턴스화할 수 있다.

코드 8-22 클래스와 인스턴스 확인하기

```
# 코드 8-21 생략
print(Cake)                    # ❶ 출력: <class '__main__.Cake'>
print(type(cake_1))            # ❷ 출력: <class '__main__.Cake'>
print(isinstance(cake_2, Cake))  # ❸ 출력: True
```

❶ 클래스의 이름을 평가하면 정의한 클래스를 확인할 수 있다. 앞에서 배웠듯이, 클래스도 type 클래스에 속하는 인스턴스이다. Cake라는 이름 앞에 붙은 __main__ 은 이 클래스가 정의된 모듈을 의미한다. ❷ cake_1의 데이터 유형을 확인한다. ❸ cake_2가 Cake의 인스턴스인지 확인한다.

8.3.2 속성과 이름공간

속성은 일반적인 변수와 같은 것(즉, 이름이 붙은 데이터)인데, 클래스와 인스턴스 속에 정의되는 것이 특징이다. 클래스의 속성은 그 클래스와 인스턴스 전체가 공유하는 특성을 나타내며, 인스턴스의 속성은 개별 인스턴스의 고유한 특성을 나타낸다.

클래스 공용 속성

클래스의 속성은 클래스 객체뿐 아니라 그 클래스의 모든 인스턴스가 공유한다. 앞에서 클래스 Cake을 정의할 때 본문에 함께 정의해 두었던 coat 속성을 읽어 보자. 속성은 **클래스.속성**과 같이 클래스 이름 뒤에 점 기호(.)를 붙여 표현한다.

코드 8-23 **클래스와 인스턴스의 속성 읽기**

```
# 코드 8-21 생략
print(Cake.coat)          # 출력: 생크림
print(cake_1.coat)        # 출력: 생크림
print(cake_2.coat)        # 출력: 생크림
```

cake는 생크림으로 덮여 있다. cake_1과 cake_2 역시 마찬가지다. 이를 통해 클래스의 속성을 인스턴스에서도 똑같이 읽을 수 있다는 것을 확인했다.

클래스를 정의한 후에 속성을 수정하거나 인스턴스의 속성을 수정하는 것도 가능하다.

코드 8-24 **클래스와 인스턴스 속성 수정하기**

```
# 코드 8-21 생략
Cake.coat = '초콜릿'       # ❶ 기존 속성 수정하기
Cake.price = 4000         # ❷ 새 속성 추가하기
print(Cake.coat)          # 출력: 초콜릿
print(Cake.price)         # 출력: 4000

print(cake_1.coat)        # ❸ 출력: 초콜릿
print(cake_1.price)       #    출력: 4000

cake_3 = Cake()           # ❹ 인스턴스를 새로 생성했다.
print(cake_3.coat)        # 출력: 초콜릿
print(cake_3.price)       # 출력: 4000
```

❶ Cake 클래스의 coat 속성을 수정하고, ❷ 가격을 나타내는 price 속성도 새로 추가했다. ❸ 과거에 만든 인스턴스의 속성 또한 클래스의 속성값으로 수정되었다.

❹ 클래스를 수정한 뒤에 만든 인스턴스의 속성도 클래스의 속성값이 된다.

클래스의 속성은 모든 인스턴스가 공유하기 때문에, 클래스의 속성을 수정하면 인스턴스에서도 수정된 데이터를 읽을 수 있다.

일반적으로 클래스의 속성은 class 문에서 확정하고, 나중에는 수정하지 않는 게 좋다. 클래스의 속성은 모든 인스턴스가 공유하는 데이터여서 마구 바꾸면 혼란스럽기 때문이다. 만약 자주 변경되어야 하는 속성이 있다면, 그 속성은 클래스가 아니라 인스턴스 속에 정의되어야 할 가능성이 높다.

인스턴스 전용 속성

인스턴스는 자신만의 속성을 가질 수 있다. 인스턴스의 속성은 클래스나 다른 인스턴스와 공유되지 않는다. 인스턴스에 속성을 추가하려면 **인스턴스.속성 = 값**과 같이 인스턴스 속성 이름을 쓰고 값을 대입하면 된다.

코드 8-25 인스턴스에 속성 추가하기

```python
# 코드 8-21 생략
cake_1.topping = '블루베리'    # ❶ 인스턴스에 topping 속성 추가하기
print(cake_1.topping)         # 출력: 블루베리

print(Cake.topping)           # ❷ 클래스에는 새로 추가한 속성이 없다.
# 오류: AttributeError: type object 'Cake' has no attribute 'topping'

print(cake_2.topping)         # ❸ 다른 인스턴스에도 새로 추가한 속성이 없다.
# 오류: AttributeError: 'Cake' object has no attribute 'topping'
```

❶ cake_1 객체에 topping 속성을 추가했다. 이 속성은 cake_1 객체에서만 포함되어 있고, ❷ Cake 클래스나 ❸ 다른 객체에는 포함되어 있지 않다.

이번에는 클래스에 정의해 놓은 공용 속성을 인스턴스에서 수정해 보자. 클래스 전체에 영향을 끼칠까?

코드 8-26 클래스에 존재하는 속성을 인스턴스에서 덮어썼을 때

```python
# 코드 8-21 생략
print(cake_1.coat)            # ❶ 출력: 생크림
cake_1.coat = '아이스크림'     # ❷ cake_1 객체에 coat 속성을 추가한다.
print(cake_1.coat)            # ❸ 출력: 아이스크림
print(Cake.coat)              # ❹ 출력: 생크림
print(cake_2.coat)            # ❺ 출력: 생크림
```

❶ cake_1 객체에 인스턴스 속성을 대입하기 전, coat 속성을 읽으면 Cake 클래스

의 공용 속성으로 평가되었다. 하지만 ❷ 인스턴스 속성을 대입하면 cake_1 객체에 자신만의 인스턴스 속성 coat가 추가되며, 기존의 공용 속성은 가려진다. 클래스의 속성을 수정한 게 아니라는 점을 주의하자. ❸ 이제 cake_1 객체는 자신만의 coat 속성을 갖지만, ❹ Cake 클래스와 ❺ 다른 인스턴스는 여전히 클래스 속성을 공유한다.

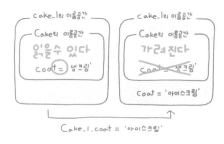

그림 8-2 인스턴스의 속성이 클래스의 속성을 덮어썼을 때

이름공간

같은 이름이라도 그 이름이 어떤 문맥에서 쓰이는지에 따라 가리키는 대상도 달라진다. '파이썬'이라는 이름은 이 책에서는 프로그래밍 언어를 가리키지만, 동물도감에서는 뱀의 한 종류를 가리킬 것이다. 이름이 추상적일지라도 문맥이 있기 때문에 구체적인 대상을 가리킬 수 있다. 덕분에 매번 '프로그래밍 언어 파이썬 버전 3'이라고 쓰지 않아도 된다.

TIP
영어 단어 'python'은
'비단뱀'이라는 뜻이다.

이름공간은 프로그래밍 언어에서 이름이 가리키는 대상을 제한하는 범위이다. 클래스와 인스턴스는 이름공간이기 때문에, 그 안에서 짧고 간편한 이름을 사용할 수 있다. 같은 이름이 여럿 있더라도 문맥에 따라 무엇을 가리키는지 알 수 있다.

앞의 예제에서 coat라는 속성을 서로 다른 이름공간에서 정의했다. 이름공간이 없다면 각 속성을 표현하기 위해 Cake_coat, cake_1_coat처럼 매번 다른 이름을 길게 붙여야 한다.

이름을 지을 때는 그 이름이 사용될 문맥에서 어떤 의미를 가질지 생각해야 한다. coat는 케이크를 덮는 코팅을 뜻하는 이름이다. 같은 이름이라도 그 문맥이 클래스냐 인스턴스냐에 따라 다음과 같이 다른 의미를 내포할 것이다.

- Cake 클래스의 이름공간에서는 일반적인 케이크의 코팅을 의미한다.
- cake_1 객체의 이름공간에서는 그 케이크만의 고유한 코팅을 의미한다.

dir() 함수로 이름공간에 정의된 이름 구하기

dir() 함수는 파이썬의 기본 데이터 유형이나 다른 사람이 정의한 클래스에 어떤 속성이 있는지 확인할 수 있게 해 주는 함수이다. dir() 함수를 사용하면 이름공간(클래스)에 정의된 모든 이름(속성)의 리스트를 구할 수 있다. Cake 클래스와 cake_1 인스턴스에 정의된 이름을 확인해 보자.

코드 8-27 Cake 클래스에 정의된 모든 이름 출력

```
# 코드 8-21 생략
import pprint                # 출력되는 속성이 많으니 pprint를 사용하자.
pprint.pprint(dir(Cake))     # Cake 클래스의 모든 속성을 구해 출력한다.
```

실행 결과는 다음과 같다.

```
['__class__',
 '__delattr__',
 '__dict__',
 '__dir__',
 (...중략...)
 '__init__',
 (...중략...)
 '__sizeof__',
 '__str__',
 '__subclasshook__',
 '__weakref__',
 'coat']
```

dir() 함수로 Cake 클래스의 속성을 구해 보았다. 직접 정의한 coat 외에도 밑줄 두 개(__)로 시작하고 끝나는 속성이 많이 보이는데, 이 속성들은 자동으로 정의된 것이다. 각 속성이 무엇에 쓰이는 것인지는 8.5절에서 알아본다.

8.3.3 메서드

클래스와 인스턴스의 이름공간에는 다양한 데이터를 속성으로 정의할 수 있다. 함수도 데이터이므로 속성이 될 수 있다. 클래스나 인스턴스에 속한 함수는 그 데이터 종류를 위한 전용 함수로 기능하게 된다. 이 함수를 메서드(method)라 한다. 메서드는 데이터 유형을 다루는 방법이 정의된 함수이다.

TIP
영어 단어 'method'는
'방법'이라는 뜻이다.

메서드 정의하기

메서드는 속성이므로, 클래스 공용 또는 특정 인스턴스 전용으로 정의할 수 있다.

하지만 대부분의 메서드는 클래스 공용 속성으로 정의한다. 데이터 유형을 다루는 방법은 데이터 유형에 따라 정하기 때문이다. 예를 들어, '절댓값' 메서드는 정수에 대해서 정의하지, 2나 -3 같은 개별 숫자에 대해서 정의하지 않는다. 따라서 메서드는 대부분 class 문 안에서 정의한다. Cake 클래스에 메서드를 추가해 새로 정의해 보자.

코드 8-28 **메서드 정의하기**

```
class Cake:
    """케이크를 나타내는 클래스"""
    coat = '생크림'

                                          # ❶ 빈 행
    def describe():                       # ❷ 메서드 정의하기
        """이 케이크에 관한 정보를 화면에 출력한다."""
        print('이 케이크는', Cake.coat, '으로 덮여 있다.')     # ❸ Cake 클래스의 Coat 속성 출력
```

❶ def 문 앞에는 빈 행을 하나 삽입하는 것이 관례이다. 대화식 셸에서 정의하는 경우에는 개행 시 class 문의 정의가 끝나버리기 때문에 이를 방지하기 위해 주석을 넣어 준다.

  ❷ 클래스 안에서 def 문으로 describe() 메서드를 정의했다. coat 속성을 읽어 케이크(클래스 또는 인스턴스)가 어떤 재질로 만들어졌는지를 화면에 출력하는 함수이다. 메서드는 별도의 이름공간을 가지기 때문에 본문에서 속성을 가리키지 못한다. ❸ coat라고 쓰면 이름 오류가 발생하므로, Cake.coat와 같이 속성을 가진 클래스의 이름을 붙여야 한다.

메서드 호출하기

메서드는 다른 속성과 마찬가지로 점 기호를 이용해 가리킬 수 있다. 여기에 괄호를 붙여 메서드를 호출해 보자.

코드 8-29 **클래스 객체를 기준으로 메서드 호출하기**

```
# 코드 8-28 생략
Cake.describe()        # 출력: 이 케이크는 생크림 으로 덮여 있다.
```

메서드가 의도한 대로 잘 실행되는 것처럼 보인다. 그런데 코드 8-27은 Cake 클래스 객체를 기준으로 메서드를 호출한 것이다. 메서드를 클래스 공용 속성으로 정의했으므로, 클래스뿐 아니라 인스턴스에서도 실행할 수 있을 것이다. 그런데 이 메

서드는 클래스 공용 속성인 Cake.coat를 읽어 출력하도록 정의해 두었다. 이 방법으로는 인스턴스 전용 속성을 출력하지는 못한다. '이 케이크의 토핑'을 출력하고 싶은데 '일반적인 케이크 토핑'만 출력하는 메서드가 된 것이다. 어떻게 해야 메서드에서 인스턴스의 속성을 읽을 수 있을까?

인스턴스에서 메서드를 호출할 때

클래스가 아닌 인스턴스를 기준으로 describe() 메서드를 호출했을 때, 어떤 결과가 일어나는지 실험해 보자. Cake 클래스의 인스턴스를 하나 만들고, 클래스 공유 속성과는 다른 값을 인스턴스 전용 속성으로 대입해 두자.

코드 8-30 클래스를 기준으로 메서드 실행하기

```
class Cake:
    """케이크를 나타내는 클래스"""
    coat = '생크림'
                                              # ❶ 빈 행
    def describe(self):                       # ❷ 메서드 정의하기
        """이 케이크에 관한 정보를 화면에 출력한다."""
        print('이 케이크는', self.coat, '으로 덮여 있다.')  # ❸ 출력

cake_1 = Cake() # 클래스를 새로 정의했으니, 인스턴스도 새로 생성해야 한다.
cake_1.coat = '초콜릿'
cake_1.describe() # 실행하기 전에 결과를 예측해 보자.
```

어떤 실행 결과가 나올지 예상할 수 있겠는가? 다음 중 하나일 것이다.

1. '이 케이크는 초콜릿 으로 덮여 있다.'가 출력된다.
2. '이 케이크는 생크림 으로 덮여 있다.'가 출력된다.
3. 오류가 발생한다.

1번 결과가 나오면 좋겠지만, 메서드에서 Cake.coat를 읽으므로 합리적으로 생각하면 2번 결과가 나올 것 같다. 하지만 실제로는 다음과 같은 오류가 발생한다.

```
TypeError: describe() takes 0 positional arguments but 1 was given
```

오류 메시지를 해석하면, "describe()는 인자를 0개 전달받는 함수인데, 여기에 인자 1개가 전달되었다."라는 의미다. 이상하다. cake_1.describe()는 인자를 하나도 전달하지 않는데, 인자가 전달되었다니?

인스턴스용 메서드 정의하기

파이썬에서는 클래스를 기준으로 할 때와 인스턴스를 기준으로 할 때 메서드 호출 방식이 서로 다르다. 인스턴스를 기준으로 메서드를 호출하면 암묵적으로 메서드 호출의 기준이 되는 인스턴스가 첫 번째 인자로 메서드에 전달된다. 그래서 코드 8-30에서 전달되는 데이터는 있지만 describe() 메서드에 이를 전달받을 매개변수가 없어 오류가 발생한 것이다.

인스턴스 기준의 호출에서 인스턴스가 메서드에 인자로 전달되는 것은 인스턴스의 속성에 메서드가 접근할 수 있도록 하기 위한 것이다. 이를 활용해 describe() 메서드가 올바르게 동작하도록 클래스를 새로 정의해 보자.

코드 8-31 인스턴스를 위한 메서드 정의하기

```python
class Cake:
    """케이크를 나타내는 클래스"""
    coat = '생크림'

    def describe(self):                          # ❶
        """이 케이크에 관한 정보를 화면에 출력한다."""
        print('이 케이크는', self.coat, '으로 덮여 있다.')    # ❷
```

❶ describe() 메서드에 인스턴스를 전달받기 위한 매개변수 self를 추가했다.

❷ 클래스의 속성 Cake.coat 대신 인스턴스의 속성 self.coat를 화면에 출력하도록 변경했다. 파이썬에서 인스턴스를 전달받는 메서드의 매개변수 이름으로 이 이름을 사용하는 것이 관례다.

> **TIP**
> 'self'라는 이름은 '자신'을 의미하는 영어 단어에서 딴 것이다.

클래스를 새로 정의했으니, 인스턴스를 새로 생성하여 메서드의 동작을 확인해 보자.

코드 8-32 인스턴스를 위한 메서드 호출하기

```python
# 코드 8-31 생략
cake_1 = Cake()    # 클래스를 새로 정의했으니, 인스턴스도 새로 생성해야 한다.
cake_1.coat = '초콜릿'
cake_1.describe()  # 출력: 이 케이크는 초콜릿 으로 덮여 있다.
```

메서드가 의도한 대로 동작한다. 메서드는 클래스보다는 개별 인스턴스를 조작하기 위한 것일 때가 많다. 그래서 대부분의 메서드는 self 매개변수를 첫 번째 매개변수로 가진다.

다음은 앞서 소개한 클래스 정의 양식을 수정한 것이다.

```
class 클래스이름:
    """독스트링"""
    클래스 공용 속성
    def 메서드(self, ...):
        """이 클래스의 인스턴스를 self 매개변수에 전달받아 처리하는 함수"""
        메서드 본문
    ...(필요한 만큼 메서드를 추가 정의)
```

TIP
메서드에 self 매개변수를
추가했다.

메서드는 여러 인스턴스가 공유하기 때문에 클래스의 속성으로 정의한다. 그런데 메서드는 클래스가 아니라 인스턴스를 기준으로 실행할 때가 많다. 정의하는 곳과 사용하는 곳이 다르다.

클래스를 기준으로 메서드를 호출하면 다음과 같이 오류가 발생한다.

코드 8-33 인스턴스를 전달받는 메서드를 클래스 객체에서 호출하면 오류가 발생한다

```
# 코드 8-31 생략
Cake.describe()
# 오류: TypeError: describe() missing 1 required positional argument: 'self'
```

메서드가 인스턴스를 전달받아야 하는데, 클래스를 기준으로 호출하면 인스턴스가 전달되지 않기 때문이다. 인스턴스를 위한 메서드를 클래스를 기준으로 호출하는 것은 이치에도 맞지 않는다.

8.3.4 인스턴스 초기화하기

케이크에 꽂힌 초의 개수는 클래스의 속성과 인스턴스의 속성 중 어느 것으로 표현하는 것이 바람직할까? 모든 케이크에 똑같은 개수의 초를 꽂는다면 클래스의 속성이 좋을 것이다. 하지만 보통은 나이에 따라 초의 개수가 달라진다. 이처럼 인스턴스마다 정보가 달라진다면 그 정보는 인스턴스의 속성으로 정의해야 한다.

인스턴스를 생성하면 가장 먼저 인스턴스 속성을 정의해야 한다. 이것을 **초기화**(initialization)라 한다. 그런데 인스턴스를 만들 때마다 속성을 직접 대입해 초기화해야 한다면 상당히 번거로울 것이다. 예를 들어 Cake 클래스의 인스턴스를 3개 만들고 각각 초의 개수를 뜻하는 candles 속성을 0으로 초기화한다고 해 보자.

코드 8-34 인스턴스의 속성을 일일이 초기화하기가 번거롭다

```
# 코드 8-31 생략
cake_1 = Cake()
cake_2 = Cake()
```

```
cake_3 = Cake()
cake_1.candles = 0
cake_2.candles = 0
cake_3.candles = 0
```

이 방식으로 초기화하면 인스턴스 개수와 속성 개수의 곱만큼 코드를 작성해야 한다. 좀 더 편리하게 인스턴스를 초기화하는 방법을 알아보자.

__init__() 메서드로 인스턴스 초기화하기

Cake()를 실행해 인스턴스화를 명령하면, 파이썬은 다음 두 단계를 수행한다.

1. __new__() 메서드를 실행해 새 객체를 만든다.
2. __init__() 메서드를 실행해 객체를 초기화한다.

__new__는 새 객체를 만드는 방법을 담은 메서드인데, 파이썬이 기본으로 제공하기 때문에 여러분이 직접 정의할 필요는 없다. __init__()는 새로 만들어진 객체의 속성을 초기화하는 메서드이다. 기본으로 제공되는 __init__() 메서드는 객체에 아무런 속성도 부여하지 않지만, 여러분이 이 메서드를 직접 정의하면 인스턴스의 초기화 방법을 지시할 수 있다.

다음은 코드 8-31의 Cake 클래스에 __init__() 메서드를 추가한 것이다.

코드 8-35 __init__() 메서드 정의하기

```
class Cake:
    """케이크를 나타내는 클래스"""
    coat = '생크림'

    def __init__(self, candles):                    # ❶
        """인스턴스를 초기화한다."""
        self.candles = candles

    def describe(self):
        """이 케이크에 관한 정보를 화면에 출력한다."""
        print('이 케이크는', self.coat, '으로 덮여 있다.')
        print('초가', self.candles, '개 꽂혀 있다.')   # ❷
```

❶ __init__ 메서드를 새로 추가했다. 매개변수로는 생성된 인스턴스를 전달받을 self와 초깃값으로 지정할 값을 전달받을 candles을 정의했다. 전달받은 candles는 메서드 본문에서 self.candles에 대입하여 케이크의 속성으로 초기화했다.
❷ describe() 메서드에서 인스턴스 속성 candles을 화면에 출력하도록 했는데, 이

제 모든 객체가 초기화 과정에서 candles 속성을 가지게 되므로 문제없이 실행될
것이다.

이 클래스를 실제로 인스턴스화해 보자.

코드 8-36 인스턴스화 과정에서 초기화가 수행된다

```
# 코드 8-35 생략
cake_1 = Cake(12)    # 이제 초깃값을 지정하여
cake_2 = Cake(100)   # 인스턴스화할 수 있다.

print('케이크 1:')
print('초 개수:', cake_1.candles)

print('케이크 2:')
cake_2.describe()
```

실행 결과는 다음과 같다.

```
케이크 1:
초 개수: 12
케이크 2:
이 케이크는 생크림 으로 덮여 있다.
초가 100 개 꽂혀 있다.
```

인스턴스화를 수행할 때 Cake(12)와 같이 초기화에 필요한 데이터를 괄호 안에 넣
어 인자로 전달하면 된다. __init__() 메서드는 첫 번째 매개변수에 인스턴스를
전달받고, 두 번째 매개변수부터는 사용자가 전달한 인자를 입력받아 초기화에 사
용한다.

__init__() 메서드를 잘 정의해 두면 인스턴스화 과정에서 초기화가 함께 수행
되도록 할 수 있다. 대부분의 객체는 초기화가 필요하다. 그러므로 클래스 정의 양
식을 다음과 같이 확장해 기억하자.

```
class 클래스이름:
    """독스트링"""
    클래스 공용 속성
    def __init__(self, ...):
        """인스턴스를 초기화한다."""
        인스턴스 전용 속성 초기화
    def 메서드(self, ...):
        """이 클래스의 인스턴스를 self 매개변수에 전달받아 처리하는 함수"""
        메서드 본문
    ...(필요한 만큼 메서드를 추가 정의)
```

인스턴스가 가져야 할 속성

클래스 공용 속성으로는 메서드와 그 범주의 일반적 속성을 정의하고, 인스턴스 전용 속성으로는 개별 객체의 고유한 속성을 정의해야 한다. __init__() 메서드는 인스턴스가 가져야 할 속성을 정하는 역할을 한다.

각 케이크마다 토핑, 가격, 초 개수를 모두 다르게 취급한다고 하자. 그러면 이 속성들은 인스턴스의 속성이 되어야 한다. Cake 클래스의 모든 속성을 인스턴스 속성으로 수정해 보자.

코드 8-37 **인스턴스가 가져야 할 속성을 __init__() 메서드에 정의**

```python
class Cake:
    """케이크를 나타내는 클래스"""
    coat = '생크림'

    def __init__(self, topping, price, candles=0):
        """인스턴스를 초기화한다."""
        self.topping = topping    # 케이크에 올린 토핑
        self.price = price        # 케이크의 가격
        self.candles = candles    # 케이크에 꽂은 초 개수

    def describe(self):
        """이 케이크에 관한 정보를 화면에 출력한다."""
        print('이 케이크는', self.coat, '으로 덮여 있다.')
        print(self.topping, '을 올려 장식했다.')
        print('가격은', self.price, '원이다.')
        print('초가', self.candles, '개 꽂혀 있다.')
```

새 Cake 클래스는 개별 케이크 객체가 가져야 할 정보를 __init__() 메서드가 전달받아 초기화한다. 케이크가 처음 나올 때는 초를 꽂아 두지 않을 것이므로, candles 매개변수는 기본값을 0으로 지정해 두었다. 이제 Cake 클래스를 인스턴스화할 때 케이크의 속성을 모두 지정할 수 있다.

코드 8-38 **개별적 정보가 입력된 인스턴스**

```python
# 코드 8-37 생략
cake_1 = Cake('눈사람 사탕', 10000)
cake_2 = Cake('한라봉', 9000, 8)

print('케이크 1:')
cake_1.describe()

print('케이크 2:')
cake_2.describe()
```

실행 결과는 다음과 같다.

```
케이크 1:
이 케이크는 생크림 으로 덮여 있다.
눈사람 사탕 을 올려 장식했다.
가격은 10000 원이다.
초가 0 개 꽂혀 있다.
케이크 2:
이 케이크는 생크림 으로 덮여 있다.
한라봉 을 올려 장식했다.
가격은 9000 원이다.
초가 8 개 꽂혀 있다.
```

객체를 생성할 때 초기화에 필요한 인자의 개수가 많거나 부족하면 오류가 발생한다.

코드 8-39 초기화에 필요한 속성을 누락하면 인스턴스를 생성할 수 없다

```
# 코드 8-37 생략
cake_3 = Cake('복숭아')     # 오류: TypeError: __init__() missing 1 required
                          #     positional argument: 'price'
```

초기화에 2개의 값이 필요한데, 한 개만 주어졌다. 초기화에 필요한 정보가 모자라 인스턴스의 생성이 이루어지지 않은 것이다. 인스턴스에 필요한 속성을 모두 `__init__` 메서드에 정의해 두면, 속성이 누락된 객체가 만들어지지 않게 방지할 수 있다.

연습문제 8-5   좌표를 나타내는 클래스 Coordinate를 정의해 보라. 이 클래스의 속성으로 x와 y를 정의하라. 두 속성의 값은 0으로 정의해 두면 된다.

연습문제 8-6   연습문제 8-5에서 정의한 Coordinate 클래스의 인스턴스를 두 개 생성하고, 인스턴스의 속성을 다음과 같이 각각 부여하라.

- 첫 번째 인스턴스(point_1): x축의 좌표는 -1, y축의 좌표는 2
- 두 번째 인스턴스(point_2): x축의 좌표는 2, y축의 좌표는 3

연습문제 8-7   연습문제 8-6에서 생성한 두 인스턴스의 거리를 계산하려 한다.

```
import math

def square(x):
    """전달받은 수의 제곱을 반환한다."""
```

```
    return x * x
def distance(point_a, point_b):
    """두 점 사이의 거리를 계산해 반환한다. (피타고라스의 정리)"""
    return math.sqrt(square(point_a['x'] - point_b['x']) +
                     square(point_a['y'] - point_b['y']))
```

Coordinate 인스턴스 두 개를 전달받아 거리를 계산하는 함수 distance()를 정의하라. 코드 8-2에서 정의한 distance() 함수를 참고하라. 다음은 인스턴스의 거리를 계산한 예이다.

```
>>> distance(point_1, point_2)
3.1622776601683795
```

> HINT 매핑(사전)에 저장된 값을 읽는 방법과 클래스에서 속성을 읽는 방법은 문법이 서로 다르다.

연습문제 8-8 연습문제 8-5에서 정의한 Coordinate 클래스를 새로 정의하여, 두 좌표 사이의 거리를 계산해 반환하는 메서드 distance()를 정의하라. 이 메서드는 메서드 호출의 기준이 된 인스턴스와 거리를 계산할 다른 인스턴스를 각각 매개변수로 전달받아 거리를 계산한다.

클래스를 다시 정의한 뒤에는 연습문제 8-6의 인스턴스를 새로 생성하여 다음과 같이 메서드를 테스트해 보라.

```
>>> point_1.distance(point_2)
3.1622776601683795
```

> HINT self 매개변수를 빼먹지 않도록 주의하자.

연습문제 8-9 연습문제 8-8에서 정의한 Coordinate 클래스를 새로 정의하여, 인스턴스화 과정에서 속성 x와 속성 y를 초기화할 수 있도록 해 보라. 인스턴스화할 때 초깃값을 전달되지 않았다면 기본값 0으로 초기화되도록 하라.

다음은 클래스를 새로 정의한 후에 인스턴스화를 수행하고 테스트하는 예이다.

```
>>> point_1 = Coordinate(-1, 2)
>>> point_2 = Coordinate(y=3, x=2)
>>> point_3 = Coordinate()
>>> point_4 = Coordinate(10)
```

```
>>> point_1.x, point_1.y
(-1, 2)

>>> point_2.x, point_2.y
(2, 3)

>>> point_3.x, point_3.y
(0, 0)

>>> point_4.x, point_4.y
(10, 0)

>>> point_1.distance(point_2)
3.1622776601683795
```

8.4 클래스의 포함 관계 나타내기

TIP
데이터 범주에 대한 내용은
245쪽에서 다루었다.

범주는 더 넓은 범주에 포함되고, 더 좁은 범주를 포함한다. 데이터의 범주도 마찬가지여서, '케이크' 유형에 속하는 '초콜릿 케이크' 유형과 '아이스크림 케이크' 유형을 정의할 수도 있다. 이 절에서는 다른 클래스에 포함되는 하위 클래스를 정의하는 방법과 클래스의 포함 관계에서 나타나는 특징을 알아본다.

8.4.1 하위 클래스 정의하기

클래스를 정의할 때 상위 클래스를 지정할 수 있다. 헤더 행에서 클래스 이름 뒤에 괄호를 붙이고, 괄호 속에 상위 클래스로 삼을 클래스를 표기하면 된다.

```
class B(A):
    """A 클래스의 하위 클래스인 B 클래스"""
    이 하위 클래스의 공용 속성
```

케이크라는 범주는 초콜릿 케이크, 치즈 케이크, 과일 케이크 등의 하위 범주로 세분화할 수 있다. 다음은 Cake 클래스의 하위 클래스로 초콜릿 케이크를 나타내는 ChocolateCake 클래스를 정의해 본 것이다.

코드 8-40 '케이크' 클래스를 상위 클래스로 삼는 '초콜릿 케이크' 클래스 정의하기

```
class Cake:
    """케이크를 나타내는 클래스"""
    coat = '생크림'
```

```python
    def __init__(self, topping, price, candles=0):
        """인스턴스를 초기화한다."""
        self.topping = topping  # 케이크에 올린 토핑
        self.price = price      # 케이크의 가격
        self.candles = candles  # 케이크에 꽂은 초 개수
    def describe(self):
        """이 케이크에 관한 정보를 화면에 출력한다."""
        print('이 케이크는', self.coat, '으로 덮여 있다.')
        print(self.topping, '을 올려 장식했다.')
        print('가격은', self.price, '원이다.')
        print('초가', self.candles, '개 꽂혀 있다.')
```

```python
class ChocolateCake(Cake):           # ❶ Cake 클래스를 상위 클래스로 삼았다.
    """초콜릿 케이크를 나타내는 클래스"""
    coat = '초콜릿'                    # ❷ coat 속성을 '초콜릿'으로 정의했다.
    cacao_percent = 32.0             # ❸ 속성을 새로 추가했다.
```

❶ ChocolateCake 클래스 정의에서 괄호 안에 Cake를 표기했다. Cake 클래스를 상위 클래스로 삼은 것이다.

❷ coat 속성은 상위 클래스인 Cake에 '생크림'으로 정의되어 있다. 그런데 ChocolateCake 클래스에서는 **초콜릿**으로 정의했다. 하위 클래스에서 coat 속성을 읽으면 상위 클래스의 '**생크림**'이 아니라 새로 정의한 '**초콜릿**'으로 평가된다. 이처럼 상위 클래스에 정의된 속성은 하위 클래스에서 고쳐 정의할 수 있다.

❸ cacao_percent 속성은 Cake에는 없지만 ChocolateCake에서 새로 추가되었다. 이처럼 상위 클래스에 없는 속성을 하위 클래스에 추가로 정의할 수도 있다.

ChocolateCake 클래스의 속성을 읽어 보자.

코드 8-41 ChocolateCake 클래스와 인스턴스의 동작

```python
# 코드 8-40 생략
print(ChocolateCake.coat)           # ❶ 출력: 초콜릿
print(ChocolateCake.cacao_percent)  # ❷ 출력: 32.0
```

❶ 하위 클래스에서 재정의한 속성은 상위 클래스의 속성을 덮어버린다. ❷ 하위 클래스에서 추가한 속성은 하위 클래스에서 읽을 수 있다.

인스턴스를 생성해 메서드를 실행해 보자.

코드 8-42 ChocolateCake 인스턴스 동작

```python
# 상위 클래스 Cake의 __init__() 메서드와 __describe__() 메서드 이용하기
chocolate_cake_1 = ChocolateCake('막대사탕', 12000)
chocolate_cake_1.describe()
```

실행 결과는 다음과 같다.

```
이 케이크는 초콜릿 으로 덮여 있다.
막대사탕 을 올려 장식했다.
가격은 12000 원이다.
초가 0 개 꽂혀 있다.
```

재정의하지 않은 속성과 메서드는 그대로 사용할 수 있다. chocolate_cake_1 인스턴스를 만들고 사용할 때, 상위 클래스 Cake의 __init__() 메서드와 describe() 메서드를 그대로 사용했다.

✅ **상속·확장: 하위 클래스 정의를 가리키는 다른 용어**

어떤 클래스의 하위 클래스를 정의하는 것을 '상속(inherit)' 또는 '확장(extend)'이라고 부르기도 한다. 다음은 모두 같은 뜻이다.

- 상위 클래스 A의 하위 클래스 B를 정의한다.
- A 클래스를 상속하는 B 클래스를 정의한다.
- A 클래스를 확장하는 B 클래스를 정의한다.

하위 클래스가 상위 클래스의 속성을 공유하는 것이 부모의 특성을 자식에게 대물림하는 것과 비슷하다 하여 '상속'이라는 용어가 붙었다. 하위 클래스는 상위 클래스의 모든 속성을 고스란히 가지면서도 속성을 추가로 더 가질 수 있기 때문에 상위 클래스를 '확장'한다고 부르기도 한다.

__init__() 메서드 재정의하기

하나의 상위 범주에는 다양한 하위 범주가 속할 수 있다. Cake 클래스의 또 다른 하위 객체로, 아이스크림 케이크를 나타내는 클래스 IceCreamCake을 정의해 보자.

코드 8-43 IceCreamCake을 정의하고 __init__() 메서드 재정의하기

```
# 코드 8-40 생략
class IceCreamCake(Cake):
    """아이스크림 케이크를 나타내는 클래스"""
    coat = '아이스크림'
    flavor = '정해지지 않은 맛'

    def __init__(self, flavor, topping, price, candles=0):   # ❶
        """인스턴스를 초기화한다."""
        self.flavor = flavor  # 아이스크림의 맛               # ❷
        super().__init__(topping, price, candles)            # ❸
```

❶ IceCreamCake 클래스는 __init__() 메서드를 재정의했다. ❷ 이 메서드는 전달

받은 인자 중에서 flavor만 인스턴스 초기화에 사용했다. ❸ 나머지 인자는 직접 사용하지 않고, 상위 클래스인 Cake 클래스의 __init__() 메서드에 전달해 초기화했다. 여기서 사용한 super()는 이 인스턴스가 속한 클래스의 상위 클래스로 평가되는 함수로, 실행하면 Cake 클래스가 된다.

아이스크림 케이크 클래스의 인스턴스를 생성하여 초기화 결과를 확인해 보자.

코드 8-44 하위 클래스의 인스턴스

```
# 코드 8-43 생략
ice_cream_cake_1 = IceCreamCake('바닐라맛', '쿠키 인형', 12000)
ice_cream_cake_1.describe()
```

실행 결과는 다음과 같다.

```
이 케이크는 아이스크림 으로 덮여 있다.
쿠키 인형 을 올려 장식했다.
가격은 12000 원이다.
초가 0 개 꽂혀 있다.
```

하위 클래스의 초기화 메서드 IceCreamCake.__init__()에서 정의한 속성 flavor와 상위 클래스의 초기화 메서드 super().__init__()에서 정의한 속성 topping, price, candles가 모두 잘 초기화되어 있다.

8.4.2 클래스의 계층 살펴보기

범주는 여러 단계의 계층을 형성할 수 있으므로, 여러 단계의 하위 클래스를 정의할 수도 있다. 다음은 Cake 클래스의 하위 클래스인 IceCreamCake 클래스의 하위 클래스인 FruitIceCreamCake 클래스를 정의해 본 것이다.

코드 8-45 하위 클래스의 하위 클래스

```
# 코드 8-43 생략
class FruitIceCreamCake(IceCreamCake):
    """과일 아이스크림 케이크를 나타내는 클래스"""
    def __init__(self, fruit_percent, flavor, topping, price, candles=0):
        """인스턴스를 초기화한다."""
        self.fruit_percent = fruit_percent  # 과일 함량 (퍼센트)
        super().__init__(flavor, topping, price, candles)
```

파이썬의 모든 클래스는 object 클래스의 하위 클래스이다. 클래스를 정의할 때 다른 클래스를 상속하지 않으면 object 클래스를 상속하여 정의된다. 과일 아이스크림 케이크 클래스와 다른 클래스의 관계를 생각해 보면, FruitIceCreamCake ⊂ IceCreamCake ⊂ Cake⊂ object라는 것을 이해할 수 있을 것이다.

그림 8-3 케이크 클래스들의 관계

하위 클래스 확인하기

issubclass() 함수를 사용하면 어떤 클래스가 다른 클래스의 하위 클래스인지를 검사할 수 있다.

코드 8-46 **issubclass() 함수로 하위 클래스 검사**

```
# 코드 8-45 생략
print(issubclass(ChocolateCake, Cake)) # ❶ 출력: True
print(issubclass(IceCreamCake, Cake))  # ❷ 출력: True
print(issubclass(Cake, Cake))          # ❸ 출력: True
print(issubclass(int, Cake))           # ❹ 출력: False
```

TIP
집합 이론에서 한 집합이
자신의 부분집합인 것과 같다.

❶, ❷ ChocolateCake와 IceCreamCake는 Cake의 하위 클래스이다. ❸ Cake도 Cake의 하위클래스로 평가되지만, ❹ int는 Cake의 하위 클래스가 아니다.

모든 클래스는 object의 하위 클래스이므로 object를 대상으로 검사하면 항상 참이 반환된다.

코드 8-47 **모든 클래스는 object의 하위 클래스이다**

```
# 코드 8-45 생략
print(issubclass(object, object))           # 출력: True
print(issubclass(int, object))              # 출력: True
print(issubclass(Cake, object))             # 출력: True
print(issubclass(IceCreamCake, object))     # 출력: True
print(issubclass(FruitIceCreamCake, object)) # ❶ 출력: True
```

❶ issubclass() 함수는 클래스가 다른 클래스를 직접 상속하지 않고 상위 클래스를 통해 간접적으로 상속하더라도 하위 클래스로 판단한다.

클래스 계층의 이름공간

하위 클래스는 상위 클래스의 이름공간을 공유하는 동시에, 자신만의 이름공간도 가진다. 반면 상위 클래스는 하위 클래스의 이름공간에 접근하지 못한다.

코드 8-48 상위 클래스와 하위 클래스의 이름공간 비교

```
# 코드 8-45 생략
Cake.radius = 20
print(IceCreamCake.radius)      # ❶ 출력: 20

IceCreamCake.radius = 16
print(Cake.radius)              # ❷ 출력: 20
print(IceCreamCake.radius)      #   출력: 16

IceCreamCake.temperature = -1
print(FruitIceCreamCake.temperature) # 출력: -1
print(Cake.temperature)         # ❸ 오류: AttributeError: type object 'Cake' has
                                #            no attribute 'temperature'
```

❶ 상위 클래스인 Cake에서 추가한 속성을 하위 클래스인 IceCreamCake에서 읽을 수 있다. ❷ 하위 클래스인 IceCreamCake의 radius 속성을 재정의하면, 상위 클래스인 Cake의 radius는 값을 유지한다. ❸ IceCreamCake의 속성을 정의하면, 하위 클래스인 FruitIceCream은 속성을 읽을 수 있으나 상위 클래스인 Cake는 속성을 읽을 수 없다. 따라서 Cake 클래스는 temperature 속성이 없다는 오류가 발생한다.

상위 클래스와 하위 클래스의 이름공간의 관계는 클래스와 인스턴스의 이름공간의 관계와 유사하다. 다음 그림과 같이, 하위클래스와 하위 클래스의 인스턴스에서는 상위 클래스의 이름공간에 접근할 수 있다. 하지만 안쪽의 상위 클래스에서는 바깥쪽의 하위 클래스의 이름공간에 접근하지 못한다.

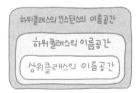

그림 8-4 상위 클래스, 하위 클래스, 인스턴스의 이름공간의 범위

8.4.3 다중 상속

다중 상속이란 클래스가 두 개 이상의 상위 클래스를 나란히 상속하는 것이다. 예를 들어, 초콜릿 클래스와 조각 케이크 클래스를 각각 정의한 뒤에 이 둘을 나란히 상속하는 초콜릿 조각 케이크 클래스를 정의한다. 단, 수직적 관계로 여러 개의 클래스를 상속하는 것을 다중 상속이라고 하지는 않는다.

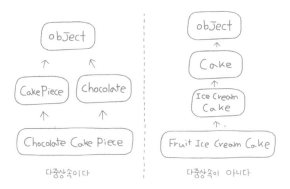

그림 8-5 다중 상속과 다중 상속이 아닌 것

클래스가 여러 개의 상위 클래스를 상속하도록 하려면 괄호 안에 상속할 클래스의 이름을 콤마로 구분하여 나열한다.

코드 8-49 치즈 조각 케이크 클래스의 다중 상속

```python
class Cake:
    """케이크"""
    coat = '생크림'

class CakePiece:
    """조각 케이크"""
    size = 1 / 8
    calorie = 200

class CheeseCake(Cake):
    """치즈 케이크"""
    body = '치즈'
    calorie = 1600

class CheeseCakePiece(CakePiece, CheeseCake):  # 상속할 클래스를 괄호 안에 나열한다.
    """치즈 조각 케이크"""
    pass  # 추가로 정의할 속성이 없으면 pass 문으로 비워 둔다.
```

하위 클래스는 자신이 상속한 상위 클래스들의 속성을 읽을 수 있다. 이때, 상속한 상위 클래스의 나열 순서에 의미가 있다. 하위 클래스에 속성이 없을 때는 상위 클래스의 이름공간에서 속성을 찾는다. 상위 클래스가 여러 개인 경우 왼쪽, 오른쪽, 위쪽, 아래쪽 순으로 클래스의 이름공간을 검색한다. 다음 코드를 보자.

코드 8-50 다중 상속한 클래스의 이름공간 검색

```
# 코드 8-49 생략
print('body:', CheeseCakePiece.body)        # CheeseCake의 속성을 읽는다.
print('size:', CheeseCakePiece.size)        # CakePiece의 속성을 읽는다.
print('calorie:', CheeseCakePiece.calorie)  # ❶ CakePiece의 속성을 읽는다.
```

실행 결과는 다음과 같다.

```
body: 치즈
size: 0.125
calorie: 200
```

❶ calorie 속성은 CheeseCakePiece 클래스가 상속한 두 클래스 모두에 각각 다르게 정의되어 있다. 그렇지만 class CheeseCakePiece(CakePiece, CheeseCake):에서 왼쪽에 나열된 CakePiece 클래스의 속성이 먼저 발견된다. 다음은 코드 8-49에서 다중 상속한 클래스의 이름공간이 어떤 순서로 검색되는지 나타낸 그림이다.

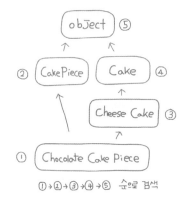

그림 8-6 다중 상속한 클래스의 이름공간 검색 순서

다중 상속을 하면 이름공간의 검색 순서가 복잡해져서 코드를 읽을 때 인스턴스의 속성이 어느 것을 가리키는 것인지 알기가 어려워진다. 대규모 프로젝트에서는 다중 상속의 대상이 되는 상위 클래스도 다른 클래스를 다중 상속하는 등 훨씬 복잡해질 수 있다. 따라서 다중 상속은 꼭 필요할 때만 쓰는 것이 바람직하다.

믹스인

클래스 중에는 메서드로만 이루어진 특별한 클래스가 있는데, 믹스인(mixin)이라 한다. 믹스인은 상태를 저장하는 속성을 정의하지 않기 때문에 다중 상속으로 인한 문제가 덜하다.

연습문제 8-10 다음 요구사항을 참고해 도형, 삼각형, 사각형을 나타내는 클래스를 정의하라.

- Shape: 도형을 나타내는 클래스
  - 클래스 메서드 describe(): 도형의 특징을 화면에 출력한다. 변의 개수는 self.sides 속성을 읽어 구한다.
- Triangle: 삼각형을 나타내는 클래스
  - Shape 클래스를 상속
  - 클래스 속성 sides: 변의 개수를 나타내는 속성. 3으로 고정
- Rectangle: 사각형을 나타내는 클래스
  - Shape 클래스를 상속
  - 클래스 속성 sides: 변의 개수를 나타내는 속성. 4로 고정

클래스를 정의한 후에는 프로그램 하단에 도형의 인스턴스를 만들어 특징을 출력하는 다음 코드를 삽입하라.

```
shapes = [
    Triangle(),
    Rectangle(),
]
for shape in shapes:
    shape.describe()
```

프로그램을 실행한 결과는 다음과 같아야 한다.

```
이 도형은 3 개의 변을 가지고 있습니다.
이 도형은 4 개의 변을 가지고 있습니다.
```

연습문제 8-11 다음 사항을 참고해 연습문제 8-10에서 정의한 도형 클래스에 도형의 각 좌표 속성과 둘레 계산 메서드를 추가하라. 이때, Coordinate 클래스는 연습문제 8-9에서 정의한 것을 활용한다.

- Triangle 클래스에 추가할 속성
  - 클래스 메서드 circumference(): 이 삼각형의 둘레를 계산하여 반환한다.
  - 인스턴스 속성 point_a: 꼭짓점 A의 좌표 (Coordinate 유형)
  - 인스턴스 속성 point_b: 꼭짓점 B의 좌표 (Coordinate 유형)
  - 인스턴스 속성 point_c: 꼭짓점 C의 좌표 (Coordinate 유형)

- Rectangle 클래스에 추가할 속성
  - 클래스 메서드 circumference(): 이 사각형의 둘레를 계산하여 반환한다.
  - 인스턴스 속성 point_a: 꼭짓점 A의 좌표 (Coordinate 유형)
  - 인스턴스 속성 point_b: 꼭짓점 B의 좌표 (Coordinate 유형)
  - 인스턴스 속성 point_c: 꼭짓점 C의 좌표 (Coordinate 유형)
  - 인스턴스 속성 point_d: 꼭짓점 D의 좌표 (Coordinate 유형)

클래스를 정의한 후에는 프로그램 하단에 도형의 인스턴스를 만들어 특징과 둘레를 출력하는 다음 코드를 삽입하라.

```
shapes = [
    Triangle(Coordinate(0, 0), Coordinate(3, 0), Coordinate(3, 4)),
    Rectangle(Coordinate(2, 2), Coordinate(6, 2), Coordinate(6, 6),
            Coordinate(2, 6)),
]
for shape in shapes:
    shape.describe()
    print('둘레:', shape.circumference())
```

프로그램을 실행한 결과는 다음과 같아야 한다.

```
이 도형은 3 개의 변을 가지고 있습니다.
둘레: 12.0
이 도형은 4 개의 변을 가지고 있습니다.
둘레: 16.0
```

> HINT Coordinate 클래스의 거리 계산 메서드 distance()를 활용하라.

> HINT 인스턴스의 속성은 초기화 메서드 __init__()를 이용해 정의하라.

8.5 데이터 유형에 맞는 연산 정의하기

데이터를 어떻게 다루어야 하는지는 그 데이터의 유형에 따라 결정된다. 수 데이터는 반올림 연산을 할 수 있지만, 문자열 데이터는 그럴 수 없다. 똑같이 + 연산자로 계산하더라도 수는 합을 구하지만 문자열은 연결한 문자열('a' + 'b' == 'ab')을 구한다.

이렇게 데이터 유형마다 연산 방식이 다른 것은, 파이썬에 이 데이터 유형들이 그렇게 정의되어 있기 때문이다. 데이터 유형은 데이터의 취급 방식을 결정하기 위해 필요한 것이므로, 여러분도 데이터 유형을 정의할 때 그 데이터 유형에 맞는 연산을 정의할 필요가 있다. 8.3절에서 배운 메서드를 활용해 이용해 데이터 유형(클래스)에 따라 데이터(인스턴스)를 다루는 연산을 정의하는 방법을 알아보자.

8.5.1 데이터 유형의 인터페이스

인터페이스(interface, 접점)는 한 대상이 다른 대상과 맞닿는 면이다. 전자 제품이나 소프트웨어처럼 내부 구조가 복잡한 제품에서는 인터페이스가 사용자가 제품을 사용하는 방법이 된다. 우리는 텔레비전의 원리를 모르더라도 리모컨을 사용해 쉽게 텔레비전을 시청할 수 있고, 전기 이론을 몰라도 콘센트와 플러그를 이용해 안전하게 전기 에너지를 이용할 수 있다. 리모컨·플러그와 같이 인터페이스를 친절하게 만들어 놓으면 사용자가 복잡한 내부 구조를 신경 쓰지 않고도 쉽고 안전하게 제품을 사용할 수 있다.

다루기 어렵고 복잡한 데이터 유형을 정의해야 할 때도 마찬가지 원리를 적용할 수 있다. 좋은 클래스에는 쉽고 안전한 인터페이스가 있다. 예를 들어, 부동소수점 수(float)는 사칙연산과 반올림 등의 연산을 제공한다. +, – 등의 연산자와 round() 등의 함수를 사용하면 되는데, 이 연산들이 바로 부동소수점 수의 인터페이스이다.

클래스를 정의할 때, 클래스의 속성을 감추어 두고 연산자와 메서드를 인터페이스로 제공하는 방법을 **캡슐화**(encapsulation)라 한다. 부동소수점 수를 직접 구현해 실수 연산을 수행하려면 부호·가수부·지수부 등 여러 속성을 정의하고 조작해야 할 것이다. 하지만 파이썬의 float 클래스는 사칙연산 연산자와 round() 함수를 사용하도록 정의되어 있어서 클래스의 속성을 직접 조작할 필요가 없다. 캡슐화를 하면 클래스를 사용하기 쉽게 정의할 수 있고, 속성을 잘못 조작하는 실수도 막을 수 있다.

메서드를 이용해 속성 조작하기

다음은 과일 주스를 나타내는 클래스이다. 과일 주스에는 몇몇 과일만 재료로 넣을
수 있다. 그 외의 재료를 넣으려고 하면 안내 메시지를 띄우고 작동하지 않는다.

코드 8-51 **과일 주스를 나타내는 클래스**

```python
class FruitJuice():
    """과일 주스를 나타내는 클래스"""
    valid_fruits = {'귤', '복숭아', '청포도', '딸기', '사과'}  # 넣을 수 있는 과일

    def __init__(self):
        """인스턴스를 초기화한다."""
        self.ingredients = []    # 주스에 들어가는 재료

    def add_ingredient(self, ingredient):
        """재료(ingredient)를 이 주스에 추가한다."""
        if ingredient in self.valid_fruits:
            self.ingredients.append(ingredient)
        else:
            print(ingredient, '는 과일 주스에 넣을 수 없습니다.', sep='')

    def describe(self):
        """이 주스에 관한 정보를 화면에 출력한다."""
        print('이 주스에는', len(self.ingredients), '개의 재료가 들어 있습니다.')
        print('넣은 재료:', end=' ')
        for ingredient in self.ingredients:
            print(ingredient, end=' ')
```

코드를 자세히 살펴보며 이 클래스의 속성에는 무엇이 있는지, 인터페이스(어떤
방식으로 사용해야 하는지)는 무엇인지 생각해 보자. 다음 내용을 확인할 수 있었
는가?

• 각 주스 인스턴스는 재료 리스트(ingredients)를 속성으로 가진다.
• 주스 인스턴스를 생성할 때 초깃값을 지정하지 않는다.
• 주스에 재료를 추가할 때 add_ingredient() 메서드를 사용한다.
• 주스의 정보를 화면에 출력할 때 describe() 메서드를 사용한다.

확인한 인터페이스에 따라, 과일 주스 클래스의 인스턴스를 만들어 사용해 보자.

코드 8-52 **메서드를 이용해 인스턴스 조작하기**

```python
# 코드 8-51 생략
juice_1 = FruitJuice()           # 인스턴스 생성하기
juice_1.add_ingredient('청포도')  # 재료 추가하기
```

```
juice_1.add_ingredient('복숭아')    # 재료 추가하기
juice_1.add_ingredient('도라지')    # 잘못된 재료 추가하기
juice_1.describe()
```

실행 결과는 다음과 같다.

```
도라지는 과일 주스에 넣을 수 없습니다.
이 주스에는 2 개의 재료가 들어 있습니다.
넣은 재료: 청포도 복숭아
```

주스 재료를 추가할 때, `juice_1.ingredients` 속성을 직접 조작하지 않고 `add_ingredient()` 메서드를 이용한다. 그러면 인스턴스의 내부 속성이 어떤 식으로 구현되어 있는지 신경 쓸 필요가 없다. 잘못된 재료를 입력하는 것도 메서드가 막아 준다.

비공개 속성

그런데 `add_ingredient()` 메서드가 있는 줄 모르고, `ingredients` 속성을 직접 조작하면 어떻게 될까?

코드 8-53 인스턴스의 속성을 직접 조작하는 문제

```
# 코드 8-51 생략
juice_2 = FruitJuice()
juice_2.ingredients.append('도라지')    # 속성을 직접 조작하기
juice_2.describe()
```

실행 결과는 다음과 같다.

```
이 주스에는 1 개의 재료가 들어 있습니다.
넣은 재료: 도라지
```

`ingredient` 속성을 직접 조작해 잘못된 재료가 들어가는 것을 막을 수 없었다.

클래스를 정의할 때는 클래스 사용자가 속성을 잘못 조작하는 것을 막기 위해 속성을 비공개로 정의할 필요가 있다. 비공개 속성이란 클래스 내부 메서드에서는 가리킬 수 있지만 클래스 밖에서는 직접 가리킬 수 없는 속성이다.

파이썬 문화에서 비공개 속성의 이름은 밑줄 기호(_) 하나로 시작하게 짓는다. 필요하다면 비공개 속성을 읽고 조작할 수도 있지만, 그 책임은 클래스를 사용하는 사람이 져야 한다.

다음은 FruitJuice 클래스에서 비공개로 취급되어야 할 속성의 이름을 밑줄로 시작하도록 수정한 것이다.

코드 8-54 밑줄 기호로 비공개 속성 나타내기

```python
class FruitJuice():
    """과일 주스를 나타내는 클래스"""
    _valid_fruits = {'귤', '복숭아', '청포도', '딸기', '사과'}      # ❶ 넣을 수 있는 과일

    def __init__(self):
        """인스턴스를 초기화한다."""
        self._ingredients = []                              # ❷ 주스에 들어가는 재료

    def add_ingredient(self, ingredient):
        """재료(ingredient)를 이 주스에 추가한다."""
        if ingredient in self._valid_fruits:
            self._ingredients.append(ingredient)
        else:
            print(ingredient, '는 과일 주스에 넣을 수 없습니다.', sep='')

    def describe(self):
        """이 주스에 관한 정보를 화면에 출력한다."""
        print('이 주스에는', len(self._ingredients), '개의 재료가 들어 있습니다.')
        print('넣은 재료:', end=' ')
        for ingredient in self._ingredients:
            print(ingredient, end=' ')
```

❶ 사용자가 임의로 수정하면 안되는 클래스 속성 _valid_fruits와 ❷ 인스턴스 속성 _ingredients에 밑줄 기호를 이용해 비공개 속성임을 표시했다. 이 클래스의 사용자들은 이 속성을 직접 조작해서는 안 되고 공개 메서드를 이용해야 한다는 걸 알아볼 것이다.

8.5.2 연산자의 동작 정의하기

클래스의 전용 연산은 메서드로 제공될 때가 많지만 +, – 같은 연산자로 연산을 수행할 수 있게 지원하는 클래스도 있다. 예를 들어 문자열은, 문자열과 문자열을 서로 연결하는 연산을 덧셈 연산자(+)로 제공한다. 연산자를 이용하면 메서드보다 더 직관적이고 간결한 경우가 있다.

'맛'과 '칼로리'라는 두 속성을 가진 '음식' 클래스를 정의하며, 클래스에서 연산자의 동작을 정의하는 방법을 알아보자.

코드 8-55 음식 클래스

```python
class Food:
    """음식을 나타내는 클래스"""
    def __init__(self, taste, calorie):        # ❶ 맛과 칼로리로 인스턴스를 초기화한다.
```

```
            """"인스턴스를 초기화한다.""""
            self._taste = taste          # 맛
            self._calorie = calorie   # 칼로리

    def to_string(self):                           # ❷ 음식 인스턴스를 문자열로 표현한다.
        """이 음식을 표현하는 문자열을 반환한다.""""
        return str(self._taste) + '만큼 맛있고, ' + str(self._calorie) + '만큼 든든한 음식'

    def add(self, other):                          # ❸ 두 음식 인스턴스를 합한다.
        """이 음식(self)과 다른 음식(other)을 더한 새 음식을 반환한다.""""
        taste = self._taste + other._taste         # 두 음식의 맛을 더한다.
        calorie = self._calorie + other._calorie   # 두 음식의 칼로리를 더한다.
        return Food(taste, calorie)                # 새 음식 인스턴스를 생성하여 반환한다.
```

❶ Food 클래스의 인스턴스는 _taste와 _calorie 두 속성으로 맛과 칼로리를 나타
낸다. ❷ to_string() 메서드를 이용해 문자열로 표현할 수 있으며, ❸ add() 메서
드를 이용해 두 음식을 서로 더할 수도 있다.

다음은 Food 클래스를 인스턴스화하여 사용해 본 예이다.

코드 8-56 Food 클래스 사용하기

```
# 코드 8-55 생략
food1 = Food(7, 85)
print(food1.to_string()) # ❶ 음식 인스턴스를 문자열로 표현한다.

food2 = Food(12, 266)
print(food2.to_string())

food3 = food1.add(food2) # ❷ 두 음식 인스턴스를 합한다.
print(food3.to_string())
```

음식 객체는 ❶ to_string() 메서드를 이용해 문자열로 변환하여 print() 함수로
출력할 수 있고, ❷ add() 메서드로 두 음식을 합하는 것도 가능하다.

실행 결과는 다음과 같다. 모두 의도대로 잘 수행된다.

```
7만큼 맛있고, 85만큼 든든한 음식
12만큼 맛있고, 266만큼 든든한 음식
19만큼 맛있고, 351만큼 든든한 음식
```

그런데 음식 객체를 to_string() 메서드를 사용하지 않고 화면에 출력하면 무엇이
출력될까? 또, add() 메서드 대신 덧셈 연산자(+)로 두 인스턴스를 더하면 어떻게
될까?

코드 8-57 **Food 클래스의 부족한 점**

```
# 코드 8-55 생략
food1 = Food(7, 85)
food2 = Food(12, 266)
print(food1)            # ❶ 출력: <__main__.Food object at 0x7fc527d50f60>
print(food1 + food2)    # ❷ 오류: TypeError: unsupported operand type(s) for +: 'Food' and 'Food'
```

❶ 음식 객체를 print() 함수에 그냥 넘겨 출력하면 '메모리의 0x7fc527d50f60번째 위치에 존재하는 Food 형식의 객체'라는 의미의 정보만 출력되는데, 유용하지 않다. ❷ 두 객체를 더하는 연산이 지원되지 않는다며 TypeError 오류가 발생한다.

덧셈 연산자로도 add() 메서드와 같이 두 음식의 합을 구할 수 있게 하려면 어떻게 해야 할까?

이중 밑줄 메서드

print(food1)처럼, 인스턴스를 문자열로 표현해야 하는 경우에는 클래스에 정의된 __str__()이라는 메서드가 저절로 호출된다. 마찬가지로, 인스턴스를 + 연산자로 더하려 하면 __add__()라는 메서드가 저절로 호출된다. 이처럼 문자열 변환·연산자 실행 등 특정한 경우에 저절로 실행되는 메서드들을 이중 밑줄 메서드라 한다. 모두 밑줄 기호 두 개로 시작하고 밑줄 기호 두 개로 끝난다. 인스턴스를 초기화할 때 호출되는 __init__() 메서드도 이중 밑줄 메서드 중의 하나이다.

Food 클래스에 __str__() 메서드와 __add__() 메서드를 정의해 보자.

코드 8-58 **__add__() 메서드와 __str__() 메서드 정의하기**

```
class Food:
    """음식을 나타내는 클래스"""
    def __init__(self, taste, calorie):
        """인스턴스를 초기화한다."""
        self._taste = taste        # 맛
        self._calorie = calorie    # 칼로리

    def __str__(self):        # ❶ to_string() 메서드의 이름을 __str__()로 수정했다.
        """이 음식을 표현하는 문자열을 반환한다."""
        return str(self._taste) + '만큼 맛있고, ' + str(self._calorie)
            + '만큼 든든한 음식'

    def __add__(self, other):  # ❷ add() 메서드의 이름을 __add__()로 수정했다.
        """이 음식(self)과 다른 음식(other)을 더한 새 음식을 반환한다."""
        taste = self._taste + other._taste            # 두 음식의 맛을 더한다.
        calorie = self._calorie + other._calorie      # 두 음식의 칼로리를 더한다.
        return Food(taste, calorie)                   # 새 음식 인스턴스를 생성하여 반환한다.
```

❶ 음식 객체를 문자열로 변환하는 방법이 지정되었다. ❷ 두 음식 객체를 합하는 방법이 지정되었다.

이제 음식 객체와 합을 화면에 출력해 보자.

코드 8-59 이중 밑줄 메서드가 자동으로 호출된다

```python
# 코드 8-58 생략
food1 = Food(7, 85)
food2 = Food(12, 266)
print(food1)              # 출력: 7만큼 맛있고, 85만큼 든든한 음식
print(food1 + food2)      # 출력: 19만큼 맛있고, 351만큼 든든한 음식
```

TIP
표의 내용을 모두 외울 필요는 없다. 연산자에 따른 동작을 정의해야 할 때 찾아보면 충분하다.

이중 밑줄 메서드 중에서 유용한 몇 가지를 표 8-1에서 소개한다. self는 호출 기준 객체, other는 +, – 등의 이항 연산자에서 우변에 위치하는 객체를 뜻한다.

메서드	호출되는 연산	기능
__init__(self)	인스턴스화	인스턴스 초기화
__abs__(self)	abs(self)	절댓값 계산
__add__(self, other)	self + other	덧셈 계산
__sub__(self, other)	self – other	뺄셈 계산
__mul__(self, other)	self * other	곱셈 계산
__truediv__(self, other)	self / other	나눗셈 계산
__pow__(self, other)	self ** other	거듭제곱 계산
__floordiv__(self, other)	self // other	몫 계산
__mod__(self, other)	self % other	나머지 계산
__lt__(self, other)	self < other	미만 계산
__gt__(self, other)	self > other	초과 계산
__le__(self, other)	self <= other	이하 계산
__ge__(self, other)	self >= other	이상 계산
__eq__(self, other)	self == other	동등 계산
__ne__(self, other)	self != other	부등 계산
__repr__(self)	repr(self)	객체를 식별할 수 있는 문자열 반환
__str__(self)	str(self)	객체에 대응하는 문자열 반환
__int__(self)	int(self)	객체에 대응하는 정수 반환
__float__(self)	float(self)	객체에 대응하는 실수 반환
__bool__(self)	bool(self)	객체에 대응하는 불 값 반환

표 8-1 이중 밑줄 메서드

__repr__()과 __str__()의 차이

__repr__() 메서드와 __str__() 메서드는 둘 다 객체를 설명하는 문자열을 반환하지만, 객체를 설명하는 방식은 서로 다르다. __repr__()은 객체를 다른 객체와 구별하는 정보(고유번호, 속성 내용 등)를 문자열로 반환한다. 이 정보는 주로 프로그래머가 보기 위한 것으로, 예를 들어 프로그램 실행 기록(로그)에서 객체를 기록할 때 사용할 수 있다. 반면, __str__()이 반환하는 문자열은 객체의 의미와 내용을 사람이 읽기 좋은 형태로 표현한 것으로, 주로 프로그램을 사용하는 일반 사용자가 보기 위한 것이다.

그동안 사용해 온 정수 연산, 문자열 연산 등은 실제로는 int 클래스와 str 클래스에 정의된 이중 밑줄 메서드를 호출한 것과 같다. 이중 밑줄 메서드를 직접 호출해 보면 확인할 수 있다.

코드 8-60 연산자 대신 이중 밑줄 메서드로 연산하기

```
>>> number = 10
>>> number.__eq__(20)    # number == 20과 같다.
False

>>> number.__mul__(5)    # number * 5와 같다.
50

>>> number.__lt__(20)    # number < 20과 같다.
True

>>> number.__float__()  # float(number)와 같다.
10.0

>>> number.__str__()     # str(number)와 같다.
'10'

>>> number.__bool__()    # bool(number)와 같다.
True
```

이중 밑줄 메서드를 이용하면 여러분이 새로 정의하는 클래스도 기본 데이터 유형처럼 다양한 연산자를 지원할 수 있다.

연산자에 연결하는 메서드는 연산자에 따른 동작을 직관적으로 유추할 수 있는 것이어야 한다. 가령, __add__() 메서드가 두 인스턴스의 크기를 비교하는 연산을 수행하도록 정의한다면 몹시 혼란스러울 것이다. 클래스의 인터페이스는 클래스를 처음 사용하는 사람도 오해 없이 쉽게 사용할 수 있도록 설계하는 것이 좋다.

연습문제 8-12 다음 조건에 맞춰 주사위를 나타내는 Dice 클래스를 정의하라.

- 각 주사위 객체마다 면의 수가 다르다. 예를 들어 육면체 주사위는 6개의 면을 가진다. 이 '면의 수'를 비공개 인스턴스 속성으로 정의하라.
- 각 주사위 객체는 항상 어느 한 면이 위를 향하고 있으며, 그 면은 1과 '면의 수' 사이의 자연수이다. 이 '나온 면'을 비공개 인스턴스 속성으로 정의하라.
- 주사위 인스턴스는 Dice(sides)와 같이 하나의 인자를 전달하여 생성한다. 인스턴스화 과정에서 '면의 수'는 sides가 전달받는 값으로, '나온 면'은 자신이 가질 수 있는 임의의 값으로 초기화된다.
- 인스턴스의 현재 '나온 면'을 반환하는 top() 메서드를 정의하라.
- 인스턴스의 '나온 면'을 새 임의의 값으로 설정하고 반환하는 roll() 메서드를 정의하라.
- n 이상 m 이하의 임의의 수는 random.randint(n, m) 함수를 사용하여 구한다. 예를 들어 1 이상 8 이하의 임의의 수는 random.randint(1, 8)이다. (이 함수를 사용하려면 먼저 random 모듈을 임포트해야 한다.)

클래스를 정의한 후 프로그램 하단에서 다음 코드를 테스트해 보라.

```
dice_4 = Dice(4)        # 사면체 주사위 생성
print('사면체 주사위 테스트 ----')
print('처음 나온 면:', dice_4.top())
print('다시 굴리기:', dice_4.roll())
print('다시 굴리기:', dice_4.roll())

dice_100 = Dice(100)    # 백면체 주사위 생성
print('백면체 주사위 테스트 ----')
print('처음 나온 면:', dice_100.top())
print('다시 굴리기:', dice_100.roll())
print('다시 굴리기:', dice_100.roll())
```

이 프로그램을 실행한 결과는 다음과 같다. 임의의 값을 사용하므로 나오는 수가 다를 수 있다.

```
사면체 주사위 테스트 ----
처음 나온 면: 2
다시 굴리기: 2
```

```
다시 굴리기: 1
백면체 주사위 테스트 ――――
처음 나온 면: 42
다시 굴리기: 54
다시 굴리기: 79
```

연습문제 8-13 코드 8-58의 음식 클래스 Food에 크기 비교 연산을 추가해 보라. 맛이 좋으면 더 큰 것이고, 같은 맛일 때는 칼로리가 적은 것이 더 큰 것이다. 맛과 칼로리가 모두 같으면 두 음식의 크기가 같다. 클래스를 정의한 후 그 아래에 다음 코드를 입력하여 잘 실행되는지 확인해 보라.

```
strawberry = Food(9, 32)
potato = Food(6, 66)
sweet_potato = Food(12, 131)
pizza = Food(13, 266)
print('딸기 < 감자: ', strawberry < potato)
print('감자 + 감자 < 고구마: ', potato + potato < sweet_potato)
print('피자 >= 딸기: ', pizza >= strawberry)
print('피자 >= 피자: ', pizza >= strawberry)
print('감자 + 딸기 < 피자: ', potato + strawberry < pizza)
print('딸기 == 딸기: ', potato == potato)
```

이 프로그램의 올바른 실행 결과는 다음과 같다.

```
딸기 < 감자:  False
감자 + 감자 < 고구마:  True
피자 >= 딸기:  True
피자 >= 피자:  True
감자 + 딸기 < 피자:  False
딸기 == 딸기:  True
```

연습문제 8-14 정수 데이터의 덧셈 연산이 정수 데이터의 곱셈으로 수행되도록 짓궂은 장난을 쳐 보자. 파이썬 대화식 셀에서 필요한 명령을 입력해 보고, 그것이 허용되는지 아닌지를 이유와 함께 설명해 보라.

> **HINT** int.__add__() 메서드가 호출되어야 할 때 int.__mul__() 메서드가 호출되도록 한다.

8장을 맺으며

8장에서는 파이썬에서 데이터 유형을 다루는 방법을 자세히 알아보았다. 클래스와 인스턴스의 관계를 이해했고, 데이터 유형을 정의하는 방법과 각 데이터 유형에 알맞은 메서드를 정의하는 방법을 배웠다. 클래스를 사용하지 않더라도 프로그램을 만들 수 있다. 하지만 클래스를 이용하면 데이터를 체계적으로 분류하고 데이터의 유형에 따라 코드를 정리하여 프로그램이 복잡해지는 것을 완화할 수 있다. 또한, 파이썬의 수많은 기능이 대부분 클래스를 이용해 구현되어 있기 때문에 이를 잘 이용하기 위해서도 클래스와 객체를 잘 이해하는 것이 필요하다.

8장 요약

1. 다양한 데이터를 범주에 따라 분류하고, 취급 방법을 달리해야 한다. 이를 위한 약속을 정의해야 한다.

2. 객체는 메모리에 존재하는 개별 데이터이다. 데이터는 값과 유형으로 이루어진다. 값은 데이터에 부여된 정보 그 자체이다. 유형은 객체가 어떤 범주에 속하고 어떻게 다뤄야 하는지에 관한 정보이다.

3. 클래스는 데이터의 유형을 나타내는 정보이다. 어떤 클래스에 속하는 객체를 인스턴스라 한다.

4. 클래스의 이름에 괄호를 붙여 인스턴스화 할 수 있다.

5. class 문을 이용해 클래스를 직접 정의할 수 있다. class 문 안에는 클래스가 가질 속성을 정의한다.

6. 클래스 또는 인스턴스의 속성으로 정의된 함수를 메서드라 한다. 인스턴스를 기준으로 메서드를 호출할 경우, 그 인스턴스가 첫 번째 인자로 전달된다. 메서드는 이를 관례적으로 self라는 매개변수로 전달받는다.

7. 객체를 만들 때 객체의 초기 속성을 정해 두는 것을 초기화라 한다. __init__() 메서드를 정의하여 인스턴스의 초기화 방법을 정할 수 있다.

8. 클래스와 인스턴스는 일종의 이름공간이다. 이름공간은 문맥의 역할을 한다. 클래스의 속성은 클래스의 전체 특성이 되어, 클래스에 속하는 모든 인스턴스가 공유한다. 반면에 인스턴스의 속성은 각 인스턴스의 고유한 특성이며, 각 인스턴스마다 따로 가진다.

9. 클래스는 다른 클래스의 하위 클래스가 될 수 있다. 하위 클래스는 상위 클래스

의 속성에 접근할 수 있다. 상속을 활용해 범주의 포함 관계를 나타내거나 공통
속성을 재사용할 수 있다.

10. 다른 사람이 클래스를 쉽고 안전하게 사용할 수 있도록 인터페이스를 잘 정의
해야 한다. 이를 위해 클래스의 속성을 감추고 꼭 필요한 메서드만을 외부로 노
출하는 캡슐화 기법을 활용한다.

11. 이중 밑줄 메서드를 정의하여 연산자가 클래스에 대해 실행할 연산을 정의할
수 있다.

오류를 방지하고
해결하기

사람의 생각은 완벽히 논리적일 수 없다. 컴퓨터 프로그램도 사람의 생각을 기술한 것이므로 오류(error)를 피할 수 없다. 아무리 치밀한 프로그램이라 하더라도, 실행하는 환경이 달라짐에 따라 오류가 아니었던 것이 오류가 되기도 한다. 따라서 오류를 고치고 예방하는 방법을 알아야 한다. 이 장에서는 프로그래머와 사용자를 괴롭히는 오류의 정체와 대처 방법을 알아본다.

9.1 오류의 종류

프로그래밍 실습 도중 오류가 발생했는데, 해결 방법은커녕 발생 원인도 모른다면 상당히 당황스러울 것이다. 책에서 시키는 대로 했는데도 오류가 발생하기도 한다. 오류는 무엇이고, 왜 발생하는 걸까?

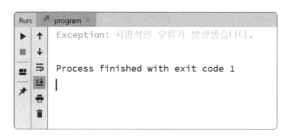

그림 9-1 오류 메시지

오류는 프로그램이 올바르게 동작하지 않는 현상이다. 프로그램이 오동작하는 원인은 여러 가지이다. 작성한 코드가 프로그래밍 언어의 규칙에 맞지 않을 수도 있고, 문법에 맞게 작성했더라도 문제를 푸는 과정이 틀렸을 수도 있다. 또, 실행되는 환경이 달라지면 멀쩡하던 프로그램이 오동작할 수 있다.

오류는 발생 시점과 원인에 따라서 구문 오류(syntax error), 실행시간 오류(runtime error), 논리 오류(logical error)로 분류할 수 있다.

오류의 종류	발생 시점	원인
구문 오류	번역 중	프로그램이 문법적으로 잘못됐다.
실행시간 오류	실행 중	프로그램의 지시를 실행할 수 없다.
논리 오류	실행 중	프로그램이 논리적으로 잘못됐다.

표 9-1 오류의 종류

9.1.1 구문 오류

레시피에 다음과 같은 지시가 있다면 따를 수 있을까? 이 표현은 우리말 문법에 맞지 않아 무슨 의미인지 정확히 알 수 없다.

　"끓다육수 냄비넣다"

컴파일러와 인터프리터는 프로그래밍 언어로 기술된 프로그램을 실행 가능한 기계

TIP
컴파일과 인터프리트는
4쪽에서 다루었다.

어 코드로 번역한다. 그런데 번역하려는 프로그램에서 문법에 맞지 않는 표현이 발견된다면? 번역을 할 수 없으므로 번역 과정이 중단된다. 기계어 코드가 만들어지지 않으므로 당연히 실행도 할 수 없다. 구문 오류는 이때 일어난다.

(+ 1 2 3 4)라는 표현을 대화식 셸에 입력하면 SyntaxError: invalid syntax라는 메시지와 함께 구문 오류가 발생한다. 파이썬 문법에 맞지 않아 번역할 수 없기 때문이다.

코드 9-1 구문 오류의 예

```
>>> (+ 1 2 3 4)
  File "<stdin>", line 1
    (+ 1 2 3 4)
       ^
SyntaxError: invalid syntax
```

프로그래밍 언어를 처음 배울 때는 구문 오류를 많이 경험하겠지만, 문법에 익숙해질수록 구문 오류는 상당히 줄어든다.

코드가 문법에 맞는지를 컴퓨터 프로그램으로 검사할 수도 있다. 예를 들어, 파이참을 사용해 코드를 작성하면 구문 오류를 실시간으로 확인할 수 있다.

9.1.2 항상 발생하는 실행시간 오류

레시피에 다음과 같은 지시가 있다면 따를 수 있을까?

"소주잔에 육수 1 리터를 담고 센 불로 끓인다."

소주잔에 육수를 넣을 수는 있지만 1리터가 되기 전에 넘쳐버린다. 문법적으로 올바르고 기계어로 번역도 가능하지만, 실행은 불가능한 명령이 있다. 이런 명령은 자신이 실행되어야 할 시점에 오류를 일으키며 프로그램의 동작을 중지시킨다. 이 오류를 실행시간 오류라 한다. 다음은 실행시간 오류를 일으키는 예이다.

코드 9-2 실행시간 오류의 예

```
>>> 1 / 0            # 실행시간 오류: 0은 나눗수가 될 수 없다.
Traceback (most recent call last):
  File "<stdin>", line 1, in <module>
ZeroDivisionError: division by zero

>>> '붕어빵' - '붕어'    # 실행시간 오류: 문자열 뺄셈은 지원되지 않는다.
```

```
Traceback (most recent call last):
  File "<stdin>", line 1, in <module>
TypeError: unsupported operand type(s) for -: 'str' and 'str'
```

코드 9-2는 어떤 조건에서 실행하더라도 항상 발생한다. 항상 발생하는 실행시간 오류는 프로그래밍 언어에 익숙해지면 해결하기가 쉽다. 파이참 같은 개발 도구의 경고를 받을 수도 있다. 따라서 구문 오류와 마찬가지로 대개는 까다로운 문제거리가 되지 않는다.

하지만 실행시간 오류 중에는 '상황에 따라' 발생하는 것도 있다. 이런 오류는 '상황에 따라' 큰 문제가 될 수 있다.

9.1.3 상황에 따라 발생하는 실행시간 오류

다음 레시피를 살펴보자.

"냄비에 육수 1리터를 담고 센 불로 끓인다."

이 레시피는 문제가 없어 보인다. 그런데 냄비가 없다면 어떨까? 문법적으로 올바르고, 실행도 잘 되는 코드가 특정 상황에서만 실행시간 오류를 일으키는 경우가 있다.

코드 9-3 상황에 따라 발생하는 실행시간 오류의 예

```
>>> 1 / int(input())    # 정상 동작: 사용자가 2를 입력했다.
2
0.5

>>> 1 / int(input())    # 실행시간 오류: 사용자가 0을 입력했다.
0
Traceback (most recent call last):
  File "<stdin>", line 1, in <module>
ZeroDivisionError: division by zero

>>> 1 / int(input())    # 실행시간 오류: 사용자가 숫자 외 문자를 입력했다.
여덟
Traceback (most recent call last):
  File "<stdin>", line 1, in <module>
ValueError: invalid literal for int() with base 10: '여덟'
```

1 / int(input())은 정상 동작하겠지만, 사용자가 0을 입력하거나 숫자가 아닌 문자를 입력할 경우에는 오류를 일으킨다.

이처럼 같은 코드라도 입력된 데이터에 따라 정상 동작하기도 하고 실행시간 오류를 일으키기도 한다. 따라서 함수나 프로그램이 외부 환경에서 데이터를 입력받을 때는 어떤 데이터를 허용할 것인지 잘 판단하고 확인해야 한다.

실행시간 오류는 입력 데이터뿐 아니라 프로그램의 실행 환경에 의해서도 발생할 수 있다. 몇 가지 예를 들어 보자.

- 인터넷으로 데이터를 교환하는 코드: 사용자의 컴퓨터가 인터넷에 연결되어 있지 않다.
- 인쇄기에 글자를 출력하는 코드: 인쇄 재료가 다 떨어졌다.
- 큰 파일을 메모리로 읽어 들이는 코드: 시스템에 가용 메모리가 부족하다.

이런 문제는 실행 환경이 적절하다면 일어나지 않는다. 운이 좋게(사실은 운이 나쁘게) 프로그램이 잘 실행되는 환경에서만 프로그램을 테스트했다면 이런 오류를 미리 방지하기가 어려울 것이다.

상황에 따라 발생하는 실행시간 오류는 비교적 대응하기가 어렵다. 오류가 일어날 것을 예상하거나 다양한 경우를 테스트해 오류를 발견해야 한다. 일단 오류가 일어날 조건을 예견했다면, 이에 맞는 대응책을 프로그램에 제시해야 한다.

TIP
오류에 맞는 대응책은
9.3절에서 다룬다.

9.1.4 논리 오류

다음 레시피를 살펴보자.

"냄비에 육수 1리터를 담고 일주일 동안 상온에 방치한다."

레시피를 따르는 데는 문제가 없으나, 결과물로는 상한 육수밖에 얻지 못한다.

구문 오류나 실행시간 오류가 발생하지 않았지만, 프로그램을 실행한 결과가 올바르지 않게 되는 것을 논리 오류라 한다. 단지 잘 실행되는 것만으로는 완성된 프로그램이라고 할 수 없다. 프로그램은 목표로 하는 결과를 산출해 내야 한다. 논리 오류는 프로그램의 설계를 잘못하여 발생할 수도 있고, 연산자·수·변수 이름을 잘못 쓰는 등의 사소한 실수를 저질러서 발생할 수도 있다.

입력받은 수가 홀수인지 검사하는 함수를 다음과 같이 잘못 작성했다고 해 보자.

코드 9-4 **논리 오류의 예**

```
>>> def is_odd(n):
...     """n이 홀수인지 검사한다."""
...     return n / 2 != 0     # % 연산자를 / 연산자로 잘못 표기했다.
...
>>> is_odd(0)  # 0은 홀수가 아니다.
False

>>> is_odd(1)  # 1은 홀수이다.
True

>>> is_odd(2)  # 2는 홀수가 아닌데, 잘못된 결과가 출력됐다.
True
```

is_odd() 함수로 0, 1을 검사했을 때는 올바른 결과가 나온다. 0 외의 짝수를 검사해 보기 전에는 함수가 잘못됐다는 사실조차 모를 수 있다.

논리 오류는 구문 오류나 실행시간 오류와 달리 실행이 방해받지 않기 때문에 미리 발견하기가 어렵다. 복잡한 프로그램 속에 조용히 숨어 있다가 결정적인 상황에서 큰 피해를 입힐 수 있기 때문에 다른 오류보다도 더 위험하다.

논리 오류를 방지하려면 실수를 적게 유발하는 코딩 스타일을 익히고 작성한 함수가 다양한 입력에 대해 정상적인 결과를 내는지 테스트해야 한다. 장기적으로는 논리적 사고력과 프로그램 설계 능력을 갖춰야 한다.

TIP
코드 9-4에서 한 실수는 단순히 %를 /로 잘못 표기한 것뿐이다. 이런 사소한 실수로도 쉽게 발견하기 힘든 논리 오류를 일으킬 수 있다.

9.2 오류를 고치는 방법

오류를 찾아 고치려면 추리소설의 탐정이 범인을 찾을 때처럼 하면 된다. 오류가 발생한 현장(코드)을 꼼꼼이 살펴보고, 프로그램이 죽기 전에 남긴 오류 메시지를 해석하고, 로그 기록에 따라 프로그램의 실행 흐름을 추적하고, 테스트 환경을 꾸며 오류를 재현해 본다. 이 과정을 꼼꼼이 거치면 대부분의 오류를 해결할 수 있다.

TIP
오류를 버그(bug)라고도 한다. 그리고 오류를 수정하는 작업을 디버그(debug)라 한다. '버그'와 '디버그'를 우리말로 옮기면 각각 '벌레', '벌레 제거'라는 뜻이다. 오류를 벌레라고 부르게 된 계기는 과거 컴퓨터 회로에 날벌레가 끼어 오류가 발생한 일화 때문이라고 전해진다.

9.2.1 코드 리뷰

오류를 해결하는 가장 기본적인 방법은 코드를 자세히 살펴보는 것이다. 자기 코드를 잘 읽어 보는 것과 동료의 코드를 검토해 주는 것 모두 중요하다. 작성한 코드를 꼼꼼히 읽고 검토하는 것을 코드 리뷰(code review)라 한다. 간단한 프로그램을 보며 코드 리뷰를 해보자.

코드 9-5 **오류 찾기 (debug_1.py)**

```
들짐승 = {'사자', '박쥐', '늑대', '곰'}
날짐승 = {'독수리', '매', '박쥐'}
육지생물 = 날짐승 + 들짐승
print('육지생물: ', 육지생물)
```

다음 내용을 보기 전에 프로그램에 오류가 있는지, 있다면 무엇이 오류인지 생각해 보자.

9.2.2 오류 메시지

오류가 있는 프로그램을 실행하면 오류 메시지가 출력된다. 오류 메시지는 오류가 발생한 지점과 원인을 담고 있어 해결의 실마리가 되는 중요한 단서가 된다. 코드 9-5의 프로그램을 실행하면 다음과 같은 오류 메시지가 출력된다. 메시지를 읽어 보고 무엇이 문제인지 생각해 보자.

```
Traceback (most recent call last):                              # ❶
  File "debug_1.py", line 3, in <module>                        # ❷
    육지생물 = 날짐승 + 들짐승                                      # ❸
TypeError: unsupported operand type(s) for +: 'set' and 'set'   # ❹
```

오류 메시지는 여러 행으로 되어 있다. ❶ 오류를 발생시킨 함수 호출을 역추적한 내용이라는 뜻이다. 그 아래에 오류를 일으킨 코드가 순서대로 나열되는데, 이 메시지에서는 하나뿐이다. ❷ debug1.py 파일(File)의 세 번째 행(line)에 오류가 있다는 뜻이다. ❸ 오류를 발생시킨 코드가 **육지생물 = 날짐승 + 들짐승**이라고 출력되었다.

❹는 오류의 종류와 문제점을 알려 준다. TypeError는 오류가 데이터 유형과 관련되었다는 뜻이다. 콜론(:) 뒤의 메시지 unsupported operand type(s) for +: 'set' and 'set'는 무엇이 문제인지 알려 준다. 해석해 보면 "+는 피연산자 유형을 지원하지 않음: 'set', 'set'"라는 뜻이다. 즉, + 연산자로 집합과 집합을 연산할 수 없다는 뜻이다.

기억하는가. 집합과 집합은 + 연산자로 합할 수 없다. | 연산자나 union() 메서드를 사용해야 한다. 다음과 같이 수정하자.

TIP
집합 연산은 143쪽에서
다루었다.

코드 9-6 **오류 수정하기**

```
들짐승 = {'사자', '박쥐', '늑대', '곰'}
날짐승 = {'독수리', '매', '박쥐'}
육지생물 = 날짐승 | 들짐승
print('육지생물: ', 육지생물)
```

오류 메시지만 잘 읽어도 대부분의 오류를 쉽게 해결할 수 있다.

TIP
오류 메시지는 구문 오류와
실행시간 오류에서 출력된다.
논리 오류에는 오류 메시지가
없다.

초보자가 접하기 쉬운 오류 메시지

오류 메시지가 영어로 되어 있어 해석하기 부담될 수 있다. 그렇다고 오류 메시지
를 무시해서는 안 된다. 처음에는 이해하기 힘들더라도 오류 메시지를 자주 읽으면
금세 익숙해질 수 있다.

TIP
사전을 찾으며 능력껏 해석해
보고, 번역기 프로그램을
사용해서라도 읽어 봐야 한다.

참고용으로 표 9-2에서 초보자가 접하기 쉬운 오류 메시지 몇 개를 해석해 두
었다.

메시지	의미
SyntaxError: invalid syntax	구문 오류: 문법에 맞지 않다.
IndentationError: expected an indented block	들여쓰기 오류: 들여쓰기를 해야 한다.
NameError: name 'a' is not defined	이름 오류: 이름 'a'가 정의되지 않았다.
TypeError: unsupported operand type(s) for +: 'a' and 'b'	유형 오류: 연산자 +가 피연산자 유형 'a'와 'b'를 지원하지 않는다.
TypeError: must be 'a', not 'b'	유형 오류: 유형이 'a'여야 하는데 'b'다.
TypeError: 'int' object is not callable	유형 오류: 'int' 유형 객체는 호출할 수 없다.
TypeError: f() takes 1 positional arguments but 2 were given	유형 오류: f( ) 함수는 인자 1개를 전달받는데 2개가 전달됐다.
TypeError: 'str' object does not support item assignment	유형 오류: 'str' 유형 객체의 항목에 다른 값을 대입할 수 없다.
ValueError: invalid literal for int() with base 10: 'a'	값 오류: 'a'는 int( ) 함수의 10진법으로 해석할 수 없다.
AttributeError: type object 'int' has no attribute 'a'	속성 오류: 'int' 유형 객체에는 'a' 속성이 없다.
ZeroDivisionError: division by zero	영 나눗셈 오류: 영(0)으로 나눌 수 없다.
KeyError: 'a'	키 오류: (매핑 컬렉션에) 'a' 키가 없다.

표 9-2 초보자가 접하기 쉬운 오류 메시지

함수 호출 역추적

함수 호출이 여러 단계에 걸쳐 연쇄적으로 일어난 경우, 오류 메시지는 그 호출 과
정을 모두 알려 준다. 오류 메시지에 함수 호출 과정이 포함되어야 하는 이유는 무
엇일까? 어떤 코드가 함수를 호출했는데, 호출된 함수 속에서 오류가 발생했다고

하자. 그러면 수정해야 할 것은 호출된 함수일까, 함수를 호출한 코드일까? 컴퓨터는 둘 중 무엇이 문제인지 판단할 수 없다. 간단한 예를 들어 보자.

코드 9-7 함수 연쇄 호출 속의 오류(debug_2.py)

```python
def a(x):
    return 8 / x       # ❶ x가 0이면 오류가 발생한다.

def b(y):
    return a(y - 1)    # ❷ y가 1이면 오류가 발생한다.

def c(z):
    return b(z - 2)    # z가 3이면 오류가 발생한다.

c(3)                   # ❸
```

❶ 함수 a()는 0을 입력받았을 때 0으로 나누는 오류를 일으킨다. ❷ 함수 b()는 a()를 호출함으로써 오류를 일으킬 가능성이 있고, 이는 b()를 호출하는 함수 c()도 마찬가지다. 결국 ❸에서 c(3)을 실행함으로써 오류가 발생하고 만다.

그렇다면 이 프로그램에서 오류를 일으키는 원인 코드는 무엇일까? 그것은 프로그램의 요구조건과 맥락에 따라 여러분이 스스로 판단해야 한다. 그래서 오류 메시지는 함수 연쇄 호출 과정을 모두 출력해 준다.

코드 9-7을 실행했을 때의 오류 메시지는 다음과 같다.

```
Traceback (most recent call last):
  File "debug_2.py", line 10, in <module>
    c(3)
  File "debug_2.py", line 8, in c
    return b(z - 2)    # z가 3이면 오류가 발생한다.
  File "debug_2.py", line 5, in b
    return a(y - 1)    # y가 1이면 오류가 발생한다.
  File "debug_2.py", line 2, in a
    return 8 / x       # x가 0이면 오류가 발생한다.
ZeroDivisionError: division by zero
```

TIP
오류 메시지가 길고 복잡한 것은 대개 함수 호출 역추적 정보 탓이다. 컴퓨터의 입장에서는 오류 수정에 꼭 필요한 내용만을 간결하게 보고한 것이다.

두 번째 행부터 마지막 행 전까지의 메시지는 호출된 함수를 역추적하여 출력한 것이다. 가장 먼저 실행된 c(3) 코드부터 연쇄적으로 호출된 c(), b(), a() 함수의 문제가 되는 부분이 각각 출력되었다. 자세히 살펴보고 오류 메시지의 의미를 완전히 이해하는 연습을 하자. 그리고 역추적 정보를 따라 오류가 발생한 지점을 추적해 어디를 고쳐야 할지 찾는 실력을 갖추자.

9.2.3 로그

그리스 신화의 영웅 테세우스는 다이달로스의 미궁을 헤쳐나갈 때 실타래를 이용해 지나온 길을 표시했다고 한다. 프로그램의 실행 흐름이라는 미궁을 헤쳐나갈 때도 실타래가 있다면 좋을 것이다. 프로그램을 실행하는 도중에 화면, 파일, 데이터베이스 등의 장소에 중간 기록을 남겨 두면 프로그램의 흐름과 상태를 파악하기 좋다. 이런 실행 기록을 로그(log)라 한다.

오류 메시지도 로그의 일종이다. 오류 메시지는 오류가 발생했을 때만 기록된다. 하지만 로그 자체는 필요하면 언제든 어떤 내용이든 남길 수 있다. 변수에 어떤 값이 대입되어 있었는지, 사용자가 입력한 값은 무엇인지, 시간은 언제였는지 등 디버그에 도움되는 다양한 정보를 기록할 수 있다.

오류 메시지는 자동으로 출력되지만, 로그 출력은 여러분이 프로그램 속에서 직접 지시해야 한다. 로그를 남기는 가장 간단한 방법은 print() 함수로 추적할 내용을 출력하는 것이다. 다음은 코드 9-7의 프로그램에 로그 출력을 추가한 것이다.

코드 9-8 함수 연쇄 호출 속의 오류(debug_3.py)

```python
print('프로그램 실행됨')

def a(x):
    print('함수 호출됨: a()  <= ', x)
    return 8 / x       # x가 0이면 오류가 발생한다.

def b(y):
    print('함수 호출됨: b()  <= ', y)
    return a(y - 1)    # y가 1이면 오류가 발생한다.

def c(z):
    print('함수 호출됨: c()  <= ', z)
    return b(z - 2)    # z가 3이면 오류가 발생한다.

print('명령 실행: c(3)')
c(3)

print('프로그램 종료됨')
```

프로그램의 시작과 종료, 함수 호출, 명령 실행 등 다양한 시점에 필요한 정보(프로그램 진행상황, 함수에 전달된 인자 등)를 출력했다. 이 프로그램을 실행하면 오류 메시지와 별도로 프로그램 실행 과정이 출력된다.

```
프로그램 실행됨
명령 실행: c(3)
함수 호출됨: c()  <=  3
함수 호출됨: b()  <=  1
함수 호출됨: a()  <=  0              # ❶
Traceback (most recent call last):
  File "debug_3.py", line 16, in <module>
    c(3)
  File "debug_3.py", line 13, in c
    return b(z - 2)   # z가 3이면 오류가 발생한다.
  File "debug_3.py", line 9, in b
    return a(y - 1)   # y가 1이면 오류가 발생한다.
  File "debug_3.py", line 5, in a
    return 8 / x      # x가 0이면 오류가 발생한다.
ZeroDivisionError: division by zero
```

TIP
상업용 제품을 개발할 때는 로그를 남길 때 기록 시각, 중요도, 담당자, 기록 매체 등 여러 가지 사항을 고려해야 한다. 더 알고 싶다면 《파이썬을 여행하는 히치하이커를 위한 안내서》(케네스 레이츠·타냐 슐로서 저, 김은지 역, 인사이트)를 참고하자.

로그를 보면 함수가 호출된 과정과 데이터를 파악할 수 있다. ❶ 함수 a()에 0이 입력되었다는 것도 분명히 확인할 수 있다.

이 예는 간단해서 오류 메시지만으로도 오류를 잡을 수 있었다. 하지만 프로그램이 복잡하게 뒤엉켜서 흐름을 파악하기 힘들 때, 특정한 상태에서만 오류가 발생할 때, 논리 오류가 발생해 오류 메시지의 도움을 받을 수 없을 때는 로그가 큰 도움이 된다.

9.2.4 테스트

테스트(test)란 프로그램의 실행 조건을 통제하며 다양한 실험을 해 보고 오류를 찾는 활동이다. 오류가 가끔씩만 발생할 때, 정확히 어떤 조건에서 그런 것인지 테스트해야 한다. 오류 메시지의 도움을 받을 수 없는 논리 오류를 파악할 때도 이 방법이 필요하다.

단위 테스트

TIP
프로그램 전체를 실행하는 시간과 노력도 큰 비용이다.

프로그램 전체를 실행하여 오류를 파악하기란 쉽지 않다. 프로그램은 여러 데이터와 함수가 복잡한 구조 속에서 유기적으로 동작하기 때문이다. 오류가 있다는 것은 알아도 그 오류가 어디서 왜 발생하는지 알기는 무척 어려울 것이다.

여기서도 문제를 나누어 해결하는 방법이 빛을 발한다. 프로그램은 여러 함수로 이루어져 있으므로 개별 함수의 동작만 잘 확인하면 된다. 함수의 동작은 전달된 인자에 달려 있으므로, 다양한 값을 인자로 전달해 테스트해 보면 된다. 이처럼 프로그램의 구성요소를 테스트하는 것을 **단위 테스트**(unit test)라 한다.

다음은 월을 입력받아 그에 대응하는 계절을 출력하는 함수이다. 오류가 무엇인지 찾아보자.

코드 9-9 잘못된 계절 함수

```python
def season(month):
    """월(month)에 대응하는 계절을 반환한다."""
    if month < 3:
        return '겨울'
    if month < 6:
        return '봄'
    if month < 9:
        return '여름'
    if month < 12:
        return '가을'
```

오류를 찾았는가? 그렇지 못했더라도 괜찮다. 함수의 처리 범위인 1월부터 12월까지를 모두 함수에 입력해 테스트해 보자.

코드 9-10 함수의 입력 허용 범위 테스트하기

```python
# 코드 9-9 생략
for month in range(1, 13):
    print(month, '월:', season(month))
```

실행결과는 다음과 같다.

```
1 월: 겨울
2 월: 겨울
3 월: 봄
4 월: 봄
5 월: 봄
6 월: 여름
7 월: 여름
8 월: 여름
9 월: 가을
10 월: 가을
11 월: 가을
12 월: None
```

12월이 입력되면 '**겨울**'이 아니라 None을 반환한다. 논리 오류가 발생했다.

입력 데이터의 범위가 무제한일 때

앞에서 든 예는 함수가 입력받는 데이터의 범위가 열두 개에 불과하여, 입력할 수 있는 데이터를 모두 입력해 보기가 쉬웠다. 하지만 입력받는 데이터의 범위가 무한한 것도 많다. 모든 값을 다 입력해 볼 수 없을 텐데, 어떻게 검사해야 할까? 문자열을 입력받아 반반씩 나누는 함수를 예로 들어 생각해 보자.

코드 9-11 문자열을 반으로 나누는 함수

```
def half_and_half(s):
    """문자열 s를 입력받아, 반반으로 나누어 반환한다."""
    center = len(s) // 2  # 문자열 s의 중간 위치
    return (s[:center], s[center:])
```

이 함수에 입력할 수 있는 문자열의 범위는 무한하므로, 모든 경우를 테스트할 수는 없다. 이런 경우에는 입력할 수 있는 데이터의 성격을 고려해야 한다. 함수가 입력받을 데이터에는 흔히 함수에 입력될 것으로 기대되는 데이터와 예외적인 데이터가 있다. 둘 다 테스트해 봐야 하는데, 특히 예외적인 데이터를 빠트리지 않고 테스트하는 것이 중요하다.

우선 일반적인 데이터를 조건으로 테스트해 보자. 적당한 길이의 짝수로 된 문자열이 흔히 함수에 입력될 데이터일 것이다.

코드 9-12 일반적인 데이터를 조건으로 테스트하기

```
# 코드 9-11 생략
print(half_and_half('코드'))       # 출력: ('코', '드')
print(half_and_half('프로그램'))    # 출력: ('프로', '그램')
print(half_and_half('online'))     # 출력: ('onl', 'ine')
```

이번에는 예외적인 데이터를 입력해 테스트해 보자. 빈 문자열, 홀수 길이 문자열이 예외적인 데이터가 될 수 있다.

코드 9-13 예외적인 데이터를 조건으로 테스트하기

```
# 코드 9-11 생략
print(half_and_half(''))          # 출력: ('', '')
print(half_and_half('?'))         # 출력: ('', '?')
print(half_and_half('파이썬'))     # 출력: ('파', '이썬')
```

예외적인 데이터가 무엇인지는 함수의 실행 논리와 인자로 받는 데이터의 종류에 따라 다르다. 일반적으로 문자열을 입력받는 함수는 빈 문자열, 매우 긴 문자열, 외

국어, 특수문자, 홀수 또는 짝수 길이의 문자열에 주의해야 한다. 정수를 입력받는 함수는 0, 음수, 매우 작거나 매우 큰 수, 0부터 세는가, 1부터 세는가 등에 신경을 써야 한다.

테스트 주도 개발

여기서 한걸음 더 나아가 함수를 작성하기 전에 테스트를 먼저 작성하는 방법도 생각할 수 있다. 테스트를 먼저 작성한다는 것은 함수의 입력값과 출력값의 사례를 미리 만들어 두는 것을 의미한다. 그러면 오류를 방지할 수 있고, 함수의 동작도 더 쉽게 파악할 수 있다.

이를 수행하는 가장 간단한 방법은 함수의 독스트링에 입력과 출력 예를 작성해 두는 것이다. 문자열과 문자를 입력받아, 문자가 문자열에 등장하는 빈도를 구하는 함수를 예로 들어 보자.

먼저, 함수를 작성하기 전에 이 함수가 처리할 데이터를 생각해 적는다. 그리고 그 데이터가 입력되었을 때 함수가 어떤 값을 반환할 것인지 적는다. 일반적인 데이터와 예외적인 데이터를 모두 고려해야 한다.

- 'banana', 'a': 0.5
- 'code', 'c': 0.25
- '파이썬', '프': 0.0
- '파이썬', '파이': 두 번째 값이 문자가 아니라 오류가 발생한다. (이 경우 None을 반환하기로 하자.)
- '', 'a': 0으로 나눠 오류가 발생한다. (이 경우 0을 반환하기로 하자.)

> **TIP**
> 여기서 '문자'는 요소가 하나로 이루어진 문자열이라고 약속하자.

그 후, 함수를 작성할 때 미리 작성해 둔 입출력 예를 독스트링에 포함시킨다. 함수의 본문을 작성할 때는 주석에 작성한 테스트를 염두에 두고 코드가 잘 동작할지 생각해 본다. 테스트를 미리 작성한 덕분에 예상되는 오류를 피할 수 있다.

코드 9-14 함수의 주석에 테스트 제시하기

```python
def frequency(s, c):
    """문자열 s와 문자 c를 입력받아, c가 s에 등장하는 빈도를 구한다.
    테스트:
        * 'banana', 'a'    => 0.5
        * 'code', 'c'      => 0.25
```

```
    * '파이썬', '프'        => 0
    * '파이썬', '파이'      => None
    * '', 'a'              => 0
    """
    if len(c) != 1:         # c가 문자가 아닌 경우
        return None

    if len(s) == 0:         # s가 빈 문자열인 경우
        return 0

    count = s.count(c)      # c가 s에 등장하는 횟수
    return count / len(s)   # 빈도를 구해 반환한다.
```

함수를 다 작성했으면 미리 작성한 테스트를 실행해 본다.

코드 9-15 작성한 함수 테스트하기

```
# 코드 9-14 생략
print(frequency('banana', 'a') == 0.5)      # 출력:True
print(frequency('code', 'c') == 0.25)       # 출력:True
print(frequency('파이썬', '프') == 0)        # 출력:True
print(frequency('파이썬', '파이') == None)   # 출력:True
print(frequency('', 'a') == 0)              # 출력:True
```

단위 테스트 자동화

함수를 수정할 때마다 코드 9-15와 같이 직접 테스트해야 한다면 번거로울 것이다. 함수를 테스트해 주는 함수를 작성하면 테스트를 자동화할 수 있다. 다음은 frequency() 함수를 테스트해 주는 test_frequency() 함수를 정의해 본 것이다.

코드 9-16 함수를 테스트하는 함수

```
def test_frequency():
    """frequency() 함수가 올바른지 테스트한다."""
    if not(frequency('banana', 'a') == 0.5):
        return False

    if not(frequency('code', 'c') == 0.25):
        return False

    if not(frequency('파이썬', '프') == 0):
        return False

    if not(frequency('파이썬', '파이') == None):
        return False
```

```
    if not(frequency('', 'a') == 0):
        return False

    return True
```

이 함수는 frequency() 함수의 모든 단위 테스트 조건을 테스트하여, 하나라도 틀리면 False를, 모두 올바르면 True를 반환한다. 이제 함수를 수정할 때마다 test_frequency() 함수를 실행해 보면 함수가 올바른지 확인할 수 있다.

함수 A()를 만들 때마다 그 함수를 테스트하는 함수 test_A()를 만들어 두자. 테스트도 편리하고, 프로그램의 안정성도 높일 수 있다.

9.2.5 오류의 선례 찾아보기

혼자서 아무리 머리를 싸매고 씨름해도 끝내 오류를 해결하지 못할 때도 있을 수 있다. 이럴 때는 다른 사람들의 도움을 받는 것도 한 방법이다. 주변의 동료와 상의할 수도 있고, 인터넷을 활용할 수도 있다.

세계에는 수천만 명의 프로그래머가 일하고 있다. 여러분이 겪는 오류는 이미 다른 누군가가 경험하였고 해결책까지 공개해 두었을 가능성이 크다. 이 책을 쓰는 시점을 기준으로, 문제 해결에 가장 도움이 되는 웹사이트로는 스택 오버플로(Stack Overflow)와 깃허브(GitHub)를 꼽을 수 있다.

> **TIP**
> 스택 오버플로와 깃허브는 영어로 된 웹사이트이다.

- 스택 오버플로(*https://stackoverflow.com*): 프로그래밍에서 발생하는 다양한 문제를 질문하고 답하는 웹사이트. 질문자와 답변자의 글을 다른 프로그래머가 수정할 수 있는 방식, 논쟁과 중재가 가능한 점, 많은 프로그래머가 활동하고 있는 점 등이 특징이다. 1천만 개 이상의 질문이 올라와 있으며, 그중에는 질 높은 질문과 답변도 많다. 구글에서 프로그래밍 문제를 검색하면 상위 페이지로 랭크되는 경우가 많다.
- 깃허브(*https://github.com*): 깃으로 관리하는 소스코드의 사본을 인터넷 공간에 보관해 주는 서비스 중 하나이다. 깃(Git)은 프로그램 이력 관리 도구를 말한다. 수많은 라이브러리가 깃허브에 업로드되어 있으며, 라이브러리의 문서, 오류 관련 정보, 토론 등도 함께 열람할 수 있다. 라이브러리 관련 문제가 발생한 경우 깃허브에서 검색하면 해결책을 구할 수 있는 경우가 많다.

> **TIP**
> 라이브러리: 다른 프로그램에 삽입하여 활용할 수 있도록 제작된 프로그램

인터넷 검색은 오류를 도저히 혼자 해결하기 어려울 때 마지막 수단으로 쓰길 바

란다. 인터넷의 정보는 검증되지 않아 틀릴 때도 많으며, 문제가 생길 때마다 검색부터 하는 습관을 들이면 문제 해결 능력을 발전시킬 기회도 빼앗긴다. 스스로 문제를 해결하려 노력하고, 책과 공식 문서를 통해 이론, 규약, 모범 사례를 학습하는 것이 장기적으로 더 좋다.

이 절에서는 오류를 찾고 수정하는 기본 방법들을 알아보았다. 코드를 꼼꼼히 검토하고, 오류 메시지를 읽고, 로그를 남기고, 프로그램을 테스트하고, 선례를 찾아보는 방법으로 대부분의 오류를 해결할 수 있다. 추후에 이런 방법을 전문화한 디버그 도구와 테스트 도구들도 사용하게 될 것이다. 어떤 도구를 사용하더라도 여기서 배운 기본 원리는 동일하다.

연습문제 9-1 다음은 중앙값(값들을 크기순으로 정렬했을 때 가운데 위치하는 값)을 구하는 프로그램이다.

```python
def median(data):
    """데이터의 중앙값을 반환한다."""
    sorted_data = sorted(data)
    median_value = sorted_data[len(sorted_data) / 2]
    return median_value

print(median([10, 9, 4, 1, 5, 7]))
```

이 프로그램을 실행하면 다음과 같은 오류가 발생한다.

```
Traceback (most recent call last):
  File "exercise_9_1.py", line 7, in <module>
    print(median([10, 9, 4, 1, 5, 7]))
  File "exercise_9_1.py", line 4, in median
    median_value = sorted_data[len(sorted_data) / 2]
TypeError: list indices must be integers or slices, not float
```

오류 메시지를 읽고 문제점을 지적한 후, 프로그램을 올바르게 수정해 보라.

연습문제 9-2 다음은 삼육구 게임 함수이다. 수 하나를 입력받아 그 수에 숫자 '3', '6', '9' 중 하나 이상이 있을 경우 '짝'을, 그렇지 않으면 입력받은 수에 대응하는 숫자 문자열을 반환한다.

```
def 삼육구(n):
    """n에 숫자 '3', '6', '9' 중 하나 이상이 있을 경우 '짝'을,
    그렇지 않으면 n에 대응하는 숫자를 반환한다."""
    characters = str(n)
    found_3 = characters.find('3') != -1
    found_6 = characters.find('6') != -1
    found_9 = characters.find('9') != -1
    if found_3 or found_6 or found_9:
        return '짝'
    else:
        return str(n)
```

이 함수가 올바르게 동작하는지 확인하려 한다. 열 개 이상의 입출력 쌍을 정의하고, 각각 함수에 대입하여 올바른 결과를 내는지 검사해 보라. 그리고 이 검사를 자동화하는 테스트 함수를 작성하라.

연습문제 9-3 구글 검색엔진에서 'ZeroDivisionError: division by zero'를 검색해 이 오류의 원인과 해결 방법을 확인해 보라.

9.3 예외처리

입력 데이터와 실행 환경은 프로그램을 사용하는 사람에게 달려 있다. "F1 키를 절대 누르지 마시오", "프로그램 사용 중 인터넷 연결을 끊지 마시오"라고 경고해 본들, 사용자가 지키지 않으면 위험은 제거되지 않는다. 이번 절에서는 이러한 문제를 해결하는 방법을 살펴본다.

9.3.1 예외처리란 무엇인가

예외(exception)란 프로그램이 정상적으로 실행될 수 없는 상황을 뜻한다. 항상 동일하게 발생하는 오류는 프로그램을 고쳐 해결하면 된다. 그런데 프로그램 외부의 요인으로 발생하는 실행 오류는 어떻게 해결해야 할까? 외부 요인을 통제할 수 없다면, 프로그램 안에 예외 상황에 대한 대응책을 마련해 두어야 한다. 이를 예외처리(exception handling)라 한다.

다음 조리법을 살펴보자.

"냄비에 육수 1리터를 담고 센 불로 끓인다."

TIP
외부 요인: 사용자가 입력한 데이터·프로그램이 실행되는 환경 등을 말한다.

이 조리법은 조리도구와 식재료가 갖추어져 있을 것을 전제로 한다. 만약 냄비가 없다면 "냄비가 없다"라는 예외 상황이 발생하여 조리를 수행할 수 없을 것이다. 조리법을 수정하여 이 예외를 처리해 보자.

"냄비에 육수 1리터를 담고 센 불로 끓인다. 만약 냄비가 없을 경우 주전자를 대신 사용한다."

수정한 조리법은 "냄비가 없다"라는 예외를 처리할 수 있다. "만약 냄비가 없을 경우 …"라는 표현에서 알 수 있듯이, 예외처리는 어떤 '조건'에 따라 실행할 지시를 '선택'하는 것이다. if 문으로 예외처리를 해 보고, 더 나은 방법도 알아볼 것이다.

 예외처리는 어디까지 해야 할까?

조리법에서 일어날 수 있는 예외가 "냄비가 없다"뿐일까? 냄비 용량이 1리터에 못 미칠 수도 있고, 주전자도 없는 경우가 있을 수 있다. 조리법을 다시 수정하면 이런 예외도 처리할 수 있겠으나, 미처 생각하지 못한 또 다른 예외가 발생할 수 있다. 모든 예외를 예견하는 것은 불가능하다. 예외처리를 어디까지 할 것인지는 프로그램의 안정성이 어느 정도 요구되느냐에 달렸다. 혼자서 한 번 쓰고 버릴 프로그램이라면 간단한 예외처리만으로 충분하겠지만, 은행이나 병원에서 사용하는 재산과 인명에 관련된 프로그램이라면 예외처리에 최대한 많은 신경을 써야 한다.

9.3.2 if 문으로 예외처리하기

다음은 사용자로부터 수를 입력받아 나누는 프로그램이다.

코드 9-17 **예외처리가 필요한 프로그램**

```
print('0이 아닌 정수를 입력해 주세요:', end=' ')
user_number = int(input())        # 데이터 입력

print(1 / user_number)            # 결과 출력
```

이 프로그램은 사용자가 0을 입력하는 경우 ZeroDivisionError 예외가 발생한다. 이 예외를 if 문으로 처리해 보자.

코드 9-18 **if 문으로 예외처리하기**

```
print('0이 아닌 정수를 입력해 주세요:', end=' ')
user_number = int(input())        # 데이터 입력

if user_number == 0:              # ❶ 예외처리: 입력값이 0이면 프로그램을 종료한다.
    print('0으로 나눌 수 없습니다.')
```

```
    exit()                      # ❷ 프로그램 종료

print(1 / user_number)          # 결과 출력
```

수정한 프로그램은 ❶ if 문으로 사용자가 입력한 값을 검사하여 잘못된 값이 계산에 사용되는 것을 방지한다. if 문의 본문에는 예외를 감지한 경우의 대처법이 포함된다. 여기서는 문제점을 알려 준 뒤 프로그램을 종료한다. ❷ exit() 함수를 호출하면 프로그램이 종료된다. 따라서 사용자가 0을 입력하지 않았을 때만 나눗셈 연산이 실행된다. 동일한 요령으로 사용자가 정수를 입력했는지도 검사할 수 있다.

TIP
예외를 감지한 후 사용자가
다시 (올바른) 값을
입력하도록 요구할 수도 있다.

코드 9-19 두 가지 예외처리하기

```
print('0이 아닌 정수를 입력해 주세요:', end=' ')
user_string = input()             # 데이터를 입력받는다.

if not user_string.isnumeric():   # 예외처리: 입력값이 정수가 아닌 경우
    print(user_string, '은 정수가 아닙니다.')
    exit()                        # 프로그램 종료

user_number = int(user_string)    # 입력값(문자열)을 정수로 변환한다.

if user_number == 0:              # 예외처리: 입력값이 0인 경우
    print('0으로 나눌 수 없습니다.')
    exit()                        # 프로그램을 종료한다.

print(1 / user_number)            # 결과 출력
```

사용자가 잘못된 값을 입력했을 때 입력을 다시 요청하는 것도 좋은 생각이다. 이때는 while 문을 활용하면 좋다.

코드 9-20 올바른 값이 입력될 때까지 반복 입력하기

```
while(True):                          # ❶ 무한 반복
    print('0이 아닌 정수를 입력해 주세요:', end=' ')
    user_string = input()         # 데이터를 입력받는다.

    # 예외처리: 입력값이 정수가 아닌 경우 다시 입력받는다.
    if not user_string.isnumeric():
        print(user_string, '은 정수가 아닙니다.')
        continue                  # ❷ while 문 본문의 시작 지점에서 다시 반복한다.

    # 입력값(문자열)을 정수로 변환한다.
    user_number = int(user_string)

    # 예외처리: 입력값이 0인 경우 다시 입력받는다.
```

```
    if user_number == 0:
        print('0으로 나눌 수 없습니다.')
        continue                    # ❷ while 문 본문의 시작 지점에서 다시 반복한다.

    break                           # ❸ 반복 중지

print(1 / user_number)              # 결과 출력
```

❶ while 문을 이용한 무한 반복 블록 안에서 입력과 예외처리를 계속 반복한다.
❷ 잘못된 값이 입력됐을 때는 continue 문으로 반복 블록을 처음부터 다시 수행하
도록 하여 값을 다시 입력받는다. ❸ 올바른 값이 입력됐을 때는 break 문으로 반복
을 중지한다.

　실행 결과는 다음과 같다.

```
0이 아닌 정수를 입력해 주세요: 이백
이백 은 정수가 아닙니다.
0이 아닌 정수를 입력해 주세요: 0
0으로 나눌 수 없습니다.
0이 아닌 정수를 입력해 주세요: 200
0.005
```

 사용자 입력 검증

　사용자가 입력하는 데이터는 전부 의심해야 한다. 실수로 잘못된 데이터를 입력해 오류를 유발
　하기도 하고, 고의로 잘못된 데이터를 입력해 해킹을 시도하기도 한다. 상업용 프로그램을 만
　든다면 사용자가 입력할 수 있는 데이터는 모두 검증하도록 하자.

9.3.3 if 문을 이용한 예외처리의 한계

if 문을 이용한 예외처리에는 몇 가지 단점이 있다.

1.　예외를 나타내는 값(오류 코드)과 정상 값을 구별하기가 어렵다.
2.　함수를 연달아 호출할 때, 예외를 함수 밖으로 전달하기가 불편하다.
3.　예외 상황인지 항상 미리 검사해야 한다.

오류 코드와 정상 값을 구별하는 문제

함수 안에서 예외처리를 할 때를 생각해 보자. 함수는 return 문을 이용해 결과를
반환한다. 그런데 함수 호출 도중에 예외가 발생한다면, 예외가 발생한 사실을 함
수 밖으로 어떻게 알릴 수 있을까?

다음은 네트워크에 연결된 컴퓨터와 신호를 주고받는 데 걸리는 시간을 측정하여 반환하는 함수이다. 정상적인 경우에는 응답에 걸린 시간을 수로 반환한다. 하지만 서버에 접속할 수 없는 경우에는 어떤 값을 반환해야 할까?

코드 9-21 함수 밖으로 예외 전달하기

```
# 주의: 다음은 예를 위한 가짜 코드이며 실행되지 않는다.
def ping(address):
    """대상 주소(address)의 컴퓨터와 신호를 주고받는 데 걸리는 시간(초)을 측정하여 반환한다."""
    if 주소가_잘못된_경우:
        return -1        # ❶ 오류 코드를 반환한다.

    if 인터넷_연결이_안_된_경우:
        return -2        # ❷

    if 서버에_접속할_수_없는_경우:
        return -3        # ❸

    seconds = ...        # 정상적인 경우
    return seconds       # 응답 시간을 반환한다.
```

❶, ❷, ❸ 예외를 함수 밖으로 알리기 위해 -1, -2, -3을 반환한다. 응답 시간은 음수가 될 수 없으므로, 함수를 호출한 쪽에서는 양수를 정상적인 결과로, 음수를 예외로 판단할 수 있다. 함수를 호출한 쪽에서 어떤 예외가 일어났는지도 알 수 있도록 각 예외 상황마다 반환하는 값을 서로 다르게 정해 두었다.

이처럼 예외를 나타내는 값을 정해 둔 것을 오류 코드(error code)라 한다. 오류 코드는 함수마다 제각각 정의하게 될 가능성이 높다. 오류 코드는 '비정상적인 반환값'이어야 하는데, 그런 값은 함수마다 다를 수밖에 없기 때문이다. 예컨대 양수를 반환하는 함수는 음수를 오류 코드로 약속할 수 있겠지만, 음수를 반환하는 함수는 그렇게 할 수 없다.

함수를 연달아 호출할 때, 예외처리를 중복으로 해야 하는 문제

함수를 연달아 호출할 때, 함수 밖으로 오류 코드를 전달하려면 호출되는 함수들 속에서 예외처리를 중복으로 해야 한다.

코드 9-21의 ping() 함수를 호출하여 두 서버의 응답시간을 비교하는 함수를 정의한다고 해 보자.

코드 9-22 함수 밖으로 전달된 예외를 더 바깥으로 전달하기

```python
# 주의: 다음은 예를 위한 가짜 코드이며 실행되지 않는다.
def compare_two_servers(a, b):
    """두 서버 주소 a, b를 전달받아, 응답시간이 더 짧은 서버 주소를 반환한다."""
    response_a = ping(a)    # ❶ 서버 a의 응답시간을 측정한다.
    response_b = ping(b)    # ❷ 서버 b의 응답시간을 측정한다.

    if response_a < 0:      # ❸ 서버 a에서 예외가 발생한 경우 예외를 함수 밖으로 전달한다.
        return response_a
    if response_b < 0:      # ❹ 서버 b에서 예외가 발생한 경우 예외를 함수 밖으로 전달한다.
        return response_b

    # 예외가 발생하지 않은 경우, 응답시간이 더 짧은 서버 주소를 반환한다.
    return a if response_a < response_b else b
```

❶, ❷ 오류 코드를 반환하는 ping() 함수를 내부에서 호출한다. ❸, ❹ 그 오류 코드를 자신을 호출한 곳으로 다시 전달해야 한다. 이미 ping() 함수에서 예외 검사를 마쳤지만 ping() 함수를 호출하는 곳에서는 모두 ping() 함수의 반환값을 검사해 밖으로 전달해야 하는 셈이다. 예외처리를 중복으로 해야 하는 데다, 여러 함수에서 오류 코드를 관리하기가 더욱 힘들어진다.

예외를 미리 검사해야 하는 문제

다음 두 지시를 비교해 보자.

1. "냄비가 있는지 확인한다. 냄비가 있으면 냄비에 육수 1리터를 담고 센 불로 끓인다. 냄비가 없으면 주전자를 대신 사용한다."
2. "냄비에 육수 1리터를 담고 센 불로 끓인다. 냄비가 없을 경우 주전자를 대신 사용한다."

둘 다 냄비가 없는 상황을 상정한 조리법이지만 접근법이 다르다. 1은 먼저 허락을 구한 뒤에 일을 하는 방법이다. 2는 일을 먼저 하고, 문제가 생기면 용서를 구하는 방법이다. 1은 확인을 한 직후에 순식간에 상황이 바뀌어 버리면(확인할 때는 냄비가 있었는데, 조리할 때는 사라진 경우) 예외처리를 할 수 없다는 단점이 있다. 따라서 파이썬에서는 2와 같이 일을 먼저 한 뒤에 예외가 발생하면 그에 따른 처리를 하는 방식을 권장한다.

9.3.4 try 문: 잠재적인 예외처리하기

파이썬에서 예외처리를 올바르게 하는 방법은 try 문을 사용하는 것이다. try 문을
사용하면 다음과 같은 장점이 있다.

1. 정상 값과 구별하기 어려운 오류 코드 대신, 예외 객체라는 특별한 정보로 예외
   를 전달할 수 있다.
2. 함수 호출 속에서 예외가 발생하면 예외 객체가 함수 바깥으로 전달된다.
3. 예외가 발생할 것을 미리 확인하는 대신, 예외가 발생했을 때 처리하는 방법을
   따른다.

TIP
try 문의 세 장점은 모두 if
문의 한계를 해결한다.

try 문과 except 절

try 문은 except 절과 함께 사용한다. try는 '시도하라'는 뜻이다. try 문의 본문 블록
에 예외 발생 가능성이 있는 코드를 기술하여, 코드를 일단 '시도해' 보도록 한다.
except는 '~를 제외하고'라는 뜻이다. except 절에는 처리할 예외의 종류와 처리 방
법을 기술한다. 예외의 종류에 따라 그 대처법도 다르므로, 하나의 try 문은 여러 개
의 except 절을 포함할 수 있다. 예외를 하나도 처리하지 않는다면 try 문 자체가 필
요 없으므로, except 절이 최소한 하나는 있어야 한다.

```
try:
    예외가 발생할 수 있는 코드 블록
    ...
except 예외 종류:
    예외 종류에 해당하는 예외가 발생했을 때 실행할 코드 블록
    ...
(필요에 따라 except 절을 추가로 작성)
```

'예외 종류'란 예외를 나타내는 클래스이다. 파이썬에는 다양한 예외 상황이 클래스
로 정의되어 있다. 다음과 같이 0으로 나누는 오류를 발생시켜 보자.

TIP
어떤 예외가 발생했는지 알고
싶다면 오류 메시지를
확인하면 된다.

코드 9-23 **0으로 나누는 오류의 오류 메시지**

```
>>> 1 / 0
Traceback (most recent call last):
  File "<stdin>", line 1, in <module>
ZeroDivisionError: division by zero
```

오류 메시지의 마지막이 오류의 종류와 내용을 알려 주는 행이다. 여기서 콜론(:)

TIP
예외의 종류는 315쪽에서
자세히 다룬다.

왼쪽의 이름이 오류의 종류를 나타내는 클래스이다. 0으로 나누는 오류는 파이썬에서 ZeroDivisionError로 정의되어 있다는 걸 알 수 있다.

try 문을 이용해 0으로 나누는 오류와 사용자가 입력한 값을 정수로 변환할 수 없는 오류를 처리해 보자.

코드 9-24 0으로 나누는 오류의 오류 메시지

```
# ❶ try 블록에 예외가 일어날 수 있는 코드를 기술한다.
try:
    print('0이 아닌 정수를 입력해 주세요:', end=' ')
    user_number = int(input())
    print(1 / user_number)
# ❷ 처리해야 할 예외의 이름과 처리 방법을 except 블록에 기술한다.
except ZeroDivisionError:  # 0으로 나누는 오류를 처리한다.
    print('0으로 나눌 수 없습니다.')
except ValueError:         # int 유형이 될 수 없는 문자열의 오류를 처리한다.
    print('입력한 값은 정수가 아닙니다.')
```

if 문을 이용한 코드 9-18에서는 계산을 실행하기에 앞서 값이 정수로 변환할 수 있는 문자열인지, 0은 아닌지 등을 미리 검사했다. 하지만 try 문을 이용한 코드 9-24에서는 그런 검사를 수행하지 않았다. ❶ try 문에서 바로 코드를 실행하고, ❷ 예외가 일어나면 except 절의 코드를 실행하도록 했다.

try 문을 사용할 때도, 사용자가 올바른 값을 입력할 때까지 계속 반복 입력받을 수 있다. try 문 전체를 while 문으로 감싸고 정상 실행되었을 때 break 문으로 반복 블록을 빠져나오면 된다.

코드 9-25 올바른 입력을 반복하여 요구하기

```
while True:
    try:
        print('0이 아닌 정수를 입력해 주세요:', end=' ')
        user_number = int(input())
        print(1 / user_number)
        break  # 예외가 발생하지 않은 경우, 반복을 빠져나간다.
    except ZeroDivisionError:
        print('0으로 나눌 수 없습니다.')
    except ValueError:
        print('입력한 값은 정수가 아닙니다.')
```

try 문의 본문을 실행하는 도중 예외가 발생한 경우에는 본문의 나머지 내용을 실행하지 않고, 그 예외를 처리할 수 있는 except 절을 실행한다. 따라서 코드 9-25에서 ZeroDivisionError, ValueError 예외가 발생한 경우에는 try 문 마지막의 break 문은 실행되지 않고, 계속해서 반복 입력받는다.

실행 결과는 다음과 같다.

```
0이 아닌 정수를 입력해 주세요: 백
입력한 값은 정수가 아닙니다.
0이 아닌 정수를 입력해 주세요: 0
0으로 나눌 수 없습니다.
0이 아닌 정수를 입력해 주세요: 20
0.05
```

try 문의 else 절

try 문에도 else 절을 작성할 수 있다. else 절에 작성한 코드는 try 문의 본문을 전부 실행할 때까지 예외가 발생하지 않은 경우에 실행된다. try 절의 작성 양식에 else 절을 추가해 두자.

```
try:
    예외가 발생할 수 있는 코드 블록
    ...
except 예외종류:
    예외종류에 해당하는 예외가 발생했을 때 실행할 코드 블록
    ...
(필요에 따라 except 절을 추가로 작성)
else:
    예외가 발생하지 않은 경우 실행할 코드 블록
```

else 절을 이용하면 코드 9-25를 다음과 같이 수정할 수 있다.

코드 9-26 **try 문에서 else 절 사용하기**

```
while True:
    try:
        print('0이 아닌 정수를 입력해 주세요:', end=' ')
        user_number = int(input())
        result = 1 / user_number
    except ZeroDivisionError:
        print('0으로 나눌 수 없습니다.')
    except ValueError:
        print('입력한 값은 정수가 아닙니다.')

    # 예외가 발생하지 않은 경우에만 실행한다.
    else:
```

```
    print(result)  # 결과를 출력하고
    break          # 반복을 빠져나간다.
```

try 절의 본문에 작성하지 않고 else 절에 코드를 작성하는 이유는 의도하지 않은 예외처리를 방지하기 위해서다. 예외처리의 대상이 되는 코드와 이어서 수행될 코드를 명시적으로 구별하는 것이다.

처리되지 않은 예외의 전파

try 문은 except 절에 처리할 예외를 명시한다. except 절에서 처리하지 않은 예외가 발생한다면 어떤 일이 일어날까? 직접 확인해 보자. 코드 9-26를 실행하고, 수를 입력하는 대신 Ctrl + C 키를 입력해 보자.

TIP
^C는 Ctrl + C가
입력되었다는 표시다.

```
0이 아닌 정수를 입력해 주세요: ^C
Traceback (most recent call last):
  File "example_9_26.py", line 4, in <module>
    user_number = int(input())
KeyboardInterrupt
```

파이썬 프로그램 실행중에 Ctrl + C 키를 입력하면 KeyboardInterrupt 예외가 발생한다. 코드 9-26의 try 문에는 이 예외를 처리하는 except 절이 없기 때문에, 예외는 처리되지 않은 채로 try 문을 빠져나와 버린다. 예외가 try 문을 빠져나왔을 때의 결과는 try 문을 사용하지 않았을 때와 같다. 즉, 처리되지 않은 예외로 인해 실행시간 오류가 발생하고, 오류 메시지가 출력된 후 프로그램 실행이 중단된다.

try 문을 빠져나온 예외는 그 바깥쪽의 try 문으로도 처리할 수 있다.

코드 9-27 try 문을 빠져나온 예외처리하기

```
# 블록 1: 바깥쪽 try 문
try:

    # ❶ 블록 2: while 문
    while True:

        # 블록 3: 안쪽 try 문
        try:
            print('0이 아닌 정수를 입력해 주세요:', end=' ')
            user_number = int(input())
            result = 1 / user_number
        except ZeroDivisionError:
            print('0으로 나눌 수 없습니다.')
```

```
            except ValueError:
                print('입력한 값은 정수가 아닙니다.')
            else:
                print(result)  # 결과를 출력하고
                break          # 반복을 빠져나간다.

# ❷ 바깥쪽의 try 문에서 KeyboardInterrupt 예외를 처리한다.
except KeyboardInterrupt:
    print('Ctrl + C를 누르셨군요.')
```

코드 9-27을 실행하고 Ctrl + C 키를 입력해 보면 다음과 같다.

```
0이 아닌 정수를 입력해 주세요: ^C
Ctrl + C를 누르셨군요.
```

❶ 안쪽 try 문에서 예외가 발생했지만 try 문 블록과 while 문 블록을 빠져나가 ❷ 바깥쪽 try 문에서 처리되는 것을 확인할 수 있다.

  예외가 코드 블록 안에서 발생하는 경우 예외 객체는 가장 가까이 있는 try 문이 처리할 때까지 코드 블록을 차례대로 빠져나간다. 이 특징을 이용하면 함수 호출 안에서 일어난 예외를 함수 호출 밖에서 처리할 수 있다.

예외처리를 어디서 해야 할까?

코드 9-28은 사용자가 무엇을 입력하느냐에 따라 정상 실행될 수도, 오류를 일으킬 수도 있다.

코드 9-28 함수 연쇄 호출 속의 오류

```
def a(x):
    return 8 / x        # x가 0인 경우 오류가 발생한다.

def b(y):
    return a(y - 1)     # y가 1인 경우 오류가 발생한다.

def c(z):
    return b(z - 2)     # z가 3인 경우 오류가 발생한다.

def d():
    print('정수를 입력해 주세요:', end='')
    print(c(int(input())))

d()
```

그런데 예외처리를 어디에서 해야 할까? 8 / 0이 실행될 수 있는 a() 함수? a()에 잘못된 값을 전달할 가능성이 있는 b(), c() 두 함수? 사용자로부터 값을 입력받는 d() 함수? 모든 함수가 예외를 일으킬 가능성이 있으니 다음과 같이 예외처리를 해야 할까?

코드 9-29 함수 연쇄 호출 속의 오류 처리하기

```python
def a(x):
    try:
        return 8 / x      # x가 0인 경우 오류가 발생한다.
    except ZeroDivisionError:
        print('0으로는 나눌 수 없습니다.')

def b(y):
    try:
        return a(y - 1)  # y가 1인 경우 오류가 발생한다.
    except ZeroDivisionError:
        print('0으로는 나눌 수 없습니다.')

def c(z):
    try:
        return b(z - 2)  # z가 3인 경우 오류가 발생한다.
    except ZeroDivisionError:
        print('0으로는 나눌 수 없습니다.')

def d():
    try:
        print('정수를 입력해 주세요:', end='')
        print(c(int(input())))
    except ZeroDivisionError:
        print('0으로는 나눌 수 없습니다.')

d()
```

더 좋은 방법이 있다. try 문을 사용하면 안쪽에서 발생한 오류를 바깥에서 처리할 수 있다. 예외가 실행 흐름을 따라 밖으로 빠져나오는 경우, 그 사이의 한 지점에서 한 번만 예외를 처리해 주면 된다.

코드 9-30 함수 연쇄 호출 속의 오류 처리하기

```python
def a(x):
    return 8 / x      # x가 0인 경우 오류가 발생한다.

def b(y):
    return a(y - 1)  # y가 1인 경우 오류가 발생한다.
```

```
def c(z):
    return b(z - 2)   # z가 3인 경우 오류가 발생한다.

def d():
    try:
        print('정수를 입력해 주세요:', end='')
        print(c(int(input())))
    except ZeroDivisionError:
        print('0으로는 나눌 수 없습니다.')

d()
```

d() 함수에서만 0으로 나누는 오류를 처리했지만, a()에서 오류가 발생하더라도 그 예외가 실행 흐름을 따라 빠져나와 처리되므로 문제없다.

TIP
단, a(8)과 같이 a() 함수를 직접 호출한다면 예외처리가 되지 않을 것이다.

try 문을 이용해 if 문보다 편리하고 정확하게 예외처리를 할 수 있는 방법을 알아보았다. 실행시간 오류는 try 문으로 예외처리한다는 것을 기억하자.

연습문제 9-4　연오는 사용자로부터 수 두 개를 입력받아 사칙연산 결과를 화면에 출력하는 프로그램을 다음과 작성했다.

```
print('첫 번째 수를 입력하시오: ', end='')
number1 = int(input())
print('두 번째 수를 입력하시오: ', end='')
number2 = int(input())

add = number1 + number2
subtract = number1 - number2
multiply = number1 * number2
divide = number1 / number2

print(number1, '+', number2, '=', add)
print(number1, '-', number2, '=', subtract)
print(number1, '*', number2, '=', multiply)
print(number1, '/', number2, '=', divide)
```

이 프로그램을 실행하고, 두 번째 수에 0을 입력하면 오류가 발생한다. 실행 결과는 다음과 같다.

```
첫 번째 수를 입력하시오: 1
두 번째 수를 입력하시오: 0
Traceback (most recent call last):
```

```
    File "C:/Users/bakyeono/project/book-python3-textbook/exercise/
        exercise-9-3.py", line 9, in <module>
    divide = number1 / number2
ZeroDivisionError: division by zero
```

이 프로그램을 try 문을 이용해 수정하라. 사용자가 두 번째 수에 0을 입력했을 때, 오류를 일으키지 말고 나눗셈 연산의 결과가 None이 되도록 한다. 올바른 실행 결과는 다음과 같다.

```
첫 번째 수를 입력하시오: 1
두 번째 수를 입력하시오: 0
1 + 0 = 1
1 - 0 = 1
1 * 0 = 0
1 / 0 = None
```

9.4 예외의 분류·정의·발생

파이썬에는 다양한 오류 상황이 예외 클래스로 범주화되어 있다. 예외가 발생하면 예외 상황에 대한 정보를 담은 예외 인스턴스가 만들어진다. 여러분이 새로운 예외의 종류(클래스)를 직접 정의하거나, 예외 객체를 직접 생성할 수도 있다.

이 절에서는 파이썬에 정의되어 있는 예외의 분류를 간단히 살펴보고, 필요한 예외 유형을 직접 정의하는 방법과 상황에 맞는 예외를 일으키는 방법을 알아본다.

9.4.1 예외의 분류

파이썬의 예외 클래스는 계층적으로 범주화되어 있다. 모든 예외 클래스는 BaseException 클래스의 하위 클래스이며, 대부분의 예외 클래스는 Exception 클래스의 하위 클래스이다.

다음은 중요한 예외와 접하기 쉬운 예외를 꼽아 본 것이다. 외울 필요는 없으니 살짝 훑어만 보자. 언제 어떤 오류가 발생하는지는 프로그래밍 경험을 쌓다 보면 자연스레 알게 된다.

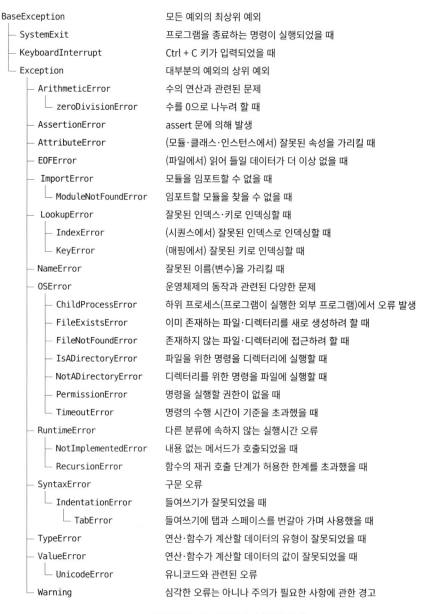

BaseException	모든 예외의 최상위 예외
SystemExit	프로그램을 종료하는 명령이 실행되었을 때
KeyboardInterrupt	Ctrl + C 키가 입력되었을 때
Exception	대부분의 예외의 상위 예외
ArithmeticError	수의 연산과 관련된 문제
zeroDivisionError	수를 0으로 나누려 할 때
AssertionError	assert 문에 의해 발생
AttributeError	(모듈·클래스·인스턴스에서) 잘못된 속성을 가리킬 때
EOFError	(파일에서) 읽어 들일 데이터가 더 이상 없을 때
ImportError	모듈을 임포트할 수 없을 때
ModuleNotFoundError	임포트할 모듈을 찾을 수 없을 때
LookupError	잘못된 인덱스·키로 인덱싱할 때
IndexError	(시퀀스에서) 잘못된 인덱스로 인덱싱할 때
KeyError	(매핑에서) 잘못된 키로 인덱싱할 때
NameError	잘못된 이름(변수)을 가리킬 때
OSError	운영체제의 동작과 관련된 다양한 문제
ChildProcessError	하위 프로세스(프로그램이 실행한 외부 프로그램)에서 오류 발생
FileExistsError	이미 존재하는 파일·디렉터리를 새로 생성하려 할 때
FileNotFoundError	존재하지 않는 파일·디렉터리에 접근하려 할 때
IsADirectoryError	파일을 위한 명령을 디렉터리에 실행할 때
NotADirectoryError	디렉터리를 위한 명령을 파일에 실행할 때
PermissionError	명령을 실행할 권한이 없을 때
TimeoutError	명령의 수행 시간이 기준을 초과했을 때
RuntimeError	다른 분류에 속하지 않는 실행시간 오류
NotImplementedError	내용 없는 메서드가 호출되었을 때
RecursionError	함수의 재귀 호출 단계가 허용한 한계를 초과했을 때
SyntaxError	구문 오류
IndentationError	들여쓰기가 잘못되었을 때
TabError	들여쓰기에 탭과 스페이스를 번갈아 가며 사용했을 때
TypeError	연산·함수가 계산할 데이터의 유형이 잘못되었을 때
ValueError	연산·함수가 계산할 데이터의 값이 잘못되었을 때
UnicodeError	유니코드와 관련된 오류
Warning	심각한 오류는 아니나 주의가 필요한 사항에 관한 경고

그림 9-2 주요 예외 클래스의 범주와 의미(발생 원인)

9.4.2 여러 예외를 동일하게 처리하기

여러 종류의 예외가 동일한 방식으로 처리되어야 할 때도 있다. 튜플과 사전에
서, 존재하지 않는 인덱스 또는 키를 인덱싱하는 경우를 생각해 보자. 코드 9-31의

get()은 아무 컬렉션에서나 인덱스 또는 키를 이용해 값을 꺼내주는 함수이다.

코드 9-31 튜플과 사전에 존재하지 않는 인덱스 또는 키를 인덱싱하는 예외

```python
def get(index_or_key, collection):
    """컬렉션(collection)에서 인덱스 또는 키(index_or_key)에 해당하는 값을 반환한다.
    데이터 집합에 해당하는 인덱스 또는 키가 존재하지 않는 경우 None을 반환한다."""
    try:
        value = collection[index_or_key]
    except IndexError:   # 인덱스가 잘못된 예외
        return None
    except KeyError:      # 키가 잘못된 예외
        return None
    else:
        return value

print(get(3, (1, 2, 3)))                # ❶ 출력: None
print(get('age', {'name': '박연오'}))     # ❷ 출력: None
```

❶ 범위를 벗어난 인덱스를 인덱싱해서 IndexError가 발생하고 None이 출력된다.
❷ 사전에 없는 키 인덱싱해서 KeyError가 발생하고 None이 출력된다.

TIP
except 절에서 여러 개의
예외를 튜플로 묶을 때는
괄호를 생략할 수 없다.

코드 9-31처럼 여러 종류의 예외를 동일한 방식으로 처리해야 할 때는 except 절에 처리할 예외를 괄호로 감싸고 콤마로 구별해 나열하면 된다. 예외를 괄호로 묶으면 다음과 같이 중복을 줄일 수 있다.

코드 9-32 여러 예외 동일하게 처리하기

```python
def get(index_or_key, collection):
    """컬렉션(collection)에서 인덱스 또는 키(index_or_key)에 해당하는 값을 반환한다.
    데이터 집합에 해당하는 인덱스 또는 키가 존재하지 않는 경우 None을 반환한다."""
    try:
        value = collection[index_or_key]
    except (IndexError, KeyError):   # 두 예외를 함께 처리
        return None
    else:
        return value
```

상위 범주 예외처리하기

except 절에서 상위 범주의 예외를 처리하면 그 범주에 속하는 하위 범주의 예외도 함께 처리된다. IndexError와 KeyError는 상위 범주 예외 LookupError에 속한다. 따라서 코드 9-32는 다음과 같이 LookupError로 처리하도록 수정하는 것도 좋다.

코드 9-33 **상위 범주 예외처리하기**

```
def get(index_or_key, collection):
    """컬렉션(collection)에서 인덱스 또는 키(index_or_key)에 해당하는 값을 반환한다.
    데이터 집합에 해당하는 인덱스 또는 키가 존재하지 않는 경우 None을 반환한다."""
    try:
        value = collection[index_or_key]
    except LookupError:  # 상위 범주 예외를 처리한다.
        return None
    else:
        return value
```

단, 상위 범주 예외의 하위 범주 예외 중 함께 처리해서는 안 되는 예외가 있다면, 하위 범주의 예외들을 각각 예외처리할 수밖에 없다.

모든 예외를 처리해 버리면 어떨까?

최상위 예외 클래스인 BaseException이나 그에 준하는 Exception 등을 except 절에서 처리하면 발생하는 모든 예외를 처리할 수 있다.

코드 9-34 **상위 범주 예외처리하기**

```
>>> try:
...     print(1 / 0)
>>> except BaseException:
...     print('종류는 모르겠지만 하여튼 예외가 발생했다.')
```

하지만 이런 식으로 모든 예외를 똑같이 처리하는 것은 특별한 이유가 없다면 피해야 한다. 대부분의 경우에는, 예외의 종류마다 처리해야 할 방법이 다르다. 예외를 제각각 구별하여 처리하기가 귀찮다고 모든 예외를 똑같이 다루면, 예상치 못하게 실행시간 오류가 발생했을 때 대처할 수 없을 것이다.

9.4.3 예외 객체 살펴보기

except 절 안에서는 예외 객체에 담긴 오류 정보를 이용할 수 있다. except 절에서 예외 객체를 이용하려면 except **예외클래스 as 변수이름:**과 같이, 처리할 예외 클래스 오른쪽에 as **변수이름**을 추가한다. 'as'는 '~로서'라는 뜻이며, 전달받은 예외를 지정한 변수 이름으로 부르겠다는 뜻이다.

대화식 셸에서 예외 객체를 전달받아 그 내용을 확인해 보자. try 문에서 예외를 일으키고 except 절에서 발생한 예외를 전달받아, 전역변수에 대입한다.

> **TIP**
> 예외를 가리키는 이름으로는
> 'e', 'error', 'exception' 등을
> 많이 사용한다.

코드 9-35 예외 객체 살펴보기

```
>>> try:
...     1 / 0
... except ZeroDivisionError as e:  # 예외 객체를 변수 e에 대입한다.
...     exception = e               # 예외 객체를 전역변수 exception에 대입한다.
...

>>> type(exception)                 # 예외 객체의 유형을 확인한다.
<class 'ZeroDivisionError'>

>>> isinstance(exception, ZeroDivisionError)  # ZeroDivisionError의 인스턴스인가?
True

>>> isinstance(exception, BaseException)       # BaseException의 인스턴스인가?
True

>>> str(exception)               # 문자열로 변환하면 오류의 발생 원인을 나타내는 문자열이 된다.
'division by zero'
```

실험에서 확인할 수 있듯이 예외 객체는 해당되는 예외 클래스의 인스턴스이며, 오류의 발생 원인을 알려 주는 문자열도 포함하고 있다.

9.4.4 예외 유형 정의하기

파이썬에서 제공하는 예외 유형에서 적당한 걸 찾을 수 없다면, 예외 유형을 직접 정의할 수도 있다. 예외의 유형은 클래스이므로 class 문으로 정의할 수 있다. Exception 클래스를 상속해 정의하면 된다.

문을 자동으로 여닫는 프로그램을 만든다고 생각해 보자. 문이 열린 상태에서 문을 열거나, 문이 닫힌 상태에서 문을 닫는 것은 예외 상황이다. 이를 나타내는 예외 유형을 다음과 같이 정의하기로 하자.

```
BaseException
  └ Exception
      └ DoorException              문 관련 예외
          ├ DoorOpenedException    문 열림 예외
          └ DoorClosedException    문 닫힘 예외
```

그림 9-3 문 관련 예외의 범주

코드 9-36 문 관련 예외 정의하기

```
class DoorException(Exception):
    """문 관련 예외"""
    pass
```

```
class DoorOpenedException(DoorException):
    """문 열림 예외"""
    pass

class DoorClosedException(DoorException):
    """문 닫힘 예외"""
    pass
```

문 관련 예외(DoorException)를 상위 범주로 정의하고, 그 하위 범주로 문 열림 예외(DoorOpenedException)와 문 닫힘 예외(DoorClosedException)를 정의했다. 상위 범주는 Exception을 상속했고, 하위 범주는 상위 범주 클래스를 상속해 정의했다. 예외 클래스의 본문에는 일반적으로 특별히 정의할 내용이 없으므로 pass 문으로 생략해도 된다.

새로 정의한 예외 유형은 except DoorException:과 같이 except 절에서 처리할 수 있다. 그런데 이 예외는 언제 발생할까? 문이 열리고 닫히는 것을 파이썬이 자동으로 확인하여 예외를 발생시킬까?

9.4.5 raise 문: 예외 일으키기

파이썬에 기본으로 정의되어 있는 예외는 인터프리터가 적절한 상황에서 자동으로 발생시켜 준다. 하지만 여러분이 오류 상황을 직접 정의하여 예외를 발생시켜야 할 때도 있다. 예외를 직접 일으키는 방법으로는 raise 문을 이용하는 방법과 assert 문을 이용하는 방법이 있다.

raise 문부터 알아보자. 'raise'는 '일으키다'라는 뜻이며, raise 문은 지정한 예외를 일으킨다. raise 예약어 오른쪽에 발생시킬 예외 객체를 다음과 같이 표기하면 된다.

> **TIP**
> 예외 클래스를 인스턴스화할 때는 오류의 원인을 나타내는 문자열을 첫 번째 매개변수로 지정하는 것이 관례이다.

raise 예외클래스(메시지)

다음과 같이 대화식 셸에서 직접 오류를 발생시켜보자.

코드 9-37 **raise 문으로 예외 일으키기**

```
>>> raise ZeroDivisionError('0으로 나눌 수 없음')
Traceback (most recent call last):
  File "<stdin>", line 1, in <module>
ZeroDivisionError: 0으로 나눌 수 없음
```

오류 원인이 "division by zero" 대신 "0으로 나눌 수는 없음"으로 표기되는 점을 제

외하면, 1 / 0을 연산했을 때 발생하는 오류 메시지와 완전히 같다. 우리가 1 / 0
을 연산하도록 할 때, 인터프리터가 raise ZeroDivisionError('division by zero')
를 실행해 주는 셈이다.

raise 문으로 일으키는 예외는 파이썬 인터프리터가 자동으로 일으키는 예외와
똑같다. try 문으로 처리할 수도 있다.

코드 9-38 raise 문으로 발생시킨 예외처리하기

```
>>> try:
...     raise ZeroDivisionError('0으로 나눌 수 없음')
... except ZeroDivisionError:
...     print('0으로 나누는 예외가 발생했습니다.')
...
0으로 나누는 예외가 발생했습니다.
```

일으키는 예외 객체에 추가 정보를 담을 수도 있다. 예외 객체를 먼저 만든 후 추가
로 포함할 속성을 대입하여 raise 문으로 일으키면 된다.

코드 9-39 예외 객체에 추가 정보를 속성으로 대입하기

```
>>> try:
...     exception = ZeroDivisionError('0으로 나눌 수 없음')
...     exception.user = '박연오'
...     raise exception
... except ZeroDivisionError as e:
...     print('오류 원인:', str(e))
...     print('오류를 일으킨 사용자:', e.user)
...
오류 원인: 0으로 나눌 수 없음
오류를 일으킨 사용자: 박연오
```

raise 문으로 논리 오류 방지하기

raise 문을 활용하면 조용히 발생하는 논리 오류를 명시적인 실행시간 오류로 완화
할 수 있다. 논리 오류가 발생할 가능성이 있을 때, 상황을 확인해서 예외를 일으키
면 된다. 문을 나타내는 Door 클래스를 정의한 다음 코드를 보자.

코드 9-40 문 관련 예외를 적절히 처리하는 문 클래스

```
# 코드 9-36 생략
class Door:
    """문을 나타내는 클래스"""
    def __init__(self):
```

```
            self.is_opened = True   # 문이 열려 있는지를 나타내는 상태

    def open(self):
        # ❶ 문이 이미 열려 있다면 예외를 일으킨다.
        if self.is_opened:
            raise DoorOpenedException('문이 이미 열려 있음')
        # 그렇지 않다면 문을 연다.
        else:
            print('문을 엽니다.')
            self.is_opened = True

    def close(self):
        # 문이 이미 닫혀 있다면 예외를 일으킨다.
        if not self.is_opened:
            raise DoorClosedException('문이 이미 닫혀 있음')
        # 그렇지 않다면 문을 닫는다.
        else:
            print('문을 닫습니다.')
            self.is_opened = False
```

❶ 문이 이미 열려 있는 상태에서 문을 열려고 하면 코드 9-36에서 정의한 문 관련 예외를 일으킨다. if 문으로 논리 오류를 검사한 후, raise 문으로 예외를 일으키면 된다. 오류가 제대로 처리되는지 인스턴스를 생성하여 확인해 보자.

코드 9-41 문 클래스의 예외 발생 시험하기

```
# 코드 9-40 생략
door = Door()   # 문 인스턴스를 생성한다.
door.close()    # 문 닫기
door.open()     # 문 열기
door.open()     # 문 열린 상태에서 문 열기
```

실행 결과는 다음과 같다.

```
문을 닫습니다.
문을 엽니다.
Traceback (most recent call last):
  File "example_9_38.py", line 39, in <module>
    door.open()     # 문 열린 상태에서 문 열기
  File "example_9_40.py", line 21, in open
    raise DoorOpenedException('문이 이미 열려 있음')
__main__.DoorOpenedException: 문이 이미 열려 있음
```

문이 열린 상태에서 닫거나 문이 닫힌 상태에서 열 때는 정상 동작하고, 문이 열린 상태에서 문을 열자 DoorOpenedException이 발생하는 것을 확인할 수 있다.

9.4.6 assert 문: 단언하기

논리 오류를 방지하는 또 다른 방법으로 assert 문이 있다. 'assert'는 '단언하다'라는 뜻이며, assert 문은 "이 식은 올바르다!"라고 강하게 주장하는 것과 같다.

assert 문을 작성하는 양식은 다음과 같다.

TIP
오류 메시지는 선택 사항이므로 검증식만 입력해도 된다.

```
assert 검증식, 오류메시지
```

assert 문도 예외를 일으키는 명령어지만 raise 문과 차이가 있다. 다음 표에 그 차이를 정리했다.

비교	raise 문	assert 문
용도	예외의 발생	상태의 검증
언제 예외를 일으키는가?	항상	검증식이 거짓일 때만
어떤 예외를 일으키는가?	지정한 예외	AssertionError

표 9-3 raise 문과 assert 문의 비교

raise 문은 오류를 이미 발견한 상황에서 예외를 일으키기 위한 명령이다. 따라서 무조건 예외를 일으키며, 지정한 예외를 발생시킨다. 반면, assert 문은 상태를 검증하기 위한 명령이다. 지정한 검증식을 계산하여 결과가 참일 때는 아무것도 하지 않고, 결과가 거짓일 때만 AssertionError 예외를 발생시킨다.

코드 9-42 assert 문으로 식 검사하기

```
>>> assert True        # 식이 올바르면 문제없다.
>>> assert 1 + 1 == 2  # 식이 올바르면 문제없다.
>>> assert 1 - 1 == 2  # 식이 거짓이면 AssertionError가 발생한다.
Traceback (most recent call last):
  File "<stdin>", line 1, in <module>
AssertionError

>>> assert False, '뭔가 잘못됐군요.'  # 오류 메시지 지정하기
Traceback (most recent call last):
  File "<stdin>", line 1, in <module>
AssertionError: 뭔가 잘못됐군요.
```

assert 문으로 논리 오류 검사하기

assert 문을 사용하면 코드 9-41의 문 클래스를 더 간결하게 정의할 수 있다.

코드 9-43 **assert 문으로 클래스의 상태 검사하기**

```python
# 코드 9-36 생략
class Door:
    """문을 나타내는 클래스"""
    def __init__(self):
        self.is_opened = True   # 문이 열려 있는지를 나타내는 상태

    def open(self):
        # 문이 닫혀 있어야 한다.
        assert not self.is_opened

        # 문디 닫혀 있지 않다면, 문을 연다.
        print('문을 엽니다.')
        self.is_opened = True

    def close(self):
        # 문이 열려 있어야 한다.
        assert self.is_opened

        # 문이 열려 있지 않다면, 문을 닫는다.
        print('문을 닫습니다.')
        self.is_opened = False
```

코드 9-44 **문 클래스의 예외 발생 시험하기**

```python
# 코드 9-43 생략
door = Door()     # 문 인스턴스를 생성한다.
door.close()      # 문 닫기
door.open()       # 문 열기
door.open()       # 문 열린 상태에서 문 열기
```

실행 결과는 다음과 같다.

```
문을 닫습니다.
문을 엽니다.
Traceback (most recent call last):
  File "example_9_40.py", line 25, in <module>
    door.open()     # 문 열린 상태에서 문 열기
  File "example_9_40.py", line 8, in open
    assert not self.is_opened
AssertionError
```

assert 문은 사용하기 간편하지만, 발생시킬 예외를 직접 지정할 수는 없다. Door Exception 같은 예외 클래스가 정의되어 있어도 assert 문에서는 활용하지 못한다. assert 문은 코드를 테스트할 때만 사용하고, 오류를 체계적으로 관리해야 할 때는

TIP
테스트는 295쪽에서
다루었다.

예외 클래스를 적절히 정의하여 raise 문을 활용하자.

지금까지 예외를 분류하는 방법과 예외를 일으키는 방법을 알아보았다. 예외를 일부러 일으킨다는 것이 이상하게 생각될 수 있다. 그런데 예외를 일으키는 것은 오류를 만들어 내는 게 아니라, 오류가 있을 때 이를 외부에 알리는 것이다. 심각한 병일수록 조용히 자라나는 법이다. 적극적으로 검사하고 드러내야 곪기 전에 치료할 수 있다.

연습문제 9-5   은행 계좌와 관련된 예외를 다음과 같이 정의해 보라.

```
BaseException
 └ Exception
     └ AccountException               계좌 관련 예외
         ├ AccountBalanceException     계좌 잔고 예외
         ├ FrozenAccountException      동결 계좌 예외
         └ InvalidTransactionException 잘못된 입출금 예외
```

연습문제 9-6   은행 계좌를 관리하는 클래스를 다음과 같이 정의했다.

```python
class Account():
    """은행 계좌"""
    def __init__(self, balance, is_frozen):
        """인스턴스를 초기화한다."""
        self.balance = balance        # 계좌 잔액
        self.is_frozen = is_frozen  # 계좌 동결 여부

    def check(self):
        """계좌의 잔고를 조회한다."""
        print('계좌 잔액은', self.balance, '원입니다.')

    def deposit(self, amount):
        """계좌에 amount만큼의 금액을 입금한다."""
        self.balance += amount

    def withdraw(self, amount):
        """계좌에서 amount만큼의 금액을 인출한다."""
        self.balance -= amount
```

그런데 이 클래스를 시험하는 중 논리 오류를 바로잡기 위해서는 다음과 같은 조건을 만족해야 한다는 걸 발견했다.

- 계좌의 잔액을 초과하는 액수가 출금되어서는 안 된다.
- 동결된 계좌에서 출금되어서는 안 된다.
- 0 이하의 액수는 입금 또는 출금할 수 없다.

연습문제 9-5에서 정의한 예외 클래스를 활용해, 적절한 예외가 발생되도록 deposit() 메서드와 withdraw() 메서드를 수정하라.

연습문제 9-7 연습문제 9-6에서는 if 문과 raise 문을 이용해 논리 오류를 처리했다. 이를 assert 문을 이용해 처리하는 방식으로 수정해 보라.

9.5 자원 사용 후 뒷정리

컴퓨터는 여러 개의 프로그램을 동시에 실행한다. 이때, 실행 중인 프로그램들은 프로세서, 메모리, 파일 등의 시스템 자원을 나누어 쓴다. 프로그램 하나가 자원을 모두 가져가 버리면 다른 프로그램의 실행에 이상이 생길 수 있다.

프로세서의 연산 자원은 운영체제가 적절히 분배해 주며, 메모리도 파이썬 인터프리터가 필요한 만큼 사용했다가 반납한다. 하지만 디스크, 네트워크, 프린터 등의 시스템 자원은 여러분이 직접 신경 써서 반납해야 한다. 시스템 자원을 사용한 뒤에 뒷정리를 해야 하는 것이다. 뒷정리는 어렵지 않으나 까먹기가 쉽다. 이 절에서는 파일을 열고 닫는 과정을 살펴보며, 뒷정리를 잊지 않고 잘 챙기는 방법을 알아본다.

> **TIP**
> 시스템 자원: 컴퓨터에 연결된 하드웨어 자원과 프로그램 실행에 필요한 소프트웨어 자원을 총칭

9.5.1 파일 열고 닫기

파일은 뒷정리가 필요한 대표적인 시스템 자원이다. 읽거나 쓰기 전에 먼저 열어야 하고, 사용을 마친 후에는 닫아야 한다. 파일을 여는 것은 자원을 요청하는 것에, 파일을 닫는 것은 뒷정리에 해당된다. open() 함수로 파일을 열어 파일 객체를 얻고, 파일 객체의 close() 메서드를 호출해 파일을 닫으면 된다.

> **TIP**
> 파일을 다루는 더 자세한 방법은 11.4절에서 다룬다. 지금은 파일을 연 뒤에 잊지 않고 닫는 것만 집중해 보자.

코드 9-45 파일을 열고, 사용하고, 닫는 프로그램

```
total = 0                    # 합계를 저장할 변수
file = open('prices.txt')    # 파일 열기
```

```
for line in file:          # 파일의 숫자를 한 행씩 합한다.
    total += int(line)
print(total)               # 결과를 출력한다.
file.close()               # 파일 닫기
```

9.5.2 try 문에서 뒷정리하기

파일을 닫는 건 간단하다. 하지만 그 간단한 것을 생각보다 놓치기 쉽다. 예외가 발생할 때가 특히 그렇다. 다음은 try 문을 이용해 이 예외를 처리한 것이다.

다음 내용을 prices.txt 파일에 작성해 실습 디렉터리에 넣어 두자. 코드 9-45를 실행하면 **무료**를 읽을 때 ValueError가 발생한다.

2500
3000
1500
무료

다음은 텍스트 파일을 열고, 파일에서 숫자를 읽어 합계를 구해 출력하고, 파일을 닫는 프로그램이다.

코드 9-46 예외를 처리했지만 문제가 생겼다

```
try:
    total = 0                   # 합계를 저장할 변수
    file = open('prices.txt')   # 파일 열기
    for line in file:           # 파일의 숫자를 한 행씩 합한다.
        total += int(line)

except ValueError:              # ValueError 예외처리
    print('숫자가 아닌 텍스트가 있네요!')

else:                           # 예외가 발생하지 않은 경우
    print(total)                # 결과를 출력한다.
    file.close()                # 파일 닫기
```

try 문, except 절, else 절을 적절히 활용해 예외를 처리했다. 그렇다면 이제 이 프로그램에는 문제가 없을까? 아니다. ValueError가 발생하면 else 절이 실행되지 않으므로 except 절에서도 파일을 닫아야 한다. 처리할 예외의 종류가 많아지면 except 절도 많아질 텐데, 그때마다 모든 except 절에 파일을 닫는 코드를 추가해야 하는 걸까? 중복 코드를 하나로 통일할 방법은 없을까?

finally 절

어떤 작업을 마친 후 뒷정리하는 코드를 작성하기 위해, try 문은 finally 절을 지원한다. 'finally'는 '마지막으로'라는 뜻이며, try 문은 마지막에 항상 finally 절의 코드를 실행한다. else 절은 예외가 발생하지 않았을 때만 실행되지만, finally 절은 예외 발생 여부와 관계없이 항상 마지막에 실행된다. finally 절은 else 절보다 아래인 맨 마지막 위치에 작성할 수 있다.

finally 절까지 추가한 try 문의 작성 양식은 다음과 같다.

```
try:
    예외가 발생할 수 있는 코드 블록
    ...
except 예외종류 as 이름:
    예외종류에 해당하는 예외가 발생했을 때 실행할 코드 블록
    ...
(필요에 따라 except 절을 추가로 작성)
else:
    예외가 발생하지 않은 경우 실행할 코드 블록
finally:
    항상 마지막으로 실행할 코드 블록
```

파일을 닫는 명령을 finally 절에만 작성해 두면 파일은 언제든 닫힌다. 코드 9-46에 finally 절을 추가하면 다음과 같다.

코드 9-47 **finally 절로 파일 닫기**

```
try:
    total = 0                    # 합계를 저장할 변수
    file = open('prices.txt')    # 파일 열기
    for line in file:            # 파일의 숫자를 한 행씩 합한다.
        total += int(line)

except ValueError:               # ValueError 예외처리
    print('숫자가 아닌 문자열이 있네요!')

else:                            # 예외가 발생하지 않은 경우
    print(total)                 # 결과를 출력한다.

finally:                         # (항상) 마지막으로
    file.close()                 # 파일 닫기
```

else 절과 except 절에서 파일을 닫는 코드를 삭제하고, finally 절에서만 파일을 닫도록 했다. 나중에 except 절을 추가하더라도 실수로 파일을 닫지 않을 걱정은 하지

않아도 된다. try 절에서 시작한 작업은 finally 절에서 마무리한다는 것을 기억하자.

9.5.3 with 문으로 편하게 뒷정리하자

뒷정리를 할 때는 신경 써야 할 요소가 많다. 함수 호출, if 문, for 문, while 문, try 문 등 프로그램의 흐름을 제어하는 코드 블록이 복잡하게 뒤엉키면 자원 반환을 빠트리기가 쉽다. 파이썬은 이를 방지하고 프로그래머를 편하게 해 주기 위해 뒷정리를 자동으로 처리하는 with 문을 제공한다.

with 문은 어떤 객체의 사용 준비와 뒷정리 과정을 자동으로 실행하는 문법이다. 다음과 같은 간단한 양식으로 작성한다.

```
with 객체 as 이름:
    본문
```

with 문에 작성한 객체는 지정한 이름으로 본문에서 사용할 수 있다. with 문은 본문의 내용이 실행되기 전에 객체의 준비 과정을 자동으로 수행하고, 본문의 실행이 끝난 후에 객체의 뒷정리도 자동으로 수행한다. 파일의 경우에는 with 문이 종료될 때 자동으로 파일의 close() 메서드를 실행한다. 코드 9-47을 다음과 같이 수정할 수 있다.

코드 9-48 **with 문이 자동으로 파일을 닫아준다**

```
with open('prices.txt') as file:      # 파일을 열고 본문을 실행한다.
    try:
        total = 0                     # 합계를 저장할 변수
        for line in file:             # 파일의 숫자를 한 행씩 합한다.
            total += int(line)

    except ValueError:                # ValueError 예외처리
        print('숫자가 아닌 문자열이 있네요!')

    else:                             # 예외가 발생하지 않은 경우
        print(total)                  # 결과를 출력한다.

# with 문이 종료될 때, 파일은 저절로 닫힌다.
```

with 문을 사용하면 finally 절과 파일을 닫는 명령은 필요 없어진다. with 문은 예기치 않은 문제로 본문의 실행이 중단되는 경우에도 뒷정리를 자동으로 실행해 준다. 파일을 언제 닫아야 할지 고심할 필요도 없고 실수할 일도 없다.

with 문의 동작 원리

with 문은 객체의 종류에 관계없이 '알아서' 준비와 뒷정리를 해 준다. 이게 가능한 이유는 with 문이 객체에 정의된 이중 밑줄 메서드를 호출하기 때문이다. with 문은 객체의 준비를 위해 객체의 __enter__() 메서드를 호출하고, 뒷정리를 위해 객체의 __exit__() 메서드를 호출한다.

두 메서드를 정의하여 with 문을 지원하는 클래스를 정의해 보자.

코드 9-49 **with 문을 지원하는 클래스 정의하기**

```
# 주의: 실제로 네트워크 접속을 수행하는 예제가 아니다.
class NetworkConnection:
    """네트워크 연결을 나타내는 클래스"""

    def __init__(self, url):
        """인스턴스를 초기화한다."""
        self.url = url
        self.is_connected = False

    def connect(self):
        """네트워크에 연결한다."""
        print('네트워크에 연결합니다.')
        self.is_connected = True

    def disconnect(self):
        """네트워크 연결을 중단한다."""
        print('네트워크 연결을 중단합니다.')
        self.is_connected = False

    def read(self):
        """네트워크에서 데이터를 읽어 들인다."""
        return '네트워크에서 읽어 들인 데이터'

    def __enter__(self):
        """객체 사용을 준비한다."""
        self.connect()
        return self

    def __exit__(self, exc_type, exc_value, traceback):
        """객체 사용을 마치고 뒷정리한다."""
        self.disconnect()

# 네트워크에 연결하여 데이터를 읽은 후 연결을 종료한다.
with NetworkConnection('https://bakyeono.net') as connection:
    print(connection.read())
```

TIP
Connection 클래스는 실제로 네트워크에 접속하지는 않지만, with 문을 통한 자원 관리가 어떤 식으로 이루어지는지 살펴보기에는 적당하다.

실행 결과는 다음과 같다.

네트워크에 연결합니다.
네트워크에서 읽어 들인 데이터
네트워크 연결을 중단합니다.

`__enter__()` 메서드는 객체를 사용할 수 있도록 준비하여 with 문에 반환하고, `__exit__()` 메서드는 객체의 뒷정리를 수행한다. `__exit__()` 메서드의 여러 매개변수는 with 문 안에서 예외가 발생했을 때 처리하기 위한 것이다.

파이썬 용으로 제공되는 시스템 자원을 활용하는 라이브러리는 대부분 with 문을 지원한다. 파일이나 뒷정리가 필요한 자원을 사용할 때는 with 문 사용을 당연하게 받아들이자. with 문을 쓸 수 없을 때는 try 문에서 finally 절을 사용해 항상 뒷정리를 하도록 하자.

9장을 맺으며

9장에서는 오류에 대해 알아보았다. 사람의 생각에는 언제나 헛점이 있고, 그 생각을 옮긴 프로그램에서도 오류가 발생하기 마련이다. 프로그램이 논리적으로 완벽하더라도 실행 환경에 따라 오류가 발생할 수 있다. 여러분은 오류를 찾고 해결하는 여러 가지 방법을 알아보았고, 실행 시간에 발생하는 오류를 예외처리하는 방법과 직접 예외를 정의하고 일으키는 방법도 배웠다. 오류를 다루는 것은 프로그래밍의 한 과정이며, 적지 않은 비중을 차지한다. 앞으로는 오류를 흥미로운 퍼즐로 받아들이고 즐겁게 풀어 나가자.

9장 요약

1. 오류 없는 프로그램은 없다. 오류가 났을 때 당황하지 말고 침착하게 대응하자.
2. 오류의 종류는 프로그램을 기계어로 번역할 수 없을 때 발생하는 구문 오류, 프로그램의 명령을 실행할 수 없을 때 발생하는 실행시간 오류, 프로그램의 실행 결과가 올바르지 않은 논리적 오류로 나눌 수 있다.
3. 오류가 발생하면 차분하게 단서를 수집하고 프로그램의 실행 과정을 생각하자.
4. 오류 메시지만 잘 읽어도 간단한 오류를 대부분 해결할 수 있다. 쉽게 해결할 수 없는 오류는 로그를 출력해 살펴보고 여러 가지 조건에서 프로그램을 테스트해 보면 힌트를 얻을 수 있다.

5. 스스로 오류를 해결할 수 없을 때는 주위에 물어보거나 인터넷을 검색해도 된다. 하지만 혼자서 충분히 시도해 본 후 검색하도록 하자.

6. 예외는 프로그램이 정상적으로 실행될 수 없는 상황이다. 실행시간 오류를 해결하려면 예외처리를 해야 한다. try 문으로 예외처리를 지시할 수 있다.

7. 예외는 객체이며, 예외의 유형은 클래스이다. try 문은 except 절에서 지정한 유형에 맞는 예외만 처리해 준다.

8. class 문으로 새로운 예외 유형을 정의할 수 있다. 예외 유형을 정의할 때는 Exception 또는 다른 예외 클래스를 상속해야 한다.

9. 어떤 오류 상황에서 파이썬 인터프리터가 예외를 발생시켜주지 않는다면, raise 문과 assert 문을 이용해 여러분이 직접 예외를 발생시켜야 한다. 그래야 까다로운 논리 오류를 실행시간 오류로 완화하고 잡아낼 수 있다.

10. 파일과 같은 시스템 자원은 뒷정리가 필요하다. try 문의 finally 절을 이용하여 항상 뒷정리를 하도록 정의할 수 있다. with 문을 이용하면 자동으로 뒷정리가 된다.

모듈과 패키지로
소스코드 관리하기

프로그램 개발 중에 새로운 개발자가 참여했다.

새로 참여한 개발자: "헉! 코드가 32,768행이네요. 어디서부터 봐야 하죠?"
기존의 개발자: "그야 물론, 첫 행부터... 마지막 행까지..."

프로그래밍 실력을 쌓다 보면 규모가 큰 프로젝트에 도전할 날이 온다. 그런데 수천 행 이상의 프로그램을 파일 하나에 모두 작성하면 불편하다. 이 변수는 무슨 값인지, 저 함수는 어떤 동작을 하는지, 참고해야 할 코드를 찾아 여기저기 옮겨다니는 데 시간을 너무 많이 쓰게 된다. 앞의 대화처럼 다른 프로그래머가 참여하기라도 한다면 어떤 코드가 어떤 역할을 하는지 알려 주는 일도 만만치 않을 것이다. 이때 모듈(module)과 패키지(package)를 활용하면 코드를 관리하기가 훨씬 수월하다. 이번 장에서는 모듈과 패키지를 이용해 프로그램을 여러 파일로 나누고 구조화하는 법을 알아보자.

10.1 모듈

모듈(module)은 프로그램을 구성하는 기능 중에서 독립적으로 구별할 수 있는 것을 모아 분리해 둔 것이다. 프로그램을 모듈로 나누면, 많은 기능을 담은 프로그램이라도 만들고 관리하기가 수월해진다. 그리고 나누어 둔 모듈은 그 모듈의 기능이 필요한 다른 프로그램을 만들 때 재사용할 수도 있다.

10.1.1 모듈: 프로그램을 구성하는 독립적인 기능

파이썬에서는 소스코드 파일 하나를 가리킬 때 '모듈'이라 한다. 파이썬 소스코드 파일 하나에는 기능적으로 서로 연관된 데이터, 클래스, 함수 들만을 모아 두는 것이 암묵적인 규칙이다.

어떤 게임 프로그램에 다음 세 가지 기능이 구현되어 있다고 하자.

- 화면 출력
- 사용자 입력 처리
- 데이터 모델의 정의와 조작

이 기능들이 하나의 게임을 구성하기는 하지만 하는 일은 서로 구별된다. 이것을 모두 하나의 파이썬 파일에 작성해 놓으면 관리하기가 어려워진다. 그럴 때는 다음과 같이 여러 개의 모듈(파이썬 소스코드 파일)로 나누어 관리하면 된다.

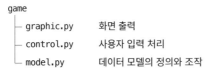

그림 10-1 게임 프로그램을 구성하는 모듈

만들어 둔 모듈은 다른 프로그램을 만들 때 재사용할 수 있다. 예를 들어 그림 그리는 프로그램을 만든다면, 게임 프로그램의 '화면 출력' 기능 모듈을 가져와 사용할 수 있을 것이다.

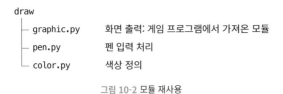

그림 10-2 모듈 재사용

10.1.2 모듈 임포트하기

프로그램을 여러 개의 모듈로 나누어 작성하려면, 나누어 놓은 모듈을 읽어 들여 사용하는 기능이 필요하다. 이 기능을 임포트(import)라 한다. 모듈 임포트는 import 문으로 수행하며, 다음 양식으로 작성한다.

> import 모듈이름

모듈은 객체(클래스)처럼 일종의 이름공간으로 기능한다. 객체(클래스)에 정의된 속성을 **객체.속성** 표현으로 가리킬 수 있는 것처럼, 모듈 안에서 전역 이름으로 정의된 데이터, 함수, 클래스 등의 객체를 **모듈.이름** 표현으로 가리킬 수 있다. 다음은 math 모듈을 임포트한 후 math 모듈의 객체를 읽거나 호출하는 예이다.

TIP
math는 수학 연산을 모아 둔 모듈이다. 2장에서 소개했다.

코드 10-1 **모듈 임포트하고 모듈 속의 객체 가리키기**

```
>>> import math        # math 모듈 임포트
>>> math.pi            # math 모듈에 정의된 pi 객체를 읽는다.
3.141592653589793

>>> math.sqrt(9)       # math 모듈에 정의된 sqrt 함수를 호출한다.
3.0
```

모듈을 임포트하면 모듈의 이름과 동일한 변수에 모듈이 대입된다. 변수의 이름을 직접 지정할 수도 있다. 다음과 같은 양식으로 import 문을 실행하면 된다.

> import 모듈이름 as 이름

다음은 math 모듈을 M이라는 이름으로 임포트하는 예이다.

코드 10-2 **모듈을 대입할 변수 이름 지정하기**

```
>>> import math as M   # math 모듈을 임포트하여 M 변수에 대입한다.
>>> M.pi               # 지정한 이름으로 모듈을 가리킬 수 있다.
3.141592653589793
```

모듈의 일부 구성요소만 임포트하기

모듈에서 자주 사용하는 객체가 있다면 대입문을 활용해 별칭을 붙여 두자. 모듈 이름을 붙이지 않고 객체를 가리킬 수 있어 편리하다.

코드 10-3 모듈 속 객체에 별칭 붙이기

```
>>> import math
>>> root = math.sqrt   # 모듈 속 객체에 별칭을 붙여 두면,
>>> root(9)            # 모듈 이름을 붙이지 않고 가리킬 수 있다.
3.0
```

모듈에서 어느 한 객체만이 필요하다면, 모듈을 임포트할 때부터 모듈 전체가 아닌 일부 객체만을 변수에 대입할 수 있다. import 문에 from 예약어를 붙인 양식을 이용한다.

> from 모듈이름 import 객체 as 이름

앞의 코드는 '모듈에서 객체를 해당 이름으로 임포트하라'라는 뜻이다. 다음은 math 모듈에서 pi와 sqrt를 임포트하는 예이다.

코드 10-4 모듈의 일부 객체만을 변수에 대입하기

```
>>> from math import pi             # math 모듈의 pi 객체를 임포트한다.
>>> from math import sqrt as root   # sqrt 객체를 root 이름으로 임포트한다.
>>> pi
3.141592653589793

>>> root(9)
3.141592653589793
```

이 경우, math 모듈이 아니라 모듈 속의 pi 객체와 sqrt 객체만이 변수에 대입된다. 따라서 math 모듈을 별도로 임포트하지 않는다면 가리킬 수 없다.

10.1.3 모듈 만들기

여러분은 예제를 따라 입력하거나 연습문제를 풀면서 모듈을 여러 번 만들어 봤다. 파이썬 소스코드 파일이 바로 모듈이기 때문이다.

모듈은 처음부터 계획해 만들 수도 있고, 프로젝트를 진행하는 도중에 프로그램에서 분리해 만들 수도 있다. 실제 프로젝트에서는 두 가지 방법이 모두 사용된다. 처음부터 모듈식 구성을 훌륭하게 계획하면 좋겠지만, 프로그램을 만들다가 더 좋은 구성을 깨닫고 모듈을 분리하는 경우도 많다.

프로그램을 하나 만든 뒤에 여러 모듈로 분리하는 경우를 살펴보자. 다음은 어떤 반의 학생 정보를 계산하는 프로그램을 students.py에 정의한 것이다.

> **TIP**
> as 이름은 객체를 가리키는 변수의 이름을 바꿀 때 사용한다. 생략하면 객체의 이름을 그대로 사용한다.
>
> **TIP**
> 영어 단어 'from'은 '~에서'라는 뜻이다.

TIP

구현해 둔 함수가 조금 어렵게
느껴질 수 있지만, 전부 이해할
필요는 없다. 통계를 구하는
함수를 세 개 정의한 뒤
데이터를 함수로 계산했다는
정도만 알아 두면 된다.

코드 10-5 학생 정보를 계산하는 프로그램 (students.py)

```python
def mean(seq):
    """시퀀스의 산술평균을 구한다."""
    return sum(seq) / len(seq)

def median(seq):
    """시퀀스의 중앙값을 구한다."""
    n = len(seq)                    # 시퀀스의 길이와
    sorted_seq = sorted(seq)    # 정렬된 시퀀스를 구한다.

    # 시퀀스 길이가 짝수인 경우: 가운데 두 원소의 평균을 반환한다.
    if n % 2 == 0:
        return (sorted_seq[n // 2 - 1] + sorted_seq[n // 2]) / 2
    # 그 외: 가운데 원소를 반환한다.
    else:
        return sorted_seq[n // 2]

def most_frequent(seq):
    """시퀀스의 최빈값을 구한다."""
    # 사전에 빈도 기록
    frequencies = {}
    for element in seq:
        if element in frequencies:
            frequencies[element] += 1
        else:
            frequencies[element] = 1

    # 사전의 항목들을 빈도순으로 정렬하고 최빈값을 반환한다.
    frequencies = sorted(frequencies.items(), key=lambda item: item[1])
    return frequencies[-1][0]

# 기말고사 성적
scores = [99, 98, 96, 100, 99, 92, 93, 27, 96, 85, 100, 99]

# 학생들의 키
heights = [155.8, 182.7, 166.3, 181.1, 179.5, 173.2, 174.5, 162.3]

# 칭찬 도장을 받은 학생
compliments = ['박연오', '김파이', '김파이', '박연오', '박연오']

print('기말고사 성적 평균:', mean(scores))
print('가운데 앉은 학생의 키:', median(heights))
print('칭찬을 가장 많이 받은 학생:', most_frequent(compliments))
```

실행 결과는 다음과 같다.

기말고사 성적 평균: 90.33333333333333
학생들의 키: 173.85
칭찬을 가장 많이 받은 학생: 박연오

그런데 산술평균, 중앙값, 최빈값을 구하는 함수는 자주 사용되는 기능이다. 다른 프로그램에서도 사용할 수 있도록 함수를 소스코드에서 잘라내 모듈로 분리하자. 파일 이름이 곧 모듈명이 되므로, 새로 만들 파일의 이름을 의미 있게 지어야 한다. 모듈의 내용이 시퀀스를 계산하는 함수들이니 stats.py라고 파일 이름을 짓자.

TIP
모듈을 분리하려는 함수를 파이참에서 새 파일에 붙여넣으면 된다.

코드 10-6 **분리한 모듈 (stats.py)**

```python
def mean(seq):
    """시퀀스의 산술평균을 구한다."""
    return sum(seq) / len(seq)

def median(seq):
    """시퀀스의 중앙값을 구한다."""
    n = len(seq)                     # 시퀀스의 길이와
    sorted_seq = sorted(seq)   # 정렬된 시퀀스를 구한 후

    # 시퀀스 길이가 짝수인 경우: 가운데 두 원소의 평균을 반환한다.
    if n % 2 == 0:
        return (sorted_seq[n // 2 - 1] + sorted_seq[n // 2]) / 2
    # 그 외: 가운데 원소를 반환한다.
    else:
        return sorted_seq[n // 2]

def most_frequent(seq):
    """시퀀스의 최빈값을 구한다."""
    # 사전에 빈도 기록
    frequencies = {}
    for element in seq:
        if element in frequencies:
            frequencies[element] += 1
        else:
            frequencies[element] = 1

    # 사전의 항목들을 빈도순으로 정렬하고 최빈값을 반환한다.
    frequencies = sorted(frequencies.items(), key=lambda item: item[1])
    return frequencies[-1][0]
```

코드 10-5(students.py)에서 통계 모듈을 잘라냈기 때문에 학생 정보를 계산하는 프로그램은 이제 올바르게 실행되지 않는다. 정의되지 않은 함수를 호출하려 하기 때문이다. 통계 함수를 사용하려면 새로 정의한 stats 모듈을 임포트해야 한다. 또

한, stats.mean()과 같이 각 함수를 가리킬 때 모듈명을 명시해 주어야 한다.

통계 관련 함수를 잘라내 새로 만든 모듈의 코드는 다음과 같다. 데이터의 정의와 함수를 호출하고 출력하는 기능을 제외했을 뿐, 함수 정의는 그대로 가져왔다.

코드 10-7 stats 모듈을 사용해 학생 정보를 계산하는 프로그램(students2.py)

```
import stats      # stats 모듈(stats.py 파일)을 임포트한다.

# 기말고사 성적
scores = [99, 98, 96, 100, 99, 92, 93, 27, 96, 85, 100, 99]

# 학생들의 키
heights = [155.8, 182.7, 166.3, 181.1, 179.5, 173.2, 174.5, 162.3]

# 칭찬 도장을 받은 학생
compliments = ['박연오', '김파이', '김파이', '박연오', '박연오']

print('기말고사 성적 평균:', stats.mean(scores))
print('가운데 앉은 학생의 키:', stats.median(heights))
print('칭찬을 가장 많이 받은 학생:', stats.most_frequent(compliments))
```

실행 결과는 다음과 같다.

```
기말고사 성적 평균: 90.33333333333333
학생들의 키: 173.85
칭찬을 가장 많이 받은 학생: 박연오
```

이제 다른 프로그램을 만들더라도 stats 모듈을 임포트하여 필요할 때마다 사용할 수 있게 되었다.

10.1.4 최상위 모듈

프로그램 실행의 시작점이 되는 모듈을 최상위(top-level) 모듈이라 한다. 예를 들어, application.py라는 프로그램을 직접 실행한다면 application.py 파일은 최상위 모듈이 된다. 다른 프로그램에서 application 모듈을 임포트한다면, application은 하위 모듈이 된다.

모든 모듈은 최상위 모듈로서 실행될 수 있다. 따라서 해당 모듈이 최상위 모듈인지 아닌지를 확인해야 할 때가 생긴다. 이는 모듈에 자동으로 정의되는 __name__ 전역 변수를 읽어 확인할 수 있다. 이 변수의 값은 모듈이 최상위 모듈로 실행된 경우에는 __main__이 되고, 하위 모듈로 임포트된 경우에는 그 모듈의 이름이 된다.

코드 10-8 **자신이 최상위 모듈인지 식별하기**

```
if __name__ == '__main__':
    print('이 모듈을 직접 실행하셨군요.')
else:
    print('이 모듈을 임포트하셨군요.')
```

그런데 실제로 최상위 모듈을 검사해야 하는 경우가 많지는 않다. 한 파이썬 모듈 안의 내용을 여러 가지 목적을 가지는 코드로 뒤섞기보다는, 임포트하기 위한 모듈과 직접 실행하기 위한 모듈을 분명히 구별하여 프로그램을 작성하기 때문이다. 최상위 모듈 식별 방법은 남의 코드를 이해할 수 있는 정도로만 알아도 충분하다.

10.2 패키지

파이썬의 패키지(package)는 여러 개의 모듈·패키지를 묶은 것이다. 모듈을 왜 묶어야 할까? 모듈 하나가 너무 방대해지면, 모듈을 더 세분화해 여러 개의 모듈로 나누고 싶을 것이다. 이때 여러 개로 분류한 모듈을 묶어야 한다.

> **TIP**
> 영어 단어 'package'는 꾸러미, 묶음을 뜻한다.

10.2.1 모듈을 구조적으로 관리하기

예를 들어, 게임 프로그램을 구성하는 세 모듈 '화면 출력', '입력 처리', '데이터 모델'은 다음과 같이 더욱 세분화할 수 있다.

- **화면 출력**
  - 좌표와 도형 계산
  - 사용자 인터페이스 그리기
  - 배경 그리기
  - 캐릭터 그리기

- **사용자 입력 처리**
  - 키보드 입력 처리
  - 포인트 입력 처리
    - 마우스 입력
    - 터치 입력

- **데이터 모델**
  - 캐릭터 정보
    - 인간형 캐릭터
    - 동물형 캐릭터
    - 로봇형 캐릭터
  - 사물 정보
    - 휴대용품 정보
    - 배치용 사물 정보

그러면 본래 모듈이었던 '화면 출력', '입력 처리', '데이터 모델'은 더 작은 모듈들을 묶은 패키지가 된다. 또한, '포인트 입력 처리', '캐릭터 정보', '사물 정보'처럼 다른 패키지에 속하는 동시에 세부 모듈을 묶기도 하는 패키지도 있다. 이처럼, 패키지를 사용해 모듈을 구조적으로 관리할 수 있다.

10.2.2 패키지 만들기

모듈을 만들 때는 파이썬 소스코드 파일을 작성하면 된다. 패키지는 모듈을 묶은 것이므로 파일을 묶어서 만든다. 패키지는 파이썬 파일을 모아 놓은 디렉터리이다.

패키지 구성하기

게임 프로그램의 여러 가지 모듈을 모은 패키지를 만들어 보자. 패키지를 만들어 볼 위치는 이 장의 파이썬 실습 디렉터리 chapter_10이다. 이 경로에 다음과 같은 구조의 디렉터리와 파일을 만들자.

TIP
.은 현재 디렉터리(파이썬 실습 프로젝트)를 가리킨다.

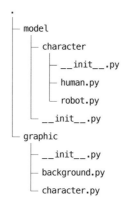

그림 10-3 게임 프로그램 패키지 구성하기

실습 경로에 model과 graphic 디렉터리를 만들고, model 디렉터리 아래에는 다시 character 디렉터리를 만들어 둔다. 패키지를 구성하는 파이썬 모듈 파일들은 다음과 같이 작성하자.

TIP
각 디렉터리에 만든 __init__.py 파일이 생소할 텐데, 곧 설명하니 일단 따라 입력하자.

코드 10-9 **model/__init__.py**

```
from . import character        # ❶ 상대 경로(10.2.3에서 설명)
```

TIP
각 모듈에서 .은 모듈 파일에 있는 디렉터리를 가리킨다.

코드 10-10 **model/character/__init__.py**

```
from . import human
from . import robot
```

코드 10-11 **graphic/__init__.py**

```
from . import background
from . import character
```

코드 10-12 **graphic/background.py**

```python
def draw():
    print('화면에 배경을 출력합니다.')
```

코드 10-13 **graphic/character.py**

```python
def draw():
    print('화면에 캐릭터를 출력합니다.')
```

코드 10-14 **model/character/human.py**

```python
cheoli = {'name': '철이', 'dialog': '또 하나의 별이 사라졌어'}
```

코드 10-15 **model/character/robot.py**

```python
maetel = {'name': '메텔', 'dialog': '나는 청춘의 환영'}
```

패키지와 모듈을 모두 구성했으면 대화식 셸에서 임포트하여 확인한다.

코드 10-16 **패키지를 구성하는 각 모듈의 내용**

```python
>>> import model                  # model 패키지 임포트
>>> model.character.human.cheoli  # model 패키지의 하위 항목을 사용한다.
{'name': '철이', 'dialog': '또 하나의 별이 사라졌어'}

>>> import graphic                # graphic 패키지 임포트
>>> graphic.background.draw()     # graphic 패키지의 하위 항목을 사용한다.
화면에 배경을 출력합니다.
```

패키지의 모듈은 모듈 내에 정의된 이름을 가리킬 때처럼 **패키지.모듈**로 가리킨다.
패키지에 정의된 특정 모듈만을 임포트하고 싶다면 from **패키지** import **모듈**과 같이
from 예약어를 이용해 임포트할 수도 있다.

코드 10-17 **패키지의 일부 구성요소만 임포트하기**

```python
>>> from graphic import character
>>> character.draw()
화면에 캐릭터를 출력합니다.

>>> from model.character.robot import maetel
>>> maetel['dialog']
'나는 청춘의 환영'
```

__init__.py 파일

코드 10-9에서 코드 10-11까지 각 패키지 디렉터리마다 __init__.py 파일을 만들

어 두었다. 이 파일은 파이썬이 디렉터리를 패키지로 인식하도록 한다. 파이썬의 모든 패키지 디렉터리는 `__init__.py` 파일을 가지고 있어야 한다.

init는 영어 단어 initialize에서 따온 것이다. 이름에서도 짐작할 수 있듯, 이 파일은 패키지를 임포트할 때 초기화하는 역할을 한다. 주로 하위 패키지·모듈을 임포트하는 명령이 포함된다. `__init__.py` 파일에는 패키지의 초기화에 필요한 코드라면 무엇이든 담을 수 있다.

예를 들어 model 패키지의 `__init__.py` 파일에는 `from . import character`라는 코드가 포함되었는데, 이는 `__init__.py` 파일이 있는 위치(패키지의 위치)에서 character 패키지를 임포트하도록 한다. 덕분에 model 패키지만 임포트하고도 그 하위 패키지인 `model.character` 패키지를 가리킬 수 있다.

10.2.3 패키지와 모듈의 경로

파이썬 안에서 패키지와 모듈의 경로는 **패키지.모듈**과 같은 형식으로 점 기호(.)를 이용해 계층적으로 나타낼 수 있다. 패키지는 디렉터리이고 모듈은 파일인데, 이는 운영체제에서 파일 경로를 나타내는 형식을 닮았다.

- 파이썬 형식 모듈 경로: `model.character.human`
- 윈도우 형식 파일 경로: `model\character\human.py`
- 유닉스 형식 파일 경로: `model/character/human.py`

절대 경로와 상대 경로

어떤 대상의 위치를 가장 상위 항목에서부터 모두 표기한 것을 '절대 경로'라고 하고, 임시 위치를 기준으로 표기한 것을 '상대 경로'라 한다. 다음 표는 운영체제와 파이썬에서 절대 경로와 상대 경로의 예를 들어 본 것이다.

형식	절대 경로	상대 경로
파이썬의 모듈	model.character.human	character.human
윈도우의 파일	A:\model\character\human	character\human
유닉스의 파일	/model/character/human	character/human

표 10-1 절대 경로와 상대 경로의 예

상대 경로는 특정 위치를 기준으로 경로를 나타내는 방식이므로, 기준이 어디냐에 따라 같은 대상이라도 표현하는 방식이 달라진다.

파이썬에서는 import 문에서 점 기호를 이용해 모듈을 상대 경로로 임포트할 수 있다. 이때 점 기호는 '현재 경로'를 의미한다.

코드 10-9의 ❶에서 작성한 from . import character 문은 현재 패키지인 model 을 기준으로 character 패키지를 상대경로로 임포트하라는 뜻이다.

10장을 맺으며

10장에서는 프로그램을 모듈과 패키지에 대해 알아보았다. 아직까지 모듈로 나눌 만큼 큰 프로그램을 작성할 기회가 없었으므로 모듈과 패키지의 필요성이 실감나 지 않을 수 있다. 그렇지만 계속 프로그래밍을 하다보면 여러분이 만드는 프로그램 도 점차 커질 것이다. 이때는 모듈과 패키지가 꼭 필요하다.

10장 요약

1. 프로그램의 규모가 클 때는 여러 개의 모듈로 나누어 관리하는 편이 좋다.
2. 자주 사용하는 기능을 모듈로 독립시켜 놓으면 다른 프로그램에서도 활용할 수 있다.
3. 모듈을 패키지로 묶어 구조적으로 관리할 수 있다. 모듈은 파이썬 소스코드 파 일이고, 패키지는 모듈을 모아 놓은 디렉터리이다.
4. 모듈과 패키지는 import 문으로 임포트할 수 있다.
5. 프로그램을 실행할 때 처음 시작하는 지점의 모듈을 최상위 모듈이라 한다.
6. 모듈의 이름은 __name__ 전역 변수에 정의되어 있다. 최상위 모듈의 이름은 항 상 __main__ 이다.

11장

다양한 작업을 돕는
라이브러리

이 장에서는 파이썬의 풍부한 표준 라이브러리 가운데 많이 사용되며 중요한 것 몇 가지를 살펴볼 것이다. 실제 프로그램을 만들기 위해서는 무작위 수 뽑기·시간 다루기·텍스트 가공하기·파일 읽고 쓰기·웹에 접속하기 등 많은 기능이 필요하다. 이것들을 밑바닥부터 직접 구현하려면 컴퓨터 시스템을 잘 알아야 하며 노력도 많이 든다. 하지만 걱정할 필요 없다. 파이썬 표준 라이브러리에 다 있으니까. 파이썬이 여러분을 위해 준비해 둔 선물상자에 무엇이 들어 있는지 하나씩 열어 보자.

11.1 라이브러리

라이브러리(library)란 다른 프로그램의 구성요소로 사용하기 위해 미리 만들어 둔 프로그램 조각이다. 즉, 자주 사용하는 기능을 모듈·패키지로 만들어 둔 것이다. 한번 만들어 놓으면 여러 프로그램에서 재사용할 수 있고, 다른 사람과 공유할 수도 있다.

대다수 프로그래밍 언어는 프로그램을 만들 때 공통적으로 필요한 기능을 미리 만들어 라이브러리로 제공한다. 프로그래밍 언어가 공식적으로 제공하는 라이브러리를 표준 라이브러리(standard library)라 한다. 표준 라이브러리는 프로그래밍에 필요한 가장 중요한 기능을 제공하며, 신뢰성도 다른 라이브러리에 비해 매우 높다.

11.2 수학과 통계학

프로그램을 만들다 보면 수학 도구가 필요할 때가 많다. 여기까지 학습한 여러분이라면 사칙연산, 비교, 거듭제곱, 절댓값, 반올림, 합계 같은 기본 연산에 익숙할 것이다. 하지만 이들은 수많은 수학 도구 중 일부에 불과하다. 이 절에서 파이썬이 제공하는 다양한 수학 모듈을 만나보자.

11.2.1 수학 도구 상자

math 모듈은 다양한 수학 도구를 담은 도구 상자이다. 제곱근, 로그, 계승, 삼각함수 등 다양한 함수와, 원주율과 자연상수 같은 중요한 상수가 정의되어 있다. 수학 지식이 없다면 필요할 때 찾아 공부하면 되니 부담 가지지 않아도 된다. 다음 표는 math 모듈에서 자주 사용되는 함수를 몇 가지만 꼽아 정리한 것이다.

함수	값 또는 기능	함수	값 또는 기능
math.factorial(x)	x의 계승(팩토리얼)	math.log(x, base)	base를 밑으로 하는 x의 로그
math.gcd(a, b)	a와 b의 최대공약수	math.sin(x)	x 라디안의 사인
math.floor(x)	x의 소수점 아래를 버린다.	math.cos(x)	x 라디안의 코사인
math.ceil(x)	x의 소수점 아래를 올린다.	math.tan(x)	x 라디안의 탄젠트
math.pow(x, y)	x의 y 제곱	math.degrees(x)	x 라디안을 도(°) 단위로 변환한다.
math.sqrt(x)	x의 제곱근	math.radians(x)	x 도(°)를 라디안 단위로 변환한다.

표 11-1 math 모듈에서 자주 사용되는 함수

원주율, 자연상수처럼 직접 구하기가 까다로운 무한소수, 그리고 무한대를 표현하는 상수도 미리 정의되어 있다.

상수	값
math.pi	원주율 (3.141592653589793...)
math.e	자연상수 (2.718281828459045...)
math.inf	양의 무한대

표 11-2 math 모듈에 정의된 대표적인 상수

다음은 math 모듈을 임포트하고 몇몇 함수를 사용해 본 예이다.

코드 11-1 **math 모듈 사용하기**

```
>>> import math           # math 모듈 임포트
>>> math.factorial(8)     # 8의 계승 (8!)
40320

>>> math.gcd(21, 28)      # 21과 28의 최대공약수
7

>>> math.floor(math.e)    # 자연상수의 소수점 아래를 버림
2

>>> math.ceil(math.e)     # 자연상수의 소수점 아래를 올림
3

>>> math.pow(3, 4)        # 3의 4 제곱
81.0

>>> math.log(81, 3)       # 3을 밑으로 하는 81의 로그
4.0

>>> math.radians(180) == math.pi    # 라디안과 원주율의 비교
True

>>> math.degrees(math.radians(90))  # 도 -> 라디안 -> 도
90.0
```

11.2.2 분수 표현하기

파이썬에서 실수는 기본적으로 부동소수점 수 형식의 소수로 표현된다. 따라서 실수를 계산할 때 오차가 발생할 수밖에 없다. 분수를 나타내는 fractions 모듈은 이런 오차를 피하고 싶거나 분수 연산을 활용하고 싶을 때 유용하다.

TIP
86쪽에서 실수 연산 오차에 대해 자세히 다루었다.

fractions 모듈에는 분수를 나타내는 fractions.Fraction 클래스가 정의되어 있다. fractions 모듈을 사용할 때는 변수에 모듈 전체 대신 Fraction 클래스만 임포트하는 편이 편리하다.

코드 11-2 fractions 모듈에서 Fraction 클래스 임포트

```
>>> from fractions import Fraction    # Fraction 클래스 임포트
```

모듈을 임포트한 후에는 Fraction 클래스를 인스턴스화하여 분수 객체를 표현할 수 있다. 분수 객체를 만들 때는 다음과 같이 분모와 분자를 초깃값으로 지정해야 한다. 이때 인수를 전달받을 numerator(분자)와 denominator(분모) 매개변수를 직접 지정할 수도 있고 생략해도 된다.

코드 11-3 분수 객체 생성하기(코드 11-2에 이어서 실행)

```
>>> Fraction(1, 3)     # 3분의 1
Fraction(1, 3)

>>> Fraction(numerator=2, denominator=5)    # 2분의 5
Fraction(2, 5)
```

분수를 서로 계산하거나, 정수·실수 등과 계산할 수도 있다. 필요에 따라 통분과 약분이 자동으로 수행되어 편리하다.

코드 11-4 분수 객체의 연산(코드 11-3에 이어서 실행)

```
>>> Fraction(1, 3) + Fraction(2, 3)     # 결과인 3분의 3이 약분되어 출력된다.
Fraction(1, 1)

>>> Fraction(1, 6) + Fraction(2, 3)     # 3분의 2가 6분의 4로 통분된 후 계산된다.
Fraction(5, 6)

>>> Fraction(2, 3) * 5
Fraction(10, 3)
```

분수의 분자를 구하려면 numerator 속성을, 분모를 구하려면 denominator 속성을 읽으면 된다. 그러나 이 속성을 직접 수정하는 것은 허용되지 않는다.

코드 11-5 분수 객체의 분자·분모 구하기(코드 11-4에 이어서 실행)

```
>>> one_third = Fraction(1, 3)
>>> one_third.numerator      # 분자 구하기
1
```

```
>>> one_third.denominator    # 분모 구하기
3

>>> one_third.numerator = 10   # 분자·분모 속성을 직접 수정할 수 없다.
AttributeError: can't set attribute
```

11.2.3 난수와 추첨

난수는 정해지지 않은 임의의 수로, 프로그래밍에서는 코드를 평가할 때마다 임의의 값으로 평가되는 데이터를 말한다. 게임에서 매번 다른 상황을 연출해야 할 때, 통계 시뮬레이션에서 무작위로 표본을 추출할 때, 설거지 당번을 뽑을 때 등 여러 가지 용도로 활용된다. 파이썬의 난수와 관련된 기능은 random 모듈에 모여 있다. 다음은 random 모듈에서 자주 사용되는 함수를 몇 가지만 꼽아 정리한 표이다.

함수	값 또는 기능
random.randint(a, b)	a 이상 b 이하의 임의의 정수
random.random()	0 이상 1 미만의 임의의 실수
random.choice(seq)	시퀀스에서 요소 하나를 무작위로 선택한다.
random.sample(seq, k)	시퀀스에서 요소 k 개를 무작위로 선택한다.
random.shuffle(seq)	시퀀스를 무작위로 섞는다.
random.seed(a)	난수의 씨앗값을 a로 설정한다.

표 11-3 random 모듈에서 자주 사용되는 함수

임의의 정수는 random.randint() 함수로, 실수는 random.random() 함수로 생성한다. random.randint() 함수는 두 번째 인자 값도 난수 생성 범위에 포함한다.

TIP
임의의 값을 생성하므로 코드의 실행 결과는 책과 다를 수 있다.

코드 11-6 **임의의 정수·실수 생성하기**

```
>>> import random          # random 모듈 임포트
>>> random.randint(0, 9)   # 0 이상 9 이하의 임의의 정수
3

>>> random.random()        # 0 이상 1 미만의 임의의 실수
0.9523992311419316
```

시퀀스의 요소를 무작위로 선택하기

시퀀스에 보관된 데이터 중에서 일부를 임의로 뽑아야 하는 경우도 있을 것이다. random.randint() 함수로 난수를 생성한 다음 이 수를 인덱스로 하여 시퀀스의 항

목을 뽑을 수도 있겠지만, random.choice()와 random.sample() 함수를 사용하는 편이 더 간결하고 직관적이다. random.sample() 함수는 선택한 요소를 중복으로 선택하지 않는다는 점에 유의하자.

코드 11-7 시퀀스의 요소를 무작위로 선택하기(코드 11-6에 이어서 실행)

```
>>> S = ['고양이', '곰', '돼지', '여우', '담비']
>>> S[random.randint(0, len(S) - 1)]   # 직관적이지 않다.
'여우'

>>> random.choice(S)        # S에서 요소 하나를 무작위로 선택
'돼지'

>>> random.sample(S, 3)     # S에서 요소 3개를 무작위로 선택
['돼지', '여우', '고양이']
```

random.choice()나 random.sample() 함수는 전달받은 시퀀스를 수정하지는 않는다. 시퀀스 자체를 임의의 순서로 뒤섞고 싶다면 random.shuffle() 함수를 사용한다.

코드 11-8 시퀀스의 요소를 뒤섞기(코드 11-7에 이어서 실행)

```
>>> S                   # S의 요소의 순서는 그대로다.
['고양이', '곰', '돼지', '여우', '담비']

>>> random.shuffle(S)   # S의 요소를 무작위로 섞는다.
>>> S                   # S의 요소의 순서가 바뀌었다.
['곰', '돼지', '담비', '여우', '고양이']
```

씨앗값 설정

시뮬레이션을 진행할 때 난수가 발생하는 순서를 통제해야 할 때가 있다. 이때 random.seed()로 같은 씨앗값을 설정하면 난수의 발생 순서가 동일하게 재현된다. 씨앗값은 난수를 특정한 순서로 생성하기 위해 설정하는 초깃값이다.

코드 11-9 난수 발생 순서 재현하기(코드 11-8에 이어서 실행)

```
>>> random.seed(1789)      # 씨앗값을 1789로 설정
>>> random.randint(0, 9)   # ❶ 9, 0, 7, 0 순서로 난수가 발생한다.
9

>>> random.randint(0, 9)
0

>>> random.randint(0, 9)
7
```

> **TIP**
> 1789는 임의로 정한 숫자이다.

```
>>> random.randint(0, 9)
0

>>> random.seed(1789)          # 씨앗값을 다시 1789로 설정
>>> random.randint(0, 9)       # ❶과 동일한 순서(9, 0, 7, 0)로 난수가 발생한다.
9

>>> random.randint(0, 9)
0

>>> random.randint(0, 9)
7

>>> random.randint(0, 9)
0
```

11.2.4 시퀀스의 순열과 조합

itertools 모듈은 여러 가지 편의를 위한 반복자 함수를 제공한다. 그중 시퀀스의 요소를 조합해 곱집합·순열·조합을 구하는 함수가 있다. 확률 계산에 유용하게 사용할 수 있어 소개한다.

함수	값 또는 기능
itertools.product(seq1, ...)	여러 시퀀스들의 곱집합
itertools.permutations(p, r)	p 시퀀스의 요소 r개를 나열하는 순열
itertools.combinations(p, r)	p 시퀀스의 요소 r개를 선택하는 조합
itertools.combinations_with_replacement(p, r)	p 시퀀스의 요소 r개를 중복을 허용해 선택하는 조합

표 11-4 itertools 모듈의 순열·조합 관련 함수

곱집합

곱집합(Cartesian product)은 각 집합의 원소를 하나씩 뽑아 담은 튜플의 집합이다. itertools.product() 함수를 사용하면 여러 시퀀스의 곱집합을 구할 수 있다.

코드 11-10 두 시퀀스의 S1과 S2

```
>>> import itertools            # itertools 모듈 임포트
>>> S1 = ['사막', '북극']
>>> S2 = ['곰', '여우', '고양이']
>>> S3 = list(itertools.product(S1, S2))   # S1과 S2의 곱집합

>>> from pprint import pprint   # pprint 모듈에서 pprint 함수 임포트
```

TIP
복잡한 컬렉션을 출력할 때 pprint.pprint() 함수를 사용하면 구조를 알아보기 편하다. 201쪽에서 다루었다.

```
>>> pprint(S3)                # 계산된 곱집합을 확인한다.
[('사막', '곰'),
 ('사막', '여우'),
 ('사막', '고양이'),
 ('북극', '곰'),
 ('북극', '여우'),
 ('북극', '고양이')]
```

순열

순열(permutation)은 여러 개의 항목 중 특정 개수만큼 골라 나열하는 것이다. 나열하는 순서가 다를 경우 다른 항목으로 친다. `itertools.permutations()` 함수를 사용하면 시퀀스에서 지정한 개수의 요소를 나열하는 순열을 모두 구할 수 있다.

코드 11-11 시퀀스의 요소 두 개를 나열하는 모든 순열 구하기(코드 11-10에 이어서 실행)

```
>>> list(itertools.permutations(S1, 2))   # S1의 요소를 2개씩 뽑아 나열한다.
[('사막', '북극'), ('북극', '사막')]

>>> pprint(list(itertools.permutations(S2, 2)))   # S2의 요소를 2개씩 뽑아 나열한다.
[('곰', '여우'),
 ('곰', '고양이'),
 ('여우', '곰'),
 ('여우', '고양이'),
 ('고양이', '곰'),
 ('고양이', '여우')]
```

조합

조합(combination)은 여러 개의 항목 중 특정 개수만큼 순서를 고려하지 않고 고르는 것이다. 예를 들어, S1의 요소 두 개를 조합하는 방법은 ['사막', '북극'] 한 가지밖에 없다. `itertools.combination()` 함수를 사용하면 시퀀스에서 지정한 개수의 요소를 고르는 조합을 모두 구할 수 있다. `itertools.combinations_with_replacement()` 함수를 이용하면 한 번 고른 요소를 다시 고르는 조합도 구할 수 있다.

코드 11-12 시퀀스의 요소 두 개를 고르는 모든 조합 구하기(코드 11-11에 이어서 실행)

```
>>> list(itertools.combinations(S1, 2))   # S1의 요소를 순서를 고려하지 않고
                                          # 2개씩 뽑아 나열한다.
[('사막', '북극')]

>>> list(itertools.combinations(S2, 2))   # S2의 요소를 순서를 고려하지 않고
                                          # 2개씩 뽑아 나열한다.
[('곰', '여우'), ('곰', '고양이'), ('여우', '고양이')]
```

```
>>> pprint(list(itertools.combinations_with_replacement(S2, 2)))   # 동일 요소를
                                                                    # 중복으로 뽑기
[('곰', '곰'),
 ('곰', '여우'),
 ('곰', '고양이'),
 ('여우', '여우'),
 ('여우', '고양이'),
 ('고양이', '고양이')]
```

11.2.5 통계학 도구 상자

TIP
statistics 모듈은 파이썬
버전 3.4 이상에서 사용할 수
있다.

statistics 모듈은 산술평균, 표준편차 등 통계 계산에 자주 사용되는 함수를 모아
놓은 모듈이다. 다음 표는 statistics 모듈에서 자주 사용되는 함수를 몇 가지만 꼽
아 정리한 것이다.

함수	값 또는 기능
statistics.median(seq)	시퀀스의 중앙값
statistics.mean(seq)	시퀀스의 산술 평균
statistics.harmonic_mean(seq)	시퀀스의 조화 평균
statistics.stdev(seq)	시퀀스의 표본 표준편차
statistics.variance(seq)	시퀀스의 표본 분산

표 11-5 statistics 모듈에서 자주 사용되는 함수

TIP
분산과 표준편차 등 통계
지식은 수학 또는 통계학
서적을 통해 얻기 바란다.

평균은 데이터의 중심점을 구하는 방법이고, 분산과 표준편차는 분포도를 측정하
는 방법이다. 다음 예와 같이 기본적인 통계 연산은 직접 함수를 작성할 필요 없이
statistics 모듈을 활용해 수행할 수 있다.

코드 11-13 데이터 표본의 평균과 분포 계산하기

```
>>> import statistics                    # statistics 모듈 임포트
>>> sample = [29, 54, 3, 56, 77, 84, 60, 33, 54]

>>> statistics.median(sample)            # 중앙값 (크기순으로 정렬했을 때 중앙에 놓이는 값)
54

>>> statistics.mean(sample)              # 산술 평균
50

>>> statistics.harmonic_mean(sample)    # 조화 평균 (평균 변화량 등을 구할 때 사용)
18.197562061457383
```

```
>>> statistics.stdev(sample)          # 표본 표준편차 (값들이 얼마나 흩어졌는지 파악)
24.979991993593593

>>> statistics.variance(sample)        # 표본 분산 (값들이 얼마나 흩어졌는지 파악)
624
```

TIP
표준편차는 분산의 제곱근이다. 분산은 값이 너무 크기 때문에 표준편차가 더 자주 사용된다.

연습문제 11-1 몫을 구하는 연산자(//)는 파이썬 3.5 이상에서만 사용할 수 있다. 그 전에는 파이썬으로 몫을 어떻게 구했을까? 10을 6으로 나눈 몫을 구하는 프로그램을 몫 연산자를 사용하지 않고 작성해 보라.

11.3 텍스트 처리

텍스트를 다루는 방법은 4.3절에서 어느 정도 설명했다. 이 절에서는 텍스트를 양식에 맞추어 가공하는 방법과 원하는 텍스트를 패턴으로 탐색하는 방법을 다룬다.

11.3.1 텍스트 양식화

텍스트 양식화란 데이터에 양식을 적용해 일정한 모양의 텍스트를 만들어 내는 것이다. 지금까지는 변수의 값을 출력할 때 str() 함수와 문자열 연결 연산(+)을 이용했다. 하지만 그리 편한 방법은 아니다.

코드 11-14 문자열 연결 연산을 통한 양식화는 알아보기 불편하다

```
>>> physics, chemistry, biology = 80, 90, 70
>>> '물리학: ' + str(physics) + ', 화학: ' + str(chemistry) + ', 생물학: ' +
    str(biology)
'물리학: 80, 화학: 90, 생물학: 70'
```

'물리학: 80, 화학: 90, 생물학: 70'이라는 간단한 양식을 나타내는 데도 제법 긴 코드가 필요하다. 따라서 연산자를 빠트리거나 띄어쓰기를 틀리는 등 실수를 저지르기도 쉽다. 텍스트 양식화는 프로그래밍에서 상당히 자주 필요한 기능이므로 좀 더 편리하고 직관적으로 수행하는 방법이 필요하다.

format() 메서드

파이썬은 텍스트 양식화를 위해 format() 메서드와 양식 문자열 리터럴을 제공한다.

TIP
영어 단어 'format'은
'양식화하다'는 뜻이다.

format() 메서드는 문자열(str) 클래스에 있다. 이 메서드는 문자열을 양식으로 삼아 데이터를 양식화해 준다. 다음 예를 보고 이야기해 보자.

코드 11-15 format() 메서드를 사용한 양식화(코드 11-14에 이어서 실행)

```
>>> form = '물리학: {}, 화학: {}, 생물학: {}'        # ❶ 양식 문자열 정의
>>> form.format(physics, chemistry, biology)     # ❷ 양식 채워 넣기
'물리학: 80, 화학: 90, 생물학: 70'
```

문자열은 그 자체로 양식이 될 수 있다. ❶처럼 문자열 속에 중괄호({})로 데이터를 채워 넣을 수 있는 빈칸을 만들어 주기만 하면 된다. 이런 텍스트 양식은 텍스트 연결 연산식보다 훨씬 알아보기 쉽다.

그 뒤에는 ❷처럼 정의해 둔 양식 문자열에 format() 메서드를 호출해 채워 넣을 데이터를 인자로 전달하기만 하면 된다. 나머지 작업은 format() 메서드가 알아서 처리한다. 데이터를 문자열로 변환할 필요도 없고, 문자열을 하나하나 연결하지 않아도 된다.

format() 메서드를 위한 양식 문자열 작성 규칙

format() 메서드는 데이터를 전달된 순서대로 양식에 포함시킨다. 순서를 조정해야 하거나, 순서를 좀 더 정확히 나타내고 싶다면 **{항목번호}**와 같이 적어 준다. 번호는 0부터 시작한다.

코드 11-16 텍스트 양식에 항목 번호 명시하기(코드 11-15에 이어서 실행)

```
>>> '물리학: {0}, 생물학: {2}, 화학: {1}'.format(50, 60, 70)
'물리학: 50, 생물학: 70, 화학: 60'
```

format() 메서드에 시퀀스를 전달하는 경우 양식 속에 **{항목번호[인덱스]}**와 같이 표현하여 시퀀스의 요소를 출력할 수 있다.

코드 11-17 시퀀스의 요소 출력하기(코드 11-16에 이어서 실행)

```
>>> '{0[0]}년 {0[1]}월 {0[2]}일 {1[0]}시 {1[1]}분'.format([2020, 6, 20], [3, 30])
'2020년 6월 20일 3시 30분'
```

매핑의 요소 역시 **{항목번호[키]}** 형식으로 출력할 수 있다. 이때, 매핑의 키가 문자열이라도 따옴표 기호는 양식에 포함하지 않는다.

코드 11-18 매핑의 요소 출력하기(코드 11-17에 이어서 실행)

```
>>> '{0[h]}시 {0[m]}분 {0[s]}초'.format({'h': 16, 'm': 30, 's': 0})
'16시 30분 0초'
```

이름공간에 정의된 이름(모듈 속의 이름 또는 클래스·인스턴스의 속성)이 가리키는 값을 출력하려면 양식을 {항목번호.이름}과 같이 작성한다.

코드 11-19 이름공간의 이름이 가리키는 값 출력하기

```
>>> import math
>>> '원주율: {0.pi}'.format(math)
'원주율: 3.141592653589793'
```

TIP
math.pi에 원주율 값이
정의되어 있다.

그런데 데이터를 여러 줄 출력할 때, 출력 길이가 일정하지 않으면 보기에 좋지 않다. 다음 예를 보자.

코드 11-20 나라별 인구 데이터

```
>>> countries = [
...     {'name': 'China', 'population': 1403500365},
...     {'name': 'Japan', 'population': 126056362},
...     {'name': 'South Korea', 'population': 51736224},
...     {'name': 'Pitcairn Islands', 'population': 56},
... ]
>>> form = '나라: {0} | 인구: {1}'
>>> for country in countries:
...     print(form.format(country['name'], country['population']))
...
나라: China | 인구: 1403500365
나라: Japan | 인구: 126056362
나라: South Korea | 인구: 51736224
나라: Pitcairn Islands | 인구: 56
```

이럴 때 공백 문자를 이용하면 일정 길이만큼 자리를 확보해 출력할 수 있다. {항목번호:자리길이}와 같은 형식을 사용하면 된다.

코드 11-21 자리 길이 지정하기(코드 11-20에 이어서 실행)

```
>>> form = '나라: {0:16} | 인구: {1:10}'
>>> for country in countries:
...     print(form.format(country['name'], country['population']))
...
나라: China            | 인구: 1403500365
나라: Japan            | 인구:  126056362
나라: South Korea      | 인구:   51736224
```

```
나라: Pitcairn Islands | 인구:          56
```

자리길이를 나타내는 수 앞에 0을 붙이면 공백 대신 0으로 빈자리를 채울 수 있다.

코드 11-22 빈자리를 0으로 채우기(코드 11-21에 이어서 실행)

```
>>> form = '나라: {0:16} | 인구: {1:010}'
>>> for country in countries:
...     print(form.format(country['name'], country['population']))
...
나라: China            | 인구: 1403500365
나라: Japan            | 인구: 0126056362
나라: South Korea      | 인구: 0051736224
나라: Pitcairn Islands | 인구: 0000000056
```

빈 자리만큼의 공백이 출력되는 위치는 데이터의 종류에 따라 다르다. 문자열은 왼쪽으로 정렬되지만, 수는 오른쪽으로 정렬되어 출력된다. < 기호로 왼쪽 정렬을, > 기호로 오른쪽 정렬을 강제 지정할 수 있다.

코드 11-23 자리 정렬 기준 지정하기(코드 11-22에 이어서 실행)

```
>>> form = '나라: {0:>16} | 인구: {1:>10}'
>>> for country in countries:
...     print(form.format(country['name'], country['population']))
...
나라:            China | 인구: 1403500365
나라:            Japan | 인구:  126056362
나라:      South Korea | 인구:   51736224
나라: Pitcairn Islands | 인구:         56
```

양식 문자열 리터럴

TIP
양식 문자열 리터럴은 파이썬 3.6 미만 버전에서는 사용할 수 없다.

양식 문자열 리터럴(formatted string literal, f-string)은 문자열 속의 식을 그 평가 결과로 치환하는 문자열이다. f'**문자열**'과 같이 문자열을 나타내는 따옴표 기호 앞에 f를 붙여서 작성한다.

코드 11-24 양식 문자열 리터럴로 과목별 성적 양식화하기

```
>>> physics, chemistry, biology = 80, 90, 70
>>> f'물리학: {physics}, 화학: {chemistry}, 생물학: {biology}'
'물리학: 80, 화학: 90, 생물학: 70'
```

평가하려는 변수의 이름이나 식을 중괄호 안에 삽입한다.

코드 11-25 양식 문자열 리터럴로 과목 점수 합계 평가하기(코드 11-24에 이어서 실행)

```
>>> f'총점: {physics + chemistry + biology}'
'총점: 240'
```

양식 문자열 리터럴에서도 자리 길이 지정 등 앞서 살펴본 다양한 양식 규칙을 적용할 수 있다. 다음은 양식 문자열 리터럴을 이용해 제곱 곱셈표를 출력한 예이다.

코드 11-26 양식 문자열 리터럴로 제곱 곱셈표 출력하기

```
>>> for i in range(2, 10):
...     for j in range(1, 10):
...         print(f'{i} ** {j} = {i ** j:10}')
...
2 ** 1 =          2
2 ** 2 =          4
2 ** 3 =          8
2 ** 4 =         16
2 ** 5 =         32
2 ** 6 =         64
2 ** 7 =        128
2 ** 8 =        256
2 ** 9 =        512
(...중략...)
9 ** 1 =          9
9 ** 2 =         81
9 ** 3 =        729
9 ** 4 =       6561
9 ** 5 =      59049
9 ** 6 =     531441
9 ** 7 =    4782969
9 ** 8 =   43046721
9 ** 9 =  387420489
```

양식 문자열과 format() 메서드는 양식을 변수에 대입해 두고 자주 재사용해야 할 때 유용하다.

> **TIP**
> 양식을 한 번만 사용할 것이라면 format() 메서드 없이 양식 문자열 리터럴을 사용하는 편이 더 간편할 수 있다.

11.3.2 텍스트 패턴

텍스트 데이터를 다루다 보면 텍스트에서 일정한 패턴을 찾아야 할 때가 있다. 패턴이란 이메일 주소 형식, 열 자리 숫자 등 텍스트가 배열된 규칙을 뜻한다. 이 같은 텍스트의 패턴을 나타내는 텍스트를 정규식(regular expression)이라 한다.

지정한 패턴이 어떤 텍스트에서 발견될 때 '패턴이 텍스트에 매치한다'고 한다.

> **TIP**
> 정규식은 텍스트를 다루는 대부분의 프로그램에서 유용하게 활용된다.

패턴 매치를 활용하면 텍스트가 올바른 형식인지, 텍스트에 어떤 내용이 포함되어 있는지 등을 확인할 수 있다.

정규식 처리 메서드

표준 라이브러리의 re 모듈은 패턴과 매치하는 텍스트를 찾고 조작하는 기능을 제공한다. 이 모듈에서 자주 사용되는 함수를 표 11-6에 정리해 두었다.

함수	값 또는 기능
re.search(pattern, string)	string에서 패턴과 매치하는 텍스트를 탐색한다. (임의 지점 매치)
re.match(pattern, string)	string에서 패턴과 매치하는 텍스트를 탐색한다. (시작점 매치)
re.fullmatch(pattern, string)	string에서 패턴과 매치하는 텍스트를 탐색한다. (전체 매치)
re.sub(pattern, repl, string)	string에서 패턴과 매치하는 텍스트를 repl로 치환한다.
re.split(pattern, string)	string을 패턴을 기준으로 나눈다.

표 11-6 re 모듈에서 자주 사용되는 함수

TIP
이스케이프는 4.3절에서 다루었다.

패턴에는 다양한 기호가 포함되는데 이스케이프가 되면 곤란할 때가 많다. 문자열 앞에 r을 붙여 이스케이프를 방지하는 편이 좋다.

문자열에서 패턴 탐색하기

TIP
대화식 셸에서는 None이 반환되었을 때 화면 출력이 생략된다는 점을 기억하자.

표 11-6의 함수들을 이용해 **'파이썬'** 패턴을 텍스트와 매치해 보자. 문자열에서 패턴과 매치하는 텍스트를 탐색하려면 re.search() 함수를 사용한다. 문자열에서 패턴이 매치했다면 Match 객체가 반환되고, 그렇지 않으면 None이 반환된다.

코드 11-27 re.search() 함수로 문자열에서 패턴 탐색하기

```
>>> import re
>>> re.search('파이썬', '파이썬')          # 매치한다. : Match 객체 반환
<_re.Match object; span=(0, 3), match='파이썬'>

>>> re.search('파이썬', '즐거운 파이썬')        # 일부 텍스트와 매치한다.
<_re.Match object; span=(4, 7), match='파이썬'>

>>> re.search('파이썬', '파이프')              # 매치하지 않는다. : None 반환
```

re.search() 함수 대신 re.match() 함수나 re.fullmatch() 함수를 사용할 수도 있다. re.search()는 문자열의 어느 위치에서나 패턴이 매치할 수 있지만, re.match()

는 문자열의 시작점에서만 패턴이 매치할 수 있고, re.fullmatch()는 문자열의 시작부터 끝까지 전체 매치만 가능하다.

이 세 함수로 Python 패턴을 여러 가지 텍스트에서 탐색한 결과를 표 11-7에 비교해 두었다.

함수	Python	Python programming	Hi, Python
re.search()	Match	Match	Match
re.match()	Match	Match	None
re.fullmatch()	Match	None	None

표 11-7 세 함수의 Python 패턴 탐색 결과 비교

패턴이 텍스트와 매치할 때 반환되는 Match 객체는 참으로 평가되며, None은 거짓으로 평가된다. 그래서 if 문 등의 조건으로 사용할 수 있다.

코드 11-28 매치 결과를 조건으로 사용하기

```
>>> import re
>>> match = re.search('파이썬', '파이썬 프로그래밍')
>>> if match:                          # re.search() 함수의 반환 값을 조건으로 사용
...     print('문자열에 패턴과 매치하는 텍스트가 존재함:', match.group())     # ❶
>>> else:
...     print('문자열에 패턴과 매치하는 텍스트가 존재하지 않음')
문자열에 패턴과 매치하는 텍스트가 존재함: 파이썬
```

❶ 패턴과 매치한 텍스트는 Match 객체의 group() 메서드로 구할 수 있다.

문자열 치환하기, 분리하기

re.sub() 함수는 문자열에서 매치된 텍스트를 다른 텍스트로 치환할 때 사용한다. 패턴이 여러 번 매치하면 매치한 텍스트를 모두 치환한다.

> **TIP**
> 'sub'는 치환을 뜻하는 'substitution'의 줄임말이다.

코드 11-29 re.sub() 함수로 문자열 치환하기

```
>>> import re
>>> re.sub(파이썬, '리스프', '즐거운 파이썬 프로그래밍')
'즐거운 리스프 프로그래밍'

>>> re.sub(' ', '*', '즐거운 파이썬 프로그래밍')
'즐거운*파이썬*프로그래밍'
```

re.split() 함수는 지정한 패턴을 기준으로 문자열을 나눈다. 나누어진 문자열은 리스트에 담겨 반환된다.

코드 11-30 re.split() 함수로 문자열 나누기

```
>>> import re
>>> re.split('파이썬', '즐거운 파이썬 프로그래밍')
['즐거운 ', ' 프로그래밍']
```

정규식의 특수 기호

TIP
문자열 메서드는 4.3절에서 다루었다.

지금까지 re 모듈의 함수들이 수행하는 패턴 탐색, 문자열 치환, 문자열 분리 작업을 살펴봤다. 이 작업들은 일반 문자열 객체의 메서드(find(), replace(), split())로도 수행할 수 있다.

정규식은 좀 더 복잡한 패턴을 매치할 때 의미가 있다. 그러한 패턴을 작성하려면 다음 표와 같은 다양한 특수 기호의 의미를 알아야 한다.

특수 기호	의미	예
.	개행 문자를 제외한 아무 문자 하나	**파..**: 파이썬, 파랑새, 파김치와 매치
^	텍스트의 시작 지점	^a: ab와 매치, ba와는 매치하지 않음
$	텍스트의 종료지점	a$: ba와 매치 ab와는 매치하지 않음
+	앞의 문자가 1번 이상 등장	ab+: ab, ab, abbbb 등과 매치
?	앞의 문자가 0번 또는 1번만 등장	ab?: a, ab와 매치
*	앞의 문자가 0번 이상 등장	ab*: a, ab, abbb 등과 매치
{n}	앞의 문자가 n번 등장	ab{3}: abbb와 매치
{m,n}	앞의 문자가 m - n번 등장	ab{1,3}: ab, abb, abbb와 매치
(a|b)	a 또는 b	a(b|c): ab, ac와 매치
[문자들]	대괄호 속의 문자 중 하나	a[bcd]: ab, ac, ad와 매치
[^문자들]	대괄호 속의 문자가 아닌 문자 하나	a[^bcd]: aa, ae, af 등과 매치
[문자1-문자2]	문자1과 문자2 사이의 모든 문자	[가-힣]+: 파이썬, 프로그래밍 등과 매치

표 11-8 정규식의 특수 기호

한국 사람 이름과 매치하는 패턴

'1789Python박연오fog'와 같은 임의의 문자열에서 한국 사람의 이름을 매치하는 패턴을 작성해 보자. 먼저 이름을 판단할 규칙부터 생각해야 한다. 여기서는 한국 이름 판단의 기준을 '한글 두 자에서 네 자 사이의 문자열'로 정했다. 물론 이 기준에 어긋나는 이름도 있을 수 있고, 조건에 만족하지만 이름은 아닌 단어가 매치될 수도 있다. 더 정교하게 매치하려면 정규식이 복잡해지니 이 정도에서 연습해 보자.

한글 하나를 나타내려면 패턴을 [가-힣]과 같이 작성한다. 대괄호는 그 안의 모든 문자 중 하나와 매치하겠다는 뜻이고, 대괄호 안에 -를 쓸 경우 두 문자 사이의 모든 문자를 의미한다. 그런데 여기서는 한글 하나가 아니라 여럿을 매치해야 한다. [가-힣]{2,4}로 한글이 두 자에서 네 자 사이인 텍스트를 매치할 수 있다.

완성한 정규식은 파이썬에서 re 모듈로 활용할 수 있다.

TIP
유니코드의 한글 배열 중 첫 번째 글자가 '가'이고, 마지막 글자가 '힣'이다.

코드 11-31 한국 사람 이름 매치하기

```
>>> import re
>>> sample = '1789Python박연오fog'      # 샘플 텍스트
>>> pattern = r'[가-힣]{2,4}'            # 패턴
>>> match = re.search(pattern, sample)   # 매치 결과를 match 변수에 대입
>>> match.group()                        # 매치한 텍스트 구하기
'박연오'
```

정규식의 문자 집합 기호

정규식 패턴 중에서 자주 쓰이는 것은 간단한 특수 기호로 표시할 수 있다. 다음 표에 몇 가지 정리해 두었으니 참고하자.

특수 기호	의미	비슷한 표현
\\	백슬래시(\)	
\d	모든 숫자	[0-9]
\D	숫자 외의 문자	[^0-9]
\s	공백 문자	[\t\n\r\f\v]
\S	공백 문자 외의 문자	[^ \t\n\r\f\v]
\w	숫자·알파벳·한글 등을 포함한 문자	[가-힣a-zA-Z0-9_]
\W	문자 외의 기호	[^가-힣a-zA-Z0-9_]

표 11-9 정규식의 문자 집합 기호

TIP
이 표의 '비슷한 표현'은 참고를 위한 것일 뿐, 반드시 동일하지는 않다. 예를 들어, \w는 알파벳과 한글 외에 다른 여러 언어의 문자도 포함한다.

TIP
아쉽게도 한글을 나타내는 특수 기호는 없다. 불편하더라도 [가-힣]으로 표현해야 한다.

이번에는 휴대전화 번호를 매치해 보자. 01X-XXXX-XXXX 또는 01X-XXX-XXXX 같은 형식을 다음과 같이 표현할 수 있다. 여기서 X는 0에서 9 사이의 수를 뜻한다.

코드 11-32 **휴대전화 번호 매치하기**

```
>>> import re
>>> sample = '이름: 박연오, 연락처: 010-1234-5678, 주소: 부산 어딘가'
>>> pattern = r'01\d-\d{3,4}-\d{4}'    # ❶
>>> match = re.search(pattern, sample)
>>> match.group()
'010-1234-5678'
```

❶ 휴대전화의 중간 번호는 세 자리 혹은 네 자리가 된다.

프로그래밍을 수행하면서 정규식을 작성해야 하는 일은 자주 생긴다. 기회가 될 때마다 연습하고 공부해 두자.

TIP
정규식 책은 《손에 잡히는 10분 정규표현식》(벤 포터 저, 김경수 외 역, 인사이트)을 추천한다.

연습문제 11-2 한글을 제외한 모든 문자를 나타내는 패턴 not_hangul_pattern 을 정의하라. 그리고 이를 활용해 전달받은 문자열에서 한글만 남겨 반환하는 함수 hangul_only(string)을 정의하라.

다음은 이 함수를 호출하는 예이다.

```
print(hangul_only('I like 파이썬 programming.'))
print(hangul_only('a1가b2나c3다d4라e5마f6바g7사'))
```

다음과 같은 결과가 출력되어야 한다.

```
파이썬
가나다라마바사
```

11.4 시간 다루기

인간에게 시간은 매우 익숙한 개념이다. 하지만 시간을 계산하는 것은 그리 간단하지 않다. 시간을 재는 척도가 일, 월, 시, 분, 초 등으로 세분화되어 있고, 시(hour)는 십이진법, 분과 초는 육십진법을 쓴다. 시간의 단위마다 사용되는 진법이 다르다는 것은 까다로움을 더한다.

이 절에서는 시간을 쉽게 다룰 수 있게 도와주는 모듈을 소개한다. 운영체제의 시간 관련 기능을 다루는 time 모듈을 간단히 살펴본 뒤, 사람 기준의 시간 표현법을 제공하는 datetime 모듈을 알아본다.

11.4.1 운영체제의 시간 관련 기능

time 모듈은 운영체제가 제공하는 다양한 시간 기능을 다루는 모듈이다. 운영체제마다 시간을 다루는 방식이 다르기 때문에 이 모듈의 함수들은 어떤 운영체제에서 실행하느냐에 따라 결과가 다르다. 이 모듈은 다양한 기능을 제공하지만, 그중 실제로 자주 사용되는 기능은 time.time() 함수 정도이다.

time.time() 함수는 컴퓨터의 현재 시각을 구하는 함수이며, 유닉스 시(Unix Epoch, 1970년 1월 1일 0시)에서 몇 초가 지났는지를 실수로 나타낸다. 예를 들어, 이 함수를 한 번 호출한 뒤 1초 후에 다시 호출한다면, 두 반환 값은 1만큼의 차이가 날 것이다. 다음 예를 보자.

코드 11-33 **time.time() 함수로 시각 측정하기**

```
>>> import time      # time 모듈 임포트
>>> time.time()      # 현재 시각
1510647686.5457149

>>> time.time()      # 1초 후 (반환 값이 약 1 증가했다)
1510647687.551255
```

TIP
1초만에 함수를 실행하려했지만 실제로는 1초보다 약간 시간이 더 지났다.

소수점 이하 자리를 통해 1초 미만의 양도 확인할 수 있다.

time.time() 함수의 반환 값은 언뜻 보기에 무의미한 수로 보인다. 하지만 이 값에서 기준 시각을 빼고 단위 변환을 수행하면 현재 날짜와 시간 등을 구할 수 있다. 이를 수행해 주는 함수가 time.gmtime() 함수이다.

코드 11-34 **time.gmtime() 함수로 시각 해석하기**

```
>>> import time
>>> now = time.gmtime(time.time())        # 현재 시각 측정 후 해석
>>> now.tm_year, now.tm_mon, now.tm_mday  # 연, 월, 일
(2020, 11, 14)

>>> now.tm_hour, now.tm_min, now.tm_sec   # 시, 분, 초
(8, 29, 50)
```

이것으로 컴퓨터(와 운영체제)에서 시간을 다루는 가장 기본적인 방법을 알아보았다. 시각은 어떤 시점을 기준으로 한 변화량이다. 이를 단위 변환하면 사람에게 익숙한 날짜, 시간 단위로 표현할 수 있다. 실제로 시간 단위를 다룰 때는 다른 모듈을 사용하므로 time 모듈은 이 점을 이해하는 것 정도로만 살펴도 충분하다.

11.4.2 날짜와 시각

시간 단위를 다룰 때는 datetime 모듈을 많이 사용한다. datetime 모듈은 시간을 날짜와 시각으로 표현하는 방법을 제공해 사람이 알아보기에는 좀 더 쉽다.

datetime 모듈은 시간을 다루기 위한 여러 가지 클래스를 제공한다. 그중에서 날짜를 다루는 datetime.date 클래스, 시각을 다루는 datetime.time 클래스, 일시를 다루는 datetime.datetime 클래스를 알아보자.

datetime.date, datetime.time, datetime.datetime 클래스는 모두 시간에 관련된 클래스인 만큼, 비슷한 속성과 메서드가 많다.

속성/메서드	값/기능	지원하는 클래스		
		date	time	datetime
year	연	○		○
month	월	○		○
day	일	○		○
hour	시		○	○
minute	분		○	○
second	초		○	○
microsecond	마이크로초		○	○
weekday()	요일 (월요일=0, 일요일=6)			○
date()	날짜(date) 객체 추출			○
time()	시각(time) 객체 추출			○
isoformat()	ISO 표준 문자열 표현	○	○	○
strftime(format)	문자열 표현	○	○	○

표 11-10 date, time, datetime 객체에서 자주 사용되는 속성과 메서드

날짜 표현하기

datetime.date 클래스는 연, 월, 일을 통해 날짜를 표현한다. 여기서는 편의상 모듈 이름을 생략하고 date라는 클래스 이름으로 부른다.

date 객체를 생성하는 방법은 크게 두 가지가 있다. 첫 번째는 나타낼 날짜의 연, 월, 일을 인자로 인스턴스화하는 것이고, 두 번째는 현재 날짜에 해당되는 객체를 생성하는 date.today() 메서드를 사용하는 것이다.

코드 11-35 **date 객체 생성하기**

```
>>> from datetime import date
>>> date(1789, 7, 14)              # 1789년 7월 14일에 해당하는 날짜 객체를 생성한다.
datetime.date(1789, 7, 14)

>>> date(year=1986, month=3, day=6)  # 1986년 3월 6일에 해당하는 날짜 객체를 생성한다.
datetime.date(1986, 3, 6)

>>> date.today()                   # 현재 날짜 객체를 생성한다.
datetime.date(2020, 11, 14)
```

date 객체에서 연, 월, 일 등의 속성을 구하거나 메서드를 호출할 수 있다.

코드 11-36 **date 객체의 속성과 메서드 사용하기(코드 11-35에 이어서 실행)**

```
>>> today = date.today()
>>> today.year, today.month, today.day    # 연, 월, 일
(2020, 11, 14)

>>> today.weekday()                        # 요일
1

>>> '월화수목금토일'[today.weekday()]        # 요일 (문자로)
'화'

>>> today.isoformat()                      # ISO 표준 문자열 표현
'2020-11-14'
```

> **TIP**
> 월요일이 0에서부터 시작한다.

isoformat() 메서드는 날짜를 ISO 표준 형식 문자열로 표현한다. ISO 표준은 '연-월-일'(예: 1986-03-06)과 같은 형식으로, 한국인이라면 누구나 친숙할 것이다.

시각 표현하기

datetime.time 클래스는 시, 분, 초, 마이크로초(백만 분의 1초)로 시각을 표현한다.

원래 time 변수에는 364쪽에서 임포트했던 time 모듈이 대입되어 있었겠지만, 이제 datetime.time 클래스가 새로 대입되었다. 이제부터는 datetime.time 클래스를 time 클래스라고 부를 것이다.

time 객체를 생성하려면 date 객체와 유사하게 시각의 시, 분, 초를 인자로 인스턴스화하면 된다.

> **TIP**
> Time 모듈과 datetime.time 모듈은 다르다. 혼동하지 말자.

> **TIP**
> 시각 객체를 생성할 때, 분과 초와 마이크로초는 생략할 수 있다. 이들을 생략하면 각각 0이 된다.

코드 11-37 **time 객체 생성하기**

```
>>> from datetime import time
>>> time(15)                                 # 15시 정각에 해당하는 시각 객체를 생성한다.
datetime.time(15, 0)

>>> time(15, 30)                             # 15시 30분에 해당하는 시각 객체를 생성한다.
datetime.time(15, 30)

>>> time(15, 30, 45)                         # 15시 30분 45초에 해당하는 시각 객체를 생성한다.
datetime.time(15, 30, 45)

>>> time(15, 30, 45, 200000)     # 15:30:45.200000에 해당하는 시각 객체를 생성한다.
datetime.time(15, 30, 45, 200000)

>>> time(hour=15, minute=30, second=45, microsecond=200000)
datetime.time(15, 30, 45, 200000)
```

time 객체의 속성과 메서드를 살펴보자. isoformat() 메서드는 시간을 ISO 표준 형식 문자열로 표현한다.

코드 11-38 **time 객체의 속성과 메서드 사용하기(코드 11-37에 이어서 실행)**

```
>>> at = time(15, 30, 45)
>>> at.hour, at.minute, at.second, at.microsecond  # 시, 분, 초, 마이크로초
(15, 30, 45, 0)

>>> at.isoformat()                                 # ISO 표준 문자열 표현
'15:30:45'
```

일시 표현하기

날짜는 시간을 두루뭉술하게(최대 24시간의 오차가 존재하는) 표현하며, 시각은 어떤 하루 안에서의 시점만을 가리킨다. 따라서 어떤 시점을 더 정확하게, 절대적인 기준으로 표현하려면 날짜와 시각을 합한 개념인 '일시'가 필요하다. 일시는 datetime.datetime 클래스로 나타낼 수 있다.

datetime.datetime 클래스는 datetime 모듈과 이름이 같다. 뒤에서는 이 클래스를 datetime 클래스라고 부를 텐데, datetime 모듈을 임포트한 것이 아니라 datetime 클래스를 임포트한 것이니 혼동하지 않도록 주의하자.

datetime 객체를 생성하는 방법은 크게 세 가지가 있다. 첫 번째는 나타낼 일시의 연, 월, 일, 시, 분, 초, 마이크로초를 인자로 인스턴스화하는 것이고, 두 번째는

현재 일시에 해당되는 객체를 생성하는 datetime.now() 메서드를 사용하는 것이다. 세 번째로, date 객체와 time 객체를 합쳐서 datetime 객체를 생성할 수도 있다.

코드 11-39 datetime 객체 생성하기

```
>>> from datetime import datetime
>>> datetime(2020, 11, 14)                # 2020년 11월 14일에 해당하는 일시 객체를 생성한다.
datetime.datetime(2020, 11, 14, 0, 0)

>>> datetime(2020, 11, 14, 8, 30)                # 2020년 11월 14일 8시 30분
datetime.datetime(2020, 11, 14, 8, 30)

>>> datetime(2020, 11, 14, 8, 30, 50, 200000)  # 2020년 11월 14일 8시 30분 50초 20000마이크로초
datetime.datetime(2020, 11, 14, 8, 30, 50, 200000)

>>> datetime.now()                          # 현재 일시
datetime.datetime(2020, 11, 14, 19, 4, 7, 950704)

>>> datetime.combine(date.today(), time(15))     # 오늘 3시
datetime.datetime(2020, 11, 14, 15, 0)
```

> **TIP**
> 인스턴스화할 때, 시, 분, 초, 마이크로초는 생략할 수 있다. 이들을 생략하면 각각 0이 된다.

datetime 클래스는 date와 time 클래스를 합친 것이라고 생각하면 이해가 쉽다. datetime 객체에는 date와 time 객체의 속성·메서드를 모두 사용할 수 있다. 그리고 date와 time 객체를 추출해 낼 수도 있다.

코드 11-40 datetime 객체의 속성과 메서드 사용하기(코드 11-39에 이어서 실행)

```
>>> now = datetime.now()
>>> now.year, now.month, now.day, '월화수목금토일'[now.weekday()]
(2020, 11, 14, '화')

>>> now.hour, now.minute, now.second, now.microsecond
(19, 8, 52, 283277)

>>> now.date(), now.time()
(datetime.date(2020, 11, 14), datetime.time(19, 8, 52, 283277))

>>> now.isoformat()
'2020-11-14T19:08:52.283277'
```

참고로 isoformat() 메서드는 날짜와 시간을 T로 구별한다. 이 문자를 다른 것(예: 공백)으로 바꾸려면 now.isoformat((sep=' '))와 같이 매개변수로 지정할 수 있다.

11.4.3 시간 정보를 문자열로 나타내기

사용자에게 시간을 출력하거나, 사건 발생 시간을 로그로 기록할 때 등, 시간 정보를 특정한 양식의 문자열로 나타내야 할 때가 있다. 몇 가지 날짜, 시각, 일시 객체를 준비해 두고 시간의 양식화 방법을 생각해 보자.

코드 11-41 실습에 사용할 시간 정보 객체들

```
>>> from datetime import date, time, datetime
>>> mayday = date(2020, 5, 1)   # 날짜 객체
>>> morning = time(8, 30)       # 시각 객체
>>> now = datetime.now()        # 일시 객체
```

str() 함수는 객체를 사용자를 위한 형태의 문자열로 변환한다. 이 함수로 시간 정보 객체들을 문자열로 변환하면 ISO 표준 형식의 문자열로 변환된다.

코드 11-42 시간 정보 객체에 str() 함수를 적용했을 때(코드 11-41에 이어서 실행)

```
>>> str(mayday)
'2020-05-01'

>>> str(morning)
'08:30:00'

>>> str(now)
'2020-11-22 17:20:41.274923'
```

상황에 따라 양식을 직접 정의하고 싶다면 354쪽에서 배운 텍스트 양식화 기법으로 출력하고 싶은 객체의 속성과 형식을 지정하면 된다.

코드 11-43 format() 메서드, 양식 문자열 리터럴로 시간 정보 양식화하기(코드 11-42에 이어서 실행)

```
>>> '{0.year:04}/{0.month:02}/{0.day:02}'.format(mayday)
'2020/05/01'

>>> '{0.hour:02}:{0.minute:02}'.format(morning)
'08:30'

>>> '{0.month}월 {0.day}일 {0.hour}시 {0.minute}분'.format(now)
'11월 22일 17시 20분'

>>> f'{mayday.year:04}/{mayday.month:02}/{mayday.day:02}'
'2020/05/01'

>>> f'{morning.hour:02}:{morning.minute:02}'
'08:30'
```

```
>>> f'{now.month}월 {now.day}일 {now.hour}시 {now.minute}분'
'11월 22일 17시 20분'
```

이런 방법도 나쁘지 않지만, date, time, datetime 클래스는 모두 시간 정보를 문자열로 양식화하기 위한 전용 메서드를 가지고 있다. strftime() 메서드가 그것이다.

strftime() 메서드

strftime() 메서드는 양식 문자열을 전달받아 시간 정보 객체를 양식화한다. 양식 문자열에는 여러 가지 기호로 시간 정보 출력 방식을 정의할 수 있다. 다음은 그 가운데에 일부를 나타낸 표이다. 출력 예는 2001-02-03 04:05:06 기준이다.

TIP
strftime에서 str은 문자열, f는 format(양식화)을 의미한다.

기호	의미	출력 예	기호	의미	출력 예
%Y	연도 (네 자리)	2001	%I	시 (12시간)	04
%y	연도 (두 자리)	01	%p	오전, 오후	AM
%m	월 (두 자리)	02	%M	분 (두 자리)	05
%d	일 (두 자리)	03	%S	초 (두 자리)	06
%A	요일	Saturday	%f	마이크로초	000000
%H	시 (24시간)	04	%%	% 기호	%

표 11-11 strftime 메서드의 시간 출력 양식 기호

strftime() 메서드를 활용하면 시간 정보의 양식화를 좀 더 쉽게 수행할 수 있다. 단, %A와 %p의 출력 결과는 운영체제의 언어 설정마다 다르니 주의해야 한다. 다음은 이 메서드를 이용해 시간 정보를 문자열로 변환해 본 예다.

코드 11-44 strftime() 메서드로 시간 정보 양식화하기(코드 11-43에 이어서 실행)

```
>>> mayday.strftime('%Y/%m/%d')
'2020/05/01'

>>> morning.strftime('%H:%M')
'08:30'
```

11.4.4 시간의 길이

날짜와 시각을 표현하는 방법을 알아보았지만, "지금부터 1천 시간 후는 몇 년 몇 월 며칠 몇 시일까?"라는 질문에 답하려면 아직 멀었다. 시간에 대한 연산을 하기

위해서는 시간의 길이, 즉 기간을 나타내는 방법이 필요하다. datetime 모듈에서 아직 소개하지 않은 datetime.timedelta 클래스가 바로 시간의 길이를 표현해 준다.

앞에서와 마찬가지로 datetime.timedelta 클래스를 임포트 해 두자.

timedelta 클래스는 주, 일, 시, 분, 초, 밀리초, 마이크로초 등 다양한 매개변수에 값을 지정해 인스턴스화할 수 있다. 예를 들어 보자.

코드 11-45 datetime 모듈에서 timedelta 클래스 임포트

```
>>> from datetime import timedelta
>>> timedelta(days=5)            # 5 일의 기간
datetime.timedelta(5)

>>> timedelta(weeks=3)           # 3 주의 기간
datetime.timedelta(21)

>>> timedelta(minutes=1)         # 1 분의 기간
datetime.timedelta(0, 60)

>>> timedelta(seconds=180)       # 180 초의 기간
datetime.timedelta(0, 180)

>>> timedelta(milliseconds=100)  # 100 밀리초의 기간
datetime.timedelta(0, 0, 100000)
```

TIP
timedelta 클래스의 매개변수들은 여러 주, 여러 날, 여러 분을 나타내는 것이므로 이름이 복수형으로 되어 있다.

인스턴스화할 때는 일, 주, 밀리초 등 다양한 단위로 초기값을 입력할 수 있지만, 생성된 timedelta 객체 내부에서는 기간을 일, 초, 마이크로초의 세 단위로 환산하여 저장한다. 또한, 인스턴스화 할 때 매개변수를 여럿 지정하면 기간을 서로 더하여 단위를 통일한다.

코드 11-46 여러 단위로 시간을 지정하면 모두 합해진다(코드 11-45에 이어서 실행)

```
>>> timedelta(weeks=3, days=5)           # 3 주 + 5 일의 기간은 26일이다.
datetime.timedelta(26)

>>> timedelta(days=2, hours=3, minutes=30)  # 2 일 + 3 시간 + 30 분은 2일 12600분
이다.
datetime.timedelta(2, 12600)
```

timedelta 객체는 date, time, datetime, 그리고 동일한 timedelta 객체와 덧셈과 뺄셈 연산을 할 수 있다. 그러면 특정한 시각에서 timedelta 값만큼 지난 시간을 구할 수 있다.

코드 11-47 timedelta 객체로 시간 계산하기(코드 11-46에 이어서 실행)

```
>>> now = datetime.now()              # 현재 일시
>>> after_1000h = timedelta(hours=1000)  # 1천 시간
>>> now + after_1000h                  # 지금부터 1천 시간 후
datetime.datetime(2020, 12, 26, 11, 42, 32, 103816)

>>> birthday = date(1986, 3, 6)        # 생년월일
>>> today = date.today()               # 오늘
>>> today – birthday                   # 태어난 뒤 오늘까지의 기간
datetime.timedelta(12673)
```

> **연습문제 11-3** 한국은 나이를 세는 방법이 여러 가지여서 프로그래밍할 때 주의가 필요하다. 다음은 나이 세는 방법 중 자주 쓰이는 두 가지이다.
>
> - 세는 나이: 태어난 해를 기준으로 1세, 해가 바뀔 때마다 바로 한 살씩 증가
> - 만 나이: 생년월일을 기준으로 0세, 해가 바뀌고 생일이 지날 때마다 한 살씩 증가
>
> 생년월일을 입력받아 세는 나이를 반환하는 함수 counting_age(birth_date)와 생년월일을 입력받아 만 나이를 반환하는 함수 full_age(birth_date)를 각각 정의하라.

11.5 파일과 디렉터리 다루기

데이터는 프로그램이 종료되는 순간 메모리에서 소실된다. 따라서 데이터를 나중에도 계속 사용하려면 하드 디스크 같은 저장 매체에 기록해 두어야 한다. 이 절에서는 데이터를 파일로 기록하는 방법, 기록된 파일을 읽는 방법, 운영체제가 제공하는 파일 시스템을 다루는 방법을 알아본다.

11.5.1 텍스트 파일 읽고 쓰기

파일 사용의 기본은 파일을 열고 닫는 법을 아는 것이다. 파일은 운영체제가 통제하는 파일 시스템에 의해 제공된다. 응용 프로그램이 파일 입출력을 하려면 운영체제에 요청하여 허락을 구해야 하며, 파일을 다 작성한 후에도 운영체제에 끝났음을 알려 주어야 한다. 파이썬에서는 다음과 같은 세 단계를 거친다.

1. 파일 열기: open() 함수로 파일을 열어, 파일 객체를 얻는다.

2. 파일 입출력: 파일 객체에서 입력 또는 출력을 수행한다.

3. 파일 닫기: 파일 객체의 close() 메서드로 파일을 닫는다.

다음은 이 세 단계에 따라 prices.txt라는 텍스트 파일을 열고, 그 내용을 읽어 화면에 출력하고, 파일을 닫는 프로그램이다.

코드 11-48 파일을 열고, 사용하고, 닫는 프로그램

```
file = open('prices.txt')    # ❶ 텍스트 파일 열기
for line in file:            # ❷ 파일 내용을 한 행씩 읽어 화면에 출력
    print(line)
file.close()                 # ❸ 파일 닫기
```

❶ open() 함수는 열고자 하는 파일의 경로를 첫 번째 매개변수로 전달받는다. 그리고 지정된 경로의 파일을 열어 파일 객체를 반환한다. ❷ 파일 객체는 파일에서 정보를 읽거나 기록하는 메서드를 제공한다. ❸ 파일 객체를 순회하면 한 행씩 읽을 수 있다. 파일 객체를 다 사용한 후에는 close() 메서드로 닫아준다.

코드 11-48에서는 파일을 닫을 때 파일 객체의 close() 메서드를 직접 호출했다. 그러나 실제로는 with 문을 사용해 파일 객체가 자동으로 닫히도록 하는 편이 좋다.

코드 11-49 with 문으로 파일 읽기

```
with open('prices.txt') as file:   # ❶ 텍스트 파일 열기
    for line in file:              # 파일 내용을 한 행씩 읽어 화면에 출력
        print(line)
```

❶ 'prices.txt' 파일을 열고, 파일 객체를 file 변수에 대입하여 사용했다. with 문의 본문에서는 file 객체를 자유롭게 사용할 수 있다. 본문이 다 실행된 후에는 파일이 저절로 닫히니 파일 객체의 close() 메서드를 직접 호출하지 않아도 된다.

파일 열기 모드

파일을 열 때는 사용법에 따라 열기 모드를 다르게 지정한다. open() 함수의 두 번째 매개변수에 열기 모드를 입력할 수 있다. 열기 모드의 종류는 다음 표를 참고하자.

열기 모드	의미	열기 모드	의미
r	읽기(read) 모드 (기본값이며 생략 가능)	x	배타적(exclusive) 쓰기 모드
w	쓰기(write) 모드	t	텍스트(text) 모드 (기본값이며 생략 가능)
a	덧붙이기(append) 모드	b	이진수(binary) 모드

표 11-12 open() 함수에 지정할 수 있는 열기 모드

TIP
열기 모드의 문자열은 각 모드의 영어 의미에서 따왔으니 쉽게 외울 수 있을 것이다. 많이 사용하는 r과 w만 알아 두어도 충분하다.

쓰기 모드로 텍스트 출력하기

텍스트 파일에 텍스트 데이터를 출력하는 방법은 화면에 텍스트 데이터를 출력하는 것과 비슷하다. 출력 대상을 화면이 아니라 파일로 지정해야 한다는 점이 다를 뿐이다.

1장에서 만들어 본 첫 파이썬 프로그램의 실행 결과를 화면이 아니라 파일에 출력해 보자.

코드 11-50 쓰기 모드로 텍스트 파일을 열어 텍스트 출력하기

```
print('당신의 이름은 무엇인가요?')
name = input()

with open('hello.txt', 'w') as file:        # ❶ 쓰기 모드로 열기
    print(name, '님 반가워요.', file=file)      # ❷
```

❶ 파일은 기본적으로 읽기 모드로 열리기 때문에 쓰기 모드로 열려면 w로 모드를 지정해야 한다. ❷ print() 함수는 file 매개변수로 텍스트를 출력할 대상을 지정받을 수 있다. 파일 객체(file)를 file 매개변수에 전달하여 파일에 기록할 것을 지시했다.

실행 결과는 다음과 같다.

당신의 이름은 무엇인가요?
박연오

이름을 입력받고도 print() 함수를 호출한 결과가 화면에 출력되지 않는다. 출력 대상을 파일로 지정했기 때문이다. 예제를 실행한 디렉터리를 살펴보면 hello. txt 파일이 생성되어 있고, 그 파일에 다음과 같이 결과가 기록된 것을 확인할 수 있다.

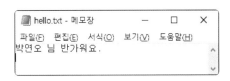

그림 11-1 출력 결과가 기록된 파일의 내용

print() 함수를 사용하는 대신 파일 객체의 write() 메서드를 사용할 수도 있다. print() 함수는 전달된 인자가 문자열이 아니더라도 텍스트로 자동 변환해 주지만, 파일 객체의 write() 메서드에는 데이터를 문자열로 변경해 전달해야 한다.

코드 11-51 file.write() 메서드로 기록하기

```python
from datetime import date
today = date.today()
text = f'안녕하세요! 오늘은 {today.month}월 {today.day}일입니다.\n'

with open('hello.txt', 'w') as file:        # 쓰기 모드로 열기
    file.write(text)
```

TIP
write() 메서드는 개행 문자(\n)도 직접 출력해야 한다.

실행 후 hello.txt 파일의 내용을 다시 확인해 보면, 코드 11-50의 출력 결과인 **박연오 님 반가워요.**는 사라지고 **안녕하세요! 오늘은 11월 27일입니다.**라는 내용만 남은 것을 확인할 수 있다. 쓰기 모드(w)는 열려고 하는 파일이 존재할 경우 기존 내용을 삭제한다.

덧붙이기 모드로 텍스트 출력하기

파일이 이미 존재할 때 기존 내용 뒤에 새로운 덧붙여 작성하려면, 파일을 덧붙이기 모드로 열어야 한다. open() 함수에서 열기 모드를 a로 지정하면 된다.

코드 11-52 덧붙이기 모드로 텍스트 파일을 열어 텍스트 출력하기

```python
from datetime import datetime
now = datetime.now()
text = f'현재 시각: {now.hour:02}:{now.minute:02}:{now.second:02}\n'

with open('time.txt', 'a') as file:        # 덧붙이기 모드로 열기
    file.write(text)
```

다음은 코드 11-52를 세 번 실행한 결과이다. time.txt 파일에 실행 횟수만큼 결과가 추가된다.

```
현재 시각: 16:38:49
현재 시각: 16:38:50
현재 시각: 16:39:01
```

배타적 쓰기 모드로 텍스트 출력하기

같은 이름의 파일이 존재하지 않을 때만 새로 작성하고 싶다면 파일을 배타적 쓰기 모드인 x로 열면 된다. 이 모드로 파일을 열 때, 파일이 이미 존재한다면 FileExistsError 예외가 발생한다. 따라서 다음 예와 같이 예외처리를 해 준다.

코드 11-53 **배타적 쓰기 모드로 텍스트 파일 열기**

```python
try:
    with open('once.txt', 'x') as file:    # 배타적 쓰기 모드 열기
        file.write('이 파일은 한 번만 작성됩니다.')
except FileExistsError:
    print('파일이 이미 존재합니다.')
```

 텍스트 모드와 이진수 모드

파일을 열 때 기본 설정인 텍스트 모드 외에 이진수 모드로도 열 수 있다. 텍스트 모드는 파일의 내용이 아스키, 유니코드 등으로 부호화된 경우에만 열 수 있지만, 이진수 모드로는 모든 파일을 열 수 있다.

압축 파일, 이미지 파일 등은 이진수 모드로 열어 처리해야 한다. 이런 파일 형식을 제어해 주는 라이브러리가 많기 때문에 이진수 모드를 직접 다뤄야 하는 상황은 과거에 비해 적어졌다. 바이트 데이터와 이진수 모드에 대한 내용은 이 책의 범위를 넘으므로 설명하지 않는다.

읽기 모드로 텍스트 읽어오기

프로그램에서 파일로 정보를 기록하는(출력) 것과 반대로, 파일에서 프로그램으로 정보를 읽어 들이는(입력) 것도 가능하다. open() 함수에서 파일을 읽기 모드로 열면 된다. 읽기 모드는 r로 지정할 수 있다.

TIP
열기 모드의 표기를 생략할 경우 읽기 모드로 열린다. 따라서 r을 생략해도 된다.

읽기 모드로 파일을 연 뒤에는 파일 객체의 read() 메서드를 호출해 파일 내용을 읽어 들일 수 있다. 다음 코드는 앞서 작성한 time.txt 파일을 읽기 모드로 열고, read() 메서드로 파일 내용을 읽어 들인다.

코드 11-54 **읽기 모드로 텍스트 파일을 열어 텍스트 입력받기**

```python
with open('time.txt', 'r') as file:    # 읽기 모드 열기
    data = file.read()

print(data)    # 읽어 들인 내용을 확인해 보자
```

실행 결과는 다음과 같다. 텍스트 파일의 전체 내용을 다 읽은 것을 확인할 수 있다.

현재 시각: 16:38:49
현재 시각: 16:38:50
현재 시각: 16:39:01

TIP
파일의 용량이 큰 경우에는 메모리가 부족하지 않도록 주의해야 한다.

TIP
반복자는 224쪽에서 자세히 다뤘다.

파일 객체의 read() 메서드는 파일 내용의 전체를 다 읽어 들인다. 만약 파일을 한 행씩 읽어 들이고 싶다면, readline() 메서드를 사용한다.

파일 객체는 파일의 각 행을 읽어 들여 출력하는 반복자를 제공한다. 따라서 파일 객체를 for 문으로 순회하는 것도 가능하다. 파일의 모든 행을 읽어 들일 때까지 각 행을 읽어 들인다.

코드 11-55 파일 객체를 순회하며 파일 내용 읽어 들이기

```python
with open('time.txt') as file:
    for line in file:
        print(line, end='')
```

11.5.2 데이터 직렬화하기

지금까지 텍스트 파일에서 단순한 텍스트 정보를 다루는 내용을 공부했다. 그런데 리스트·사전 등 컬렉션을 중첩한 입체적인 데이터를 파일로 저장하고 읽어 들이려 면 어떻게 해야 할까? 입체적인 데이터를 텍스트로 나타내기 위한 일정한 약속이 필요하다고 생각했다면 정답이다. 이런 약속에 따라 입체적인 데이터를 텍스트나 바이트로 표현하는 것을 직렬화(serialization)라 한다.

직렬화를 위한 형식에는 여러 가지가 있다. 그 가운데서도 요즘에는 CSV와 JSON 이 가장 많이 사용된다. CSV와 JSON은 파이썬뿐 아니라 다양한 프로그래밍 환경 에서 지원된다. 파이썬에서 작성한 데이터를 다른 프로그래밍 언어로 작성한 프로 그램으로 전송할 때에도 유용하다.

CSV: 표 형식의 정보 나타내기

표는 가로·세로의 2차원으로 칸(cell)을 배열하고 칸 안에 정보를 기록하는 도구이 다. 표를 가로로 잘라내면 행(row)이, 세로로 잘라내면 열(column)이 된다.

CSV(comma-separated values, 쉼표로 구분된 값)는 표(table) 형식으로 저장된 데이터를 텍스트로 표현하는 형식이다. 표의 각 열(column)은 쉼표(,)로 구별하며, 값과 쉼표를 모은 텍스트 한 행으로 표의 각 행(row)을 나타낸다.

다음은 영화 정보를 표와 CSV 형식으로 나타낸 것이다. 메모장 등의 텍스트 편집기 프로그램을 이용해 다음과 동일한 파일을 작성하고, movies.csv 이름으로 저장해 두자.

title	genre	year
Interstellar	SF	2014
Braveheart	Drama	1995
Mary Poppins	Fantasy	1964
Gloomy Sunday	Drama	2000

```
title,genre,year
Interstellar,SF,2014
Braveheart,Drama,1995
Mary Poppins,Fantasy,1964
Gloomy Sunday,Drama,2000
```

CSV 형식의 텍스트 파일로 작성된 표 데이터를 파이썬으로 읽어 들이려면 어떻게 해야 할까? 파일을 행 단위로 읽어 들인 뒤 각 행을 다시 쉼표(,) 분리하면 해석할 수 있을 것이다.

CSV 모듈로 표 형식의 정보 나타내기

하지만 CSV 형식을 해석해 주는 파이썬 내장 모듈 csv를 사용하는 편이 더 좋다. csv 모듈은 표 형식의 데이터를 CSV 형식으로 표현하거나, CSV 형식의 데이터를 리스트를 담은 리스트 또는 사전을 담은 리스트로 해석해 준다. 다음은 csv 모듈을 이용해 CSV 파일을 읽어 들이는 예이다.

코드 11-56 CSV 파일 읽어 들이기

```python
import csv  # csv 모듈 임포트
import pprint

# movies.csv 파일 열기
with open('movies.csv') as file:
    reader = csv.reader(file)  # CSV 파일을 읽어 들이는 읽기 객체
    movies = list(reader)      # CSV 파일 내용을 리스트로 읽어 들인다.

pprint.pprint(movies)  # 읽어 들인 내용을 화면에 출력한다.
```

csv.reader() 함수는 전달받은 파일 객체의 CSV 파일을 읽어 들이는 읽기 객체를 반환한다. 이 리더 객체를 리스트로 변환하면 CSV 파일을 중첩 리스트로 읽어 들일 수 있다. 실행 결과는 다음과 같다.

```
[['title', 'genre', 'year'],
 ['Interstellar', 'SF', '2014'],
 ['Braveheart', 'Drama', '1995'],
 ['Mary Poppins', 'Fantasy', '1964'],
 ['Gloomy Sunday', 'Drama', '2000']]
```

출력 결과에서 보듯, 파이썬에서 표 데이터를 저장할 때는 표의 각 행을 리스트로 담는 중첩 리스트가 사용된다는 것을 알 수 있다.

이번에는 반대로, 파이썬에서 중첩 리스트로 저장한 표 데이터를 CSV 형식 파일로 출력해 보자. csv 모듈의 csv.writer() 함수로 쓰기 객체를 생성하고, 쓰기 객체의 writerows() 메서드를 사용하면 된다. 다음 예를 따라 해 보자.

코드 11-57 중첩 리스트를 CSV 파일로 작성하기

```python
import csv

# 표 데이터를 담은 중첩 리스트
table = [
    ['title', 'genre', 'year'],
    ['Interstellar', 'SF', '2014'],
    ['Braveheart', 'Drama', '1995'],
    ['Mary Poppins', 'Fantasy', '1964'],
    ['Gloomy Sunday', 'Drama', '2000'],
]

# movies_output.csv 파일을 쓰기 모드로 열기
with open('movies_output.csv', 'w', newline='') as file:
    writer = csv.writer(file)   # CSV 파일을 작성하는 쓰기 객체
    writer.writerows(table)     # 표를 전체 행을 CSV 파일에 써넣는다.
```

TIP
CSV 파일을 기록할 때는 open() 함수로 파일을 열 때 newline='' 매개변수를 지정해 주어야 불필요한 개행이 생기지 않는다.

movies_output 이름의 파일이 생성된다. 열어 보면 CSV 형식으로 작성된 표를 볼 수 있다.

CSV 형식의 파일은 마이크로소프트 엑셀 등의 스프레드시트 프로그램으로도 읽을 수 있다. 뿐만 아니라 스프레드시트 프로그램에서 작성한 표를 CSV 형식으로 저장하는 것도 가능하다. 이를 통해 스프레드시트 프로그램과 파이썬 사이에서 데이터를 주고받을 수 있다. CSV는 그 외에도 다양한 프로그램에서 활용된다.

JSON: 입체적인 데이터 나타내기

CSV 형식은 표 형식의 평면적인 데이터를 나타내기에 좋다. 하지만 리스트와 사전이 여러 층 중첩된 입체적인 데이터를 나타내기는 쉽지 않다. 이런 데이터를 파일로 저장하거나 네트워크로 주고받으려면 더 복잡한 구조를 표현할 수 있는 형식이 필요하다.

가장 많이 사용되는 형식은 XML(Extensible Markup Language)과 JSON(Java Script Object Notation, '제이슨'으로 읽는다)이다. 그중에서도 JSON은 웹브라우저

에서 사용되는 언어인 자바스크립트(JavaScript)로 처리하기가 용이하며, XML보다 간결하여 인기가 높다. 이번에는 JSON으로 표기된 데이터를 파이썬에서 읽어 들이는 방법을 알아보자.

> ✅ **입체적인 데이터도 표 형태로 나타낼 수 있다**
> 표만으로도 입체적인 데이터를 나타낼 수 있다. 중복 데이터를 별도의 표로 잘라내고 표들의 관계를 정의하는 정규화를 적용하면 된다. 이런 방식으로 구성된 데이터 체계를 관계형 데이터베이스라 한다. 대규모 데이터를 관리하는 원리에 관심이 있다면 데이터베이스를 학습해 보기 바란다.

JSON의 표기법은 파이썬의 리스트와 사전을 중첩한 데이터와 흡사하다. 중첩 데이터를 파이썬 코드로 표현한 다음의 예를 살펴보자.

```
[
    {
        'title': 'Interstellar',
        'genre': 'SF',
        'year': 2014,
        'starring': ['M. McConaughey', 'A. Hathaway', 'J. Chastain'],
    },
    {
        'title': 'Mary Poppins',
        'genre': 'Fantasy',
        'year': 1964,
        'starring': ['J. Andrews', 'D. Van Dyke'],
    },
]
```

JSON으로는 다음과 같이 표현한다.

```
[
    {
        "title": "Interstellar",
        "genre": "SF",
        "year": 2014,
        "starring": ["M. McConaughey", "A. Hathaway", "J. Chastain"]
    },
    {
        "title": "Mary Poppins",
        "genre": "Fantasy",
        "year": 1964,
        "starring": ["J. Andrews", "D. Van Dyke"]
    }
]
```

파이썬으로 표현한 데이터 코드와 JSON으로 표현한 데이터 코드가 매우 닮았다.

 JSON 문법 간단히 알아 두기

이 책에서는 JSON 문법까지 자세히 설명하지는 않는다. 다음 몇 가지 사항만 간단히 알아 두자.

- 숫자와 따옴표 데이터는 각각 파이썬의 수와 문자열에 대응된다.
- 중괄호 표현(객체)은 파이썬의 사전에 대응된다.
- 대괄호 표현(배열)은 파이썬의 리스트에 대응된다.
- 작은따옴표가 아니라 큰따옴표를 사용한다.
- 중괄호와 대괄호 안의 마지막 데이터 뒤에 콤마를 붙여서는 안 된다.
- 줄바꿈과 들여쓰기 등 공백 문자는 생략될 수 있다.

JSON과 CSV를 비교하면 다음과 같은 차이가 있다.

- CSV의 모든 값은 텍스트이지만, JSON은 수와 텍스트를 구별할 수 있다.
- CSV는 열과 행만으로 데이터를 구조화하지만, JSON은 객체(사전과 유사)와 배열(리스트와 유사)을 이용해 데이터를 입체적으로 구조화할 수 있다.

json 모듈로 입체적인 데이터 나타내기

JSON의 문법을 잘 알지 못해도 괜찮다. 파이썬의 json 모듈이 변환을 대신 수행해 주기 때문이다. 다음은 리스트 속에 사전, 사전 속에 다시 리스트가 포함된 복잡한 구조를 JSON으로 직렬화하는 과정을 보여 준다.

코드 11-58 **입체적인 데이터를 JSON으로 직렬화하기**

```python
import json    # json 모듈 임포트

# 직렬화하려는 데이터
data = [
    {
        'title': 'Interstellar',
        'genre': 'SF',
        'year': 2014,
        'starring': ['M. McConaughey', 'A. Hathaway', 'J. Chastain'],
    },
    {
        'title': 'Mary Poppins',
        'genre': 'Fantasy',
        'year': 1964,
        'starring': ['J. Andrews', 'D. Van Dyke'],
    },
]
```

```
json_data = json.dumps(data)            # ❶ 컬렉션을 JSON으로 직렬화한다.
print(json_data)                        # 직렬화된 텍스트를 확인한다.
with open('movies.json', 'w') as file:  # 파일로 저장한다.
    file.write(json_data)
```

❶ 컬렉션을 JSON으로 직렬화할 때는 json.dumps() 함수를 사용한다. 이 함수는 컬렉션을 입력받아 직렬화된 문자열을 반환한다. 데이터를 입력하느라 코드가 길어졌지만 직렬화를 수행하는 코드는 json.dumps(data)에 불과하다.

　json.dumps() 함수는 컬렉션을 입력받아 직렬화된 문자열을 반환한다. 직렬화의 결과물은 문자열이므로 화면에 출력하거나 텍스트 파일로 저장할 수도 있다.

　반대로, JSON으로 직렬화된 텍스트를 읽어 들여 파이썬 컬렉션으로 해석할 때는 json.loads() 함수를 사용하면 된다. 이 함수는 문자열을 입력받아 컬렉션을 반환한다. 다음 프로그램은 앞서 저장한 JSON 파일을 open() 함수로 열어 읽어 들인 뒤, json.loads() 함수로 데이터를 해석한다.

코드 11-59 JSON 텍스트를 읽어 들여 역직렬화하기

```
import json                        # json 모듈 임포트
import pprint

with open('movies.json') as file:  # 텍스트 파일을 읽어 들인다.
    json_data = file.read()

data = json.loads(json_data)       # 읽어 들인 텍스트 데이터를 역직렬화한다.
pprint.pprint(data)                # 해석된 데이터를 확인한다.
```

지금까지 CSV, JSON 등의 직렬화 형식을 이용해 프로그램의 데이터를 파일로 저장해 두었다가 나중에 다시 사용하는 방법을 알아보았다. 직렬화는 인터넷을 통해 데이터를 다른 컴퓨터로 전송할 때도 필요하다. 인터넷으로 데이터를 주고받는 방법은 11.6절에서 알아본다.

11.5.3 파일 시스템에서 작업하기

운영체제의 파일 시스템에서 할 수 있는 일은 단순히 데이터를 파일로 저장하고 읽는 것 외에도 많다. 예컨대 파일의 이름을 변경하거나, 파일을 옮기거나, 디렉터리를 만들거나, 어떤 디렉터리에 들어 있는 모든 파일을 구하는 것 말이다. 파일 시스템에서 다양한 작업을 수행하는 방법을 알아보고, 반복 작업도 줄여 보자.

경로 다루기

운영체제에서 어떤 파일 또는 디렉터리를 가리킬 때는 그 대상이 위치한 경로를 이용한다. 파이썬에서 경로를 나타내는 객체는 pathlib 모듈에 정의된 Path 클래스를 이용해 만들 수 있다. Path(**경로문자열**)과 같이 가리킬 경로를 문자열로 전달하여 인스턴스화하면 된다.

코드 11-60 경로를 표현하는 Path 객체 생성하기

```
>>> from pathlib import Path    # pathlib 모듈에서 Path 클래스 임포트
>>> Path('.')                   # 현재 디렉터리의 경로
WindowsPath('.')

>>> Path('C:/')                 # 하드 디스크의 경로
WindowsPath('C:/')
```

TIP
.은 현재 디렉터리를, ..은 한 단계 위의 디렉터리를 의미한다.

TIP
경로를 나타내는 방법은 운영체제마다 조금씩 다르다. 예제는 윈도우 기준이다.

Path 객체를 생성한 뒤에는 객체의 속성과 메서드를 이용해 해당 경로의 대상을 조작할 수 있다. 다음 표를 참고하자. 주의라고 써 둔 메서드는 해당 경로의 파일·디렉터리를 실제로 생성·수정·삭제하니 조심해야 한다.

속성 또는 메서드	값 또는 기능
exists()	대상이 존재하는지 검사한다.
is_file()	대상이 파일인지 검사한다.
is_dir()	대상이 디렉터리인지 검사한다.
parent	한 단계 위의 경로
name	대상의 이름
suffix	대상의 확장자
with_name(new)	이름을 new로 변경한 경로를 반환한다.
with_suffix(new)	확장자를 new로 변경한 경로를 반환한다.
iterdir()	대상 디렉터리를 순회하는 반복자를 반환한다.
mkdir()	(주의) 대상 디렉터리를 생성한다.
touch()	(주의) 빈 파일을 생성한다.
replace(new)	(주의) 대상의 경로를 new로 바꾼다.
rmdir()	(주의) 대상 디렉터리를 삭제한다.
unlink()	(주의) 대상 파일을 삭제한다.

표 11-13 Path 객체에서 자주 사용되는 속성과 메서드

다음은 C:\Users\ 경로를 가리키는 Path 객체에서 속성과 메서드를 사용해 본 예이다.

코드 11-61 Path 객체의 속성과 메서드 사용하기

```
>>> path = Path('C:/Users/')   # 디렉터리 경로

>>> path.exists()      # 경로의 대상이 존재하는가?
True

>>> path.is_file()     # 경로의 대상이 파일인가?
False

>>> path.is_dir()      # 경로의 대상이 디렉터리인가?
True

>>> path.parent        # 한 단계 위 경로
WindowsPath('C:/')

>>> path.name          # 대상의 이름
'Users'

>>> path.suffix        # 대상의 확장자
''

>>> path.with_name('Friends')      # 이름을 바꾼 경로
WindowsPath('C:/Friends')

>>> path.with_suffix('.backup')  # 확장자를 바꾼 경로
WindowsPath('C:/Users.backup')
```

이 예제에서 다루지 않은 iterdir() 메서드와 파일·디렉터리를 실제로 수정하는 메서드들은 곧이어 살펴본다.

디렉터리의 하위 항목 순회하기

Path 객체의 iterdir() 메서드는 경로가 가리키는 디렉터리에 포함된 파일·디렉터리를 순회하는 반복자를 반환한다. 이렇게 반환된 메서드를 리스트로 변환하거나, for 문으로 순회하면 여러 가지 유용한 작업을 수행할 수 있다.

예를 들어, 특정 디렉터리의 모든 하위 파일·디렉터리를 화면에 출력하는 함수를 정의해 볼 수 있다.

코드 11-62 디렉터리의 모든 하위 항목 출력하기

```
>>> from pathlib import Path
>>> def ls(path):
```

```
...          """path 디렉터리에 포함된 모든 하위 항목을 화면에 출력한다."""
...          path_obj = Path(path)              # 전달된 경로의 Path 객체를 생성한다.
...
...          for item in path_obj.iterdir():   # 모든 하위 항목을 순회하며
...              print(item)                   # 화면에 출력한다.

>>> ls('C:/')  # C:\ 경로의 모든 하위 항목을 출력한다.
...
c:\Documents and Settings
c:\Program Files
c:\Users
...
```

iterdir() 메서드의 반복자를 통해 순회되는 각 항목 역시 Path 객체이다. 반복자로 리스트를 생성해 확인해 보자.

코드 11-63 하위 항목 반복자의 각 요소도 Path 객체다

```
>>> from pathlib import Path
>>> path = Path('C:/')
>>> path_list = list(path.iterdir())    # 디렉터리의 하위 항목 리스트
>>> path_list
[WindowsPath('C:/Program Files/'), WindowsPath('C:/Users/'), ...]

>>> path_list[0]                         # 리스트의 각 요소 역시 Path 객체이다.
WindowsPath('C:/Program Files/')

>>> path_list[0].is_dir()                # 물론, 메서드도 사용할 수 있다.
True
```

디렉터리의 하위 항목들도 Path 객체이므로 이 객체들의 메서드를 호출하여, 모든 하위 항목의 이름을 변경하거나 삭제할 수도 있다.

파일·디렉터리 생성하기

Path 객체의 mkdir() 메서드를 호출하여 지정한 경로의 디렉터리를 새로 생성할 수 있다. 파일은 open() 함수로 열어 작성할 수 있지만, 단순히 빈 파일을 만들고자 할 때는 Path 객체의 touch() 메서드를 사용해도 된다.

코드 11-64 파일·디렉터리 생성하기(코드 11-63에 이어서 실행)

```
>>> Path('dir1').mkdir()    # dir1 디렉터리를 생성한다.
>>> Path('dir2').mkdir()    # dir2 디렉터리를 생성한다.
>>> Path('file1').touch()   # file1 (빈) 파일을 생성한다.
```

```
>>> Path('dir2').mkdir()    # ❶ 이미 존재하는 디렉터리를 만들 때
FileExistsError: [Errno 17] File exists: 'dir2'
```

❶ 동일한 이름의 파일·디렉터리가 존재한다면 FileExistsError 예외가 발생한다.

파일·디렉터리 이동하기

Path 객체의 replace() 메서드는 파일·디렉터리를 대상 경로로 옮긴다. 대상 경로는 Path 객체 또는 경로를 나타내는 문자열로 지정할 수 있다. 또한, 파일·디렉터리의 이름을 변경할 때도 사용된다.

코드 11-65 파일·디렉터리 이동하고, 이름 수정하기(코드 11-64에 이어서 실행)

```
>>> Path('dir2').replace('dir1/dir2')       # dir2를 dir1 아래로 이동한다.
>>> Path('dir1/dir2').replace(Path('dir2')) # dir2를 원위치로 이동한다.
>>> Path('dir2').replace('dir3')            # dir2의 이름을 dir3으로 변경한다.
```

replace() 메서드로 파일을 이동시키거나 이름을 수정할 때, 새로 지정한 경로에 이미 파일·디렉터리가 존재한다면 경로가 변경된 파일로 교체되어 버린다. 따라서 파일이 이미 존재하는지 확인하는 것이 좋다. 다음은 파일을 안전하게 이동시키는 함수를 정의해 본 것이다.

코드 11-66 대상 경로가 이미 존재할 때 예외 일으키기

```
>>> from pathlib import Path
>>> def mv(src, dst):
...     """src 경로의 파일을 dst 경로로 이동한다."""
...     src_obj = Path(src)
...     dst_obj = Path(dst)
...
...     if dst_obj.exists(): # 대상 경로의 파일이 존재할 경우
...         raise FileExistsError # FileExistsError 예외를 일으키자.
...     src_obj.replace(dst_obj)
...
>>> mv('old', 'new') # ❶
```

❶ old에는 옮기기 전 경로의 파일을, new에는 옮긴 후 경로의 파일을 적는다. mv('old', 'new')를 그대로 적을 경우 오류가 난다.

파일·디렉터리 삭제하기

디렉터리를 삭제할 때는 rmdir() 메서드를 사용한다. 이때 디렉터리는 비어 있어야

하며, 그렇지 않으면 OSError 예외가 발생한다. 파일을 삭제할 때는 unlink() 메서드를 사용한다.

코드 11-67 파일·디렉터리 삭제하기(코드 11-66에 이어서 실행)

```
>>> Path('dir3').rmdir()        # dir3 디렉터리를 삭제한다.
>>> Path('file1').unlink()      # file1 파일을 삭제한다.
```

> **연습문제 11-4** 파일 경로를 나타내는 문자열 두 개를 인자로 전달받아, 텍스트 파일을 복사하는 함수 cp(src, dst)를 작성하라. 예를 들어, 이 함수를 다음과 같이 호출하면 original.txt 파일을 clone.txt 파일로 복사한다.
>
> ```
> cp('original.txt', 'clone.txt')
> ```
>
> **연습문제 11-5** 스프레드시트 또는 텍스트 편집기를 이용해 다음 표의 내용을 CSV 파일로 작성하라.
>
> | country | population | area |
> | --- | --- | --- |
> | South Korea | 48422644 | 98480 |
> | China | 1330044000 | 9596960 |
> | Japan | 127288000 | 377835 |
> | United States | 310232863 | 9629091 |
> | Russia | 140702000 | 17100000 |
>
> 이 CSV 파일에서 각 나라의 인구 밀도를 구하고 인구 밀도가 높은 나라부터 낮은 나라 순으로 나라 이름과 인구 밀도를 출력하는 프로그램을 작성하라.

11.6 웹으로 정보 주고받기

과거에는 컴퓨터와 외부의 대상 사이에 데이터를 주고받으려면 사람이 직접 손으로 타이핑하거나 디스크를 연결해 정보를 복사해야 했다. 지금은 통신 네트워크를 이용한다. 인터넷은 네트워크들의 네트워크로, 세계 곳곳의 컴퓨터를 서로 연결시켜준다. 여러 가지 용도로 쓰이지만, 인터넷은 데이터를 교환하기 위한 도구이다.

인터넷을 활용한 서비스로는 여러 가지가 있지만 그중에서도 '웹(월드 와이드 웹, WWW)'이 가장 널리 쓰인다. 웹은 인터넷에서 다양한 정보를 서로 연결해 제공하는 정보 환경이다. 여러분도 아마 매일같이 웹 클라이언트(웹브라우저)로 수많은 웹 서버(웹 사이트)가 제공하는 서비스를 이용해 봤을 것이다. 이때 이용하는 웹 클라이언트 프로그램이나 웹 서비스를 제공하는 프로그램을 만드는 활동을 웹 프로그래밍이라 한다.

웹 환경은 많은 연구와 사업이 이루어지는 분야이기 때문에 깊이 들어가려면 다뤄야 할 주제가 많다. 이 책에서는 파이썬 라이브러리를 이용해 아주 기초적인 웹 프로그래밍을 체험해 볼 것이다.

TIP
내용이 어렵다면 '부록: HTTP 기초'를 먼저 공부하길 바란다.

11.6.1 클라이언트와 서버의 통신

웹브라우저(클라이언트)로 웹 사이트(서버)에 접속할 때 다음과 같은 순서로 일이 벌어진다.

1. 사용자가 웹브라우저의 주소창에 주소를 입력한다.
2. 요청: 웹브라우저는 요청 메시지를 작성해 웹 서버로 발송한다.
3. 요청 메시지 전달: 요청 메시지가 인터넷의 복잡한 통신망을 거쳐 웹 서버에 전달된다.
4. 응답: 웹 서버는 요청받은 정보를 요청자에게 보낸다.
5. 응답 메시지 전달: 응답 메시지가 인터넷의 복잡한 통신망을 거쳐 웹브라우저에 전달된다.
6. 웹브라우저가 응답 메시지를 해석해 사용자에게 정보를 출력해 준다.

우리가 웹 사이트에 접속할 때마다 이 과정이 수 초 안에 처리된다. 요청 메시지 전달과 응답 메시지 전달은 운영체제와 인터넷 사업자들이 담당하고 있기 때문에 잘 모르더라도 웹 프로그래밍을 하는 데 큰 문제가 되지는 않는다. 그 대신 요청 (request)과 응답(response)을 이해하는 것은 필요하다. 웹 클라이언트가 되어 웹 서버에 요청해 보고, 웹 서버가 되어 웹 클라이언트의 요청에 응답해 보자.

11.6.2 웹 클라이언트의 입장에서 정보 요청하기

요청이란 일정한 약속(HTTP)에 따라 클라이언트(서비스 이용자)가 서버(서비스 제공자)에게 특정 주소(URL)에 해당하는 정보를 달라고 메시지를 보내는 것이다.

정보를 요구하는 입장에서는 요청만 제대로 할 줄 알면 된다.

요청을 해서 웹 환경에 공개된 자원에 접근할 수 있다. 이때 자원이란 웹 문서뿐 아니라 이미지·음악·영상 등 여러 가지 형태의 정보를 통틀어 말한다. 단순히 자원을 조회하는 것뿐 아니라, 로그인·글 올리기·인터넷 쇼핑 등 다양한 일이 모두 요청을 통해 이루어진다.

파이썬으로 웹 요청을 수행하는 것은 여러분이 평소 웹브라우저로 웹 사이트에 접속하는 것과 동일한 과정으로 이루어진다. 차이가 있다면, 주소를 입력하는 곳이 주소창이 아니라 함수의 매개변수라는 것 정도이다. 웹 공간에 존재하는 수많은 자원은 https://python.bakyeono.net과 같은 형식의 주소로 식별한다. 이 식별자를 'URL(Uniform Resource Locator)'이라 한다. 어떤 자원의 URL을 알면, 파이썬으로 그 자원을 요청할 수 있다.

웹에 정보 요청하기

파이썬은 URL과 웹 요청에 관련된 모듈들을 urllib 패키지로 묶어 제공한다. 다음 두 가지 모듈만 알면 HTTP 요청을 할 수 있다.

- urllib.parse: URL 해석·조작 기능을 담은 모듈
- urllib.request: HTTP 요청 기능을 담은 모듈

urllib.request 모듈의 HTTP 요청 기능부터 살펴보자. urllib.request 모듈을 임포트한 후, urllib.request.urlopen(요청할URL).read().decode('utf-8')이라는 표현을 실행하면 웹 요청을 보낼 수 있다. 이 긴 명령은 다음 과정을 처리한다.

1. urllib.request.urlopen() 함수는 웹 서버에 정보를 요청한 후, 돌려받은 응답을 저장하여 '응답 객체(HTTPResponse)'를 반환한다.
2. 반환된 응답 객체의 read() 메서드를 실행하여 웹 서버가 응답한 데이터를 바이트 배열로 읽어 들인다.
3. 읽어 들인 바이트 배열은 이진수로 이루어져 있어 그대로 사용하기는 어렵다. 웹 서버가 응답한 내용이 텍스트 형식의 데이터라면, 바이트 배열의 decode ('utf-8') 메서드를 실행하여 문자열로 변환할 수 있다. 이때 'utf-8'은 유니코드 부호화 형식의 한 종류인데 decode() 함수의 기본 인자이므로 생략해도 된다.

이것을 매번 입력하기 귀찮다면 다음과 같이 함수로 정의해 두는 것도 좋다.

코드 11-68 웹 문서 요청 함수 정의해 두기

```
>>> import urllib.request
>>> def request(url):
...     """지정한 url의 웹 문서를 요청하여, 본문을 반환한다."""
...     response = urllib.request.urlopen(url)
...     byte_data = response.read()
...     text_data = byte_data.decode('utf-8')
...     return text_data
```

다음은 이 책을 소개하는 웹 사이트 https://python.bakyeono.net에 접속(요청)해
본 예이다. 요청 결과로 서버가 응답한 텍스트를 출력한다.

TIP
요청을 실행했을 때 인터넷
연결이 원활하지 않거나,
URL이 잘못되었다면 예외가
발생할 수 있다.

코드 11-69 웹 문서 요청하기(코드 11-68에 이어서 실행)

```
>>> url = 'https://python.bakyeono.net'  # 요청할 URL
>>> webpage = urllib.request.urlopen(url).read().decode('utf-8')
>>> print(webpage)  # 응답 받은 텍스트 확인: HTML 문서가 출력된다.
<!DOCTYPE html>
<html>
... (뭔가 복잡한 내용이 출력된다) ...
</html>
```

웹 문서의 형식

코드 11-69에서 출력되는 결과물은 HTML이라는 언어로 작성된 문서이다. 웹브라
우저에서는 그림 11-2 왼쪽과 같이 이 문서를 보기 좋게 꾸며서 출력한다. 하지만
HTML 문서는 원래 코드 11-73의 결과물과 같은 텍스트 데이터이다. 웹브라우저에

TIP
HTML은 HyperText
Markup Language의
약어다.

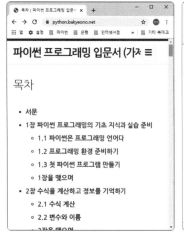

그림 11-2 웹브라우저로 HTML 문서와 소스 보기

서 '소스 보기' 기능을 이용하면 그림 11-2 오른쪽과 같이 원본 HTML 문서를 확인할 수 있다.

HTML 문서는 사람이 보는 것을 전제로 작성되어 프로그램으로 해석하고 처리하기는 까다로운 편이다. 웹에서 컴퓨터가 처리하기 위한 정보를 제공할 때는 JSON 형식이 주로 사용된다. 웹브라우저로 `https://python.bakyeono.net/data/movies.json`에 접속해 JSON 형식의 데이터를 열람해 보자.

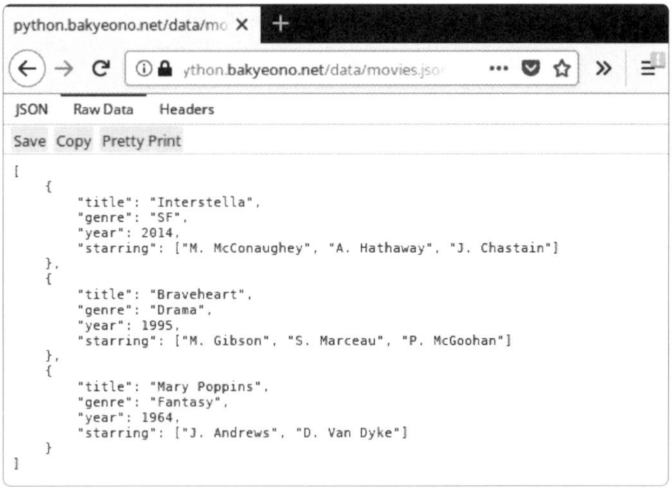

그림 11-3 웹의 JSON 데이터를 웹브라우저로 열기

이 데이터를 파이썬 대화식 셀에서도 읽어 들여서 웹브라우저로 받은 것과 비교해 보자. `urllib.request.urlopen()` 함수로 앞의 URL에 요청하면 된다.

코드 11-70 웹에서 JSON 데이터 읽어 들이기(코드 11-69에 이어서 실행)

```
>>> url = 'https://python.bakyeono.net/data/movies.json'  # 요청할 주소
>>> text_data = urllib.request.urlopen(url).read().decode('utf-8')
>>> print(text_data)
```

TIP
json.loads() 함수는
11.5절에서 다루었다.

그림 11-3과 동일한 JSON 데이터가 출력된다. JSON 데이터는 `json.loads()` 함수를 사용해 컬렉션으로 변환한 뒤 활용할 수 있다.

코드 11-71 웹에서 받은 JSON 데이터 해석·가공하기(코드 11-70에 이어서 실행)

```
>>> import json
>>> movies = json.loads(text_data)
>>> sorted_by_year = sorted(movies, key = lambda movie: movie['year'])
```

```
>>> for movie in sorted_by_year:
...     print(str(movie['year']) + ' ' + movie['title'].upper())
...
1964 MARY POPPINS
1995 BRAVEHEART
2014 INTERSTELLAR
```

이상으로 웹의 정보를 요청하는 기본 방법을 알아보았다. 겨우 한 행짜리 파이썬 명령으로 웹에서 정보를 요청할 수 있었다. 복잡한 인터넷 통신 과정은 파이썬 라이브러리, 운영체제, 네트워크 인프라가 대신 처리해 준다.

11.6.3 URL 다루기

URL은 인터넷 공간에 존재하는 자원을 가리키기 위한 절대 주소이다. 평소 웹브라우저를 이용하면서 주소창에 입력했던 그것이다. URL을 작성하는 양식은 다음과 같이 정해져 있다. 자세히 몰라도 되니 간단히만 알아 두자.

프로토콜://계정:패스워드@호스트:포트번호/하위경로?

이 양식에서 가장 자주 사용되는 요소는 프로토콜, 호스트, 하위 경로이다. 그 외의 요소는 생략될 때가 많다.

- 프로토콜: 자원에 접근하기 위한 통신 방법을 나타낸다. 웹에서는 http와 https가 사용된다. HTTPS는 HTTP에 SSL이라는 암·복호화 단계를 적용하여 보안 통신을 수행하는 프로토콜이다.
- 호스트: 자원이 위치한 네트워크(또는 컴퓨터)의 도메인 주소 또는 IP 주소.
- 하위 경로: 한 호스트는 여러 개의 자원을 제공할 수 있다. 그 하위 자원을 가리키는 경로이다. 표기는 호스트 이름 뒤에 /wiki/Python_(programming_language)와 같이 한다.

```
https://python.bakyeono.net/data/movies.json
```
프로토콜   호스트   하위 경로

그림 11-4 URL 구성의 예

TIP
웹에서 데이터를 수집하는 방법을 더 자세히 알고 배우고 싶다면 《파이썬으로 웹 크롤러 만들기》(라이언 미첼 저, 한선용 역, 한빛미디어)를 참고하기 바란다.

URL 분할·수정·재결합

파이썬에서 URL을 조작할 때는 urllib.parse 모듈을 사용한다. 이 모듈의 함수 urllib.parse.urlsplit()을 이용하면 URL을 여러 부분으로 나눌 수 있다.

코드 11-72 URL을 여러 부분으로 나누기

```
>>> import urllib.parse
>>> url = https://python.bakyeono.net/data/movies.json
>>> url_parts = urllib.parse.urlsplit(url)  # URL 나누기
>>> url_parts[0]    # 프로토콜 확인
'https'

>>> url_parts[1]    # 호스트 확인
'python.bakyeono.net'

>>> url_parts[2]    # 하위 경로 확인
'/data/movies.json'
```

urllib.parse.urlsplit() 함수는 나눈 URL 부분들을 튜플에 담아 반환한다. URL의 각 부분을 수정하려면 튜플을 리스트로 변경해 두어야 한다. 수정을 마친 후 다시 하나의 URL로 합칠 때는 urllib.parse.urlunsplit() 함수를 사용하면 된다. 다음 코드는 나눈 URL에서 하위 경로를 수정한 후 다시 합쳐 본 것이다.

코드 11-73 나눈 URL을 수정한 뒤 다시 합치기(코드 11-72에 이어서 실행)

```
>>> url_parts = list(url_parts)
>>> url_parts[2] = '/chapter-11.html'
>>> urllib.parse.urlunsplit(url_parts)
'https://python.bakyeono.net/chapter-11.html'
```

퍼센트 인코딩

URL에 사용할 수 있는 문자는 영문자, 숫자, 몇몇 기호뿐이다. 그 밖의 문자(한글·한자·특수문자 등)는 사용할 수 없다. 따라서 다음과 같이 한글이 표함된 URL을 이용할 경우 오류가 발생한다.

코드 11-74 URL에 한글이 섞여 있으면 요청할 때 오류가 발생한다.(코드 11-73에 이어서 실행)

```
>>> urllib.request.urlopen('https://ko.wikipedia.org/wiki/파이썬')
UnicodeEncodeError: 'ascii' codec can't encode characters in position 10-12:
ordinal not in range(128)
```

이를 피하기 위해서는 URL에서 아스키 코드가 아닌 문자들을 퍼센트 인코딩 (percent encoding) 형식으로 바꾸어야 한다. 우리가 사용하는 웹브라우저는 퍼센트 인코딩을 자동으로 수행해 준다. 파이썬에서는 `urllib.parse.quote()` 함수로 한글 텍스트를 퍼센트 인코딩으로 변환한 문자열을 구할 수 있다.

TIP
퍼센트 인코딩은 텍스트를 2진수로 부호화한 것을 퍼센트 기호를 붙여 16진수 형태로 표기한 것이다.
예: 가 -> 1110 1010 1011 0000 1000 0000 (UTF-8) -> %EA%B0%80 (퍼센트 인코딩)

코드 11-75 한글 텍스트를 퍼센트 인코딩하기(코드 11-74에 이어서 실행)

```
>>> urllib.parse.quote('파이썬')
'%ED%8C%8C%EC%9D%B4%EC%8D%AC'
```

퍼센트 인코딩된 텍스트를 다시 일반 텍스트로 되돌릴 때는 `urllib.parse.unquote()` 함수를 사용한다.

코드 11-76 퍼센트 인코딩된 텍스트를 되돌리기(코드 11-75에 이어서 실행)

```
>>> urllib.parse.unquote('%ED%8C%8C%EC%9D%B4%EC%8D%AC')
'파이썬'
```

URL에서 한글이 포함된 부분을 퍼센트 인코딩하면, 요청이 정상적으로 수행된다.

코드 11-77 URL에 한글이 들어간 문서 요청하기(코드 11-76에 이어서 실행)

```
>>> base_url = 'https://ko.wikipedia.org'
>>> path = urllib.parse.quote('/wiki/파이썬')
>>> url = base_url + path
>>> urllib.request.urlopen(url).read().decode('utf-8')
(요청에 성공하여 HTML 문서가 화면에 출력된다. 출력 결과 생략.)
```

TIP
urllib.request.urlopen을 사용할 때 module 'urllib' has no attribute 'request' 오류가 발생한다면 import urllib.request를 먼저 실행한다.

11.6.4 웹 서버의 입장에서 정보 제공하기

이번에는 웹 서버의 역할을 맡아, 웹 클라이언트의 요청에 적절한 응답을 해 보자.

웹 서버 프로그램의 실행 과정

웹 서버 프로그램이 어디에선가 들어온 요청을 받아 응답하기까지 거치는 절차를 단순히 정리해 봤다.

1. 수신 대기(listen): 클라이언트의 요청이 오기를 기다린다.
2. 중계(route): 요청을 받으면, 요청 메시지(URL, 메서드 등)를 해석하여 그에 해당하는 기능(함수)을 호출한다.
3. 실행: 중계 과정에서 호출된 기능을 실제로 처리한다. 이 과정에서 데이터베이

스 시스템과 같은 프로그램 외부의 자원을 활용하기도 한다.

4. 출력 결과 가공(render): 실행된 결과를 일정한 형식으로 가공한다. 이 과정에서 템플릿 도구를 활용하기도 한다.

TIP
템플릿: 미리 준비한 양식에 세부사항을 채워 넣는 방법

5. 응답: 실행된 결과를 클라이언트에게 되돌려준다.

복잡한 웹 서버 프로그램은 각 절차마다 수많은 세부 절차를 수행한다. 여기서는 웹 서버가 어떤 일을 하는지 느껴볼 정도로만 간단하게 구현해 볼 것이다.

간단한 웹 서버 만들기

표준 라이브러리를 이용해 간단한 웹 서버를 만들 수 있다. http.server 모듈에 웹 서버를 만들 때 필요한 기능이 들어 있다.

- http.server.HTTPServer: 통신 채널을 열고, 클라이언트의 요청을 수신 대기하는 클래스. HTTP 프로토콜보다 낮은 수준에서 통신 과정을 처리해 준다.
- http.server.BaseHTTPRequestHandler: 요청받은 내용을 해석하여 처리하기 위한 뼈대 클래스. 이 클래스를 확장해 중계·실행·응답 내용을 정의할 수 있다.

다음은 이 두 클래스를 이용해 간단한 웹 서버를 구현한 것이다. 요청을 받았을 때 실행할 동작을 http.server.BaseHTTPRequestHandler 클래스를 확장해 정의했다.

코드 11-78 GET 요청을 처리해 주는 간단한 웹 서버

```python
import http.server

class HTTPRequestHandler(http.server.BaseHTTPRequestHandler):
    """HTTP 요청을 처리하는 클래스"""

    def do_GET(self):    # ❶
        """HTTP GET 요청을 처리한다."""
        self.route()

    def route(self):      # ❷
        """요청 URL의 path에 따라 요청을 처리할 함수를 중계한다."""
        if self.path == '/hello':
            self.hello()
        else:
            self.reponse_404_not_found()

    def hello(self):      # ❸
        """200 OK 상태 코드와 인사말을 응답한다."""
```

```
        self.response(200, '안녕하세요?')

    def response_404_not_found(self):        # ❹
        """404 Not Found 상태 코드와 오류 메시지를 응답한다."""
        self.response(404, '요청하신 문서를 찾을 수 없습니다.')

    def response(self, status_code, body):  # ❺
        """응답 메시지를 전송한다."""
        # 상태 코드 전송
        self.send_response(status_code)

        # 헤더 전송
        self.send_header('Content-type', 'text/plain; charset=utf-8')
        self.end_headers()

        # 본문 전송
        self.wfile.write(body.encode('utf-8'))

# 요청받을 주소 (요청을 감시할 주소)
ADDRESS = 'localhost', 8000

# 요청 대기하기
listener = http.server.HTTPServer(ADDRESS, HTTPRequestHandler)  # ❻
print(f'http://{ADDRESS[0]}:{ADDRESS[1]} 주소에서 요청 대기중...')
listener.serve_forever()                                         # ❼
```

❶ do_GET()은 미리 정의하도록 약속된 메서드이다. 클라이언트가 GET HTTP 메서드로 요청을 보냈을 때 저절로 호출된다. 이 외의 나머지 메서드는 임의로 정의한 것이다. ❷ route() 메서드는 요청한 URL의 하위 경로(self.path)에 따라 적절한 함수를 실행하도록 중계한다. ❸ hello() 메서드는 정상적인 응답을 뜻하는 200 상태 코드와 인사말을 출력한다. 필요하다면 이 지점에서 무언가를 실행하거나 출력 결과를 가공하는 등의 처리를 할 수도 있다. ❹ reponse_404_not_found() 메서드는 사용자가 요청한 문서가 존재하지 않음을 뜻하는 404 상태 코드와 오류 메시지를 응답한다. ❺ response()는 실제로 응답을 수행하는 메서드이다. HTTP 응답 메시지 규칙에 따라 상태 코드, 헤더, 본문을 순서대로 출력한다. 자세한 내용은 부록을 참고하기 바란다.

❻ http.server.HTTPServer 클래스를 인스턴스화하여 서버 인스턴스를 생성할 수 있다. 인자로는 이 서버가 요청을 받은 주소와 요청을 처리할 처리기(HTTPRequestHandler)를 전달한다. ❼ 서버 인스턴스의 serve_forever() 메서드를 실행하면 서버가 실행되고 클라이언트의 요청을 계속 기다린다. 요청이 오면 HTTP

TIP
HTTP 응답 메시지에는 상태 코드가 포함된다. 200은 정상을 의미하며, 404는 요청한 리소스를 찾을 수 없음을 의미한다.

TIP
서버의 실행을 중지하려면
'Ctrl + C' 키를 누르면 된다.

RequestHandler.do_GET()에 정의한 대로 적절히 응답도 해 준다.

결과를 확인하기 위해 서버 프로그램을 실행하고, 웹브라우저의 주소 창에 http://localhost:8000/hello라는 URL을 입력해 접속해 보자. 이 프로그램은 다른 웹 서버가 요청을 받아 응답하는 절차와 크게 다르지 않다. 예를 들어, 그림 파일을 제공하는 웹 서버는 요청된 파일의 경로를 URL에서 확인하여 서버에서 읽어 들여 그 내용을 응답한다. 코드 11-82의 웹 서버 프로그램에 그림 파일을 읽어 들여 내보내는 기능을 추가하면 그런 기능을 만들 수 있다. 게시판을 서비스하는 웹 서버는 사용자가 업로드한 정보를 데이터베이스에 저장해 두었다가 사용자가 요청했을 때 데이터베이스의 내용을 읽어 응답한다. 웹 서버에 데이터베이스 또는 파일에 정보를 읽고 쓰는 기능을 연동하면 게시판 서비스도 만들 수 있다.

TIP
웹 프레임워크: 웹 서버
프로그램의 뼈대와 부가
기능을 미리 만들어 놓은
라이브러리

실무에서는 웹 프레임워크(web framework)를 이용해 웹 서버를 개발할 때가 많다. 웹 사이트·웹 서버를 제대로 만들어 보고 싶다면 파이썬 웹 프레임워크인 '장고(Django)'를 배워보기를 권한다.

TIP
《파이썬 웹 프로그래밍:
장고로 배우는 쉽고 빠른 웹
개발》(김석훈 저,
한빛미디어)과 장고 걸스
튜토리얼(https://tutorial.
djangogirls.org)을
추천한다.

11장을 맺으며

11장에서는 파이썬의 표준 라이브러리를 몇 가지 살펴보았다. 프로그래밍 언어에서 라이브러리는 어휘와 같다. 어휘력을 하루 아침에 늘리기는 어렵다. 실제로 프로그램을 만들면서 꾸준히 사용해 봐야 라이브러리를 제대로 익힐 수 있다. 앞으로 실습을 하다가 지금 본 기능이 필요해지면 다시 펴 보자.

11장 요약

1. 프로그래밍 언어의 기본 계산만으로 해결하기 어려운 여러 가지 기능을 표준 라이브러리에서 사용할 수 있다.

2. 다양한 수학·통계 계산을 math, fractions, random, itertools, statistics 등의 모듈에서 이용할 수 있다.

3. format 메서드와 양식 문자열 리터럴을 이용해 텍스트를 양식화할 수 있다.

4. re 모듈로 정규식을 이용할 수 있다. 정규식으로 다양한 규칙의 텍스트를 찾고 치환할 수 있다.

5. time과 datetime 모듈을 이용해 시간을 다룰 수 있다.

6. open() 함수로 파일을 열어 텍스트 데이터를 읽어 들이거나 파일에 텍스트 데이

터를 기록할 수 있다. 필요에 따라 파일 열기 보드를 구별해 열어야 한다.

7. 다양한 형식의 데이터를 CSV, JSON 등의 텍스트 형식으로 직렬화할 수 있다. 프로그램들은 직렬화한 데이터를 서로 주고받을 수 있다. 직렬화된 텍스트를 읽어 들여 원래의 데이터 형식으로 되돌리는 것을 역직렬화라 한다.

8. `pathlib.Path` 클래스로 파일 시스템의 파일과 디렉터리를 조작할 수 있다.

9. `urllib.parse`와 `urllib.request` 모듈로 웹에 접속해 정보를 읽어 들일 수 있다.

10. `http.server` 모듈을 이용해 웹 서버 프로그램을 만들 수 있다.

응용 프로그램
만들기

지금까지 파이썬 프로그래밍의 기초를 배웠다. 이 장에서는 그동안 학습한 것을 종합하고 외부 라이브러리와 웹 API를 이용하는 법을 배워 간단한 응용 프로그램을 실제로 만들어 볼 것이다. 프로젝트를 처음부터 끝까지 진행해 보면 프로그램을 만드는 과정을 배울 수 있을 것이다.

12.1 뱀 게임 만들기

간단한 게임을 만들어 보는 프로젝트로 시작해 보자. 여러 연산의 동시 실행, 그래픽 출력, 논리적인 실행 과정 등 많은 것을 배우고 익힐 수 있기 때문이다. 이 절에서 다룰 뱀 게임은 비교적 간단해서 파이썬 언어를 막 배운 여러분이 도전하기에 적절하다.

12.1.1 뱀 게임이란

뱀 게임은 게임판 위에서 여러 개의 블록으로 이루어진 뱀을 조종해 사과를 먹도록 하는 게임이다. 뱀의 머리가 벽이나 몸에 부딪히면 게임이 끝나는데, 뱀이 사과를 먹을 때마다 뱀의 길이가 길어져서 점점 어려워진다.

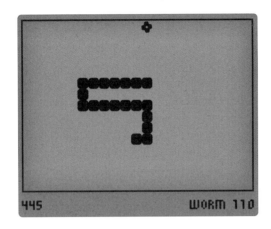

그림 12-1 뱀 게임

설명만으로 감이 안 온다면, *https://playsnake.org* 웹사이트에 접속해 플레이해 보자. 간단한 게임이지만 직접 만들려고 생각하면 막막해질 수 있다. 하지만 예제를 따라서 한번 만들어 보면 그렇게 어렵지 않다는 걸 알 수 있을 것이다. 그리고 배운 것을 응용해 다른 보드 게임도 직접 만들어 볼 수 있을 것이다. 도전해 보자!

12.1.2 프로젝트 시작하기

파이참에서 뱀 게임 프로젝트를 새로 만드는 것부터 시작하자. 파이참을 시작한 후 'New Project'를 클릭해 새 프로젝트를 생성한다.

TIP
지금까지 실습을 하며 따라 왔다면, 예제 실습용 프로젝트(study)가 열려 있을 것이다. 'File→Close Project'를 클릭해 닫아 두자.

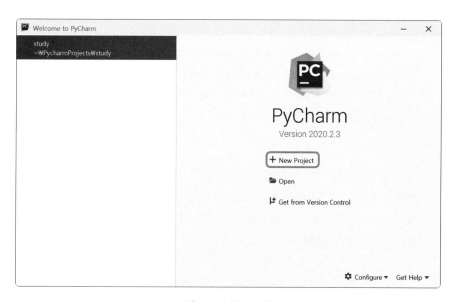

그림 12-2 파이참 시작 화면

TIP
New environment using
Virtualenv가 기본으로
선택되어 있을 것이다.

프로젝트 디렉터리를 'snake'라고 입력하자. 'Project Interpreter'는 파이썬 인터프리터를 선택하는 것인데 'New Environment using Virtualenv'를 고르고, [Create] 버튼을 클릭하면 된다.

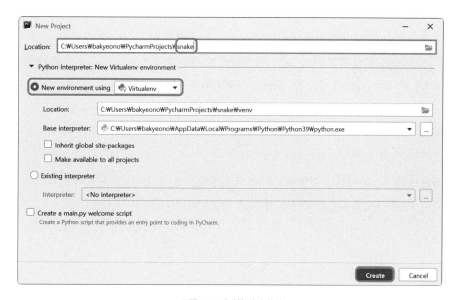

그림 12-3 파이참 시작 화면

Virtualenv란?

프로젝트마다 실행 환경 구성(어떤 파이썬 인터프리터를 사용할 것인지, 어떤 라이브러리를 설치하여 이용할 것인지 등)을 다르게 설정해야 할 때가 있다. Virtualenv는 서로 독립적인 파이썬 실행 환경 구성을 설정할 수 있도록 도와주는 도구이다. 파이참을 이용하면 따로 준비하지 않고도 Virtualenv를 간편하게 이용할 수 있다.

12.1.3 외부 라이브러리 설치하기

그동안은 파이썬 인터프리터에 내장된 표준 라이브러리만 사용해 봤다. 그런데 게임은 표준 라이브러리만으로는 완성하기 어렵다. 게임을 만드는 데 필요한 외부 라이브러리를 가져와 사용하는 방법을 알아보자.

파이게임 라이브러리

파이게임(Pygame)이라는 라이브러리를 이용해 볼 것이다. 파이게임은 게임 제작에 필요한 여러 가지 기능을 모아 놓은 라이브러리이다. 상업용 게임을 만들기에는 충분하지 않지만 프로그래밍 실습용 게임 제작에는 유용하다. 뱀 게임에서는 그래픽 출력 기능과 비동기 키 입력 처리 기능을 사용할 것이다.

> **TIP**
> 파이게임에 대한 자세한 내용은 파이게임 공식 웹사이트(*https://www.pygame.org*)에서 알아볼 수 있다.

- 그래픽 출력 기능: 그동안은 print() 함수를 이용해 텍스트 환경에서만 정보를 출력했다. 하지만 게임을 만들려면 그래픽을 출력할 수 있어야 한다.
- 비동기 키 입력 처리 기능: input() 함수로도 사용자의 키보드 입력을 받을 수 있다. 하지만 input() 함수를 사용하면 엔터 키를 입력할 때까지 프로그램이 정지된다. 프로그램을 멈추지 않고(비동기적으로) 키를 입력받을 방법이 필요하다.

파이참으로 외부 라이브러리 설치하기

라이브러리는 파이참을 이용해 PyPI에서 다운로드할 수 있다. 파이참의 상단 메뉴에서 'File→Settings'를 클릭해 설정 창을 연다.

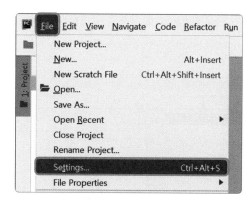

그림 12-4 파이참 설정 창 열기

 PyPI

PyPI는 파이썬 소프트웨어 재단이 운영하는 파이썬 패키지 인덱스(Python Package Index, PyPI) 저장소로, 파이썬 프로그래머들이 만들어 둔 수많은(2020년 기준 21만 개 이상) 라이브러리 패키지가 등록되어 있다. PyPI는 무료로 이용할 수 있으며 저장소에 등록된 라이브러리도 대부분 공개 라이선스이므로 자유롭게 사용할 수 있다.

설정 창의 메뉴에서 'Project: snake→Project Interpreter'를 찾아 클릭한다. 그러면 설정 창의 오른쪽 패널에서 프로젝트 환경 구성을 볼 수 있다. 지금은 'pip'와 'setuptools' 라이브러리만 기본으로 설치되어 있을 것이다.

오른쪽에 있는 + 버튼을 눌러 라이브러리를 추가한다.

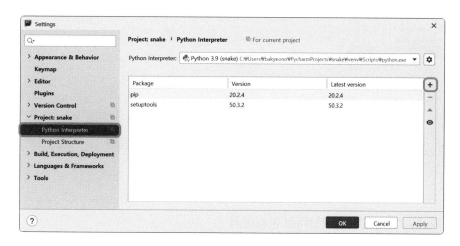

그림 12-5 파이참 설정 창의 프로젝트 환경 구성

라이브러리 검색 창이 나오면 'pygame'이라고 입력한다. 검색된 결과에서 pygame
패키지를 선택하고, [Install Package] 버튼을 누른다.

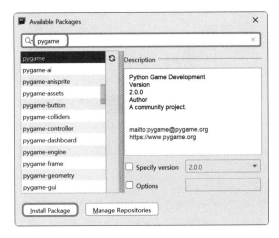

그림 12-6 라이브러리 검색하고 설치하기

잠시 기다리면 설치가 완료되고 프로젝트 환경 구성에 'pygame'이 추가된 것을 확
인할 수 있다. 설치가 완료되었으니 [OK] 버튼을 눌러 설정 창을 닫는다.

> **TIP**
> 라이브러리에 따라 설치
> 시간이 오래 걸리는 경우도
> 있다.

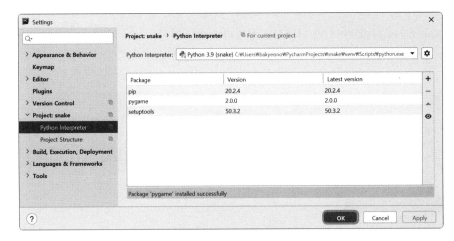

그림 12-7 라이브러리 검색하고 설치하기

12.1.4 파이게임 라이브러리 사용하기

이제 파이게임 라이브러리로 그래픽을 출력하고 사용자의 입력을 실시간으로 처리
할 수 있다. 파이게임의 기초적인 사용법을 간단히 알아보자.

게임 화면 창 열기

뱀 게임은 텍스트 출력 창 대신 그래픽 창을 이용할 것이다. 뱀 게임 프로젝트에
snake.py라는 파일을 만들고 다음 코드를 따라 입력하자.

코드 12-1 게임 화면 창 열기

```python
import pygame                      # ❶ 파이게임 모듈 임포트하기
import time

SCREEN_WIDTH = 400                 # ❷ 게임 화면의 너비
SCREEN_HEIGHT = 80                 #    게임 화면의 높이

pygame.init()                      # ❸ 파이게임을 사용하기 전에 초기화한다.

# ❹ 지정한 크기의 게임 화면 창을 연다.
screen = pygame.display.set_mode((SCREEN_WIDTH, SCREEN_HEIGHT))

time.sleep(3)                      # ❺ 3초 동안 기다린다.
```

❶ 파이게임 라이브러리도 표준 라이브러리와 마찬가지로 import 문으로 임포트해
야 사용할 수 있다. ❸ 파이게임을 사용하려면 먼저 pygame.init() 메서드를 실행해
게임 실행에 필요한 설정을 초기화해야 한다. ❹ 게임 화면 창은 pygame.display.
set_mode() 함수로 열 수 있다. 인자로는 게임 창의 너비와 높이를 담은 튜플을 전
달한다. 이 함수는 화면 객체를 반환하는데, 이 화면 객체는 화면에 무언가를 그릴
때 사용해야 하므로 screen이라는 변수에 대입해 두자. ❷ 화면 크기는 이름 붙여
정의해 두면 편리하다. 너비 400픽셀, 높이 80픽셀로 지정했다. 이 프로그램은 게
임 화면 창을 열고 끝나므로, 창이 열리자마자 프로그램 종료로 닫힌다. 따라서 결
과물을 확인하기 위해 ❺ sleep() 함수를 이용해 3초 동안 아무것도 하지 않고 기다
리게 했다.

프로그램을 실행하면 다음과 같은 모양의 검은 창이 나온다.

TIP
sleep() 함수를 위해 time
모듈을 임포트했다.

그림 12-8 게임 화면 창 열기

RGB 색 모델

게임에서 뱀과 사과를 다른 색으로 표시할 텐데, 그러기 위해서는 컴퓨터에서 색을 표현하는 방법을 알아야 한다.

컴퓨터에서 색을 나타낼 때는 일반적으로 'RGB 색 모델'을 이용한다. RGB 색 모델은 적(Red)·녹(Green)·청(Blue) 세 가지 빛을 섞어 사람이 인식할 수 있는 다양한 색을 표현한다. 빛의 밝기는 가장 어두운 0부터 가장 밝은 255 사이의 범위로 지정한다.

다음은 여러 가지 색을 RGB 색 모델로 정의한 것이다. 각 색마다 세 가지 빛의 강도를 튜플로 묶었다.

TIP
사람의 눈은 적·녹·청 세 가지 빛 수용체로 색을 인식한다.

코드 12-2 여러 가지 색

```
RED = 255, 0, 0          # 적색: 적 255, 녹   0, 청   0
GREEN = 0, 255, 0        # 녹색: 적   0, 녹 255, 청   0
BLUE = 0, 0, 255         # 청색: 적   0, 녹   0, 청 255
PURPLE = 127, 0, 127     # 자색: 적 127, 녹   0, 청 127
BLACK = 0, 0, 0          # 흑색: 적   0, 녹   0, 청   0
GRAY = 127, 127, 127     # 회색: 적 127, 녹 127, 청 127
WHITE = 255, 255, 255    # 백색: 적 255, 녹 255, 청 255
```

사각형 그리기

화면에 여러 가지 색의 사각형을 그려 보자. 사각형은 pygame.draw.rect() 함수로 그릴 수 있다. snake.py 소스코드를 다음 예제와 같이 수정하고 실행해 보자.

코드 12-3 게임 화면 창 열기

```
# 코드 12-1, 코드 12-2 생략

# 화면 전체에 백색 사각형 그리기
rect = pygame.Rect((0, 0), (SCREEN_WIDTH, SCREEN_HEIGHT))   # ❶
pygame.draw.rect(screen, WHITE, rect)                      # ❷

# 화면 왼쪽 위에 녹색 정사각형 그리기
rect = pygame.Rect((0, 0), (40, 40))
pygame.draw.rect(screen, GREEN, rect)

# 화면 오른쪽 아래에 적색 직사각형 그리기
rect = pygame.Rect((340, 60), (60, 20))
pygame.draw.rect(screen, RED, rect)

pygame.display.update()  # ❸ 화면 새로고침

time.sleep(3)
```

TIP
pygame.draw.rect의
screen은 코드 12-1의
pygame.display.
set_mode() 함수가 반환한
것이다.

❷ pygame.draw.rect() 함수는 인자로 사각형을 그릴 화면, 색, 사각형 정보를 전달받아 그린다. 사각형 객체는 ❶과 같이 pygame.Rect 클래스를 이용해 정의할 수 있다. pygame.Rect 인스턴스를 생성할 때는 사각형의 위치 좌표쌍 (x, y)과 크기(너비, 높이)를 각각 튜플로 전달하면 된다. 화면에 무언가를 그린 뒤에는 ❸과 같이 pygame.display.update() 함수로 화면을 갱신해야 출력된다.

프로그램을 실행하면 백색 배경에 녹색 정사각형과 적색 직사각형이 그려진다.

그림 12-9 화면에 사각형 출력하기

블록 그리기

뱀 게임에서는 여러 개의 사각형 블록을 이용해 뱀과 사과를 표현한다. 여러 개의 블록을 출력할 수 있도록 게임 화면의 크기를 400픽셀×400픽셀로 늘리자. 그리고 배경과 블록을 그리는 함수를 정의해 두자.

코드 12-4 블록을 그리는 함수 정의하기

```python
import pygame
import time

SCREEN_WIDTH = 400
SCREEN_HEIGHT = 400
BLOCK_SIZE = 20

# 코드 12-2 생략

def draw_background(screen):
    """게임의 배경을 그린다."""
    background = pygame.Rect((0, 0), (SCREEN_WIDTH, SCREEN_HEIGHT))
    pygame.draw.rect(screen, WHITE, background)

def draw_block(screen, color, position):          # ❶
    """position 위치에 color 색깔의 블록을 그린다."""
    block = pygame.Rect((position[1] * BLOCK_SIZE, position[0] * BLOCK_SIZE),
                        (BLOCK_SIZE, BLOCK_SIZE))  # ❷
    pygame.draw.rect(screen, color, block)
```

❶ 블록을 그리는 함수 draw_block()은 화면, 블록의 색, 블록의 위치(y, x 튜플)를

인자로 전달받는다. ❷ 블록 크기는 (BLOCK_SIZE, BLOCK_SIZE)로 고정된다. 블록 하나의 크기가 20×20이므로, 블록의 위치가 20씩 곱하여 계산된다. 그리고 위치 포인트 하나당 20픽셀씩 띄워 출력하도록 했다.

이 함수를 이용해 블록을 출력해 보자.

TIP
게임 화면의 크기가 400×400이므로 블록을 400개 출력할 수 있다.

코드 12-5 블록 그리기

```
# 코드 12-4 생략

draw_background(screen)
draw_block(screen, RED, (1, 1))
draw_block(screen, RED, (3, 1))
draw_block(screen, RED, (5, 1))
draw_block(screen, RED, (7, 1))
draw_block(screen, GREEN, (12, 10))
draw_block(screen, GREEN, (12, 11))
draw_block(screen, GREEN, (12, 12))
draw_block(screen, GREEN, (12, 13))
pygame.display.update()
time.sleep(3)
```

결과를 확인할 시간을 벌기 위해 코드 마지막에 time.sleep(3)을 덧붙였다. 프로그램을 실행하면 그림 12-10과 같이 블록이 출력된다.

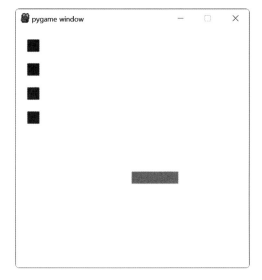

그림 12-10 블록 그리기

사용자의 입력을 받고 게임 창 닫기

화면에 예쁜 블록을 출력할 수 있게 되긴 했지만 아직 부족한 점이 많다. 먼저, 게임 화면이 3초 후에 바로 닫혀 버리는 문제를 해결해야 한다. while 문을 이용해서 창을 열어 둔 채로 무한히 계속 기다리게 하면 어떨까? 코드 12-5의 마지막에 덧붙였던 time.sleep(3)을 다음 코드로 바꾸어 보자.

코드 12-6 게임 화면 창을 무한히 계속 열어 두기

```
# 코드 12-5 생략

# 무한히 계속, 아무 일도 하지 않는다.
while True:
    pass
```

수정한 프로그램을 실행해 보면, 창이 계속 열려 있긴 하다. 하지만 그대로 멈춘 채 아무것도 할 수 없다. 닫기 버튼을 눌러도 게임 창이 닫히지 않는다. 프로그램이 사용자의 입력을 처리하지 않고 있기 때문이다.

TIP
닫기 버튼을 여러 번 누르면,
운영체제가 프로그램을
강제로 종료시켜 버린다.

닫기 버튼이 올바르게 동작하도록 하려면 '이벤트(event)'를 다룰 수 있어야 한다. 이벤트란 의미 있는 사건을 정의해 둔 것이다. 이벤트를 이용하면 특정한 사건이 일어났을 때 그에 맞는 코드를 실행하도록 준비해 둘 수 있다. 파이게임은 사용자의 키보드 입력, 마우스 움직임, 프로그램 종료 요청 등 다양한 상황에 대응하는 이벤트를 제공한다.

코드 12-6의 무한 반복 코드를 수정하여, 프로그램 종료 요청 이벤트가 발생했을 때 실행할 코드를 정의해 보자.

코드 12-7 게임 종료 이벤트 처리하기

```
# 코드 12-5 생략

# 종료 이벤트가 발생할 때까지 게임을 계속 진행한다.
while True:
    events = pygame.event.get()          # ❶ 발생한 이벤트 목록을 읽어 들인다.
    for event in events:                 # ❷ 이벤트 목록을 순회하며 각 이벤트를 처리한다.
        if event.type == pygame.QUIT:    # ❸ 종료 이벤트가 발생한 경우
            exit()                       # ❹ 게임을 종료한다.
```

❶ pygame.event.get() 함수는 이 함수를 호출한 후 다시 호출될 때까지 발생한 이벤트를 리스트에 담아 반환한다. ❷ 이벤트들이 리스트에 들어 있으므로 for 문으로 순회하며 처리해야 한다. ❸ 이벤트의 종류는 type 속성으로 확인할 수 있다. 발생한 이벤트의 종류가 종료 이벤트인 pygame.QUIT인지 if 문으로 확인한다. ❹ 프로그램은 exit() 함수를 실행하여 종료할 수 있다.

무한히 반복되므로, 프로그램 실행 중 다양한 이벤트가 발생하더라도 계속 적절

히 처리하며 실행할 수 있을 것이다. 수정한 프로그램을 실행하면 종료 버튼을 눌렀을 때 게임이 정상적으로 종료된다.

키보드 입력 이벤트 처리하기

키보드 입력 이벤트를 처리하면 게임의 조작을 구현할 수 있다. 블록을 하나만 남겨 두고 키가 입력될 때마다 움직여 보자. 프로그램을 다음과 같이 수정한다.

코드 12-8 **키보드 입력 이벤트 처리하기**

```
# 코드 12-4 생략

block_position = [0, 0]  # ❶ 블록의 위치 (y, x)

# 종료 이벤트가 발생할 때까지 게임을 계속 진행한다.
while True:
    events = pygame.event.get()
    for event in events:
        if event.type == pygame.QUIT:
            exit()
        if event.type == pygame.KEYDOWN:  # ❷ 이벤트 종류가 키 입력 이벤트이면
            block_position[1] += 1         #   블록을 오른쪽으로 한 칸 움직인다.

    # ❸ 화면을 계속 새로 그린다.
    draw_background(screen)
    draw_block(screen, GREEN, block_position)
    pygame.display.update()
```

❶ 블록을 움직이려면 블록의 위치를 기억하는 변수가 필요하다. block_position 변수에 y, x 좌표를 담은 리스트로 정의했다. ❷ 이벤트를 처리할 때 키 입력 이벤트 종류인 pygame.KEYDOWN도 처리하도록 했다. 키 입력 이벤트가 일어날 때마다 블록의 x좌표를 1씩 증가시킨다. ❸ 키가 입력되면 화면에 그릴 내용이 변화하기 때문에, 블록이 움직이는 것을 보여 주려면 화면을 계속 새로 그려야 한다. 배경을 그리는 코드와 블록을 그리는 코드를 무한 반복 while 문 속으로 옮겼다. 이제 이벤트 처리와 화면 갱신이 무한히 계속 반복될 것이다.

TIP
배경을 새로 칠하는 이유는 화면을 지우고 새로 그리기 위해서다.

프로그램을 실행하면, 어떤 키를 입력하더라도 블록이 오른쪽으로 움직이는 것을 확인할 수 있다.

블록을 움직이는 것이 멋지긴 하지만, 한 방향으로만 움직이는 것은 마음에 들지 않는다. 입력된 키가 무엇인지 확인하고, 화살표 키일 때 그에 맞는 방향으로 블록을 움직이게 해 보자. 입력된 키는 이벤트 객체의 key 속성으로 확인할 수 있고, 화

살표 키는 방향별로 pygame.K_UP, pygame.K_DOWN, pygame.K_LEFT, pygame.K_RIGHT로 정의되어 있다. pygame.KEYDOWN 이벤트를 처리하는 부분을 다음과 같이 수정하자.

코드 12-9 화살표 키로 블록 움직이기

```
# 코드 12-4 생략

block_position = [0, 0]  # 블록의 위치 (y, x)
while True:
    events = pygame.event.get()
    for event in events:
        if event.type == pygame.QUIT:
            exit()
        if event.type == pygame.KEYDOWN:
            if event.key == pygame.K_UP:          # 입력된 키가 위쪽 화살표 키인 경우
                block_position[0] -= 1            # 블록의 y 좌표에서 1을 뺀다.
            elif event.key == pygame.K_DOWN:      # 입력된 키가 아래쪽 화살표 키인 경우
                block_position[0] += 1            # 블록의 y 좌표에서 1을 더한다.
            elif event.key == pygame.K_LEFT:      # 입력된 키가 왼쪽 화살표 키인 경우
                block_position[1] -= 1            # 블록의 x 좌표에서 1을 뺀다.
            elif event.key == pygame.K_RIGHT:     # 입력된 키가 왼쪽 화살표 키인 경우
                block_position[1] += 1            # 블록의 x 좌표에서 1을 더한다.

    # 화면을 계속 새로 그린다.
    draw_background(screen)
    draw_block(screen, GREEN, block_position)
    pygame.display.update()
```

이제 화살표 키를 눌러 블록을 원하는 방향으로 움직일 수 있게 되었다.

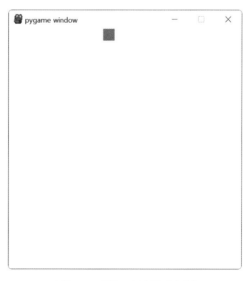

그림 12-11 화살표 키로 블록 움직이기

일정한 시간마다 블록 움직이기

사용자가 키를 눌러 조정할 수 있는 건 뱀이 앞으로 나아갈 방향뿐이다. 그런데 게임상에서는 키를 입력하지 않더라도 뱀이 앞으로 계속 움직인다. 이렇게 블록이 스스로 움직이게 하려면 어떻게 해야 할까? 시간은 저절로 흐르므로, 일정 시간이 지날 때마다 블록을 움직이면 된다. 다음은 datetime 모듈을 이용해 시간을 측정하고 블록이 자동으로 움직이도록 프로그램을 수정한 것이다.

코드 12-10 일정한 시각마다 블록 움직이기

```
from datetime import datetime
from datetime import timedelta

# 코드 12-4 생략

block_position = [0, 0]
last_moved_time = datetime.now()   # ❶ 마지막으로 블록을 움직인 때

while True:
    events = pygame.event.get()
    for event in events:
        if event.type == pygame.QUIT:
            exit()

    if timedelta(seconds=1) <= datetime.now() - last_moved_time:
                                # ❷ 블록을 움직이고 1초가 지났으면,
        block_position[1] += 1      #    블록을 오른쪽으로 움직인다.
        last_moved_time = datetime.now()  # ❸ 블록을 움직인 시각을 지금으로 갱신한다.

    draw_background(screen)
    draw_block(screen, GREEN, block_position)
    pygame.display.update()
```

❶ 마지막으로 블록을 움직인 때가 언제인지 기록하기 위한 변수를 정의한다. datetime.now() 메서드를 이용해 현재 시각으로 초기화했다. ❷ while 문 안에서 매 반복마다 datetime.now() - last_moved_time을 계산해 시간이 얼마나 지났는지 확인한다. 시간이 1초(timedelta(seconds=1)) 이상 지났으면 블록을 움직인다. 그리고 ❸ 블록을 움직인 시각을 갱신해 둔다. 그래야 다음번에 시간이 얼마나 지났는지도 올바르게 확인할 수 있다.

프로그램을 실행해 보면 블록이 1초마다 오른쪽으로 저절로 움직이는 것을 확인할 수 있다.

화살표 키를 눌러 블록이 움직일 방향을 지정할 수 있다면 더 좋겠다. 블록이 움직일 방향을 기억할 변수를 정의하고, 사용자의 키가 입력되었을 때 방향을 바꿀 수 있게 해 보자.

코드 12-11 일정한 시각마다 지정한 방향으로 블록 움직이기

```python
# 코드 12-4 생략

# ❶ 방향키 입력에 따라 바꿀 블록의 방향
DIRECTION_ON_KEY = {
    pygame.K_UP: 'north',
    pygame.K_DOWN: 'south',
    pygame.K_LEFT: 'west',
    pygame.K_RIGHT: 'east',
}
block_direction = 'east'  # ❷ 블록의 방향
block_position = [0, 0]
last_moved_time = datetime.now()

while True:
    events = pygame.event.get()
    for event in events:
        if event.type == pygame.QUIT:
            exit()
        if event.type == pygame.KEYDOWN:
            # ❸ 입력된 키가 화살표 키면,
            if event.key in DIRECTION_ON_KEY:
                # ❹ 블록의 방향을 화살표 키에 맞게 바꾼다.
                block_direction = DIRECTION_ON_KEY[event.key]

    if timedelta(seconds=1) <= datetime.now() - last_moved_time:
        if block_direction == 'north':     # ❺ 1초가 지날 때마다 블록의 방향에 따라
            block_position[0] -= 1         #    블록의 위치를 변경한다.
        elif block_direction == 'south':
            block_position[0] += 1
        elif block_direction == 'west':
            block_position[1] -= 1
        elif block_direction == 'east':
            block_position[1] += 1
        last_moved_time = datetime.now()

    draw_background(screen)
    draw_block(screen, GREEN, block_position)
    pygame.display.update()
```

❶ 입력된 키가 무엇인지에 따라 방향을 적절히 바꿀 수 있도록 화살표 키와 그에

대응하는 방향을 사전으로 정의했다. 그리고 ❷ 블록의 방향을 기억할 변수도 정의했다. ❸ 키보드 입력 이벤트가 발생했을 때, 입력된 키가 방향키인지 확인한다. 사전의 키 검사는 in 연산자로 확인할 수 있다. 방향키가 맞으면, ❹ 방향키에 대응하는 방향(사전의 값)을 블록의 방향 변수에 대입한다. 마지막으로, 1초마다 블록을 이동시키는 코드는 ❺ 블록의 방향에 따라서 적절히 위치를 변경하도록 한다.

프로그램을 실행하면 이제 블록이 1초에 한 번씩, 방향키로 입력한 방향을 향해 움직일 것이다.

코드가 조금 길어졌지만 충분히 이해할 수 있을 것이다. 이것으로 파이게임의 기초 사항을 모두 알아보았다. 코드 12-11은 while 문이 크게 세 부분으로 구성되어 있다. 이벤트를 처리하는 부분, 시간에 따라 게임을 진행하는 부분, 게임 그래픽을 출력하는 부분. 게임 프로그램의 기본 절차는 모두 이 세 부분으로 구성된다. 남은 작업은 게임에서 사용할 데이터 모델을 정의하고 게임의 규칙과 동작을 채워 넣는 것이다.

12.1.5 게임 데이터 모델 정의하기

개체 정의하기

게임에서 사용할 데이터 모델을 정의해 보자. 종이와 펜을 꺼내 뱀 게임을 구성하는 개체에 어떤 것이 있는지 적으면 된다. 물론, 뱀과 사과가 있어야 한다. 그리고 잘 보이지 않아서 빠트리기 쉽지만 뱀과 사과를 놓아 둘 게임판도 있어야 한다.

이 개체들을 뱀 게임 소스코드에 클래스로 정의해 두자.

TIP
여러분이 만든 데이터 모델이 책에서 제시하는 것과 많이 다를 수도 있다. 데이터 모델을 정의하는 건 쉬운 일이 아니다. 프로그래밍 경험을 쌓고 공부하다 보면 실력이 좋아질 테니 조급해하지 말자.

코드 12-12 뱀 게임에서 사용할 데이터 모델 정의하기

```python
# 코드 12-4 생략

class Snake:
    """뱀 클래스"""
    pass


class Apple:
    """사과 클래스"""
    pass


class GameBoard:
    """게임판 클래스"""
    pass
```

속성 정의하기

게임을 구성하는 개체를 정했으면, 각 개체를 구성하는 속성을 생각나는 대로 써 보자. 뱀과 사과는 위치와 색 속성이 있어야 한다. 뱀은 움직이는 방향도 필요하지만, 사과는 움직이지 않으니 방향이 필요하지 않다. 게임판은 가로·세로 넓이와 그 위에 올려둔 뱀과 사과를 속성으로 가지고 있어야 한다.

- **뱀**
  - 색
  - 위치
  - 이동 방향

- **사과**
  - 색
  - 위치

- **게임판**
  - 가로 크기
  - 세로 크기
  - 올려둔 뱀
  - 올려둔 사과

개체의 속성을 클래스의 속성으로 정의하자.

코드 12-13 뱀 게임에서 사용할 데이터 모델 정의하기

```python
# 코드 12-4 생략

class Snake:
    """뱀 클래스"""
    color = GREEN                                      # ❶ 뱀의 색

    def __init__(self):
        self.positions = [(9, 6), (9, 7), (9, 8), (9, 9)]  # ❷,❸ 뱀의 위치
        self.direction = 'north'                       # ❷ 뱀의 방향

class Apple:
    """사과 클래스"""
    color = RED                    # ❶ 사과의 색

    def __init__(self, position=(5, 5)):
        self.position = position  # ❷ 사과의 위치

class GameBoard:
    """게임판 클래스"""
    width = 20              # ❶ 게임판의 너비
    height = 20             # ❶ 게임판의 높이

    def __init__(self):
        self.snake = Snake()  # ❷ 게임판 위의 뱀
        self.apple = Apple()  # ❷ 게임판 위의 사과
```

❶ 뱀의 색, 사과의 색, 게임판의 크기는 고정된 값이며 모든 인스턴스에서 동일하게 사용할 것이므로 클래스 속성으로 정의했다. ❷ 반면에 뱀의 위치와 방향, 사과

의 위치, 게임판 위의 올라온 뱀과 사과는 계속 변하는 값이고 인스턴스마다 다를 수 있으므로 인스턴스 속성으로 정의했다. 인스턴스 속성들은 `__init__()` 함수에서 적당한 기본값을 정의해 두었다. ❸ 뱀의 위치(Snake.positions)는 리스트로 정의한 것을 확인하자. 뱀은 여러 개의 블록으로 구성될 것이기 때문에 각 블록의 위치를 리스트에 넣어 표현했다. 뱀이 사과를 먹으면 리스트에 블록 위치를 추가해서 뱀의 길이를 늘릴 것이다.

12.1.6 개체의 동작 정의하기

게임 데이터 모델을 클래스로 정의해 보았다. 이제 이 클래스에 동작(메서드)을 정의해 게임을 완성하자. 각 클래스가 어떤 일을 해야 하는지 생각해 보자.

- **뱀**
  - 자기 자신 그리기
  - 현재 방향으로 움직이기
  - 방향 바꾸기
  - 자라나기

- **게임판**
  - 자기 자신 그리기
  - 자기 위에 뱀과 사과 놓기
  - 사과가 없어지면 새로 놓기
  - 게임을 한 차례 진행하기

- **사과**
  - 자기 자신 그리기

개체 그리기

먼저 각 클래스에 공통적으로 존재하는 자기 자신을 화면에 그리는 메서드 `draw()`부터 정의해 보자.

코드 12-14 **draw() 메서드 정의하기**

```python
# 코드 12-4 생략

class Snake:
    """뱀 클래스"""
    color = GREEN

    def __init__(self):
        self.positions = [(9, 6), (9, 7), (9, 8), (9, 9)]
        self.direction = 'north'

    def draw(self, screen):
        """뱀을 화면에 그린다."""
        for position in self.positions:          # ❶ 뱀의 몸 블록들을 순회하며
            draw_block(screen, self.color, position)  #    각 블록을 그린다.
```

```
class Apple:
    """사과 클래스"""
    color = RED

    def __init__(self, position=(5, 5)):
        self.position = position

    def draw(self, screen):
        """사과를 화면에 그린다."""
        draw_block(screen, self.color, self.position)  # ❷

class GameBoard:
    """게임판 클래스"""
    width = 20
    height = 20

    def __init__(self):
        self.snake = Snake()
        self.apple = Apple()

    def draw(self, screen):
        """화면에 게임판의 구성요소를 그린다."""
        self.apple.draw(screen)  # ❸ 게임판 위의 사과를 그린다.
        self.snake.draw(screen)  #    게임판 위의 뱀을 그린다.
```

각 draw() 메서드는 화면 객체를 전달받아, draw_block() 함수를 이용해 화면에 블록을 그린다. ❶ 뱀은 여러 개의 블록으로 이루어져 있으므로 for 문으로 순회하며 그렸다. ❷ 사과는 블록 한 개로 구성되어 있으므로 블록을 하나만 그리면 된다. ❸ 게임판은 자기 위에 올라와 있는 사과와 뱀을 그리는 역할을 한다. 따라서 게임판의 draw() 메서드를 한 번 호출할 때마다 게임 화면의 모든 구성요소를 그릴 수 있다.

게임 구성요소들을 생성하고 실제로 화면에 그려 보자. 앞서 정의한 움직이는 블록은 삭제하고, 그 대신 게임판 인스턴스를 만들어 화면에 그린다.

코드 12-15 게임의 구성요소 그리기

```
# 코드 12-14 생략

game_board = GameBoard()       # ❶ 게임판 인스턴스를 생성한다.

while True:
    events = pygame.event.get()
    for event in events:
        if event.type == pygame.QUIT:
            exit()
```

```
draw_background(screen)
game_board.draw(screen)   # ❷ 화면에 게임판을 그린다.
pygame.display.update()
```

프로그램을 실행하면 다음과 같이 뱀과 사과가 놓인 게임판이 출력될 것이다.

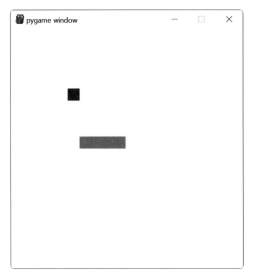

그림 12-12 게임의 구성요소 그리기

뱀 움직이기

이제 뱀을 움직일 수 있게 해 보자. 뱀이 한 칸 기어가면, 뱀의 몸을 구성하는 블록은 어떻게 이동할까? 게임판 위에 뱀이 다음과 같이 놓여 있다고 생각해 보자. 1이 뱀의 머리, 4가 뱀의 꼬리이다.

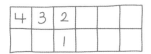

그림 12-13 뱀의 위치

뱀이 동쪽으로(오른쪽으로) 한 칸씩 기어가면, 다음과 같이 움직인다.

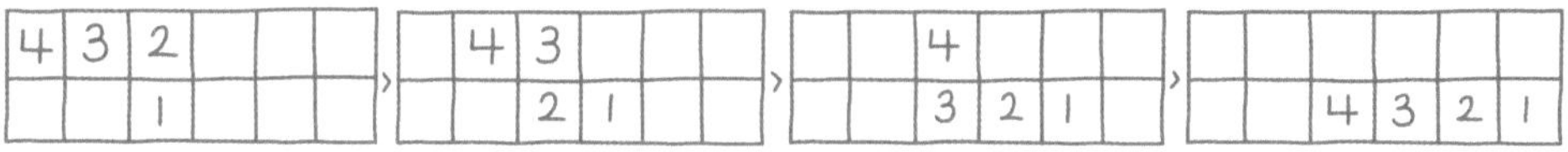

그림 12-14 뱀이 동쪽으로 기어갈 때

이번에는 뱀이 북쪽으로(위로) 움직일 때를 생각해 보자. 다음과 같이 움직인다.

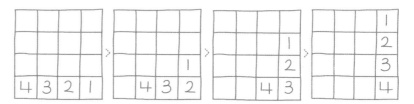

그림 12-15 뱀이 북쪽으로 기어갈 때

이 움직임에서 규칙을 찾아보자. 뱀이 한 칸 기어갈 때마다 다음과 같이 움직인다.

- 뱀의 머리 블록은 뱀이 기어가는 방향으로 한 칸 움직인다.
- 뱀의 머리를 제외한 블록은 각각 자기 앞의 블록이 있던 위치로 이동한다.

예를 들어, 뱀 블록이 [(2, 3), (2, 4), (1, 4), (1, 5)]에 있을 때 뱀이 북쪽으로 한 칸 움직인다면, [(1, 3), (2, 3), (2, 4), (1, 4)]로 이동한다.

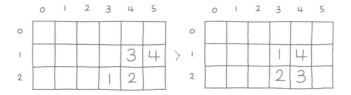

그림 12-16 뱀 블록의 위치 변화

그런데 게임에서 뱀의 머리와 몸통 블록은 위치만 다를 뿐 서로 구별되지는 않는다. 모두 초록색 블록으로 화면에 출력될 뿐이다. 그래서 좀 더 단순하게, 뱀의 꼬리 블록을 뱀의 머리가 움직여야 할 위치로 옮기기만 해도 된다. 즉, [(2, 3), (2, 4), (1, 4), (1, 5)]에서 마지막의 (1, 5)를 삭제하고 맨 앞에 새 머리 위치인 (1, 3)을 추가하면 뱀의 새 위치인 [(1, 3), (2, 3), (2, 4), (1, 4)]가 된다.

이것을 코드로 옮겨, 뱀 클래스에 crawl() 메서드를 정의할 수 있다. 뱀이 움직이려면 게임이 진행되어야 하므로, 게임을 한 차례 진행시키는 process_turn() 메서드도 게임판 클래스에 정의하자.

TIP
영어 단어 'crawl'은
'기어가다'라는 뜻이다.

코드 12-16 뱀의 몸을 움직이는 메서드 정의하기

```python
# 코드 12-14 생략

class Snake:
    """뱀 클래스"""
    color = GREEN

    def __init__(self):
        self.positions = [(9, 6), (9, 7), (9, 8), (9, 9)]
        self.direction = 'north'

    def draw(self, screen):
        """뱀을 화면에 그린다."""
        for position in self.positions:
            draw_block(screen, self.color, position)

    def crawl(self):
        """뱀이 현재 방향으로 한 칸 기어간다."""
        head_position = self.positions[0]
        y, x = head_position
        if self.direction == 'north':
            self.positions = [(y - 1, x)] + self.positions[:-1]  # ❶
        elif self.direction == 'south':
            self.positions = [(y + 1, x)] + self.positions[:-1]
        elif self.direction == 'west':
            self.positions = [(y, x - 1)] + self.positions[:-1]
        elif self.direction == 'east':
            self.positions = [(y, x + 1)] + self.positions[:-1]

class Apple:
    """사과 클래스"""
    color = RED

    def __init__(self, position=(5, 5)):
        self.position = position

    def draw(self, screen):
        """사과를 화면에 그린다."""
        draw_block(screen, self.color, self.position)

class GameBoard:
    """게임판 클래스"""
    width = 20
    height = 20

    def __init__(self):
        self.snake = Snake()
        self.apple = Apple()
```

```python
    def draw(self, screen):
        """화면에 게임판의 구성요소를 그린다."""
        self.apple.draw(screen)
        self.snake.draw(screen)

    def process_turn(self):
        """게임을 한 차례 진행한다."""
        self.snake.crawl()   # ❷ 뱀이 한 칸 기어간다.
```

❶ 뱀이 향하고 있는 각 방향에 맞게 새로운 블록 위치를 추가하고, 마지막 블록 위치를 삭제했다. ❷ 게임이 한 차례 진행될 때마다 뱀이 한 칸씩 기어간다.

1초마다 기어가면 너무 느리다. 게임 진행 프로세스를 수정해 0.3초가 지날 때마다 process_turn() 메서드를 호출하도록 하자.

코드 12-17 일정 시간마다 게임을 한 차례씩 진행하기

```python
from datetime import datetime
from datetime import timedelta

# 코드 12-16 생략

TURN_INTERVAL = timedelta(seconds=0.3)   # ❶ 게임 진행 간격을 0.3초로 정의한다.

while True:
    events = pygame.event.get()
    for event in events:
        if event.type == pygame.QUIT:
            exit()

    # ❷ 시간이 TURN_INTERVAL만큼 지날 때마다 게임을 한 차례씩 진행한다.
    if TURN_INTERVAL < datetime.now() - last_turn_time:
        game_board.process_turn()
        last_turn_time += datetime.now()

    draw_background(screen)
    game_board.draw(screen)
    pygame.display.update()
```

일정한 시간마다 게임을 한 차례씩 진행하는 것은 코드 12-10에서 블록을 움직여본 방식과 똑같다. ❶ 한 차례를 진행할 때까지 기다려야 하는 시간을 timedelta로 정의하고, ❷ 파이게임에서 이벤트를 처리하고 화면을 그리는 프로세스에서 그만큼의 시간이 지났는지 확인하고 게임을 진행하면 된다.

뱀 방향 바꾸기

그런데 뱀이 한쪽 방향으로만 움직인다. 방향을 바꾸는 메서드가 아직 없기 때문이다. 뱀 클래스에 방향을 바꾸는 turn() 메서드를 추가하자.

TIP
연습 삼아 코드 12-9를 참고해 뱀 방향 바꾸기를 직접 작성해 보자.

코드 12-18 뱀의 방향을 움직이는 메서드 정의하기

```python
#코드 12-4 생략

class Snake:
    """뱀 클래스"""
    color = GREEN

    def __init__(self):
        self.positions = [(9, 6), (9, 7), (9, 8), (9, 9)]
        self.direction = 'north'

    def draw(self, screen):
        """뱀을 화면에 그린다."""
        for position in self.positions:
            draw_block(screen, self.color, position)

    def crawl(self):
        """뱀이 현재 방향으로 한 칸 기어간다."""
        head_position = self.positions[0]
        y, x = head_position
        if self.direction == 'north':
            self.positions = [(y - 1, x)] + self.positions[:-1]
        elif self.direction == 'south':
            self.positions = [(y + 1, x)] + self.positions[:-1]
        elif self.direction == 'west':
            self.positions = [(y, x - 1)] + self.positions[:-1]
        elif self.direction == 'east':
            self.positions = [(y, x + 1)] + self.positions[:-1]

    def turn(self, direction):  # ❶
        """뱀의 방향을 바꾼다."""
        self.direction = direction

class Apple:
    """사과 클래스"""
    color = RED

    def __init__(self, position=(5, 5)):
        self.position = position

    def draw(self, screen):
        """사과를 화면에 그린다."""
```

```
        draw_block(screen, self.color, self.position)

class GameBoard:
    """게임판 클래스"""
    width = 20
    height = 20

    def __init__(self):
        self.snake = Snake()
        self.apple = Apple()

    def draw(self, screen):
        """화면에 게임판의 구성요소를 그린다."""
        self.apple.draw(screen)
        self.snake.draw(screen)

    def process_turn(self):
        """게임을 한 차례 진행한다."""
        self.snake.crawl()
```

❶ 뱀의 방향을 바꾸는 메서드가 추가되었다.

이제는 파이게임 이벤트 처리 코드에서 사용자의 키보드 입력에 따라 turn() 메서드를 호출하도록 해 보자.

코드 12-19 키보드 입력에 따라 뱀 방향 바꾸기

```
# 코드 12-18 생략

game_board = GameBoard()

from datetime import datetime
from datetime import timedelta

TURN_INTERVAL = timedelta(seconds=0.3)
last_turn_time = datetime.now()
DIRECTION_ON_KEY = {
    pygame.K_UP: 'north',
    pygame.K_DOWN: 'south',
    pygame.K_LEFT: 'west',
    pygame.K_RIGHT: 'east',
}

while True:
    events = pygame.event.get()
    for event in events:
        if event.type == pygame.QUIT:
            exit()
```

```
            if event.type == pygame.KEYDOWN:  # ❶ 화살표 키가 입력되면 뱀의 방향을 바꾼다.
                if event.key in DIRECTION_ON_KEY:
                    game_board.snake.turn(DIRECTION_ON_KEY[event.key])

        if TURN_INTERVAL < datetime.now() - last_turn_time:
            game_board.process_turn()
            last_turn_time = datetime.now()

        draw_background(screen)
        game_board.draw(screen)
        pygame.display.update()
```

❶ 화살표 키를 입력받아 뱀의 방향을 바꾸는 코드는 코드 12-9에서 본 것과 같다.
블록의 방향 대신 뱀의 방향을 바꿀 뿐이다.

이제 뱀의 움직임은 완전히 구현되었다. 프로그램을 실행해서 뱀을 원하는 대로
움직여 보자.

사과 먹기

이제 뱀이 사과를 먹고 자라는 것을 구현할 차례이다. 그러려면 어떤 문제를 풀어
야 하는지 정의해 보자.

1. 뱀이 사과를 먹었다는 것을 어떻게 인식할 것인가?
2. 사과를 먹은 뒤 뱀이 길어지게 하려면 어떻게 할 것인가?

뱀이 사과를 먹었는지는 게임판의 게임 진행 메서드 process_turn()에서 판단한
다. 사과를 먹은 뒤 뱀이 길어지는 건 뱀 클래스의 grow() 메서드를 추가해서 처리
하자. 사과를 적절한 곳에 놓는 일은 게임의 진행을 맡고 있는 게임판이 책임지는
게 자연스러울 것 같다. 따라서 사과를 새로 놓는 put_new_apple() 메서드는 사과
클래스가 아니라 게임판 클래스에 추가한다.

> **TIP**
> 답을 한 번 생각해 보고, 직접
> 구현할 수 있다면 해 보자.

코드 12-20 뱀이 사과를 먹고 자라도록 하기

```
#코드 12-18 생략

import random # 사과를 임의의 위치에 만들기 위해서 random 모듈을 이용한다.

class Snake:
    """뱀 클래스"""
    color = GREEN
```

```python
    def __init__(self):
        self.positions = [(9, 6), (9, 7), (9, 8), (9, 9)]
        self.direction = 'north'

    def draw(self, screen):
        """뱀을 화면에 그린다."""
        for position in self.positions:
            draw_block(screen, self.color, position)

    def crawl(self):
        """뱀이 현재 방향으로 한 칸 기어간다."""
        head_position = self.positions[0]
        y, x = head_position
        if self.direction == 'north':
            self.positions = [(y - 1, x)] + self.positions[:-1]
        elif self.direction == 'south':
            self.positions = [(y + 1, x)] + self.positions[:-1]
        elif self.direction == 'west':
            self.positions = [(y, x - 1)] + self.positions[:-1]
        elif self.direction == 'east':
            self.positions = [(y, x + 1)] + self.positions[:-1]

    def turn(self, direction):
        """뱀의 방향을 바꾼다."""
        self.direction = direction

    def grow(self):      # ❷ 뱀을 구성하는 블록을 마지막에 추가한다.
        """뱀이 한 칸 자라나게 한다."""
        tail_position = self.positions[-1]
        y, x = tail_position
        if self.direction == 'north':
            self.positions.append((y - 1, x))
        elif self.direction == 'south':
            self.positions.append((y + 1, x))
        elif self.direction == 'west':
            self.positions.append((y, x - 1))
        elif self.direction == 'east':
            self.positions.append((y, x + 1))


class Apple:
    """사과 클래스"""
    color = RED

    def __init__(self, position=(5, 5)):
        self.position = position

    def draw(self, screen):
        """사과를 화면에 그린다."""
        draw_block(screen, self.color, self.position)
```

```python
class GameBoard:
    """게임판 클래스"""
    width = 20
    height = 20

    def __init__(self):
        self.snake = Snake()
        self.apple = Apple()

    def draw(self, screen):
        """화면에 게임판의 구성요소를 그린다."""
        self.apple.draw(screen)
        self.snake.draw(screen)

    def process_turn(self):
        """게임을 한 차례 진행한다."""
        self.snake.crawl()

        # ❶ 뱀의 머리와 사과가 닿으면 뱀을 한 칸 자라게 하고 사과를 새로 놓는다.
        if self.snake.positions[0] == self.apple.position:
            self.snake.grow()
            self.put_new_apple()

    def put_new_apple(self):
        """게임판에 새 사과를 놓는다."""
        self.apple = Apple((random.randint(0, 19), random.randint(0, 19)))  # ❸
        for position in self.snake.positions:                                # ❹
            if self.apple.position == position:
                self.put_new_apple()
                break


game_board = GameBoard()

from datetime import datetime
from datetime import timedelta

TURN_INTERVAL = timedelta(seconds=0.3)
last_turn_time = datetime.now()
DIRECTION_ON_KEY = {
    pygame.K_UP: 'north',
    pygame.K_DOWN: 'south',
    pygame.K_LEFT: 'west',
    pygame.K_RIGHT: 'east',
}

while True:
    events = pygame.event.get()
    for event in events:
        if event.type == pygame.QUIT:
            exit()
```

```
        if event.type == pygame.KEYDOWN:
            if event.key in DIRECTION_ON_KEY:
                game_board.snake.turn(DIRECTION_ON_KEY[event.key])

    if TURN_INTERVAL < datetime.now() - last_turn_time:
        game_board.process_turn()
        last_turn_time = datetime.now()

    draw_background(screen)
    game_board.draw(screen)
    pygame.display.update()
```

❶ 뱀의 머리와 사과의 위치가 같은 경우 뱀이 사과를 먹었다고 판단할 수 있다. 뱀을 한 칸 자라게 하는 뱀 클래스의 grow() 메서드와 사과를 새로 놓는 put_new_apple() 메서드를 호출한다. ❷ 뱀의 길이를 늘리기 위해 맨 뒤의 블록을 추가한다. 예를 들어 위로 이동 중일 경우 뱀의 꼬리 위치에서 한 칸 아래쪽(y축에서 -1)에 블록을 추가한다. ❸ y, x축의 0~19 사이에 사과를 임의로 놓는다. 그런데 사과를 임의의 위치에 놓다 보면 뱀의 위치와 겹칠 수 있다. 이러한 상황을 방지하기 위해 ❹ 뱀 블록을 순회하면서 새로 놓은 사과의 위치와 겹치는지 확인한다. 만약 겹쳤다면 self.put_new_apple() 메서드를 다시 호출해 사과를 새로 놓는다.

자기 몸에 부딪히기

뱀의 몸집을 영원히 불릴 수는 없다. 뱀이 움직이다가 자기 몸에 부딪히면 게임이 끝나도록 해야 한다. 뱀이 자기 몸에 부딪힌 경우는 예외적인 상황이라고 할 수 있으므로, 그에 해당하는 예외를 정의해 두자. 그리고 게임판의 게임 진행 메서드 process_turn()에서 충돌을 확인하자. 충돌 예외가 발생했다면 게임을 종료한다.

코드 12-21 뱀이 충돌했을 때 게임을 종료하기

```
class SnakeCollisionException(Exception): # ❶ 뱀 충돌 예외를 정의한다.
    """뱀 충돌 예외"""
    pass

class Snake:
    """뱀 클래스"""
    color = GREEN

    def __init__(self):
        self.positions = [(9, 6), (9, 7), (9, 8), (9, 9)]
        self.direction = 'north'
```

```python
    def draw(self, screen):
        """뱀을 화면에 그린다."""
        for position in self.positions:
            draw_block(screen, self.color, position)

    def crawl(self):
        """뱀이 현재 방향으로 한 칸 기어간다."""
        head_position = self.positions[0]
        y, x = head_position
        if self.direction == 'north':
            self.positions = [(y - 1, x)] + self.positions[:-1]
        elif self.direction == 'south':
            self.positions = [(y + 1, x)] + self.positions[:-1]
        elif self.direction == 'west':
            self.positions = [(y, x - 1)] + self.positions[:-1]
        elif self.direction == 'east':
            self.positions = [(y, x + 1)] + self.positions[:-1]

    def turn(self, direction):
        """뱀의 방향을 바꾼다."""
        self.direction = direction

    def grow(self):
        """뱀이 한 칸 자라나게 한다."""
        tail_position = self.positions[-1]
        y, x = tail_position
        if self.direction == 'north':
            self.positions.append((y - 1, x))
        elif self.direction == 'south':
            self.positions.append((y + 1, x))
        elif self.direction == 'west':
            self.positions.append((y, x - 1))
        elif self.direction == 'east':
            self.positions.append((y, x + 1))


class Apple:
    """사과 클래스"""
    color = RED

    def __init__(self, position=(5, 5)):
        self.position = position

    def draw(self, screen):
        """사과를 화면에 그린다."""
        draw_block(screen, self.color, self.position)


class GameBoard:
    """게임판 클래스"""
```

```
        width = 20
        height = 20

        def __init__(self):
            self.snake = Snake()
            self.apple = Apple()

        def draw(self, screen):
            """화면에 게임판의 구성요소를 그린다."""
            self.apple.draw(screen)
            self.snake.draw(screen)

        def process_turn(self):
            """게임을 한 차례 진행한다."""
            self.snake.crawl()

            # ❷ 뱀의 머리가 뱀의 몸과 부딪히면 뱀 충돌 예외를 일으킨다.
            if self.snake.positions[0] in self.snake.positions[1:]:
                raise SnakeCollisionException()

            if self.snake.positions[0] == self.apple.position:
                self.snake.grow()
                self.put_new_apple()

        def put_new_apple(self):
            """게임판에 새 사과를 놓는다."""
            self.apple = Apple((random.randint(0, 19), random.randint(0, 19)))
            for position in self.snake.positions:
                if self.apple.position == position:
                    self.put_new_apple()
                    break

game_board = GameBoard()

from datetime import datetime
from datetime import timedelta

TURN_INTERVAL = timedelta(seconds=0.3)
last_turn_time = datetime.now()
DIRECTION_ON_KEY = {
    pygame.K_UP: 'north',
    pygame.K_DOWN: 'south',
    pygame.K_LEFT: 'west',
    pygame.K_RIGHT: 'east',
}

while True:
    events = pygame.event.get()
    for event in events:
```

```
        if event.type == pygame.QUIT:
            exit()
        if event.type == pygame.KEYDOWN:
            if event.key in DIRECTION_ON_KEY:
                game_board.snake.turn(DIRECTION_ON_KEY[event.key])

    if TURN_INTERVAL < datetime.now() - last_turn_time:
        try:
            game_board.process_turn()
        except SnakeCollisionException:    # ❸ 뱀 충돌 예외가 발생하면 게임을 종료한다.
            exit()
        last_turn_time = datetime.now()

    draw_background(screen)
    game_board.draw(screen)
    pygame.display.update()
```

❶ 뱀 충돌 예외는 파이썬에 기본으로 정의된 게 아니므로 직접 만들어야 한다.
❷ 뱀의 머리가 몸과 부딪혔는지 확인하기 위해 뱀 머리의 위치가 뱀의 나머지 블
록 리스트에 들어 있는지 확인한다. ❸ 뱀 충돌 예외를 처리하지 않으면 비정상적
으로 종료된다. 이 예외를 잡아 게임을 정상적으로 종료하도록 했다.

이제 뱀이 자기 몸에 부딪히면 게임이 정상적으로 종료된다. 더 개선할 부분이
있기는 하지만, 기본적인 뱀 게임은 완성됐다.

그림 12-17 사과를 먹고 자라는 뱀

12.1.7 더 연습하기

다음은 여러분이 더 실습하도록 준비한 과제이다. 해결 방법을 책에서 알려 주지는 않는다. 실험하고, 연구하고, 자료를 찾아보면서 직접 해결해 보기 바란다. 여기까지 따라왔다면 충분히 도전해 볼 수 있을 것이다.

더 구현해 볼 것

프로그램에는 언제나 더 개선할 점이 있다. 이 뱀 게임에서는 어떤 점을 개선할 수 있을까?

- 뱀이 게임판 밖으로 나가면 게임이 끝나도록 해야 한다.
- 지금은 뱀이 180도 방향 전환을 할 수 있다. 한번에 90도씩만 방향을 바꿀 수 있어야 한다.
- 뱀이 계속 길어져서 사과를 더 이상 놓을 곳이 없을 때 게임이 올바르게 종료되도록 해야 한다.
- 사과를 먹으면 게임 속도가 점점 더 빨라지도록 해서 난이도를 높여 보자.
- 사과가 한번에 여러 개씩 나오면 더 재미있을 것 같다.
- 사과가 놓인 뒤 일정한 시간이 지나면 사과의 색이 점점 흐려지다가 사과가 없어지도록 하자.
- 뱀의 색을 머리에서 꼬리로 갈수록 점점 진하게 하자.

다른 게임 만들어 보기

TIP
기초적인 내용과 실습 과제를 많이 다루는 《나만의 Python Game 만들기》 (알 슈베이가르트 저, 김세희 역, 정보문화사)를 추천한다.

뱀 게임을 만들면서 배운 노하우로 다른 보드 게임을 만들어 보는 것도 좋다. 개인적으로는 테트리스를 추천한다. 많은 초보 프로그래머들이 도전하는 게임이고 공부도 되기 때문이다. 테트리스가 아니더라도 관심이 있는 것이면 무엇이든 좋다.

더 화려하고 본격적인 게임을 만들고 싶다면 C#(프로그래밍 언어)과 유니티(게임 개발 도구)를 학습하는 게 좋다.

12.2 웹 API로 챗봇 만들기

오늘날 많은 서비스·플랫폼·정보가 웹에서 제공되고 있다. 웹 API를 이용하면 여러분의 프로그램에서 다양한 웹 서비스와 정보를 교환하거나 기능을 연동할 수 있다. 여기서는 간단한 챗봇을 만들며 웹 API를 어떻게 사용하는지 확인해 보자.

12.2.1 챗봇이란

챗봇(Chatbot)은 사용자가 컴퓨터와 대화하듯이 정보를 주고받는 인터페이스이다. 정보 안내·일정 관리·쇼핑 등 다양한 서비스에 챗봇이 활용되고 있다. 텔레그램·위챗·카카오톡 등 다양한 메시지 플랫폼에서 챗봇 인터페이스를 구현하기 위한 웹 API를 제공하고 있다.

텔레그램 메신저에서 사용자와 프로그램이 메시지를 주고받는 간단한 기능을 구현해 보자. 단순하지만 프로그래밍 입문자에게 좋은 경험이 될 것이다.

자연스러운 대화가 가능한 챗봇을 만들려면 인공지능, 자연어 인식 등의 고급 기술이 필요하다.

TIP
챗봇 개발에 흥미가 있고 더 자세히 알고 싶다면 《봇 설계는 이렇게 한다》(아미르 셔밧 저, 강성용 역, 제이펍)를 추천한다.

12.2.2 웹 API란

웹 API(application programming interface)란 웹 서비스를 프로그램이 이용할 수 있도록 제공해 둔 인터페이스이다. 사람을 위한 웹 문서는 대개 HTML 형식으로 제공된다. 반면, 웹 API는 대부분 JSON, CSV, XML 등의 형식으로 제공되므로 프로그램이 활용하기에 유리하다. 웹 API는 정보를 조회하는 것 외에도 여러 가지 기능을 제공하므로 프로그램과 웹 서비스를 잘 연동하여 유용한 일을 많이 할 수 있다.

✅ **웹 API의 종류**

웹 서비스를 운영하는 다양한 기관·회사·개인이 웹 API를 제공하고 있다. "이런 것이 웹 API로 제공되면 좋지 않을까?" 하고 떠올려 볼 만한 서비스들이 이미 대부분 웹 API로 제공되고 있다. 예를 몇 가지만 들어 보자.

- 대한민국 공공기관 정보: 공공데이터포털(*data.go.kr*)에서 API 이용권을 얻은 후 열람할 수 있다. 행정, 도로, 기상 등의 정보를 얻을 수 있다.
- 세계 다국어 사전: 여러 가지 언어로 단어의 뜻을 검색할 수 있다. Glosbe(*glosbe.com*)에서 자유롭게 사용할 수 있다.
- 세계 영화 정보: 세계의 다양한 영화·드라마의 정보를 확인할 수 있다. TMDb(*themovie db.org*)에서 계정을 생성한 뒤 사용할 수 있다.
- 세계 기상 정보: 세계 곳곳의 기상 정보를 조회할 수 있다. OpenWeatherMap(*open weathermap.org/api*)에서 계정을 생성한 후 사용할 수 있다.
- 페이스북 사용자·게시물 정보: 페이스북 개발자 사이트(*developers.facebook.com*)에서 개발자 계정 등록 후, 페이스북 그래프 API를 이용해 열람할 수 있다.
- 텔레그램 챗봇 조작: 텔레그램 챗봇 계정 등록 후, 봇 API로 챗봇을 만들고 조종할 수 있다.

여러분이 책을 보는 시점에는 운영 상황이나 이용권이 변경되었을 수도 있다.

웹 API를 사용할 때의 주의사항

웹 API를 사용할 때는 다음 세 가지 사항에 주의해야 한다.

1. 이용권을 확인해야 한다. 자유롭게 쓸 수 있는지, 허락을 받아야 하는지, 이용료를 지불해야 하는지(그렇다면 얼마를 지불해야 하는지), 얼마나 사용할 수 있는지 등을 이용약관에서 찾아본다.
2. 사용법을 익혀야 한다. 웹 API는 대부분 HTTP 프로토콜을 이용하므로 기본적인 사용법은 비슷하다. 하지만 URL의 구조와 제공하는 정보의 형태가 웹 API마다 서로 다르기 때문에 API 사용법 문서를 찾아 읽어봐야 한다.
3. 웹 API 제공자를 믿을 수 있는지 확인해야 한다. 웹 API는 우리에게 정보를 줄뿐 아니라 우리가 보낸 정보를 수집하기도 한다. 따라서 웹 API에 정보를 보낼때 상대방이 믿음직한지, 보낸 정보가 어떻게 쓰일지 알아봐야 한다.

12.2.3 텔레그램 봇 API 사용 준비하기

텔레그램은 사용하기 쉬운 웹 API를 무료로 제공한다. 실습을 위해서는 텔레그램 클라이언트 프로그램이 필요하다. 여러분이 사용하는 스마트폰에 '텔레그램 공식 앱'을 설치하고 사용자 계정을 만들어 로그인한 뒤 실습한다.

챗봇 계정 등록하기

챗봇을 만들려면 사용자 계정 외에도 챗봇 계정을 생성해야 한다. 챗봇 계정은 프로그램이 사용하는 계정이다. 텔레그램 앱의 '봇파더(@BotFather)'라는 챗봇을 이용해 챗봇 계정을 생성할 수 있다. 텔레그램 앱에서 사용자 검색 버튼을 누른 뒤 '@BotFather'를 검색한다.

그림 12-18 봇파더 검색하기

봇파더에게 말을 걸면 다음과 같은 화면이 나온다. 이 챗봇이 제공하는 기능을 간단하게 소개하는 화면이다. 챗봇은 스팸 방지를 위해 사용자가 먼저 말을 걸었을 때만 사용자와 대화를 할 수 있다. 하단의 '시작' 버튼을 눌러주면 챗봇이 여러분에게 말을 걸 것이다.

그림 12-19 봇파더 대화 화면

봇파더는 자신에게 지시할 수 있는 명령어의 목록을 알려 준다. 봇파더에게 '/new bot'이라는 메시지를 보내면 챗봇 계정 등록 절차가 시작된다. 봇파더가 "Alright, a new bot. How are we going to call it? Please choose a name for your bot."이라고 대답할 것이다. 챗봇의 이름을 입력하라는 뜻이다.

그림 12-20 새 챗봇 계정 등록하기

원하는 챗봇의 이름을 대답한다. 챗봇의 이름은 한글로 지어도 된다. 여기서는 '챗봇연습봇'이라고 지었다.

그림 12-21 챗봇 이름 정하기

이름을 지은 뒤에는 사용할 챗봇의 계정 이름을 대답해야 한다. 계정 이름에는 한
글이 포함될 수 없고, 'bot', 'Bot'으로 끝나야 한다. 여기서는 'chatbot_practice_bot'
이라고 지었다.

그림 12-22 챗봇 계정 이름 정하기

챗봇 계정 이름을 지었으면, 봇파더가 "Done! Congratulations on your new bot…"
이라며 챗봇 계정이 생성되었다고 알려 준다.

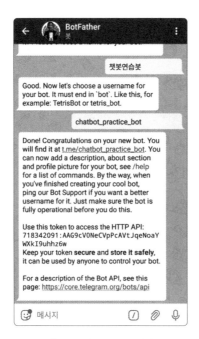

그림 12-23 챗봇 등록 완료 메시지

챗봇 보안 토큰

챗봇 계정을 생성한 뒤 봇파더의 완료 메시지를 자세히 살펴보면, "Use this token to access this HTTP API: 718342091:AAG9cV0NeCVpPcAVtJqeNoaYWXkI9uhhz6w"라는 부분이 있을 것이다. 이 메시지에서 '718342091:AAG9cV0NeCVpPcAVtJqeNoaYWXkI9uhhz6w'가 보안 토큰이다. 계정마다 보안 토큰이 다르므로 여러분이 발급받은 토큰은 이것과 다를 것이다.

보안 토큰은 챗봇 계정을 조작하기 위한 열쇠이다. 보안 토큰을 다른 사람에게 알려 주거나 웹(깃허브 등)에 게시하면 안 된다.

12.2.4 텔레그램 봇 API로 메시지 주고받기

등록한 챗봇 계정을 이용해 파이썬 프로그램으로 메시지를 보내고 받아 보자. 먼저, 파이참에서 'chatbot' 프로젝트를 새로 만들고 시작하자.

챗봇 웹 API에 요청 보내기

텔레그램 챗봇 웹 API에 HTTP 요청을 보내 볼 것이다. 파이참에서 대화식 셸을 열고, 웹 문서 요청 함수 request()를 정의해 두자. 이 함수는 코드 11-68과 같다.

> **TIP**
> 만약 보안 토큰이 무엇인지 잊었거나 유출되었다면 봇파더에게 '/revoke'라는 메시지를 보내면 된다. 그러면 봇파더가 기존에 발급된 토큰을 무효화하고, 새 토큰을 발급해 준다.

> **TIP**
> 프로젝트를 새로 만드는 방법은 12.1절을 참고하자.

> **TIP**
> HTTP 요청을 보내는 방법은 11.6절에서 다루었다.

코드 12-22 request() 함수 정의하기

```
>>> import urllib.request
>>> def request(url):
...     """지정한 url의 웹 문서를 요청하여, 본문을 반환한다."""
...     response = urllib.request.urlopen(url)
...     byte_data = response.read()
...     text_data = byte_data.decode()
...     return text_data
...
```

챗봇을 사용하기 위한 보안 토큰도 TOKEN 변수에 저장해 두자. 실습할 때는 봇파더가 알려 준 자신의 토큰을 사용한다.

코드 12-23 챗봇 보안 토큰을 변수에 저장하기(코드 12-22에 이어서 실행)

```
>>> TOKEN = '718342091:AAG9cV0NeCVpPcAVtJqeNoaYWXkI9uhhz6w'
```

텔레그램 챗봇 웹 API에 요청을 보낼 때는 https://api.telegram.org/bot**{보안토큰}**/**{메서드}**?**{질의}** 서식의 URL을 사용한다. 여기서 '메서드'란 텔레그램 챗봇 웹 API가 제공하는 여러 가지 명령으로, 파이썬의 함수에 대응된다. '질의'는 메서드에 전달할 인자라고 생각하면 된다. 양식 문자열 리터럴을 이용해 메서드와 질의에 맞는 URL을 반환하는 함수를 정의해 두자.

TIP
양식 문자열 리터럴은 11.3절에서 다루었다.

코드 12-24 챗봇 요청 URL을 생성하는 함수 정의하기(코드 12-23에 이어서 실행)

```
>>> def build_url(method, query):
...     """텔레그램 챗봇 웹 API에 요청을 보내기 위한 URL을 만들어 반환한다."""
...     return f'https://api.telegram.org/bot{TOKEN}/{method}?{query}'
...
```

getMe 메서드로 요청을 보내 챗봇 웹 API를 사용할 준비가 되었는지 확인할 수 있다. getMe 메서드에는 질의조건이 필요하지 않으므로 빈 문자열('')로 지정하면 된다. build_url('getMe', '')로 URL을 만들고 request() 함수로 요청해 보자.

코드 12-25 getMe 메서드로 요청하여 웹 API 상태 확인하기(코드 12-24에 이어서 실행)

```
>>> request(build_url('getMe', ''))
'{"ok":true,"result":{"id":718342091,"is_bot":true,
                "first_name":"\\ucc57\\ubd07\\uc5f0\\uc2b5\\ubd07",
                "username":"chatbot_practice_bot"}}'
```

실행 결과 중에서 id(챗봇의 고유식별번호), first_name(챗봇의 이름), username(챗봇 계정 이름)은 여러분이 등록한 봇의 정보대로 나오므로 책과 다르다.

JSON 형식의 문자열이 반환되면 성공이다. JSON 형식의 텍스트 데이터는 json 모듈의 json.loads() 함수를 이용해 파이썬 컬렉션 객체(사전)로 해석할 수 있다.

TIP
HTTPError: HTTP Error
404: Not Found 예외가
발생한다면 URL을 살펴보고,
HTTPError: HTTP Error
401: Unauthorized 예외가
발생한다면 토큰을 살펴보자.

TIP
JSON 모듈은 11.5절에서
다루었다.

코드 12-26 챗봇 웹 API 응답 결과를 파이썬 컬렉션으로 해석하기(코드 12-25에 이어서 실행)

```
>>> import json
>>> response = request(build_url('getMe', ''))
>>> json.loads(response)
{'ok': True, 'result': {'id': 718342091, 'is_bot': True, 'first_name': '챗봇연습봇',
                        'username': 'chatbot_practice_bot'}}
```

URL을 생성하고, 챗봇 웹 API에 요청하고, 결과를 해석하는 과정을 하나의 함수로 정의해 두자.

코드 12-27 챗봇 웹 API 요청 과정을 하나의 함수로 정의하기(코드 12-26에 이어서 실행)

```
>>> def request_to_chatbot_api(method, query):
...     """메서드(method)와 질의조건(query)을 전달받아 텔레그램 챗봇 웹 API에 요청을 보내고,
...        응답 결과를 사전 객체로 해석해 반환한다."""
...     url = build_url(method, query)
...     response = request(url)
...     return json.loads(response)
...
```

이제 request_to_chatbot_api() 함수만 호출하면 챗봇 웹 API를 이용할 수 있다.

챗봇과 대화 시작하기

텔레그램 앱을 이용해 방금 생성한 챗봇과 대화를 해 보자. 챗봇의 계정 이름에 @ 기호를 붙여 검색한다.

그림 12-24 등록한 챗봇 검색하기

검색한 후 대화창 하단의 '시작'을 누르면 '/start'라는 메시지가 자동으로 입력되고 챗봇이 활성화된다.

챗봇으로 메시지 읽기

사용자가 챗봇에게 보낸 메시지를 프로그램이 읽어오게 해보자.

챗봇 웹 API에 getUpdates 메서드로 요청을 보내면, 그동안 받은 새 메시지를 조회할 수 있다. getUpdates 메서드에는 offset이라는 질의조건을 지정해야 한다. offset은 한번 확인한 메시지를 다시 전달받지 않기 위해 지정하는 것이다. 어떤 값을 입력해야 하는지는 다시 살펴볼 텐데, 지금은 처음이니 offset=0으로 지정하자. 앞서 정의한 request_to_chatbot_api() 함수로 이 메서드에 요청해 보자.

코드 12-28 챗봇이 받은 메시지 확인하기(코드 12-27에 이어서 실행)

```
>>> response = request_to_chatbot_api('getUpdates', 'offset=0')
>>> response
(... 요청 결과가 JSON 형식의 텍스트로 응답된다)
```

응답된 데이터의 내용이 많아서 확인하기가 쉽지 않다. pprint 모듈의 pprint() 함수를 이용하면 사전 데이터를 화면에 보기 좋게 출력할 수 있다.

TIP
코드 12-29는 설명을 위해 조금 더 꾸며 놓은 것이어서 pprint 함수로 출력한 것과 약간 다를 것이다.

코드 12-29 pprint() 함수로 메시지 내용 자세히 살펴보기(코드 12-28에 이어서 실행)

```
>>> from pprint import pprint
>>> pprint(response)
{
    'ok': True,   # ❶
    'result': [   # ❷
        {           # ❸
            'update_id': 100,        # ❹
            'message': {             # ❺
                'message_id': 2,
                'text': '/start'     # ❻
                'date': 1557680045,  # ❼
                'from': {            # ❽
                    'first_name': 'Yeon 0',  # ❾
                    'id': 9999999999,        # ❿
                    'is_bot': False,
                    'language_code': 'ko',
                    'last_name': 'Bak',
                    'username': 'username',
                },
            },
        }
    ]
}
```

응답받은 사전은 크게 'ok' 키와 'result' 키로 구성되어 있다. 내용을 살펴보자. ❶ 'ok'키의 값은 요청이 성공했는지 여부를 알려 준다. True이므로 성공한 것이다. ❷ 'result'의 값은 챗봇이 받은 메시지 리스트이다. 리스트에 담긴 사전 하나는 받은 메시지 하나를 나타낸다. ❸ 메시지를 하나만 보냈으므로 리스트에 하나의 사전만 들어 있다. 이 사전의 내용을 살펴보자. ❹ 'update_id'는 getUpdates 메서드를 사용할 때 이 메시지 이후에 온 메시지만 받고 싶을 때 참고해야 하는 값으로, 이 값이 100이라면 다음번 요청에서는 여기에 1을 더해 101을 offset 질의조건으로 지정하면 된다. ❺ message에 메시지의 자세한 내용을 담은 사전이다. ❻ 'text'가 메시지의 내용을 담고 있다. ❼ 'date'는 메시지를 받은 날짜이다. ❽ 'from'에는 다시 사전이 들어 있는데, 이 사전은 메시지를 보낸 사람의 정보이다. ❾ 'first_name'은 보낸 사람의 이름이다. ❿ 'id'가 보낸 사람의 텔레그램 ID다. 챗봇이 이 사람에게 메시지를 보낼 때 이용한다.

응답 결과에 많은 내용이 들어 있고 구조가 복잡하다. 우리는 update_id, 메시지 내용, 보낸 사람의 ID만 있으면 된다. 응답 결과를 가공해서 사용하기 쉽게 변환하자. 함수가 다소 복잡하게 느껴질 수 있지만 모두 배운 것이니 하나씩 살펴보자.

코드 12-30 getUpdate 메서드의 요청 결과에서 필요한 정보만 걸러 내기 (코드 12-29에 이어서 실행)

```
>>> def simplify_messages(response):
...     """텔레그램 챗봇 API의 getUpdate 메서드 요청 결과에서 필요한 정보만 남긴다."""
...     result = response['result']              # ❶
...     if not result:                           # ❷
...         return None, []
...     last_update_id = max(item['update_id'] for item in result)   # ❸
...     messages = [item['message'] for item in result]              # ❹
...     simplified_messages = [{'from_id': message['from']['id'],
...                             'text': message['text']}
...                            for message in messages]               # ❺
...     return last_update_id, simplified_messages                   # ❻
...
```

❶ 응답 결과에서 'result'의 값만 필요하므로 이것만 꺼냈다. ❷ 받은 메시지가 하나도 없을 수 있다. 그런 경우에는 result가 빈 리스트가 되므로 None, []를 담은 튜플을 반환한다. ❸ 여러 개의 메시지를 전달받았을 때, 다음에 새 메시지만 받고 싶다면 여러 메시지 중 가장 큰 update_id만 있으면 된다. (item['update_id'] for item in result)으로 result 리스트에서 각 item의 update_id를 꺼낸 뒤(227쪽의 생성기 식 참고) max() 함수로 가장 큰 것을 구한다. ❹ result 리스트에서 'message'

의 값만 꺼낸다. (211쪽의 리스트 조건제시법 참고) ❺는 길어서 어려워 보일 수 있지만 ❹와 동일한 형식의 리스트 조건제시법이다. 메시지 리스트의 각 메시지 사전을 {'from_id': from_id, 'text': text} 형식의 간단한 사전으로 가공한다. ❻ 가공한 결과로 last_update_id, simplified_messages를 튜플로 반환한다.

이 함수를 실행해 보면 다음과 같이 적절히 가공되는 것을 확인할 수 있다.

코드 12-31 요청 결과 가공 확인하기(코드 12-30에 이어서 실행)

```
>>> simplify_messages(response)
(100, [{'from_id': 9999999999, 'text': '/start'}])
```

새 메시지를 확인하고 결과를 가공해 반환하는 과정을 get_updates() 함수로 정의해 두자.

코드 12-32 메시지 수신 함수 정의하기(코드 12-31에 이어서 실행)

```
>>> def get_updates(update_id):
...     """챗봇 API로 update_id 이후에 수신한 메시지를 조회하여 반환한다."""
...     query = f'offset={update_id}'
...     response = request_to_chatbot_api(method='getUpdates', query=query)
...     return simplify_messages(response)
...
```

텔레그램 앱에서 메시지를 여러 개 더 보낸 뒤 이 함수를 호출해 보자. 여기서는 'hello'를 추가로 입력했다.

코드 12-33 메시지 수신 함수 확인하기(코드 12-32에 이어서 실행)

```
>>> get_updates(101)
(102, [{'from_id': 9999999999, 'text': '/start'},
       {'from_id': 9999999999, 'text': 'hello'}])
```

이제 get_updates() 함수만 호출하면 받은 메시지를 간편하게 확인할 수 있다.

챗봇으로 메시지 보내기

챗봇 웹 API에 sendMessage 메서드로 요청을 보내면 대화를 시작한 사용자에게 메시지를 보낼 수 있다. sendMessage 메서드에는 메시지를 받은 사용자의 ID를 지정하는 chat_id와 메시지 내용을 지정하는 text 질의조건을 지정해야 한다. 여러 개의 질의조건을 지정할 때는 chat_id=9999999999&text=Hi와 같이 각 질의조건을 & 기호로 구별하면 된다.

챗봇에 메시지를 보낸 사용자의 ID(여러분의 ID)로 메시지를 발신해 보자. 여기서는 "안녕?"이라고 인사했다.

코드 12-34 메시지 발신하기(코드 12-33에 이어서 실행)

```
>>> request_to_chatbot_api('sendMessage', 'chat_id=9999999999&text=Hi')
(... 요청 결과가 JSON 형식의 텍스트로 응답된다)
```

그림 12-25 챗봇이 메시지를 보냈다

코드 12-34를 실행하면 JSON 형식의 텍스트가 응답되고, 텔레그램 앱으로 챗봇이 보낸 메시지가 왔을 것이다. 성공이다!

그런데 다음과 같이 메시지를 한글로 써서 보내면 오류가 발생한다.

코드 12-35 한글 메시지를 발신하면 오류가 발생한다(코드 12-34에 이어서 실행)

```
>>> request_to_chatbot_api('sendMessage', 'chat_id=9999999999&text=안녕')
UnicodeEncodeError: 'ascii' codec can't encode characters in position 88-89:
ordinal not in range(128)
```

HTTP 요청을 할 때 URL에 한글을 표기하고 싶다면 urllib.parse 모듈의 urllib.parse.quote() 함수를 이용해 퍼센트 인코딩을 해야 한다. 발신할 메시지를 퍼센트 인코딩하면 정상적으로 한글 메시지를 보낼 수 있다.

코드 12-36 퍼센트 인코딩을 이용해 한글 메시지 발신하기(코드 12-35에 이어서 실행)

```
>>> import urllib.parse
>>> text = urllib.parse.quote('안녕')
>>> request_to_chatbot_api('sendMessage', f'chat_id=9999999999&text={text}')
(... 요청 결과가 JSON 형식의 텍스트로 응답된다)
```

TIP
코드 12-34를 실행했을 때 HTTPError: HTTP Error 400: Bad Request 예외가 발생한다면 메시지를 받을 사람의 ID를 잘못 지정했을 가능성이 높다. 텔레그램 ID를 다시 확인해 보자. 여러분의 텔레그램 ID를 알아내려면, 챗봇에 메시지를 보낸 뒤 getUpdate 메서드로 메시지를 읽으면 된다. 메시지 내용에서 from_id가 발신자의 텔레그램 ID다. (코드 12-30, 코드 12-32 참고)

TIP
퍼센트 인코딩은 393쪽에서 다루었다.

그림 12-26 챗봇이 한글 메시지를 보냈다

메시지 발신 과정을 함수로 정의해 두자.

코드 12-37 메시지 발신 함수 정의하기(코드 12-36에 어서 실행)

```
>>> def send_message(chat_id, text):
...     """챗봇 API로 메시지를 chat_id 사용자에게 text 메시지를 발신한다."""
...     text = urllib.parse.quote(text)
...     query = f'chat_id={chat_id}&text={text}'
...     response = request_to_chatbot_api(method='sendMessage', query=query)
...     return response
...
```

이제 언제든지 이 함수를 호출해 메시지를 보낼 수 있다. 잘 되는지 확인해 보자.

코드 12-38 메시지 발신 함수 확인하기(코드 12-37에 이어서 실행)

```
>>> send_message(9999999999, '오늘은 기분이 좋아.')
(... 요청 결과가 JSON 형식의 텍스트로 응답된다)
```

메시지에 자동으로 응답하기

이제 대화식 셸에서 수동으로 메시지를 확인하고 발신할 수 있다. 그러면 5초에
한 번씩 메시지를 확인하고, 받은 메시지에 자동으로 응답하는 프로그램을 만들어
보자.

파이참에서 새로 만들어 둔 chatbot 프로젝트에서 chatbot.py 파일을 만들자. 그
리고 대화식 셸에서 작성한 코드들을 이 파일에 똑같이 작성하자. 잠시 후 사용하
는 time 모듈도 미리 임포트해 두자.

코드 12-39 그동안 작성한 코드를 chatbot.py 모듈에 모으기

```python
import json
import time  # 미리 추가함
import urllib.parse
import urllib.request

TOKEN = '718342091:AAG9cV0NeCVpPcAVtJqeNoaYWXkI9uhhz6w'  # 여러분의 토큰으로 변경


def request(url):
    """지정한 url의 웹 문서를 요청하여, 본문을 반환한다."""
    response = urllib.request.urlopen(url)
    byte_data = response.read()
    text_data = byte_data.decode()
    return text_data


def build_url(method, query):
    """텔레그램 챗봇 웹 API에 요청을 보내기 위한 URL을 만들어 반환한다."""
    return f'https://api.telegram.org/bot{TOKEN}/{method}?{query}'


def request_to_chatbot_api(method, query):
    """텔레그램 챗봇 웹 API에 요청하고 응답 결과를 사전 객체로 해석해 반환한다."""
    url = build_url(method, query)
    response = request(url)
    return json.loads(response)


def simplify_messages(response):
    """텔레그램 챗봇 API의 getUpdate 메서드 요청 결과에서 필요한 정보만 남긴다."""
    result = response['result']
    if not result:
        return None, []
    last_update_id = max(item['update_id'] for item in result)
    messages = [item['message'] for item in result]
    simplified_messages = [{'from_id': message['from']['id'],
                            'text': message['text']}
                           for message in messages]
    return last_update_id, simplified_messages


def get_updates(update_id):
    """챗봇 API로 update_id 이후에 수신한 메시지를 조회하여 반환한다."""
    query = f'offset={update_id}'
    response = request_to_chatbot_api(method='getUpdates', query=query)
    return simplify_messages(response)


def send_message(chat_id, text):
    """챗봇 API로 메시지를 chat_id 사용자에게 text 메시지를 발신한다."""
    text = urllib.parse.quote(text)
    query = f'chat_id={chat_id}&text={text}'
    response = request_to_chatbot_api(method='sendMessage', query=query)
    return response
```

TIP
TOKEN은 여러분의 토큰으로 변경하는 걸 잊지 말자.

그 다음 chatbot 모듈에 받은 메시지를 확인하고 응답하는 함수 check_messages_ and_response()를 정의하자.

코드 12-40 메시지를 확인하고 응답하는 함수 정의하기

```python
def check_messages_and_response(next_update_id):
    """챗봇으로 메시지를 확인하고, 적절히 응답한다."""
    last_update_id, recieved_messages = get_updates(next_update_id)  # ❶
    for message in recieved_messages:  # ❷
        chat_id = message['from_id']
        text = message['text']
        send_text = text + '라고 말씀하셨군요~'  # ❸
        send_message(chat_id, send_text)         # ❹
    return last_update_id  # ❺
```

❶ 앞서 정의한 get_updates() 함수로 받은 메시지를 확인한다. ❷ 받은 메시지를 순회하며 처리한다. ❸ 받은 메시지 내용을 가공해 응답할 메시지를 새로 만든다. ❹ 앞서 정의한 send_message() 함수로 메시지를 발송한다. ❺ last_update_id를 반환한다. 나중에 이 함수를 다수 호출한다면 여기에 1을 더한 값을 전달해야 한다.

코드 12-40에 다음 코드를 추가해 이 함수를 5초에 한 번씩 실행하도록 한다.

코드 12-41 5초마다 메시지 확인하고 답장하기

```python
# 코드 12-40 생략
if __name__ == '__main__':  # ❶
    next_update_id = 0       # ❷
    while True:              # ❸
        last_update_id = check_messages_and_response(next_update_id)  # ❹
        if last_update_id:  # ❺
            next_update_id = last_update_id + 1
        time.sleep(5)       # ❻
```

TIP
최상위 모듈은 339쪽에서 다루었다.

❶ 이 모듈이 최상위 모듈로 실행된 경우에만 실행하도록 했다. ❷ get_update() 를 실행할 때 이미 처리한 메시지를 다시 처리하지 않도록 새로 요청할 update_id 인 next_update_id를 기록한다. 기본값은 일단 0으로 해 둔다. ❸ 프로그램을 종료할 때까지 계속 동작하도록 무한 반복을 이용한다. ❹ 받은 메시지를 확인하고 응답을 한다. ❺ 받은 메시지가 없는 경우, last_update_id가 None으로 반환될 것이다 (simplify_messages() 함수에서 그렇게 정의했다). last_update_id가 None이 아닌 경우에만 next_update_id를 갱신하도록 한다. ❻ 웹 API에 요청을 연속으로 너무 많이 하면 좋지 않으므로 time.sleep() 함수를 이용해 5초간 기다린다.

TIP
time.sleep() 함수는 time 모듈을 임포트해야 사용할 수 있다.

이제 프로그램을 실행해 둔 채로, 텔레그램 앱에서 챗봇에게 메시지를 보내 보자. 자동으로 답장하는 것을 확인할 수 있을 것이다.

그림 12-27 챗봇이 메시지에 자동으로 답장한다

한 가지 문제가 여전히 남아 있다. 프로그램을 종료한 뒤 다시 실행하면 봇이 이미 답장한 모든 메시지에 또다시 답장을 할 것이다. 프로그램을 시작할 때 next_update_id를 0으로 초기화하기 때문이다. next_update_id를 파일에 기록해 뒀다가 프로그램을 시작할 때 읽어들여 이 문제를 해결하자.

코드 12-42 파일에 다음에 요청할 update_id 기록하기

```
# 코드 12-41 생략
if __name__ == '__main__':
    try:
        with open('last_update_id.txt', 'r') as file:  # ❶
            next_update_id = int(file.read())
    except (FileNotFoundError, ValueError):  # ❷
        next_update_id = 0
    while True:
        last_update_id = check_messages_and_response(next_update_id)
        if last_update_id:
            next_update_id = last_update_id + 1
            with open('last_update_id.txt', 'w') as file:  # ❸
                file.write(str(next_update_id))
        time.sleep(5)
```

❶ 프로그램을 시작할 때, 파일을 열어 다음 요청 update_id를 읽어 들인다. ❷ 파일이 없거나 잘못됐을 수도 있기 때문에 예외가 발생하면 값을 0으로 설정한다. ❸ 메시지 확인과 답신을 완료할 때마다 파일에 update_id를 기록한다.

TIP
파일을 읽고 쓰는 법은
372쪽에서 다루었다.

여러분은 텔레그램 챗봇 웹 API를 이용해 가장 기본적인 챗봇을 만드는 데 성공했다. 이제 기본은 알았고 응용만 하면 된다. 메시지를 받은 뒤 프로그램이 어떤 일을 하도록 하거나, 좀 더 의미 있는 메시지를 답신하도록 하면 더욱 유용한 챗봇 프로그램을 만들 수 있을 것이다.

텔레그램 봇 API의 사용법은 텔레그램 봇 API 공식 문서(*https://core.telegram.org/bots/api*)에서 자세히 배울 수 있다. 챗봇 만드는 게 흥미로웠다면 도전해 보자.

12장을 맺으며

12장에서는 응용 프로그램을 '점진적'으로 개선하며 완성해 가는 과정을 '단계별'로 살펴봤다. 초보 프로그래머가 작은 응용 프로그램을 만들 때는, 프로그램을 구성하는 최소한의 기능을 먼저 구현해 보고 여기에 점진적으로 기능을 확대하고 개선하는 방식이 유리하다. 처음부터 대규모 프로그램을 설계하려고 하면 코드 한 줄도 작성하기 힘들 것이다.

외부 라이브러리와 웹 API를 써 보기도 했다. 파이게임을 이용하여 그래픽 출력과 키보드 입력을 쉽게 처리할 수 있었고, 텔레그램 봇 API를 이용해 텔레그램 메신저 서비스에서 챗봇을 제어할 수 있었다. 프로그램은 결코 혼자서 다 만들 수 없다. 필요한 기능이 외부에 있다면 적극적으로 배우고 도입해 활용하도록 하자.

12장 요약

1. 응용 프로그램을 만들 때는 최소한의 기능을 먼저 구현하고, 기능을 조금씩 덧붙여가며 완성시킨다.
2. 파이참의 프로젝트 설정 메뉴를 이용해 파이썬 패키지 인덱스에 등록된 파이썬 라이브러리를 설치할 수 있다.
3. 파이게임 라이브러리를 이용해 간단한 게임을 만들 수 있다.
4. 게임을 만들 때는 그래픽 출력, 사용자 입력 처리, 데이터 처리를 고려해야 한다.
5. 메시지 서비스를 이용해 사용자 입력과 출력을 처리하는 챗봇을 만들 수 있다.
6. 웹 API를 이용해 웹에서 정보를 얻거나 프로그램을 외부의 웹 서비스와 연동할 수 있다.
7. 웹 API를 사용할 때는 사용 권한과 사용법을 확인한다.

HTTP 기초

웹 프로그래밍에는 HTTP(하이퍼텍스트 전송 규약, HyperText Transfer Protocol)에 관한 기초 지식이 필요하다. HTTP를 이해하면 네트워크 통신이 어떤 식으로 이루어지는 알고 웹 프로그래밍을 더 자유롭게 수행할 수 있다. 전체 그림을 그린다고 생각하고 가볍게 읽어보자. 당장 전부 외우려 들 필요는 없다.

A.1 HTTP 통신의 기본 원리

TIP
클라이언트: 정보를 요청하는
컴퓨터·프로그램
서버: 정보를 제공하는
컴퓨터·프로그램

HTTP는 클라이언트(client)가 서버(server)에 정보를 요청(request)하고, 서버가 요청받은 정보를 응답(response)하는 방식으로 이루어진다. 클라이언트가 요청도 하지 않았는데 서버가 마음대로 클라이언트에 정보를 보내는 일은 허용되지 않는다. 쌍방이 자유롭게 주고받는 전화가 아니라, 고객이 은행 창구에 찾아가 요청하는 서비스 같은 방식이라고 할 수 있다.

웹 서버와 웹 클라이언트

웹 서버에 HTTP 요청을 보내는 프로그램을 웹 클라이언트라고 한다. 우리는 웹 클라이언트 프로그램을 매일 사용하고 있다. 인터넷에 접속할 때 쓰는 웹브라우저가 대표적인 웹 클라이언트 프로그램이다. 웹 클라이언트 프로그램이 HTTP 요청을 대신 수행해 주기 때문에, 일반 사용자들은 HTTP에 대해 잘 모르더라도 웹을 이용할 수 있다. 웹브라우저만이 웹 클라이언트의 전부는 아니다. 예를 들어, 웹에 흩어진 정보를 자동으로 수집해 주는 웹 크롤러도 웹 클라이언트의 한 종류이다.

반대로 웹 클라이언트의 HTTP 요청을 받아, 그에 대한 HTTP 응답을 서비스하는 프로그램을 웹 서버라고 한다. 구글, 페이스북 같은 웹 사이트는 웹 서버를 통해 제공되는 대표적인 웹 서비스이다. 일반 사용자들은 웹 서버보다는 웹 클라이언트와 훨씬 친숙하다고 생각할 수 있겠지만, 웹브라우저를 사용하는 이유가 결국 웹 사이트에 접속하여 각종 서비스를 이용하기 위한 것이므로, 실제로는 웹 서버 프로그램과도 상호작용하고 있는 셈이다.

A.2 HTTP 요청 메시지

HTTP의 통신은 클라이언트가 서버에 요청 메시지를 발송하고, 서버가 클라이언트에 응답 메시지를 발송하는 것으로 이루어진다. 우리가 웹브라우저의 주소창에 *https://en.wikipedia.org/wiki/Python_(programming_language)* 주소를 입력하면, 다음과 같은 일이 벌어진다.

1. 웹브라우저가 en.wikipedia.org 호스트에 `/wiki/Python_(programming_lan guage)`라는 자원을 요청하는 HTTP 요청 메시지를 발송한다.
2. en.wikipedia.org 호스트가 클라이언트에 HTTP 응답 메시지를 발송한다.
3. 웹브라우저가 응답 메시지를 해석하여 화면에 웹 문서를 출력한다.

메시지를 작성하는 양식은 일정하게 정해져 있다. 요청 메시지와 응답 메시지를 작성하고 해석할 줄 알면, HTTP로 통신을 수행할 수 있다. 요청 메시지와 응답 메시지가 어떤 양식으로 이뤄졌는지 살펴보자.

다음은 파이어폭스 웹브라우저로 *https://en.wikipedia.org/wiki/Python_(programming_language)*에 접속했을 때 작성되는 요청 메시지를 보기 편하게 수정한 것이다.

```
GET /wiki/Python_(programming_language) HTTP/2.0
Host: en.wikipedia.org
Accept: text/html
Accept-Language: en-US
Accept-lang: text/html
User-Agent: Mozilla/5.0 (X11; Linux x86_64; rv:57.0) Gecko/20100101
Firefox/57.0
```

이 요청 메시지는 웹브라우저에서 '개발자 도구'를 열어 '네트워크' 탭에서 직접 확인해 볼 수 있다. 크롬, 파이어폭스, 엣지 등 대다수 웹브라우저에 개발자 도구 기

TIP
개발자 도구는 보통 F12 키를 누르면 실행된다

능을 제공하므로 직접 살펴보기 바란다. 요청 메시지를 확인해 보면, 브라우저마다 조금씩 차이는 있겠지만 대개 저것과 비슷하게 작성되어 있을 것이다.

요청 메시지에서는 첫 행이 가장 중요하다. 첫 행에는 메서드(`GET`), 하위 경로 (`/wiki/Python_(programming_language)`), 프로토콜 버전(`HTTP/2.0`)을 표기한다.

- 메서드: 자원을 '어떻게' 해 달라는 것인지 지시하는 명령어. `GET`, `POST`, `UPDATE`, `PUT`, `DELETE` 등이 있다. 일반적으로 웹사이트에 접속할 때는 자원을 '조회'하는 명령어인 `GET`이 사용된다.
- 경로: 요청하는 자원의 경로. 하위 경로만 작성할 때가 많다. 앞의 예에서는 `/wiki/Python_(programming_language)`.
- 프로토콜 버전: HTTP도 시간이 지나면서 여러 버전이 발표되었다. 현재는 1.1 과 2.0이 많이 사용된다.

첫 행 뒤에 이어지는 행들은 '요청 헤더'라고 한다. 여러 가지 옵션을 부가적으로 지 정하는 데 쓰인다. 여러 가지 헤더 항목을 지정할 수 있지만, 대표적인 것으로 `Host`, `Accept`, `User-Agent`이 있다.

- `Host`: 어떤 호스트에 요청하는 것인지 표기하는 헤더. 첫 행에서 경로에 하위 경 로만 썼다면, `Host` 헤더를 필수로 작성해야 한다.
- `Accept`: 자원을 이 형식으로 제공해 달라고 요청하는 헤더. `text/html`은 HTML 문서를 원한다는 뜻이다.
- `User-Agent`: 요청을 보내는 클라이언트 프로그램의 종류

이 외에도 추가로 전달해야 할 내용이 있을 수 있다. 예를 들어 웹 사이트에 이미지 를 업로드하고 싶을 수 있는데, 그런 부가적인 정보는 헤더를 모두 작성한 뒤 한 행 을 띄고 삽입한다. 이것을 요청 메시지의 '내용(body)' 또는 '첨부(payload)'라고 한 다. 요청 메시지에서는 본문이 생략될 때가 많다.

A.3 HTTP 응답 메시지

클라이언트가 요청 메시지를 보내면 웹 서버는 그 요청 메시지를 해석한 뒤 적절한 결과물을 응답 메시지로 작성해 돌려준다. 다음은 앞의 요청에 의해 위키피디아 사 이트가 돌려준 응답 메시지를 조금 고친 것이다.

```
HTTP/2.0 200 OK
Date: Thu, 18 Jan 2018 08:45:39 GMT
Content-Type: text/html
Content-Length: 11879
Content-Language: en
Last-Modified: Wed, 03 Jan 2018 03:42:23 GMT

<!DOCTYPE html>
<html class="client-nojs" lang="en" dir="ltr">
... (중략) ...
</html>
```

응답 메시지의 첫 행에는 프로토콜 버전 정보(HTTP/2.0), 상태 코드(200), 상태 코드를 부연 설명하는 메시지(OK)가 나온다. 상태 코드는 세 자리 숫자로 번호마다 의미가 정해져 있다. 첫 번째 자리가 무엇이냐에 따라 다음과 같은 의미를 가진다.

- 200번대: 요청 처리에 성공했음을 뜻한다.
- 300번대: 리디렉션 처리가 필요함을 뜻한다. 예를 들어 301은 요청한 자원이 다른 주소로 영구적으로 이동했으므로 새로운 주소로 요청하라는 의미이다.
- 400번대: 클라이언트의 요청에 문제가 있음을 뜻한다. 예를 들어 404는 클라이언트가 요청한 자원이 존재하지 않음을 의미한다.
- 500번대: 서버에 문제가 있음을 뜻한다. 예를 들어 503은 서버 점검·장애 등으로 인해 일시적으로 서비스를 할 수 없음을 뜻한다.

요청 메시지의 요청 헤더와 마찬가지로, 응답 메시지에서도 첫 행 뒤에 이어지는 행들에 '응답 헤더'가 나온다. 역시 여러 가지 헤더 항목이 있으나, 위에 나온 것들만 설명한다.

- Date: 메시지 제공 일시
- Content-Type: 본문이 작성된 형식. 이 형식을 나타내는 표기법을 'MIME 타입'이라는 형식이라고 한다. 위 경우는 text/html인데, application/json, image/png 등 여러 가지가 있다.
- Content-Length: 본문의 길이. 앞의 경우는 11879바이트이다.
- Content-Language: 본문이 작성된 언어
- Last-Modified: 해당 자원이 마지막으로 수정된 일시

앞으로의 학습 방법

여기까지 온 여러분께 박수를 보내고 싶다. (일동 박수) 여러분은 프로그래밍의 기초와 파이썬 언어를 배웠다. 기초를 배운 뒤에는 해볼 수 있는 것도 많아지고, 다음 단계로 나아가는 일도 훨씬 수월하다. 프로그래밍을 배우다가 포기하는 사람이 매우 많다. 그러니 여러분은 자신감을 가져도 좋다.

그런데 이제부터 시작이다. 이 다음에 무엇을 어떻게 공부할지는 여러분이 어떤 사람이고 무엇을 원하는가에 따라 다를 것이다.

- 프로그래밍을 전공하고 있거나 시간을 들여 착실히 실력을 쌓아가고 싶은 경우: 컴퓨터공학 이론을 더 학습하고, 또 다른 프로그래밍 언어도 학습해 본다.
- 만들고 싶은 프로그램이 있는 경우: 프로그램을 직접 만들어 보고, 그 과정에서 필요한 지식을 탐구한다.
- 회사에 취직해서 프로그래머로 일하고 싶은 경우: 목표로 하는 회사의 구인 공고를 찾아 보면 업무에 필요한 기술이 나와 있다. 그 기술들을 학습한다.
- 취미 또는 자기계발로 파이썬을 배운 경우: 자신의 업무 또는 일상에서 도움이 될 프로그램을 찾아 만들어 본다.

위의 예 모두 좋은 방법이 될 수 있다. 다만, 학습할 때 이론과 실기를 함께 쌓아가는 방식을 권한다. 이론만 학습하고 정작 자신만의 프로그램을 만들지 않는다거나, 프로그램만 계속 만들어 보면서 이론은 등한시하면 곤란하다.

다음은 여러분이 공부하게 될 과목별로 학습에 도움이 될 수 있을 만한 내용을 정리해 본 것이다. 저자의 개인적인 생각일 뿐이니 참고하되, 여러분에게 알맞은 학습 방법을 직접 찾기 바란다.

B.1 프로그래밍 기초 다지기

책을 전부 학습했음에도 불구하고 프로그래밍에 대한 감이 여전히 잡히지 않는다면, 실습이 충분하지 않았기 때문일 가능성이 크다. 지금이라도 책의 예제를 모두 따라 해 보고 연습문제도 다 풀어보기 바란다. 그래도 어렵게 느껴진다면 유감스럽게도 이 책이 여러분에게 맞지 않는 것이다. 그런 경우에 볼 만한 책은 다음과 같다.

- 《프로그램 디자인, 어떻게 할 것인가》(마티아스 펠라이젠 외 저, 김중철 역, 인사이트): 프로그래밍을 전혀 모르는 사람에게 프로그램을 어떻게 만드는지 기초부터 차근차근 명확하게 가르쳐주는 책이다. 어렵지 않지만, 양이 매우 많다는 게 장점이자 단점이다. 끈기만 있다면 프로그래밍 입문에 큰 도움이 될 것이다. 아쉽게도 절판되었지만 도서관에서 빌려볼 수 있으며, *https://htdp.org/*에서 최신 버전의 영문 원서를 무료로 볼 수 있다.

대학 커리큘럼에서는 프로그래밍 언어를 배운 다음에 이산수학, 데이터 구조, 알고리즘, 운영체제, 데이터베이스 등의 이론을 가르친다. 이 내용들은 프로그래밍을 직업으로 삼고자 한다면 배워두는 게 좋다.

- 《한 권으로 그리는 컴퓨터과학 로드맵》(블라드스톤 페헤이라 필루 저, 박연오 역, 인사이트): 대학교의 컴퓨터공학 1학년 및 2학년에 배우는 과목들을 가볍게 소개해주는 책이다. 이 책만으로 대학에서 배우는 모든 내용을 알 수는 없지만, 큰그림을 그리기에는 적당하다. 컴퓨터공학을 공부할 때의 첫 출발점으로 삼으면 좋다.

B.2 파이썬 언어 실력 높이기

이 책은 파이썬 프로그래밍의 기초만을 다뤘다. 그것만으로도 프로그래밍에 입문하고 여러 가지 실습을 해보는 데는 무리가 없을 것이다. 그렇지만 파이썬을 계속 사용하다 보면 실력을 업그레이드하고 싶어질 것이다. 그럴 때는 다음의 공식 문서와 추천 도서를 보면 된다.

- 파이썬 3 공식 문서: 파이썬의 언어 정의와 라이브러리 명세를 확인할 수 있고, 여러 가지 학습 자료도 제공한다. *https://docs.python.org/ko/3/*에서 한국어로 번역된 문서를 읽을 수 있다.
- 파이썬 개선안(PEP): 파이썬에 새로운 기능을 도입하거나 기존의 기능을 수정 및 삭제할 때 논의하고 결정된 사항이 정리된 문서들을 모아둔 것이다. 파이썬의 여러 가지 기능을 사용하면서 어떤 점을 고려해야 하는지 세심히 알고 싶을 때 참고할 수 있다.
- 《파이썬3 바이블》(이강성 저, 프리렉): 초창기부터 파이썬의 대중화를 위해 노력한 이강성 교수의 책이다. 파이썬 프로그래머가 알아야 할 대부분의 기능을 정확하고 세부적으로 설명해 두었다. 《연오의 파이썬》에서는 다루지 않는 장식자, 코루틴 등에 대해서도 배울 수 있으며, 표준 라이브러리도 더 많이 학습할 수 있다.
- 《전문가를 위한 파이썬》(루시아누 하말류 저, 강권학 역, 한빛미디어): 파이썬을 이미 잘 사용하고 있는 프로그래머들을 대상으로 한 책이다. 다양한 고급 기법을 배울 수 있다.

B.3 다양한 분야에서 파이썬 이용하기

파이썬은 여러 분야에서 인기를 얻고 있다. 그래서 각 분야마다 중점적으로 공부해야 하는 내용이 다른데, 추가적으로 공부하고 싶은 분야가 있다면 다음 내용을 참고하기 바란다.

웹 프로그래밍 학습하기

웹사이트, 소셜 미디어, 인터넷 쇼핑몰, 채팅 등 웹브라우저로 다양한 서비스를 이용하고 있을 것이다. 평소 웹 서비스를 만드는 데 관심이 있었다면 마음에 드는 서비스를 따라 만들어보거나, 스스로 기획한 자신만의 웹 서비스를 만들어 보자. 그 자체로 많은 공부가 될 것이고, 사람들에게 도움이 되는 실용적인 프로그램을 만들 수 있을지도 모른다. 많은 스타트업 기업들이 자신의 상품을 웹 서비스 형태로 제공하기 때문에 스타트업 취업에 관심이 있다면 이쪽 공부를 하는 편이 유리할 수 있다.

웹 프로그래밍은 분야가 크게 프론트엔드와 백엔드로 나뉜다. 프론트엔드 웹 프로그래밍을 시작하려면 HTML, CSS, 자바스크립트를 학습해야 한다.

TIP
프론트엔드: 브라우저 사용자 인터페이스를 개발
백엔드: 서버, 데이터베이스, 웹 API 등을 개발

- 《모던 웹을 위한 HTML5+CSS3 바이블》(윤인성 저, 한빛미디어)
- 《CSS3: 세상에 없던 가장 꼼꼼한 매뉴얼》(데이빗 소여 맥팔랜드 저, 이병준 역, 인사이트)
- 《자바스크립트 프로그래밍: 프론트엔드 개발자를 위한》(니콜라스 자카스 저, 한선용 역, 인사이트)

백엔드 웹 프로그래밍을 시작하려면 서버용 프로그래밍 언어(파이썬, 자바, 자바스크립트 등), 서버용 운영체제(리눅스 등), SQL, HTTP 등을 학습해야 한다.

- 장고걸스 튜토리얼(*https://tutorial.djangogirls.org/ko/*): 프로그래밍 입문자를 대상으로 하는 강의이다. 순서대로 차근차근 따라하면 간단한 블로그 웹사이트를 만들 수 있다. 웹 프로그래밍을 배울 때 가장 먼저 해보기를 권한다. 혹시나 어렵다면 장고걸스 오프라인 모임에서 코칭을 받을 수도 있다.
- 《파이썬 웹 프로그래밍: Django(장고)로 배우는 쉽고 빠른 웹 개발》(김석훈 저, 한빛미디어)
- 《리눅스 커맨드라인 완벽 입문서》(윌리엄 E. 샤츠 주니어 저, 이종우 역, 비제이퍼블릭)
- 《HTTP 완벽 가이드》(데이빗 고울리 외 저, 이응준 역, 인사이트)

프론트엔드와 백엔드 양쪽 모두 배울 것이 적지 않다. 하지만 파이썬 프로그래밍 입문을 마친 여러분이라면 어느 쪽이든 도전해 볼 만하다. 어느 쪽을 선택하든 다른 한 쪽도 기초적인 수준은 알아야 하므로 둘 다 얕은 수준으로 배워서 간단한 웹 서비스를 만들어 보고, 자신에게 맞는 쪽을 찾아 심화하기 바란다.

일상에 데이터 과학 적용해 보기

필자는 데이터 과학자가 아니기 때문에 데이터 과학이라는 분야에 대해 자세히는 알지 못한다. 그래도 일상에서 발생하는 데이터들(건강 데이터, 재무 데이터, 취미 활동 데이터 등)을 기록해 두고 삶을 개선하는 데 활용하려고 노력하고 있다. 덕분에 평생 달고 살던 두통도 나았고 재무 상태도 많이 좋아졌다.

복잡한 현대인의 삶에 데이터 과학을 적용하면 의사 결정과 문제 해결에 많은 도움이 된다. 여러분도 일상 데이터를 엑셀이나 데이터베이스로 정리해 두고, 파이썬으로 분석하는 경험을 해 보기 바란다. 삶이 개선될 뿐 아니라, 파이썬을 더 배우고 활용하는 데도 좋고, 데이터 과학자로 성장하는 데도 도움이 될 것이라 믿는다.

- 《헬로 데이터 과학: 삶과 업무를 바꾸는 생활 데이터 활용법》(김진영 저, 한빛미디어)
- 《파이썬으로 데이터 주무르기》(민형기 저, 비제이퍼블릭)
- 《손에 잡히는 10분 SQL: 가볍게 시작하는 데이터 분석의 첫걸음》(벤 포터 저, 박남혜 역, 인사이트)

게임 만들기

12장의 뱀 게임 실습이 재미있었다면 다른 게임도 만들어 볼 것을 적극 권한다. 게임을 만들어 보면 프로그램의 흐름, 알고리즘, 데이터 구조 등에 대해 많은 고민을 할 수 있다. 작은 것을 만들고 실행해 보고, 기능을 더 확장하는 방식의 프로그래밍 기법을 익히기에도 좋다. 필자 역시 프로그래밍을 처음 배울 때 다양한 게임을 만들어 보면서 자신감을 얻을 수 있었다. 게다가 게임 프로그래밍은 매우 재미있다! 재미는 학습에서 매우 중요한 요소이다.

만약 게임 프로그래머로 일하고자 한다면 C++이나 C# 같은 프로그래밍 언어를 학습하는 편이 더 유리할 것이다. 파이썬은 상업용 게임 개발에 인기 있는 언어가 아니다. 하지만 취미나 학습을 위해서라면 파이썬으로 게임을 만들어봐도 상관없다. 파이썬으로 게임을 만들며 얻은 지식은 다른 곳에서도 얼마든지 써먹을 수 있다.

- 《나만의 Python Game 만들기》(알 슈베이가르트 저, 김세희 역, 정보문화사)
- 《Python과 Pygame으로 게임 만들기》(알 슈베이가르트 저, 김세희 역, 정보문화사)
- 《게임 프로그래머를 위한 자료구조와 알고리즘》(론 펜톤 저, 류광 역, 정보문화사): 게임을 만들면서 알고리즘이나 데이터 구조에 대한 고민이 들 때 참고하면 좋은 책이다. 다만, 예제가 C++로 되어 있고 프로그래밍 입문자에게는 약간 어려울 수도 있다. 현재 절판되었다.

지금까지 《연오의 파이썬》을 애독해 주신 독자 여러분께 감사드린다. 이 책을 통해 더 많은 분이 프로그래밍의 즐거움을 느끼기를 바란다.

찾아보기